高职高专“十四五”资源库精品教材 · 经管系列

新形态

会展概论

第五版

杨春兰 主 编
杨慧敏 副主编

上海财经大学出版社
SHANGHAI UNIVERSITY OF FINANCE & ECONOMICS PRESS

图书在版编目(CIP)数据

会展概论 / 杨春兰主编 . -- 5 版 . -- 上海 ：上海财经大学出版社，2025. 1. --(高职高专“十四五”资源库精品教材). -- ISBN 978-7-5642-4551-1

Ⅰ. G245

中国国家版本馆 CIP 数据核字第 2025CE4604 号

□ 责任编辑 刘晓燕
□ 封面设计 贺加贝

会 展 概 论

（第五版）

杨春兰 主 编

杨慧敏 副主编

上海财经大学出版社出版发行

（上海市中山北一路 369 号 邮编 200083）

网 址：http://www.sufep.com

电子邮箱：webmaster @ sufep.com

全国新华书店经销

上海新文印刷厂有限公司印刷装订

2025 年 1 月第 5 版 2025 年 1 月第 1 次印刷

787mm×1092mm 1/16 17.25 印张 442 千字

印数：33 501-37 500 定价：49.00 元

前　言

步入 2024 年，中国的会展旅游市场成绩喜人，各地文旅部门纷纷喊话，会展旅游继续焕发出勃勃生机。据大数据测算，2024 年春节仅五天内，哈尔滨市累计接待游客 629.8 万人次，同比增长 82.9%。冰雪大世界到访 32.9 万人次，同比增长 115%；太阳岛雪博会到访 3.3 万人次，同比增长 286.8%；亚布力滑雪旅游度假区到访 8.4 万人次，同比增长 177.9%；侵华日军第七三一部队罪证陈列馆到访 6.4 万人次；哈药六厂版画博物馆到访 7.2 万人次。2024 年春节假期莆田全市累计接待游客 202.9 万人次，按可比口径比上年同期增长 49.5%；实现旅游收入 10.95 亿元，按可比口径比上年同期增长 128.2%。与此同时，中国的会展行业也不断成长、成熟：截至 2024 年 2 月，全国共有 229 个国际博览会联盟成员，比 2019 年的 134 个增加了 95 个，增长 71%。有 108 个展会获得 UFI 认证。国际会议协会现有中国会员 91 家，比 2019 年前的 82 家增加了 9 家，增长幅度达 11%。上海国家会展中心成为全球最大的会展场馆。北京成为历史上第一个“双奥之城”。第六届进博会共有来自 128 个国家和地区的 3 486 家企业参展。其中，世界 500 强和行业龙头企业共 289 家，数量达历届之最，它们展示了 442 项代表性首发新产品、新技术、新服务……

中国仍在坚定地走会展强国之路。但信息技术的蓬勃发展、元宇宙技术的横空出世，给会展行业带来了更多的机遇和挑战。第六届进博会的成功为我们积累了宝贵的经验，也激励会展人在今后积极融合创新，既借助会展活动帮助企业、城市、国家获取更多的经济效益和社会效益，同时也担当起文化传承，比如人类或国家级非物质文化遗产保护等历史使命。

这一切都给会展教材建设提出了更高的期望和挑战。编者结合在上海工商外国语职业学院商务学院多年执教会展概论课程的实践和心得，在编写过程中完全以高职高专学生的特点和需要为核心，旨在为其提供一本体系完整、思路清晰而又生动活泼、通俗易懂、兼具一定操作性的会展概论教材。

全书带领大家一起认知会展业的相关概念及基础理论；浏览世界和我国各会展城市发展实践，探讨区域会展业发展的影响条件；探索如何策划和管理会议、展会、节事活动、奖励旅游四种会展活动；了解主要的会展专业管理组织；总结上海 2010 年世博会和 2023 年第六届进博会的经验和成果；最后探讨如何发展会展旅游业务。本书在内容和体例编排中体现出以下几个特点：

第一，全书按照项目引领、任务驱动的教学法，分为认知会展、策划会展活动、管理会展活动与创新三个项目，认知会展项目设计了认知会展和会展业、浏览世界会展强国与城市两个任务；策划会展活动项目设计了策划和筹备会议、策划与管理展会、策划奖励旅游、策划与管理节事活动四个任务；管理会展活动与创新项目则设计了了解会展业主要国际组织、走进世界博览会、走进进博会、认知会展业与旅游业四个任务。以能力为导向，明确每章的知识和思政目标，各章节都有相应辅助技能训练，鼓励学生勤于思考，善于发现问题、分析问题和解决问题。

第二，考虑高职高专院校的人才培养目标，遵循学生的认知规律，按照应知应会、够用为度的原则，安排整理本书内容，突出针对性。

第三，作为会展专业的一本入门教材，既吸收了国内现有会展概论教材的精华，内容完整紧凑，浑然一体，同时又为进一步学习其他会展专业课程打下坚实基础，突出逻辑性和系统性。

第四，理论讲解与实例分析相结合，并在相关章节中安排了案例分析、资料卡片、温馨提醒等小栏目，通俗易懂，突出了趣味性和实用性。

第五，在内容安排上，结合当今会展最新行业资讯和科研动态，引经据典，突出新颖性和开放性。

第六，本书亦可作为非会展专业人士了解和学习会展基础理论知识、掌握基本会展实践技能的简易读本，突出普适性。

本书由上海工商外国语职业学院商学院杨春兰老师担任主编，内蒙古农业大学职业技术学院杨慧敏老师担任副主编。杨春兰老师负责全书体系的设计和编写工作的全局安排，并负责最后的统稿。本书的编写工作得到了上海工商外国语职业学院商学院领导及同仁的支持和协助，在此表示感谢。此外，本书的出版得到了上海财经大学出版社李成军编辑的大力支持，在此也一并表示感谢。

由于编写时间仓促，书中疏漏之处在所难免，恳请广大读者批评指正。

编者
2024年8月

目　录

项目一　认知会展

项目二 策划会展活动

项目三 管理会展活动与创新

项目一

认知会展

任务一　认知会展和会展业

知识目标

◆ 掌握会展及相关概念；
◆ 了解全球会展业的起源和发展的不平衡现状；
◆ 理解和掌握会展业的特点和作用。

技能目标

◆ 准确理解会展的范畴；
◆ 理解会展企业的服务产品。

能力目标

◆ 能结合具体会展活动案例分析其对参与者和城市的意义；
◆ 对会展行业有整体、初步的认知。

思政目标

◆ 培养非物质文化遗产传承的使命感；
◆ 热爱祖国、热爱家乡，增强民族自信、文化自信。

重点难点

◆ 会展的概念；
◆ 会展业的特点；
◆ 会展业的作用。

视频：进博会非遗

任务引入

非物质文化遗产是中华优秀传统文化的重要组成部分，是中华文明绵延传承的生动见证，是连结民族情感、维系国家统一的重要基础。保护好、传承好、利用好非物质文化遗产，对于延续历史文脉、坚定文化自信、推动文明交流互鉴、建设社会主义文化强国具有重要意义。2003 年 10 月 17 日，联合国教科文组织第 32 届大会通过了《保护非物质文化遗产公约》（以下简称《公约》）。中国于 2004 年加入《公约》。作为履行《公约》缔约国义务的重要内容之一，中国积极推进向联合国教科文组织申报非物质文化遗产名录（名册）的项目的相关工作，以促进国际一级保护工作，提高相关非物质文化遗产的可见度。截至 2022 年 12 月，中国列入联合国教科文组织非物质文化遗产名录(名册)的项目共计43项,总数位居世界第一。其中,人类非物质文化遗产代表作35项(含昆曲、古琴艺术、新疆维吾尔木卡姆艺术和蒙古族长调民歌);急需保护的非物质文化遗产名录7项;优秀实践名册1项。43个项目入选,体现了中国日益提高的履约能力和非物质文化遗产保护水平,对于增强遗产实践社区、群体和个人的认同感和自豪感,激发传承保护的自觉性和积极性,在国际层面宣传和弘扬博大精深的中华文化、中国精神和中国智慧,都具有重要意义。

但你知道吗?

中国将其水密隔舱福船制造技艺作为《急需保护的非物质文化遗产名录》的申报项目提出,今天,全面掌握这项技术的工匠大师仅有3名。

中国的木活字印刷术是世界上最古老的印刷技术之一,目前,掌握了全套技术的50岁以上的师傅仅有11名。

伊玛堪是中国东北部赫哲族人民世界观和历史记忆的重要组成部分。伊玛堪用赫哲语叙述,如今仅有五位说唱大师能够表演曲目,数位资深的说唱艺人相继去世,年轻人远离家乡到城市就业,使得伊玛堪的传承实践状况加剧恶化。

珠算是中华民族祖先的重大发明,它在中华民族发展史上的贡献不亚于"四大发明"的任何一项。目前,随着电子计算机的普及,珠算已失去了原来的作用,在现代社会中日渐边缘化,濒临灭绝,急需各有关方面采取有效措施加以抢救与保护。

那么学习会展的我们,应当或必须做些什么,为这些文化遗产传承的艰巨任务贡献微薄之力呢?

知识储备

2023年金秋时节,首都北京迎来服贸盛会。自2019年以来,每逢服贸会,国家领导人都会发表视频致辞或致贺信。服务贸易是国际贸易的重要组成部分,服务业是国际经贸合作的重要领域。经过多年培育和发展,服贸会已成为国家级、国际性、综合型大规模展会和交易平台。2020年,中国借服贸会平台发声,提出要"共同营造开放包容的合作环境""支持北京打造国家服务业扩大开放综合示范区""设立以科技创新、服务业开放、数字经济为主要特征的自由贸易试验区"。"两区"政策叠加,全国唯一。3年来,北京已完成国务院批复"两区"建设251项任务的98%,落地40多项全国首创性政策,有40个创新经验案例向全国推广。中国坚持以高水平开放促进高质量发展,不断放宽服务领域市场准入,提高跨境服务贸易开放水平,拓展对外开放平台功能,努力构建高标准服务业开放制度体系。面对复杂严峻的外部环境,我国服务贸易显示出较强的发展韧性,保持较快增长。2022年服务进出口总额近6万亿元人民币,同比增长12.9%,规模创历史新高,连续第九年位居全球第二。2023年服贸会以"开放引领发展 合作共赢未来"为主题,更是彰显我国服务贸易和服务业的开放和包容。

即使世界风云变幻,中国始终在坚定不移走会展强国之路。那么究竟什么是会展?究竟是什么赋予了会展如此神奇的魅力?如何最大限度发挥会展活动对本国经济的推动作用?让我们一起来揭开会展神秘的面纱,来走近会展、了解会展。

一、会展及相关概念

1. 会展

一般而言，会展的概念有狭义与广义之分。

很多人被问及“究竟什么是会展”时，常常会把会展和展会等同起来，认为会展是“企业产品的展示会”“产品供需见面会”“市场信息交流平台”等。也有很多人认为会展就是“会议与展览的统称”。欧美国家通常称之为“C&E(conference & exposition)”或“M&E(meeting & exposition)”，甚至直接称之为“event”。这些其实都是一些对会展片面、狭义的理解。狭义的会展即是展览会及会议的总称。

那么究竟什么是广义的会展呢？

广义的会展是指在一定地域空间范围内，由多人集聚在一起、定期或不定期举办的经济文化活动。会展是人类文化交流活动发展到一定阶段的产物，会展的成长史也就是人类生产力和物质精神文化发展的缩影。从传统的集市、庙会，到近代的样品博览会，再到现代展览会和博览会，以及各种类型的大型会议、体育竞技活动、节日盛事、企业为员工或客户策划的奖励性旅游活动，都属于广义的会展范畴。

开创世界会展专业教学的“先驱”(即美国内华达大学饭店管理学院旅游会展管理系)在网页上介绍它的课程设置时就说：“会展包括展示会、会议和节事活动。”

温馨提醒

> 在国际上，广义的会展通常被称为 MICE。它由四个英语单词中的第一个字母组合而成，其中：
>
> M 代表会议(meeting)——主要指公司会议；
>
> I 代表奖励旅游(incentive tour)——专指以激励、奖励特定对象为目的而进行的旅游活动；
>
> C 代表大型会议(conference)——主要是指协会、团体组织会议；
>
> E 代表展览会(exhibition or exposition)和节事活动(event)。

本书所说的会展，是广义的会展，即会议、展览、奖励旅游和节事活动这四种经济活动的统称。把这四种活动统称为会展主要有以下原因：一是会议和展览活动举办的场所、设施往往合一，如今的会展中心或展览中心、酒店宾馆，一般同时具备会议和展览的功能；二是四种活动都是长时期策划、短时期聚集，对餐饮、住宿、旅游等具有较大带动性，具有影响大、规模高、拉动社会综合消费、带动相关产业发展等共性；三是因为近年来这四类活动的发展趋势已表明其界限在逐渐模糊，往往是展中有会、会中有展，大型活动中既有展又有会，奖励旅游的策划也和大型会展活动紧密结合起来。

可见四种活动在各自的发展过程中相互影响、相互促进、相互交融，因此，我们把四种活动形式统称为会展，而把由会展经济活动而引起的相互联系、相互作用、相互影响的同类企业的总和统称为会展业(MICE industry)。

2. 会展业及其服务

根据《服务贸易总协定》的相关条款及内容，在国际服务贸易的 12 个部门分类中，会展业属于职业服务范畴。

会展业主要提供下列服务产品：

(1) 策划和举办各种规模、各种性质、各种目的和各种层次的会议、展览(展销会、展览会、交易会和博览会)、奖励旅游、节事活动。

(2) 提供上述各项会议、展览、奖励旅游和节事活动所需要的各种场馆和软硬件设施。

(3) 专业提供会展活动策划、会务及展台设计布置与搭建等服务。

(4) 提供上述各项会议、展览、奖励旅游和节事活动所需要的相关配套服务，如货运、仓储、报关、检疫、金融、保险、法律、通信、信息、翻译等。

(5) 安排和提供能够令上述会议、展览、奖励旅游和节事活动的参与者满意的服务，包括餐饮、住宿、交通、游览、娱乐、购物(简称为"食、住、行、游、娱、购")。

从上述会展业提供的服务产品我们可以看出，会展业是一个综合性和关联性极强的产业。它由一系列相关企业或行业组成，既包括大小不一的专门主办或承办各种类型、规模、形式和要求的会展活动的展览公司、会展场馆、专业会展服务公司，如中国国际展览集团、上海世博集团、上海新国际博览中心、上海展览中心、上海世贸商城等——我们称之为狭义的会展业；也包括广大的专业或非专业从事会展配套服务的相关行业，如金融业、保险业、旅游业、通信业等。这些企业和行业对任何一个国家或者地区来说，基本上都是整个国民经济的中流砥柱，由它们所组成的会展业就不可避免地成为地区经济的支柱性产业。

3. 会展业活动形式

明确会展业的内涵和本质后，我们可以看到，会展业的经济活动形式可以包罗万象，既包括政府、国际组织、国际和国内协会、国内外公司及社团组织举办的各种会议、展览会、奖励旅游和节事活动，也包括为保障这些活动的成功运作，政府各有关部门、会展业各相关行业和企业所进行的活动，如计划、组织、协调、控制、策划、融资、市场营销、财务管理、服务等。

4. 会展经济

所谓会展经济，是指围绕会展活动的举办，带动会展业(狭义)，即会展组织者、会展场馆、展览设计搭建公司，住宿、餐饮、交通、旅游等相关服务行业，以及参展商和参展观众共同发展而形成的一种综合经济形态，如图 1.1 所示。会展经济属于第三产业范畴，是服务型经济。

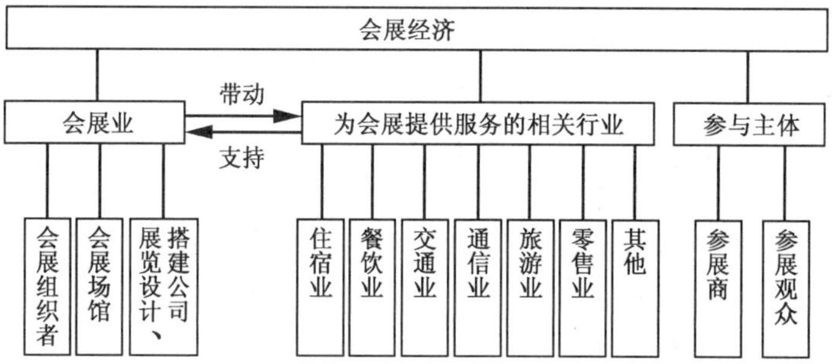

图 1.1 会展经济与会展企业

二、会展业的起源和发展

应该说在人类社会文明发展的漫长岁月中，会展一直扮演了一个极其重要的角色，起到了巨大的推动作用。

1. 原始阶段

人之所以区别于其他动物最重要的一点，就在于人兼具自然属性与社会属性。没有任何一个人能够脱离社会而单独谋求生存和发展。即使是在原始社会自然经济形态下，人们自给自足，但整个部落，包括各个家庭内部也不可避免地需要就如何生产、消费举行或大或小的会议进行沟通与协商，以提高劳动效率、维持部落秩序。远古时代的人们"面朝黄土背朝天"，主观能动性较差，对自然界了解甚少，存在莫名的敬畏。很多部落群体通过定期举办各种形式的祭祀活动来表达他们对天地的臣服和恭敬，以求得来年的风调雨顺、安居乐业。这些会议和节事活动可以说是最早的会展的起源。随着生产力的进一步发展，开始出现了私有制和专业化社会分工，手工业从农业中脱离出来，商品经济应运而生。人们开始尝试专业生产自己有相对优势的产品，而以此交换其他生活消费品。这种早期的交换行为往往以物物交换为主，没有固定的场所，缺乏专业组织，比较随机和零散。

2. 萌芽阶段

随着社会分工的进一步细化，人们相互之间的交换行为已经成为与生产、分配、消费比肩的重要环节，且规模越来越大。同时，货币从一般等价物的角色成功转化为专门的价值尺度和流通手段，大大促进了商品交换的发展。在此期间，由于某些特定的原因，比如风景优美、交通便利、食宿方便等，一部分城镇或地区开始成为市场交换的双方都偏好的固定的交易场所，逐步形成了现代展览会的萌芽："集市"。

温馨提醒

美国旅行家迈克尔·科尔特曼(Michael M. Coltman)在其著作《旅行和旅游概况》中曾经记载："在14世纪到17世纪的欧洲文艺复兴时期，人们在通往罗马旅途中喜爱的停留之处就是陈列着各种出版物的法兰克福书展。除书市外，还有一个很大的商品博览会，在那里，人们可以收集有关生产和商务的各种信息……法兰克福书展是吸引旅游者最早的展示会之一，而且至今仍是国际上每年一次的重大活动。"法兰克福的第一届书展在圣保罗教堂举行，由黑森州出版商和书商协会组织，有205家德国出版商参加。展会以展台的统一性而著称("普通展台"由一个倾斜的两平方米面板和四个可移动板条组成，以100德国马克的价格出租给参展商)。服务于德国出版业的行业杂志Börsenblatt通过出版一期特别广告来推介这一活动，同时作为博览会的目录。从那时起，该杂志每年都会在展会前出版，成为圣诞节期间零售图书贸易的重要参考书。展会管理层收集的统计数据显示，除了4 500名感兴趣的与会者免费入场外，还有9 046名付费客人，展出了约8 400种图书。最后报告确定，签署了约21 000份合同，总额约为260万德国马克。

这种集市交易一般有着固定的市场，定期举行，生产商借此机会了解市场需求、勘查行业信息、推介产品，获取利润；而消费者趁此机会打开眼界、了解企业和产品，可以货比三家，实现最优的购买决策，对附近区域的商品生产者和消费者具有极大的吸引力，大大促进了当地经济的繁荣发展。对当地来说，集市定期举行时，往往会呈现出一片人、财、物云集的热闹景象。

集市交易在我国有较长的历史，但在漫长的封建社会里，我国长期处于自给自足的自然经济状态，社会分工不明显。农耕文明制约了商品交易的充分发展，历代封建王朝大多采用重农抑商政策，使以商品交易活动为主要基础的会展活动发展缓慢。

3. 现代会展

随着社会的发展和科技的进步，会展业作为一种经济形式，其存在和活动的方式等也在不断调整和变化。尤其在过去的几十年间，会展业的理念在全球迅速扩展，随着企业全球化和世界经济一体化的发展，会展业早已走上了市场化的发展道路，发展势头迅猛。由于会展在世界经济和旅游业发展中的地位日趋提升，因而获得了“触摸世界的窗口”“城市的面包和奶酪”“无烟产业”“旅游业皇冠上的宝石”等美称，并正被越来越多的国家所重视和开发。

今天的会展业正以无与伦比的魅力、不可替代的作用及崭新的形象，迅速成长为各个国家及地区第三产业中一个举足轻重的行业。

但是从全球来看，会展业的发展由于各大洲、国家或地区的区位优势、经济实力、总体规模和发展水平层次不一，而呈现出不均衡的状态。

场馆容量是衡量会展业发展水平和规模的重要因素。国际博览会联盟定期对全球拥有5 000平方米以上室内展览空间的场馆进行普查，并据以编制“展览场馆世界地图”。

截至 2022 年年底，全球共有 1 358 个场馆拥有 5 000 平方米以上室内展览空间，室内展览总面积达 4 060 万平方米。欧洲是全球展览空间最多的国家（1 580 万平方米，占比 39%）；亚太地区现在比北美（分别为 1 300 万平方米，占比 32%；830 万平方米，占比 20%）提供更多的展览场地。在场馆数量方面，欧洲也是场馆数量最多的国家（495 个），其次是北美（380 个）和亚太地区（316 个）。此外，中美和南美仅有 111 个，总面积 200 万平方米，占比 5%；中东和非洲仅有 56 个，总面积 150 万平方米，占比 4%。

在全球范围内，807 个小型场馆的室内容量在 5 000 到 20 000 平方米，占比 60%；478 个场馆属于中型场馆，面积为 20 000 至 100 000 平方米，占比 35%；73 个大型场馆面积超过 10 万平方米，占比 5%。虽然欧洲仍然是大多数大型场馆的所在地，但亚太地区平均场馆面积为41 160平方米，超过欧洲场馆，其平均面积仅为 31 929 平方米。目前，上海的国家会展中心以404 400 平方米室内面积跃居全球第一大展馆，深圳国际会展中心以 400 000 平方米紧随其后。德国汉诺威和法兰克福会展中心跌至第三、四位。而俄罗斯莫斯科克洛库斯国际展览中心升至第五位。

全球 21 个国家/地区的室内场馆总容量超过 300 000 平方米。如表 1.1 所示，中国以 213 个场馆，其中大型场馆 20 个、中型 132 个、小型 61 个，面积总计 1 000 万平方米，赶超美国，跃居第一位。前 5 个国家/地区（中国、美国、德国、意大利和法国）的室内场馆容量占全球室内展览总空间的近 60%。

表 1.1　2022 年年底全球展馆建设情况前十排名

		总面积（平方米）	场馆数	全球占比
1	中国	10 216 681	213	25.2%
2	美国	6 936 197	305	17.1%
3	德国	3 181 205	55	7.8%
4	意大利	2 361 690	45	5.8%
5	法国	1 978 787	81	4.9%
6	西班牙	1 638 795	53	4.0%
7	巴西	1 194 357	56	2.9%

续表

		总面积(平方米)	场馆数	全球占比
8	俄罗斯	1 149 264	32	2.8%
9	加拿大	760 914	32	1.9%
10	荷兰	720 101	41	1.8%

欧洲在可用场馆容量方面仍保持全球领先地位，占全球市场份额的 45%(与 2011 年相比下降 1.8%)，领先亚太地区的 23.7%(上升 3.2%)，北美的 23.5%(下降 1.1%)。

早在中世纪，欧洲会展业就以举办专业化的展贸会而闻名于世，它可以说是世界现代会展业的发源地。经过数个世纪的积累和发展，欧洲会展业呈现整体实力强、规模大的现状。约占世界总量 60%以上的专业展览会都在欧洲举办，它们在展出规模、参展商数量和质量、国外参展商数量和面积比例、观众参观人数、专业观众比例和质量、贸易效果及相关服务质量等方面，均居世界领先地位。此外，绝大多数世界性大型和行业顶级展览会也都在这个地区举办。如表 1.2 所示，欧洲的德国、意大利、法国和英国都是世界级的会展大国。尤其是德国，更有“世界头号会展强国”之称。

表 1.2　　2022 年年底欧洲各国展馆建设情况前十排名

		总面积(平方米)	场馆数	全球占比
1	德国	3 181 205	55	20.1%
2	意大利	2 361 690	45	14.9%
3	法国	1 965 787	80	12.4%
4	西班牙	1 638 795	53	10.4%
5	俄罗斯(欧洲部分)	964 346	22	6.1%
6	荷兰	720 101	41	4.6%
7	土耳其	667 076	22	4.2%
8	英国	649 188	32	4.1%
9	比利时	460 621	19	2.9%
10	瑞士	457 000	13	2.9%

在亚洲，继 2008 年夏奥会之后，2022 年冬奥会花落北京，中国北京成为世界上首座“双奥之城”，上海拥有全球最大会展中心。

同时，新加坡、日本、阿联酋和中国香港、中国台湾等凭借发达的基础设施、高质量的服务业、较高的国际开放度以及较为有利的地理区位优势，已成为亚洲的会展大国和地区。

案例分析

博鳌论坛:亚洲与世界

博鳌亚洲论坛(英文名称为 Boao Forum For Asia，缩写 BFA)(以下简称“论坛”)是一个总部设在中国的国际组织，由 29 个成员国共同发起，每年定期在海南博鳌举行年会。论坛成立的初衷，是促进亚洲经济一体化。论坛当今的使命，是为亚洲和世界发展凝聚正能量。

博鳌亚洲论坛2023年年会于3月30日举行开幕式。新加坡总理李显龙出席并致辞。李显龙表示，亚洲的稳定、包容和开放正面临冲击，需从三个层面加强对话和合作，促进地区发展和全球繁荣。一是继续促进中国与亚洲国家之间的经济合作和友好关系。中国是亚洲绝大多数国家的最大贸易伙伴国，也是本地区诸多区域和全球性倡议的发起国。亚洲各国乐意跟随中国推动本地区经济一体化发展，尤其是在后疫情时代更期待能够抓住中国经济蓬勃发展的新机遇，推动投资、贸易、旅游业的复苏。新加坡正致力于中新关系更上一层楼。当双边和区域性问题难免发生时，确保经贸关系的正常化至关重要。二是亚洲各国深化彼此间的合作，建立紧密、相互交织的关系网，加强彼此依存度、增强区域韧性。东盟成员国正系统性地加强彼此间的融合发展，其提出的诸多机制与亚洲其他机制互为补充，有助于在亚洲国家间建立一个具有韧性、环环相扣的合作网络，也有助于加深亚洲与其他区域的联系和合作。三是亚洲应该一直保持开放，在促进亚洲各国合作的同时也应与欧洲和世界各国加强联系。各地区间建立牢固的经济关系将让所有参与方更积极地在亚洲扮演建设性的角色，能够促进良性的竞争、创新与合作，并且在关系趋向紧张时起到一定的缓和作用，使区域局势更加稳定。

西班牙首相桑切斯表示，中国的现代化和亚洲的增长使世界受益良多，亚洲和欧洲在过去数十年里共同进步，在未来也可以继续如此。中国和欧洲占据全球1/4的人口和全球一半的GDP，有着大量的共同利益，也面临共同的挑战。中欧双方是主要市场和地缘政治单元，但彼此是合作胜过竞争。中欧双方在三个领域存在巨大的互利共赢的合作空间。一是支持多边主义。仅凭一国之力无法解决全球性问题，中欧双方都支持一个强有力的、透明的、以规则为基础的多边体系，来解决全球挑战。二是应对气候变化，共同致力于实现巴黎协议目标。三是实现可持续发展目标，并改革全球金融架构。桑切斯表示，中西建交50周年，过去的50年里发生了巨大变化，双边贸易额大幅增长。中国是西班牙在亚洲最大的进口来源国和市场，同时中国游客和西班牙中资企业的数量也在大幅增加。西班牙依旧是欧洲一个非常卓越的投资营商目的地。

马来西亚总理安瓦尔表示，世界三十年来的历程和当今发展趋势表明，存在适合各国国情的世界观和经济社会发展道路的不同道路。中国提出的中国特色社会主义、中国式现代化和人类命运共同体理念就是很好的例证。基于文明马来西亚理念，可从三方面推动团结合作迎挑战，开放包容促发展：一是秉承团结一致、命运与共价值观，摒弃分裂分化价值观。无论是双边关系还是多边关系，交往中至关重要的是诚意诚信。民主问责的关键在于领导人对全体人民负责，增进人民福祉，提高决策透明度，坚持科学有效的治理。二是竞争固然有益，但合作更重要。亚洲无法回避地缘政治和地缘经济竞争，竞争焦点已从商品和资源转向了尖端科技领域。一方面可以理解各国希望保护知识产权，以便在竞争中保持优势，另一方面也应确保竞争不会导致科技领域的分裂、分化，导致成本激增，阻碍进一步发展。技术竞争应与安全、经济等问题受到同等重视，关于技术竞争的对话应上升到最高级别。第三，应本着团结合作的精神，携手努力缩小贫富差距，促进社会正义，全面提高生活水平。“一带一路”倡议的发展正是团结合作精神最生动的体现。

表 1.3　2022 年年底亚太地区展馆建设情况前十排名

		总面积(平方米)	场馆数	全球占比
1	中国	10 216 681	123	7.86%
2	日本	446 695	13	3.4%
3	印度	440 333	14	3.4%
4	韩国	306 759	13	2.4%
5	泰国	234 292	8	1.8%
6	新加坡	219 970	4	1.7%
7	澳大利亚	195 087	9	1.5%
8	俄罗斯(亚洲部分)	184 918	10	1.4%
9	中国香港	149 820	2	1.2%
10	中国台湾	147 000	4	1.1%

大洋洲的会展业发展水平仅次于欧美，但规模小于亚洲。该地区会展业主要集中于澳大利亚。

拉丁美洲可用场馆面积超过 50 000 平方米的场馆主要分布在巴西(56 个，合计 1 194 357 平方米)、哥伦比亚(8 个，合计 171 926 平方米)、阿根廷(13 个，合计 163 569 平方米)。

整个非洲大陆的会展业发展情况基本上与拉美相似，主要集中在经济发达的南非和埃及。南非凭借其雄厚的经济实力和对周边国家的辐射能力，其会展业在整个非洲南部地区处于遥遥领先的地位。北非的会展业以埃及为代表，其凭借在连接亚非欧和沟通中东、北非市场的极有利的地理位置，会展业在近年取得了突飞猛进的发展，展览会的规模和国际性得到大幅提高。当然，由于种种条件的限制，大型展览会一般集中在首都开罗举办。除南非和埃及外，整个西部非洲和东部非洲的会展业规模都很小，一个国家一年基本上只举办一两个展览会，而且这些展览会的举办还受到气候条件的限制。

三、会展业的特点

在国际上，会展业与旅游业和房地产业一起并称为 21 世纪“三大无烟产业”。它除了像其他服务产业一样具有服务业的共性外，更有它自己的特性。充分认识会展业的特点，对于帮助我们全面认识会展业，了解其发展规律，制定正确的产业发展战略，具有重大意义。

会展业归纳起来具有下列特点。

1. 产业联动性高、经济与社会效益显著

会展业自身是一个高收入、高盈利的行业，其利润率在 20%～25%，直接经济效益明显。据《中国经济周刊》报道称，北京主办奥运会的 2005—2008 年周期里，国际奥委会的电视转播权总收入为 17.37 亿美元，TOP 计划(即奥运会合作伙伴计划)总收入为 8.66 亿美元，相关收入总计将近 30 亿美元。

北京奥运会在国内的超高收视率得益于它的举办地是中国。而世界杯的受众人群在很多国家已远远超过奥运会。例如，由于日韩两队在南非世界杯上的出色表现，极大激发了日韩球迷的观战热情。日本 NHK 电视台调查表明：“日本国内南非世界杯的平均收视率为 40.1%，这是 NHK 电视台首次有节目平均收视率超过 40%。"美国广播公司和 ESPN 的收视率显示，南非世界杯在全美范围内的收视率也冲上近 16 年来的最高值，相比 4 年前的德国世界杯同期，其电视观众增加了 64%，已达 335 万人次。

为时一个月的世界杯，让国际足联赚得盆满钵满。据不完全统计，2010 年南非世界杯期间，国际足联的收入超过 80 亿美元。国际足联的收入主要由转播权销售、厂商赞助以及与世界杯相关的产品销售构成，其中，电视转播权收入 27 亿美元，厂商赞助达 20 亿美元左右，授权品牌产品销售 40 亿美元左右。

对此，时任南非总统祖马非常满意，他甚至认为世界杯给南非经济带来了 0.5%的增长，"尽管南非为举办世界杯投入了 43 亿美元，但预计南非获得的经济回报可达 130 亿美元"。而时任联合国秘书长潘基文对此也非常认同，"大力神杯首度光临非洲大陆，南非世界杯将成为非洲发展的'催化剂'，非洲因此将迎来复兴"。

同时，会展业是个产业关联度极高的行业。如图 1.2 所示，会展业的发展不仅能给城市带来会务费、场租费、搭建费、广告费、门票等直接收入，还能极大拉动城市的餐饮宾馆、建筑业、邮电通信、交通运输、零售、广告、物流、装潢设计等行业的增长，进一步辐射会计、法律等专业社会中介、保险、旅游、金融、市政建设、环保等产业，加速商品流通，促进资源优化配置，改进技术，改善城市发展环境。

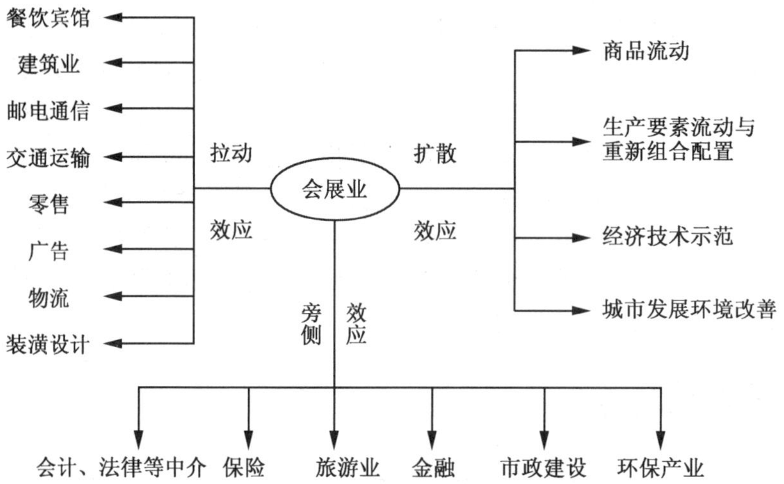

图 1.2 会展业产业联动效应关系

这种强大的产业带动效应，使得会展业成为一个高投入、高产出、经济效益和社会效应兼具的产业。一方面，举办会展活动需要一定的活动场所，要求对场馆及相关硬件设施进行投资建设，需要投入大量的人力和物力，产生了对建筑物料以及劳动力的大量需求，进而能够促进所需的生产要素的生产，增加就业机会，通过投资乘数效应能够引起整个经济体系的有效需求扩张，带来国民收入的成倍增长。另一方面，会展活动不仅能为会展主办方带来可观的经济收入，对关联产业也具有很强的辐射作用。

会展业的高效益特点不仅表现在其对经济的贡献上，更重要的是会展业在其自身创造经济效益的同时，还在创造就业机会、改善产业结构、带动相关产业发展、促进产业结构升级、推动城市基础设施建设、加强信息沟通、促进技术交流、增强贸易往来、扩大对外交流与招商引资、提高城市知名度、改变城市环境和市民素质等方面，发挥着日益重要的作用，带来了无法估计的社会效益。有些效益不一定是立竿见影的，而更多的是潜移默化，逐步发挥作用的。如举办公益性会展活动有利于地方的精神文明建设；政治宣传类会展有利于政令畅通，政通人和；司法展览有利于营造良好的治安秩序；文体类会展可以丰富人们的业余生活；科教类会展可以提高全民素质。这些具有正外部效应的会展活动大大丰富了人民群众的物质文化生活，改善生活质量，开阔了眼界。

2. 行业导向性强

会展业之所以有强盛的生命力，是因为它具有另一个特点——导向性强。也就是说，它能够超前、全面、专业地通过会议和展示来讨论和展现世界上社会、科学技术和工农业生产的发展趋势和最新成果。仅以展览会为例，正是其导向性，才使得展览会能起到推广和展示新技术、新产品、新观念和新知识的作用。许多划时代的发明创造，比如电话机、蒸汽机车、电视机等，都是通过展览会最先传播出去的。

案例分析

第25届科博会圆满落幕

中国北京国际科技产业博览会（简称科博会），创办于1998年，是经国务院批准，由科学技术部、国家知识产权局、中国国际贸易促进委员会和北京市人民政府共同主办的大型国家级国际科技交流合作盛会，由北京市贸促会承办，自2021年起与中关村论坛融合举办。科博会迄今已成功举办25届。

2023中关村论坛展览（科博会）于5月在北京圆满落幕。本届中关村论坛展览（科博会）主题为“开放合作 共享未来”。2.7万平方米的展览云集了650余家企业机构，展出区块链、高端制造、基因与细胞治疗等大批最新技术和前沿科技成果。其中，中国一汽的红旗智能平台HIS、北京海百川科技有限公司的真人互动全息柜、蚂蚁集团的Z字库生僻字解决方案、克莱门特捷联制冷设备（上海）有限公司的超高温水源热泵机组等近40个项目首发首展。5天展期，线上线下同步开展，现场接待各界观众7.7万余人次，接待专业观众团组40余批次，“云上科博”400余家企业展出千余项展品。吸引中央和各省区市160余家媒体探馆报道，仅央视新闻各合作平台新媒体直播累计观看量就超300万人次，并登上微博热搜总榜第三名。展览吸引70余家央企矩阵、30余家科技领军企业、20余家高校院所及新型研发机构，安徽、广东、重庆、陕西、青岛等30多个省区市与计划单列市参展参会。23个国家和地区165家外资企业和机构参展，其中世界500强企业25家。展览引入全息投影、数字导引等技术手段，通过VR、AR、无线动捕、实物模型等体验方式互动，让参观者有身临其境之感。

同时举行的2023京津冀科技产业项目推介会，围绕共同推进京津冀创新链、产业链、供应链融合发展展开项目推介，启动京津冀科技项目创新服务平台，现场签约金额达百亿元以上，促进京津冀科技成果转化落地。

资料来源：http://www. chitec. cn。

实际上，每一次会议和展览活动都会通过演讲、讨论或展示、参观，引导社会和各专业项目的最新发展。正因为会展业具有导向性强这一特点，所以，它也是一种前瞻性经济，反映着经济发展的未来趋势。

3. 凝聚性好

会展业还有一个明显特点,即凝聚性好,能汇聚巨大的人流。只有 700 万人口的瑞士每年举办超过 2 000 个国际会议,仅这些会议每年就能吸引外国游客 3 000 多万人,达到其国内人口的 4 倍多。至于闻名全球的世界博览会就更具有其凝聚性了,2010 年上海世博会参观人数就达到 7 300 万人次。

会展业带来的巨大人流又为会展活动举办国和城市带来了巨大的信息流、技术流、商品流和财富流,从而对国民经济和社会进步产生难以估量的影响和催化作用。

案例分析

小商品海洋——义博会

中国义乌国际小商品(标准)博览会(简称"义博会")创办于 1995 年,是经国务院批准的日用消费品类国际性展会,由商务部、浙江省人民政府等联合主办,已连续举办 28 届,自第 26 届起义博会主办单位新增国家标准化管理委员会,并更名为中国义乌国际小商品(标准)博览会,自此成为国内首个植入标准元素的国际展览会。义博会以"面向世界、服务全国"为办展宗旨,办展特色鲜明,国际化水平突出,信息功能强劲,服务体系完善,安全卫生保障到位,参展成效显著,已成为目前国内最具规模、最具影响、最有成效的日用消费品展会,是商务部举办的三大出口商品展之一,先后被评为中国十大最具实力贸易进出口展览会、中国管理水平最佳展会、中国(参展效果)最佳展览会、最受关注的十大展会、最佳政府主导型展会和中国十大最具影响力品牌展会等,并获得了国际展览联盟(UFI)的认证。

第 29 届义博会于 2023 年 10 月 21 日—24 日在浙江义乌举行。采购国家 112 个,展览面积 100 000 平方米,国际标准展位 3 600 个,参展企业 2 300 余家,观众 10.49 万人次,专业观众 5.79 万人,线上博览会及直播 207 万人次。

资料来源:www.yiwufair.com。

4. 专业性强

会展业有极强的专业性。对会展业各项活动的主办方和承办方而言,从前期的申办到中标,再到具体的策划和筹办,再到现场的运作和接待,后期的评估与反馈,有的需要经历几年的时间,甚至要十多年的时间。所以,筹办会展活动是一项名副其实的庞大工程。

要保障这个系统工程的顺利运转,达到既定目标,少不了专业机构和人才的参与。全球会展业发展至今,已经涌现出一批会展专业运作人才,他们都需经过专门培训,其组展、办展的专业性得到专业权威机构的认可。如会议策划者(meeting planner,MP)、专业会议组织者(professional convention organizer,PCO)、专业活动组织者(professional event organizer,PEO)、认证展会经理(certified exhibition manager,CEM)和目的地管理公司(destination management company,DMC)等。

除此之外,全球会展业是由一批专门的国际组织来协调、研究、帮助和支持并进行行业管理的。如国际会议策划人员协会(Meeting Professional International,MPI)、国际专业会议组织者协会(IAPCO)、国际会议协会(International Congress & Convention Association,ICCA)、国际展览管理者协会(International Association of Exhibition Management,IAEM)、

奖励旅游管理者协会(Society of Incentive & Travel Executives,SITE)、国际博览会联盟(Union of International Fairs,UFI)、国际协会联盟(The Union of International Associations,UIA)和亚太地区会展场地管理协会(Venue Management Association Asia Pacific Limited,VMA)等。

5. 交融性大

交融性大,就是我们把会议、展览、节事活动和奖励旅游四种活动形式统称为会展的主要原因。事实上,会展业的各组成部分往往是你中有我,我中有你,互相促进,相得益彰。也就是说:会中有展,展中有会,以展养会,以会促展,已成了会展业的明显特点。同时,奖励旅游的选址和策划也越来越多地和当地的大型会展活动、各种奖励会议、研讨会、经验交流会、培训会结合在一起,既节约了成本,又提高了效益。

至于节事活动的交融性就更为显著:一方面,即使是一般会议和展览会,往往也伴随着别开生面的主题活动,许多大型会议和博览会本身就是一场节事活动盛事,如奥运会和世博会;另一方面,许多大型文化体育盛事和节事活动又包括了许多会议和博览会,如许多地方举办的国际服装文化节就包含了国际服装博览会、国际服装面料展览会、国际纺织器材展览会、国际服装设计研讨会、流行信息发布会、服装设计大赛、模特大赛等内容相关的会议和展览会。此外,已举办多年并获成功的上海旅游节,本身就是由许多的会议和展览会所构成,使其具有旺盛的生命力。

案例分析

第六届进博会各类活动丰富,开放合作“聚共识”

72 个国家和国际组织亮相国家综合展,各国展台活动精彩纷呈。虹桥论坛聚焦“携手促发展 开放赢未来”主题,举办 22 场分论坛,重磅发布旗舰报告《世界开放报告 2023》,参会人数超过 8 000 人,创历史新高,其中,包括诺贝尔奖和图灵奖得主等政商学各界发言嘉宾达 345 位,传播影响力进一步增强。集中举办对接签约、投资促进、研究发布等各类配套活动 122 场,首次举办跨国企业家巡馆,吸引近 100 家跨国企业的 160 多位高管参加,各类活动持续推高进博会热烈氛围。

来源:中国国际进口博览局、人民网舆情数据中心联合编制,《第六届中国国际进口博览会传播影响力报告》,2024 年 1 月。

会展业的以上这些特点并不是永远不变的。正因为这个原因,我们才不仅要研究了解会展业的这些特点,更要关注研究会展业特点的变化,因为这些特点的变化将会影响我们发展会展业的战略决策和会展企业的经营决策。

四、会展业的作用

国内外会展业的飞速发展日益引起人们的重视和瞩目,它在世界各国经济与社会发展的过程中,向世人显示了其无与伦比的功能。

视频:进博会上海形象片

1. 高度开放的展示窗口,有助于提高城市知名度

会展业的各种会议和展会是人们了解市场、走向市场、了解世界经济、融入世界经济的最直接、最开放、最形象、最直观的窗口。对举办国、举办地区和城市来说，成功的国际会议和展览会就是新闻发布会。尤其是由国际展览局(BIE)批准的综合性世界博览会(如2010年上海世博会)和专业性世界博览会(如2019年北京世界园艺博览会)，更充分展示了人类在某一阶段、某些领域所取得的重大成就和社会及经济发展的广阔前景，并成为享有“经济、科技及文化领域的奥林匹克盛会”美称的重大国际活动。

对任何一个外地客商、国外客商或普通游客来说，了解一个国家、地区和城市的最佳途径，就是参加其举办的会议或参观其展览会。通过会议的议题和展览会所展示的各类商品，所吸引的各国与会者和各国参展厂商和专业观众，举办单位所提供的会展场馆、设施和服务及会议和展览会的组织成熟度，参与者可以最直截了当地了解一个国家、地区、城市的社会和经济发展状况及其开放度与成熟度。而对于东道主来说，这是提升城市知名度的最好契机。

博鳌是一个最好的例子。原本是穷乡僻壤的博鳌建成国际会议中心并成功举办博鳌亚洲论坛后，为加强亚洲各国相互合作交流、合作共赢、促进亚洲区域经济快速增长发挥了重要作用。这个旧日的小渔村如今以其良好的生态、人文和治安环境闻名四海，并吸引了众多海内外会议组织者纷至沓来，而每天到博鳌旅游度假的人更是络绎不绝。而义乌的小商品城以独特的专业市场和会展方式，成为全球买家和卖家采购、销售的热点地区。此外，大连、宁波的服装节，也向全世界敞开了一个展示区域经济文化生活魅力的窗口。

案例分析

贵州台江:借势“村BA”招商引资

贵州省黔东南苗族侗族自治州台江县有“天下苗族第一县”之称，因“村BA”而被更多人所熟知。自2022年以来，“村BA”这个词语就迅速席卷全国，成为家喻户晓的网络红词。如今，曾经名不见经传的台盘村更是成为中国乡村篮球“村BA”圣地。

台盘村的篮球赛有着百年历史。1908年，一群留学生把篮球带到了贵州，传进了苗寨里，作为村寨的活动项目。而苗寨有着自己的历史文化，每年，苗寨为了庆祝一年一度的稻谷新成而举办“吃新节(新米节)”，以“斗牛”比赛来渲染气氛。但是当时村民生活困难，牛自然成了家里最宝贵的财产，不再舍得拿出来斗。虽然不斗牛了，但是节日还是要过，于是，便把斗牛比赛换成了篮球比赛，篮球正式登上苗寨的舞台。

起初的篮球比赛并没有那么多的规矩，还掺杂着部分“斗牛”活动的“无拘无束”，只要能把球投进篮就可以了，还能得到奖励，镌刻着苗寨人对生活的热爱。随着时代发展，台盘村的篮球赛越来越正规，发展越来越好。现在，台盘村几乎把篮球当成了信仰，老少皆会打球，更是有着2位国家一级裁判，2位国家二级裁判。

有比赛当然有奖品，这奖品不是奖牌，不是奖杯，更不是奖金，而是家家户户都在养殖的家禽，如黄牛、羊、鸭、鸡，还有腌鱼、腌肉、猪腿等可以食用的物品。为什么设置这样的奖品呢？说到底还是台盘苗寨的文化习俗。他们认为外来都是客，而黄牛、羊、腌鱼、腌肉是家家户户拿来招待客人的佳肴，表示对客人的热烈欢迎和尊重。“村BA”体现的不仅有体育精神，还有极其浓厚的民族文化。为办好篮球赛，台盘村特意成立了筹备组，负责组织每年的“吃新节”篮球比赛活动，比赛经费大多由村民集资，共同推进体育盛事的开展。

比赛场上，除了看到球员顽强拼搏的精神，还看到当地苗族少年作为"啦啦队"的少数民族舞蹈表演。氛围感"拉满"的"村BA"，除比赛本身外，接地气的奖品也让人眼前一亮，台江鲟鱼、台江鲤吻香米等奖品便是火出圈的代表，也展现了台江的特色产业发展。

近年来，台江县以贵州台江经济开发区为招商主阵地，瞄准粤港澳、长三角、京津冀等重点区域，紧盯优强企业、产业链领军企业等，实施引优引强攻坚行动，目前已引进4家中国500强企业入驻。

统计数据显示，2022年，台江县地区生产总值完成44.98亿元，同比增长9%。2023年上半年地区生产总值完成20.17亿元，同比增长7.7%，增速居黔东南州第一、贵州全省前列。

"村BA"火爆出圈后，台江聚集了人气，不少企业对投资文旅、文创等项目很感兴趣，政府部门也在积极思考、主动作为，借势"村BA"助力招商引资，实现新突破。如在民族手工艺品、体旅装备等方面，台江县已专门成立了体旅装备产业招商专班，抢抓"村BA"带来的新机遇，目前已有多家企业在洽谈中。

2023年以来，台江县共接待省外客商考察调研126家，签订投资合同16个，签约总投资21.6亿元，在谈意向合作项目17个，计划投资总额27.63亿元。

来源：贵州省人民政府官网。

2. 密集流畅的信息沟通渠道、高效灵活的交易中心

回顾国内外会展业的发展历史，我们可以十分清楚地看到，国内外的任何会议总是讨论研究政治、社会、经济、科学、教育等各行各业当前最关心和最前沿的议题，是交流和获取信息的最佳机会。而各种展览会又总是国内外最新产品的最佳展示场所和近现代科技发展的最佳推广渠道。参展商在向国内外客户试销和推出自己的新产品系列，以及推广品牌的同时，又通过与国内外买家的直接接触，迅速地对市场情况进行比较全面的了解。尤其是了解本行业的最新潮流产品、发展趋势和客户的需求，最终达到更为有效地推销自己产品的目的。所以，许多企业在谈到参加展览会的目的时，便说："第一是为了展示商品和企业形象，第二是了解市场信息，最终目的当然是销售商品，达成交易。"而参观者又可以通过展览会了解供货商、产品、新技术及市场等所需要的信息。尤其是在展览会期间，配套举行的各种主题报告会、研讨会、技术交流会、产品介绍会和新闻发布会等，更能给参展客商和参观者提供各类新技术、新观念、新意识、新行情等。

会展业的高凝聚性特点在带来巨大人流的同时，也带来了信息流，会议和展览会成了密集信息的流畅沟通渠道，大大推动了世界各国和地区间的政治、经济、文化和科技的交流与往来。会展业的展览会通常采取规模经营的方式，在相对集中的场所内，汇集了既定行业的各类企业来展销的各种产品，使当地和外地的采购商在展览会上充分比较和选择自己所需要的产品，而无需为寻找质优价廉的供货对象到处奔波。它大幅降低了采购成本，改善了买家的经营环境，为各类企业带来了巨大的便利，在同一时间、同一地点使某一行业中最重要的生产厂家和购买商集中到一起，这种机会在其他场合实属难觅。

据英国展览业联合会调查，展览是优于专业杂志、直接邮寄、人员推销、公关、报纸、电视等促销手段的最有效的营销中介体。经调查，他们发现，通过一般渠道找到一个客户的成本约为219英镑，而通过展览的成本仅为35英镑。因此，越来越多的供应商和采购商纷纷光临行业展览会，成为展会的忠实顾客。

案例分析

中国外贸的晴雨表——广交会

中国进出口商品交易会，又称广交会，创办于 1957 年春，每年春秋两季在广州举办。广交会由商务部和广东省人民政府联合主办，中国对外贸易中心承办，是中国目前历史最长、规模最大、商品最全、采购商最多且来源最广、成交效果最好、信誉最佳的综合性国际贸易盛会，被誉为中国第一展，中国外贸的晴雨表、风向标。

广交会是中国对外开放的窗口、缩影、标志，是国际贸易合作的重要平台。创办以来，广交会已成功举办 133 届，与全球 229 个国家和地区建立了贸易关系，累计出口成交约 1.5 万亿美元，累计到会和线上观展境外采购商超 1 000 万人，有力地促进了中国与世界各国各地区的贸易交流和友好往来。

表 1.4 近十年广交会采购商到会统计

年	采购商人数		来自国家和地区(个)	
	春季	秋季	春季	秋季
2023	129 006(线下) 390 574(线上)	197 968(线下) 453 857(线上)	229	229
2022	53.6 万(线上)	—	228	229
2021			227	228
2020			217	226
2019	195 454	186 015	213	214
2018	203 346	189 812	214	215
2017	196 490	191 950	213	213
2016	185 596	185 704	210	213
2015	184 801	177 544	216	213
2014	188 119	186 104	214	211
2013	202 766	189 646	211	212

表 1.5 近十年广交会出口成交额统计

年	成交额(百万美元)		全年成交额(百万美元)
	春季	秋季	
2023	25 110	24 581	49 691
2019	29 730	29 288	59 018
2018	30 080	29 860	59 940
2017	30 020	30 160	60 180
2016	28 084	27 890	55 974
2015	28 056	27 010	55 066
2014	31 051	29 160	60 211
2013	35 540	31 690	67 230

资料来源：http://www.cantonfair.org.cn。

广交会的成功发展史以雄辩的事实生动地证明，成功的展览会为供应商和采购商搭建起一座高效灵活的交易平台，成为越来越多的企业认可的成熟商品的集散采购中心。

3. 扩大对外交流，提升产业结构，加速城市基础设施建设，带动区域经济增长

发展会展业有利于加快城市基础设施建设和提高城市的文明交流程度。会展业的发展必须依托城市良好的基础设施，如具备国际化先进展馆、便捷的航空港和高架路。同时，其发展必须服务到位，如一定数量的出租车、设施先进和服务优良的饭店，以及可供休闲和旅游的景点。北京举办 2008 年奥运会，投资 2 800 亿元人民币用于硬件基础设施建设，有了这些硬件设施，才能承载国际性会展的成功举办。同时，城市在举办会展的过程中，也使市民的文明素质不断提高，让五湖四海的宾朋亲身感受人与人之间的交流，城市的文明形象和内在素质通过这种交往得以传播。

视频：一带一路十周年

案例分析

直播助力扶贫

2020 年，为帮助贫困地区的小企业和农户解决销售问题，助力脱贫攻坚，主流媒体借助直播带货的力量，开展了一系列助农活动。2020 年 4 月 30 日，人民日报新媒体发起“为鄂下单”系列公益带货直播，打通湖北滞销品销售链路，累计带货近 300 万单。

6 月初，人民网在中央单位和地方党委政府支持下，联合社会各界，共同开展人民优选直播大赛活动，致力于为消费扶贫、消费升级贡献力量，有序引导消费新模式。作为人民优选直播大赛的一部分，“全国百城百县直播助农”于 6 月 12 日举办首场活动，山东省商河县副县长、安徽省潜山市副市长、演员杨迪共同参与，介绍了商河爱古方炖梨、糖酥火烧、潜山瓜篓籽、桑葚果干等多种特色产品，分享助农故事，助力经济复苏。

7 月底开始，央视新闻新媒体启动了“买遍中国 • 助力美好生活”带货直播系列活动，在全国各地进行巡回带货直播。贵州羊肉粉、河南光山茶油、辽宁营口大酱、湖南麻阳冰糖橙……直播间展示的各地扶贫产品琳琅满目，康辉、朱广权、撒贝宁、尼格买提等央视名嘴也纷纷变身“推销员”。

2020 年 1—9 月，全国 832 个国家级贫困县实现网络零售额 2 068.8 亿元，同比增长 24.1%，较上半年提速 5.2 个百分点。其中，农产品电商增长势头不减。前三季度，832 个国家级贫困县实现农产品网络零售额 264.2 亿元，同比增长 48.1%。

当下，直播带货扶贫新模式不仅帮助贫困地区打响了农产品和文旅品牌，还帮助贫困地区培养了一批新媒体技能人才，通过搭建优质直播平台，促进优质内容生产和传播，推动了扶贫产业健康发展。“授人以鱼不如授人以渔”，越来越多的“本土主播”出现在直播间，将家乡的特产通过小小的手机屏幕介绍给全国的网友。在为扶贫产品打开销路的同时，也为解决贫困人口就业问题打开了一扇窗口。

来源：人民网——传媒频道。

知识归纳

1. 狭义的会展即展览会及会议的总称。广义的会展是指在一定地域空间范围内，由多人集聚在一起、定期或不定期举办的经济文化活动。会展是人类文化交流活动发展到一定阶段的产物，会展的成长史也就是人类生产力和物质精神文化发展的缩影。在国际上，广义的会展通常被称为 MICE。它由四个英语单词中的第一个字母组合而成，其中，M 代表会议(meeting)，主要指公司会议；I 代表奖励旅游(incentive tour)，专指以激励、奖励特定对象为目的而进行的旅游活动；C 代表大型会议(conference)，主要是指协会、团体组织会议；E 代表展览会 (exhibition or exposition)和节事活动(event)。本书所说的会展，是广义的会展 MICE，即会议、展览、奖励旅游和节事活动的统称，把由会展经济活动而引起的相互联系、相互作用、相互影响的同类企业的总和统称为会展业(MICE industry)。

2. 所谓会展经济，是指围绕会展活动的举办，带动会展业(狭义，包括会展组织者、会展场馆、展览设计搭建公司)、相关服务行业(住宿、餐饮、交通、旅游等)，以及参展商和参展观众共同发展而形成的一种综合经济形态。会展经济属于第三产业范畴，是服务型经济。

3. 会展业主要提供下列服务产品：策划和举办各种规模、各种性质、各种目的和各种层次的会议、展览(展销会、展览会、交易会和博览会)、奖励旅游、节事活动；提供上述各项会议、展览，奖励旅游和节事活动所需要的各种场馆和软、硬件设施；专业提供会展活动策划及展台设计布置与搭建等服务；提供上述各项会议、展览，奖励旅游和节事活动所需要的相关配套服务，如货运、仓储、报关、检疫、金融、保险、法律、通信、信息、翻译、会务等；安排和提供能够令上述会议、展览、奖励旅游和节事活动的参与者满意的“食、住、行、游、娱、购”六方面的生活接待服务。

4. 全球会展业的历史源远流长。目前各大洲发展现状极不平衡，其中以欧洲为会展的发源地，实力最强，欧美次之。亚太地区作为会展“新秀”，显示出很强的增长态势。

5. 会展业的特点包括：产业联动性高、经济与社会效益显著；行业导向性强；凝聚性好；专业性强；交融性大。

6. 会展业的作用可以概括为：高度开放的展示窗口，有助于提高城市知名度；密集流畅的信息沟通渠道、高效灵活的交易中心；扩大对外交流，提升产业结构，加速城市基础设施建设，带动区域经济增长。

知识图表

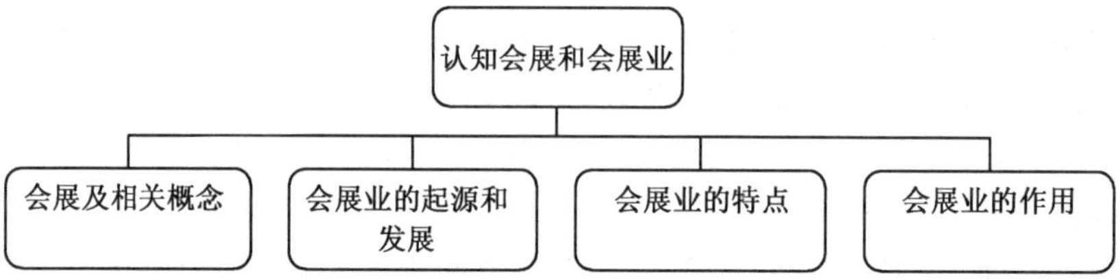

网站导航

与本单元学习有关的网站有：

1. http://www.ufi.org/。
2. http://www.cantonfair.org.cn。
3. 贵州省人民政府网。

关键词汇

会展　会议　展览　奖励旅游　节事活动　会展业　会展经济　会展活动　联动性　集会　服务　策划　场馆

独立思考

1. 你所在城市有哪些代表性的会展活动？

2. 你所熟悉的一项会展活动对参与者和本城市有何意义?

基本训练

一、名词解释

1. 会展
2. 会展业

二、不定项选择题

1. 会展业的本质是(　　)。

A. 贸易　B. 服务　C. 旅游　D. 活动

2. 会展的基本活动形式包括(　　)。

A. 会议　B. 展览　C. 节事活动　D. 奖励旅游

3. 会展业的特点包括(　　)。

A. 效益性高　B. 联动性强　C. 交融性大　D. 凝聚力大

4. 青岛啤酒节属于我们通常所说的广义会展中的(　　)。

A. meetings　B. incentive tour　C. conventions　D. events

三、判断题

1. 会展也就是指会议和展览。　(　　)
2. 会展业由于巨大的产业联动效应,被称为"城市的面包和奶酪"。　(　　)
3. 世界会展业的发源地是欧洲。　(　　)

四、简答题

1. 会展业提供哪些服务?
2. 会展业有何特点?
3. 如何理解会展业的作用?

实战演练

【目标】 了解会展业具体业务内容。

【内容】 调研一家会展企业,了解其业务范围、岗位设置和分工。

【步骤】

(1) 登录上海市会展行业协会网站(http://www.sceia.org);

(2) 浏览其会员单位;

(3) 确定拟调研类型和具体企业;

(4) 准备口头报告。

任务二　浏览世界会展强国与城市

知识目标

◆ 了解目前世界主要会展强国和城市会展业发展现状、特色和经验；
◆ 了解我国主要会展城市分布情况和规模；
◆ 结合各城市实践理解会展业的发展条件。

技能目标

◆ 归纳会展强国和城市的优秀经验；
◆ 了解中国会展市场的分布和代表企业、活动。

能力目标

◆ 认识世界和中国市场著名的会展公司和会展活动；
◆ 能对特定目标开展调研，收集资料并整理、报告。

思政目标

◆ 了解中国会展业取得的骄人成绩，增强民族自信和文化自信；
◆ 没有调查就没有发言权；
◆ 总结不同国家和城市的会展发展经验和教训，因地制宜地努力造福家乡和人民。

重点难点

◆ 中国会展市场五大区域；
◆ 会展业发展条件。

任务引入

一些国家在会展业发展的历史中，投入巨资兴建大型的专业会展场馆，也因此奠定了其在全球会展业中的领军地位，让我们一起来看看他们到底有哪些知名的会展活动，以及成为会展强国的成功经验。

一、世界会展强国

（一）头号会展强国——德国

德国拥有 10 个大型场馆、19 个中型场馆、26 个小型场馆，展示面积达 300 万平方米，占全球 7.8%，占欧洲 20.1%。德国拥有 50 个 UFI 成员，主要分布在柏林(4)、法兰克福(6)、汉诺威(4)、慕尼黑(7)、科隆(6)。相对于会议业而言，展览业更是德国服务行业的重要支柱，对德国经济发展和对外贸易增长起着举足轻重的作用。

1. 德国展览业的特点

德国展览业非常发达，市场化运作十分成熟，具有以下特点：

(1) 展览中心规模大

如表 2.1 所示，国际博览会联盟统计，2022 年年底德国汉诺威展馆仍为德国最大场馆，但面积从 2019 年的 46.3 万平方米缩小到 39 万平方米，法兰克福展馆从 2019 年年底的 36.6 万平方米扩大到 37.2 万平方米，科隆和杜塞尔多夫展馆也都达到 20 万平方米规模。现代化的会展中心及与其相配套的技术设施，加上发达的交通网络和德国所处欧洲中心的地理位置，为展览会的成功举办创造了良好的前提。

表 2.1　　2022 年年底德国各场馆面积排名前十

	场馆名	室内面积(平方米)
1	汉诺威	392 445
2	法兰克福	372 073
3	科隆	284 000
4	杜塞尔多夫	262 727
5	慕尼黑	200 000
6	柏林	180 000
7	纽伦堡	180 000
8	莱比锡	119 800
9	埃森	111 300
10	斯图加特	110 000

(2) 展会专业性、国际性强

世界前 10 家营业额最大的展览公司中有 5 家位于德国。他们中的大多数也成为最早开拓中国会展市场的先驱，至今仍然活跃在中国会展业的各个领域，对我国会展业的成长和发展产生了深远的影响。150 个世界顶级的行业博览会中有三分之二在德国举办。其中，汉诺威办公自动化及信息通信博览会(CeBIT)、法兰克福消费品博览会、科隆五金展、柏林国际旅游博览会、慕尼黑国际建筑机械博览会、纽伦堡国际玩具博览会等皆是专业博览会的经典之作。在经济全球化和信息化时代，世界顶级的行业博览会依然是企业树立形象、发布产品未来发展趋势及与客户和观众交流、沟通的重要平台。

(3) 展会题材内容丰富

一些展览会在对公众开放之前专门向采购商、生产厂家、行业工程人员、新闻记者等专业观众开放，从而使参展商和专业观众能够达到充分交流的目的。

2. 德国展览业的成功经验

德国展览业之所以能在全球展览业日益激烈的竞争中取得长足发展，不仅是因为其拥有悠久的博览会传统和一流的展馆基础设施，更得益于其独特的展馆管理体制和行业协会的亲密合作等多个方面。

(1) 独特的展馆管理体制。与美、英、法等国的展览公司不同，德国的展馆全部由各州和地方政府投资兴建，展览公司由政府控股，实行企业化管理。如位于汉诺威的德国最大的展览公司(即汉诺威展览公司)由下萨克森州政府和汉诺威市政府分别控股 49.8%。汉诺威展览公司既是展览中心的管理者，又是许多大型博览会(如 CeBIT 和汉诺威工业博览会)的举办者和实施者。由于德国各级政府将展览业作为一项重要的产业给予高度重视，对展馆及其配套设施和交通建设均给予大力支持，德国绝大部分展览中心都拥有先进的设施，为举办高水准的专业博览会创造了良好的基础。

(2) 与行业协会密切合作，培育展览品牌。德国行业协会在展览业中有着十分重要的地位，也对展览业的繁荣发展做出了重大贡献。特别是在办展时间和地点等方面，行业协会拥有相当大的发言权。没有行业协会的支持，展览公司无法深入了解行业动态及有效开展对参展商和专业观众的营销工作。因此，展览公司在制定办展方案和招展过程中均与相关的行业协会密切合作，打造行业博览会品牌。同时，行业协会向展览公司提供业内的专业诀窍及其与国内外的联系渠道。另外，一些行业协会本身又是知名博览会的主办者。如位于法兰克福的德国通信和娱乐电子工业协会(GFU)是每两年一届的柏林国际电讯展的主办者，柏林展览公司只是该展的承办单位。法兰克福图书展由德国图书交易协会举办，该协会从法兰克福展览公司租赁展厅。德国制冷和空调技术协会每年轮流在纽伦堡和汉诺威举办国际制冷和空调技术展(IKK)。德国化工和生物技术协会(DECHEMA)每年轮流在法兰克福、北京、墨西哥城举办国际化工、环保和生物技术展(ACHEMA)。

(3) 积极拓展国外市场。与别国的展览公司相比，德国展览公司的最大优势在于具有很强的国际战略意识。这主要体现在以下两个方面：一是早在 20 世纪 60 年代，德国举办的博览会就向国外参展商开放，并想方设法吸引更多的外国参展商和观众，从而使其国际性日益提高，参展商不仅能结识新的客户，而且能遇到来自世界各地的老客户；二是展览公司能洞察国际展览市场的发展趋势，及时到国外投资办展。以中国为核心的亚洲市场正成为德国展览业新的业务和利润增长点。德国展览公司开拓中国市场的策略有二：一是继续吸引中国企业赴德国参展或独立办展；二是投资中国展览企业，将其知名的博览会品牌移植到中国。

(4) 举办国际会议，促进会展经济。博览会是行业经济发展的晴雨表。它不仅是促进对外贸易的有效渠道之一，更是企业展示形象、推出新产品和技术的重要场所。博览会期间云集了世界各地的业界精英和客商，是举办国际性会议的最佳时机。因此，承办国际会议已成为博览会的重要组成部分，博览会举办者往往在展会期间举办一些国际性的会议，结合展览会发布业界动态信息，使之与博览会相辅相成，从而达到既提升博览会的知名度，又促进会展经济发展的目的。

(5) 提供一流的配套服务。从展览设计、展台搭建与布置到信息资料、交通、运输、住宿和旅游等服务项目，展览会承办方提供的服务均非常到位，特别是在解决博览会期间的停车和交通拥堵问题及吸引企业和专业观众参展等方面的做法值得我国学习与借鉴。展览公司一般在城外的交通枢纽地带建几个大型停车场，展览公司提供车辆免费接送观众，从而避免大量车辆拥入市区；如展览中心位于城外，就在展馆旁边建大型停车场，展览公司还在机场、火车站或市中心设临时车站免费接送参观者；在许多展览城市，观众凭展览会门票可免费乘坐市内公交。为吸引企业和专业观众参展，展览会举办单位给参展企业邀请的客户给予门票优惠，参展企业可预先从展览公司订购门票后寄给客户。

(6) 全国唯一、权威的会展业管理机构

德国展览业管理委员会(AUMA)作为德国最为权威的唯一会展业管理机构，在制定展览业发展战略与规划、切实履行行业管理职责、协调全国各地展览计划的制定、规范全国会展业发展、监管会展活动实施方面发挥了重大作用。

3. 会展代表城市

德国的汉诺威、科隆、法兰克福、柏林、慕尼黑等都是世界知名的会展城市，不仅拥有世界一流的会展中心、一流的展览公司、一流的品牌展会，而且各有千秋、百花齐放。

(1) 汉诺威。汉诺威以举办国际著名的展览会而享有盛名，不仅拥有世界最大的展览中心，而且是2000年世界博览会的东道城市和当之无愧的“世界会展之都”。汉诺威是下萨克森州首府，北德重要的经济文化中心。它位于北德平原和中德山地的相交处，正处于巴黎到莫斯科、北欧到意大利的十字路口，又濒临中德运河，是一个重要的交通枢纽。汉诺威又是工业高度发达的城市，汽车、机械制造等都很出名。其制造业尤为突出，还有全德国最大的轮胎厂。除商业、金融、保险业外，汉诺威的展览会议业、旅游业也蓬勃兴起，欧洲最大的旅行社组织TUI的总部就设在这里。

汉诺威会展业发展的第一个里程碑始于第二次世界大战后。战后初期百业凋零，为了振兴占领区经济，1947年英国军政府下令举办汉诺威工业博览会，工程在一家名叫联合轻合金工厂的厂址动工，因陋就简，开办展览。值得欣慰的是，开展后不出数天，竟有几十万人络绎不绝前来参观，上千家公司得到订单，摆脱困境。展后各方面反应良好，初步展示出展会的独特魅力，以后年年续办，遂发展成今天世界上最大的工业博览会。如今每年4月，有上百个国家厂商踊跃参展，新机器、新设备、新技术层出不穷，吸引数以百万计的参观者。大者如起重机械，小者如手动工具，代表了世界工业生产的最新技术水平。从博览会上首次展出的设备和产品所引起的兴趣中，可以判断这些产品的销售前景。

(2) 法兰克福。法兰克福是德国的金融中心和通向世界的空中门户枢纽。无与伦比的地理位置使法兰克福成为阿尔卑斯山北部的贸易中心。此外，其拥有欧洲货运量最大、客运量第二的机场，是欧洲的交通中心。

法兰克福是德国，也是世界上最重要的展览城市之一，其举办展览会已有近千年的历史，早在中世纪就发展成为德国的百货商场，并带动了当地一系列相关产业的同步发展。该市将会展业视为支柱产业，动员各个政府部门从交通、展馆、政策、品牌等方面扶持会展业；除兴建展馆外，还出台一系列鼓励措施和优惠政策吸引公众参展，为参展商和参观者提供优质专业化服务。

案例分析

法兰克福车展(IAA)

IAA创办于1897年，不仅是世界五大车展之一，也是欧洲规模最大的国际性车展之一，在全球汽车产业的发展中起着关键作用。曾经，中国观众参加法兰克福车展，是抱着一种“朝圣”的心态去的。2017 年起，法兰克福车展开始出现颓势。当年，包括日产、英菲尼迪、特斯拉、标致、沃尔沃、Jeep、三菱、阿尔法罗密欧等多家车企缺席法兰克福车展。2019 年，缺席车展的重磅车企再度增加，丰田、PSA、克莱斯勒、通用汽车等主流车企均没有参加当年的展会。

除了主流车企缺席、展会规模缩小外，环保人士堵门、占领场馆等意外插曲，最终使得当届法兰克福车展难言成功。会后统计的数据显示，当年 IAA 的访客人数缩水至 56 万，仅相当于巅峰时期的 60%左右。

2019 年车展上博世和本特勒联合推出了一个电动车平台，宣称车企只要设计车体和造型，就能造出一辆电动车。但短短的两三年的时间里，世界发生了翻天覆地的变化。大众、宝马、奔驰、奥迪在电动车领域砸下重金，推出了一系列的产品，但迄今为止，它们都没有取得显著的成绩。反倒是中国企业，不仅在电动车领域大放光彩，并且攻入了过去由传统合资和豪华车公司统治的高价值市场。

随着人类出行方式的转变，IAA 紧跟前沿趋势，从汽车展会向 360°移动出行平台转型。展会在德国法兰克福举办了 70 年后，于 2021 年 9 月 7—12 日首次以全新名称“IAA MOBILITY”亮相于德国巴伐利亚州首府慕尼黑。IAA MOBILITY 每两年举办一届，一般安排在 9 月开展。博览会的主办单位为德国汽车工业协会。

来源：第一财经。

“一站式会议”是法兰克福会展组织者的格言，他们承担了与展会有关的所有工作，从理念到预算规划，从组织实施到参展登记，从展览的运行到社会活动的安排。更为难得的是，在展会结束后很长时间里，参与者仍可收到统计数据和分析资料，这充分体现了德国人严谨的作风。

(3) 科隆。科隆是德国文化古城、重工业城市和水陆交通枢纽，因其交通的便利，自罗马时代起就成为贸易中心。

今天的科隆包揽了“世界级会展中心”和“世界级旅游都市”这两项荣誉，拥有众多专业品牌展会。近年，到科隆看展已经成为国内专业人士商旅活动的重头戏，每年前往科隆参展的中国企业超过 1 700 家，更有约 5 000 家中国采购商参观那里的展会。无论从展商还是观众方面看，中国在科隆的参展活动在亚洲中均名列前茅，超过印度和日本。

(4) 柏林。柏林是东西方文化的交汇点。柏林还是国际交通枢纽，位于东西欧交通要道，地理位置具有重要意义。

主要展览场馆包括柏林会展中心、柏林国际展览中心。

(5) 慕尼黑。慕尼黑被视为文化艺术之都，是德国南部的旅游点首选。交通便捷，飞机往来欧洲各大都市只需约 2 小时，班次频繁。

资料卡

慕尼黑啤酒节

德国是个盛产啤酒的国家，其产量仅次于美国，居世界第二位。德国所产啤酒质优味醇、品种多样，在世界享有盛誉。巴伐利亚州不论是啤酒产量，还是啤酒销售量都居德国各州首位，而作为州首府的慕尼黑，它的好酒和海量又称雄全州，平均每人每年要喝200多升啤酒。每年一届的慕尼黑啤酒节源于1810年，是为庆贺巴伐利亚储君卢德亲王与萨克森-希尔登豪森的黛丽丝公主共结百年之好而举行的一系列庆祝活动。每年10月正值大麦和啤酒花丰收的时节，慕尼黑以其优质的啤酒、欢乐的气氛和丰富多彩的节日内容吸引数百万游客蜂拥而至。人们在辛勤劳动之余，欢聚在一起，尽情饮酒、唱歌、跳舞、狂欢……这一传统节日一直延续至今。

每年有90多个国家的3万多家企业来到慕尼黑参展，观众遍及全球180多个国家和地区，总人数超过200万。

（二）英国

英国是老牌的资本主义国家，也是现代意义上的第一次世界博览会（即英国伦敦万国工业博览会）的诞生地。英国也在占领地办过不少展览会，有的至今已发展成为世界最有影响力的展会之一。

英国有37家国际博览会联盟成员，其中伦敦33个。英国拥有2个大型场馆、3个中型场馆、27个小型场馆，合计展示面积649 188平方米，占全球1.6%，占欧洲4.1%。最大的英国伯明翰展馆拥有178 856平方米，其次是伦敦ExCel会展中心11万平方米。

伦敦城是英国的金融中心，也是世界上最大的金融中心之一。伦敦第三产业极为突出，占就业人口的五分之四，第二产业只占五分之一。伦敦是英国最大的工业城市，机械制造、汽车、飞机、电子工业、石油化工和印刷等具有很高的水平，在国际上享有很高的声誉。

伦敦展览业具有典型的贵族气质，布展方式非常讲究，也对参展客商提出了严格要求。

每年举办一次的伦敦书展（London Book Fair，LBF）于1971年由英国工业与贸易博览会公司创办，是仅次于法兰克福书展的世界第二大国际图书版权交易会，也是每年欧洲春季最重要的出版界盛会。该展会自建立以来，每年3月举行，为期3天，展出面积3 000多平方米。展会上图书品种繁多，各种与图书贸易有关的服务应有尽有。在此期间约有100个国家和地区的2万多名出版界精英会集于伦敦著名的奥林匹亚展览中心，进行商业与学术交流。同时，伦敦书展也吸引着500多家媒体的注意，他们大多涉及贸易及消费领域，共同关注博览会的主题、产品以及由此引发的相关服务。

（三）法国

法国的工业、农业和服务业发展均衡，居世界前列，具有一流的展馆和服务系统以及悠久的国际交流经验，是全世界展览业最为发达的国度之一，拥有29家国际博览会联盟成员，主要分布在巴黎(14)、里昂(6)。法国拥有3个大型场馆、20个中型场馆、58个小型场馆，合计展示面积1 978 787平方米，占全球4.9%。其中巴黎北维勒班展览中心面积最大，为24.6万平方米；巴黎凡尔赛门展览中心20.2万平方米；里昂国际展览中心13.8万平方米。

法国每年大约举办1 400个展览会（包括只允许专业人士入场的专业展和可允许社会公众入场的大众性展会两种）和100个博览会（指以社会公众为观众的多种行业参加的展览会）。

1. 法国会展业的成功经验

法国不仅有世界上独一无二的全球展览促销网络，在展会经营管理上也有很多值得中国展览界借鉴的地方。

（1）独特的展会营销网络

法国有一种较为独特的展会营销网络，核心机构为法国国际专业展促进会（Promo Salons）。法国国际专业展促进会是由商会和政府牵头组织的民间团体。其理事会由巴黎工商会、法国外贸中心、法国专业展联合会、法国雇主协会、巴黎市政府、法国外贸部以及展览中心和专业展览公司的代表组成。自成立以来，其专门从事促进国外专业人士赴法国参观和交流的工作，在全球范围内推广法国专业展会。该促进会经费来源由两部分组成，一部分是巴黎工商会和展览场地公司等主要理事单位提供年度补贴，占少部分；另一部分是参加促进会的展览公司按所需促进的展会数目及促进宣传工作量而定的促销经费，占大部分。法国的任何一家展览公司均可申请加入促进会，但促进会对于同一个专题的展会只接纳一个展会，而且优先接纳质量最好的展会。目前共有65个展会参加了这一促进网络，都是法国最知名的国际性专业展会，规模大，国际性强，需要依靠促进会在世界各地做国外参展商的招募工作或国外参观人员的促进工作。

促进会为了向这些展会提供国际促进业务，在近50个国家和地区建立了办事处。这些办事处的任务是在各自负责的国家和地区为这65个展会开展形式多样的促进业务。在这50个办事处之中，除去意大利、德国、英国、比利时、西班牙等少数国家是由促进会总部投资的独资公司，其他办事处都是财务独立的机构或公司。根据国家不同，办事处可以是法国使馆商参处、法国驻外商会、法航办事处或独立的商务公司。这种展会境外促销网具有很强的招展能力，因为哪怕是财力强大的展览集团，也没有足够的实力在世界上50个国家建立属于自己的办事机构网络，但是从属于不同展览公司的65个展会把其促销经费集中到一起，就能组成一个有效的展会国际促销网络。

（2）展会国际参与程度不断提高

随着欧洲经济一体化的发展，在法国举办的国际性专业展已不能满足于吸引法国的参展商和专业观众，必须在更大的地域范围内寻找客户，由此，欧洲各国展会的竞争加剧。1994年，巴黎市政府最早成立了专门组织——巴黎会展局，不仅策划、组织会展，游说各种国际组织，还向会展的供求双方提供咨询和其他帮助。而由其商会和政府牵头组织的民间团体——法国国际专业展促进会，更是在世界各地做国外参展商的招募工作或国外参观人员的促进工作中起着重要的作用。近年来，法国大型展览会的国际参与程度不断提高。法国国际专业展的主要参与国（地区）按参与程度排列依次是比利时、意大利、西班牙、英国、德国、荷兰、瑞士、美国、葡萄牙、日本、奥地利、巴西、加拿大、丹麦、希腊、中国香港、爱尔兰、瑞典和土耳其。

（3）相互独立的展览公司与场馆

法国展览业与德国有很大的区别：在法国，专业展览公司并不拥有自己的场馆，而展览场馆并不主办或承办展会，也不参与其经营。法国的展览业人士认为，此种做法不仅能够促进展览公司之间的公平竞争，提高其展会策划组织的专业能力，也有利于场馆之间公平竞争，扬长避短，专心做好自己的场馆服务工作。

2. 巴黎的会展概况

巴黎是法国的首都，素有“世界花都”之称。其是法国的经济和金融中心，纺织、电器、汽车、飞机等工业都非常发达，时装和化妆品工业更是举世闻名。巴黎也是法国的文化中心，文学家、艺术家的摇篮，塞纳河的文明孕育了莫里哀、雨果、巴尔扎克、大仲马等世界文学巨匠。巴黎的交通之便堪称世界之最。

巴黎是世界博览会最为青睐而且常常光顾的城市之一，每次世博会都为巴黎带来了巨大的经济利益流入，并且留下了很多万世传承的标志性建筑，其中的代表之作首推"埃菲尔铁塔"。

资料卡

每两年举办一次的巴黎国际车展，与法兰克福车展、日内瓦车展、北美车展、东京车展被世界公认为五大国际车展。作为浪漫之都的巴黎，它的车展如同时装，总能给人争奇斗艳的感觉。该展起源于1898年的国际汽车沙龙会，直至1976年每年一届，此后每两年一届，在每年的9月底至10月初举行。第一届巴黎车展共有14万人参加。2018年吸引了超过100万的观众。受疫情影响，2020年巴黎车展取消。在2022巴黎车展上，DS、标致、雷诺等传统法系品牌依旧是绝对的主角，但国内品牌也热情高涨。比亚迪、欧拉等品牌更是强势出征，其中比亚迪汉迎来了海外首秀。

来源：新浪财经。

（四）意大利

意大利是一个以加工业为主的国家，其产品主要用于出口。为了扩大出口，意大利每年在全国各地举办无数次各种类型的展览会，各类展览会对宣传本国产品、加强技术交流与合作以及推动出口发挥了重要作用，同时还因展览会上有成千上万厂商聚集，便于直接交流，大大降低了促销费用，缩短了时间。

意大利共有29个国际博览会联盟成员，其中米兰15个。意大利拥有大型场馆7个、中型场馆22个、小型场馆16个，合计展示面积2 361 690平方米，占全球5.8%，占全欧14.9%。其中，米兰新国际展览中心34.5万平方米，博洛尼亚展览中心20万平方米。

1. 专业展览协会

意大利展览会的创造力强，富于创新精神，其重要原因在于，展览会大多不是由展览会场地所有者举办。其展览会通常是由专业人员组织的，往往与该领域的企业协会或贸易协会联系。意大利有以下几家大的专业展览会协会。

（1）意大利工业展览委员会

意大利工业展览委员会(Comitato Fiere Insustrie,CFI)是意大利最大的专业展览会行业代表机构，其成员是工业家联合会中所有与展览有关的组织机构，例如直接或间接组织展览的工业家协会下属的公司，以及国家级展览中心所在的区域性联合会。该委员会受工业家联合会的特别委托，在联合会内的"国际化事务处"代表意大利各展览会公司。CFI的任务是在国内和国外提高意大利展览业的重要性，其最终目标是促进本国企业的国际化。为了实现这一目标，CFI力图通过优质的展览设施和服务水平及管理水平，使意大利展览会保持在欧洲先进水平，积极争取国家支持，尤其考虑中小企业的实际需要，因为对它们来说，展览会是主要的促销工具和向国际市场开放的途径。为此，意大利工业展览委员会作为主要对话者，代表意大利企业界与国家和地方政府部门洽谈，并与管理展览场所的展览公司及国营和私营展览工作者接洽。CFI 的展览会集中在米兰、佛罗伦萨和帕尔玛举办。

(2) 意大利展览协会

意大利展览协会(ASSOMOSTRE)由若干展览公司组成,这些公司每年组织约 30 次专业展览,主要租用米兰展览中心,平均每年租用面积 55 万平方米以上,参展商 12 000 家,观众 1 350 000 人。意大利展览协会在意大利全国展览业举足轻重。

(3) 意大利展览公司联合会

意大利展览公司联合会(AEFI)成立于 1982 年,有 31 家会员,均为拥有展览会场地产权的展览公司。各成员公司每年至少举行一次国际性展览会。联合会会员共有展览场地面积 3 403 760平方米,每年举办 136 个国际展览、238 个全国性展览、140 个地方性展览。成员公司有马尔凯大区展览公司、东方展览公司、博洛尼亚展览公司、波尔扎诺展览公司、切赛纳农业展览公司等。

2. 现代化的会展中心

意大利大型展馆主要集中在米兰、波洛尼亚、维罗纳和巴里四个城市。这些城市都是著名的旅游城市,历史悠久,风景优美,名胜古迹多,文化艺术活动丰富。参展商和观众不仅能从展览会上获取信息,联系业务,还能在业余时间浏览市容,参观名胜古迹,享受多彩的文娱生活。这也是这些城市吸引展会主办方和客户的有力法宝。此外,每个城市都设有一个设施良好的展览会场地。

(1) 米兰国际展览中心(Fiera Milano),是世界第三大展览场地。米兰国际展览中心每年举办 80 个展览会。该中心原有展览面积 17 万平方米,近年来又新建 3 座展厅,增加面积 47 000平方米。新展厅长度在 180 米到 230 米,宽 110 米、高 23 米,配备有最先进的技术设备,采取了最先进的环保措施,这些展厅均为两层。所有展厅之间均用 20 米长和 30 米宽的玻璃封闭高架桥相连,下方是市区街道。展览中心还十分重视场地的服务和货物搬运工作,运货车在展厅内部开行,行车路线为专线,与观众的路线分开。在货物装卸区有功率强大的通排风装置,还有许多货运升降机,这些设施足以使米兰展览中心在 21 世纪保持领先地位。

(2) 波洛尼亚展览中心(Bologna Fiere),是欧洲主要展览中心之一。每年举办大约 30 个专业展览会,其中 15 个具有国际领先地位。拥有 74 座展厅、1 个事务俱乐部和 1 个贵宾俱乐部、11 个内部会议厅,以及一个能容纳 1 万个车位的停车场。展览中心位置优越,交通方便,从波洛尼亚展览中心站下车,可直接到达展区。尤其是新建成的 20 号展厅具有展览、会议、集会和演出多种功能,总建筑面积 33 000 平方米,设备更加齐全,现代化程度更高。

(3) 维罗纳展览中心(Verona Fiere),是意大利最古老、传统最悠久的展览场所。拥有 12 座展厅,203 000 平方米的展览面积,其中 97 000 平方米配备各项服务设施,还有一个车位众多的停车场。该中心除了举办各类展览以外,还在"欧洲与古罗马剧场会议中心"中组织各种会议。该会议中心拥有 8 个会议厅,1 300 个座位,还有一个模块式自由组合结构的礼堂,总容量超过 2 000 人,并配有声像录放设备和电视电话会议设备。维罗纳展览中心历年来经营良好。

(4) 东方展览中心(Ea Fiera Del Nebante),位于意大利东南端城市巴里,它是意大利展览面积最大的展览中心之一。占地 30 万平方米,每年举办 20 多个展览会,其中许多是国际展览。每年从意大利国内外来巴里的参展商超过 5 000 家,观众约为 200 万人。展览涉及的行业包括信息、出版、休闲、摄像、黄金制品、时装、机械、企业服务、运输、农业和建筑等。其中国际样品博览会、东方农业博览会和东方建筑博览会是主要的展览会,参展商达 2 500 家,观众达 70 万人。还有 EYPOLEVANTE 是意大利最大的国际休闲展览会，参展商为 1 000 家。中国企业代表团参加了历届国际样品博览会。

意大利展览会吸引人的地方还在于其范围广泛的服务。参展者可享用带有空调的展厅、自动电梯和活动通道、翻译服务以及信息交流服务（复印机、传真机、电话、计算机、互联网以及国际信息库）。还有自动接待系统，可以永久性地把观众的资料登记下来。这样参观者可以定期收到已参观过的参展交易会的信息，由于开放参展商通信名录，参观者今后几年还可以收到参展公司的文件、名录和小册子。

3. 时装之都——米兰

意大利工业展览委员会 CFI 的展览会主要集中在米兰，意大利米兰展览公司是世界展览业巨头之一，在国际上有着举足轻重的地位。

米兰时装周是国际四大著名时装周（即米兰、巴黎、纽约、伦敦时装周）之一，在四大时装周中，米兰时装周崛起得最晚，但如今却已独占鳌头，聚集了时尚界顶尖人物、上千家专业买手、来自世界各地的专业媒体和风格潮流，这些精华元素所带来的世界性传播远非其他商业模式可以比拟。作为世界四大时装周之一，意大利米兰时装周一直被认为是世界时装设计和消费潮流的“晴雨表”。在这里，世界各大品牌的时装秀目不暇接。每年举办两次，分春夏时装周（9、10 月上旬）和秋冬时装周（2、3 月），每次在大约一个月内相继举办 300 余场高水平的时装发布会。发布的品牌包括 Gucci、Prada、Versace、Giorgio Armani、Fendi 等。

一年一度的意大利米兰时装周，更是世界顶级品牌和大牌设计师的超级聚会平台，每年来参加米兰时装周的品牌都是代表国家，并在本国是非常有影响力的品牌，参加的设计师也要求是在本国达到顶级综合标准的设计师。每年想要到米兰时装周做发布的品牌很多，但是来此做发布，一定要经过时装周评审团的资格审评才行，评审团是由 Armani、Valentino 这样的设计大师组成的。2006 米兰时装周上，由中国商务部“中国品牌万里行・海外行”组委会主办，上海国际时尚联合会和意中基金会共同承办了“中国日”品牌联合发布开幕式，共有庄吉等 8 家中国服装品牌联合发布，这是中国品牌第一次集体亮相顶级时尚发布平台。

温馨提醒

> 米兰是著名的时装之都，三年一届的米兰装饰艺术和现代建筑博览会是国际展览局认可的专业类世界博览会，与国际园艺生产者协会（AIPH）批准的 A1 类世界园艺博览会齐名。

（五）日本

日本拥有大型场馆 1 个、中型场馆 5 个、小型场馆 7 个，合计展示面积 446 695 平方米，占全球 1.1%。东京 BIG SIGHT 国际会展中心 116 540 平方米，千叶幕张展馆 72 000 平方米，大阪国际会展中心 70 079 平方米，爱知天空展馆 60 000 平方米。

日本是世界经济大国，国民经济生产总值均居世界前列，工业体系完整。

自从 1970 年成功举办大阪世博会后，日本先后举办过 2005 年爱知世博会以及两届专业性世博会，各地兴起了大型博览会高潮。会展业在日本已经非常发达，东京、大阪成为日本会展业的中心城市。由于日本在世界经济中的地位及结合自身良好的地理优势，日本展览会的档次也非常高。日本的电子产品居于世界前列，故其更以电子产品展出名。日本有13家国际博览会联盟成员。代表性展会有：

（1）日本东京国际玩具展览会。每年举办一次，由于玩具进口额逐年递增以及玩具消费市场扩大，日本已成为世界三大玩具进口国之一。日本东京国际玩具展览会在世界性的玩具大展上有着举足轻重的作用，并且得到了越来越多的参展商与客商的好评。

（2）日本国际珠宝首饰展览会（IJT）。每年举办一次，是亚洲最大的珠宝首饰展览会，也是国际知名珠宝首饰、金银制品专业展览会之一，全世界业内顶尖水平的厂商都汇聚在该展会。其不仅是日本本土大宗购买商采购的必选之地，也以其极强的专业性吸引着众多的欧美专业买家。IJT提供了解国外珠宝首饰行业最新流行趋势、学习国外先进技术与设计、开阔视野、推销新产品、开拓市场的理想场所。

（3）日本国际机床展览会。每两年一次，主题是推动制造业的发展，目的是促进国际机床及相关设备仪器等方面的技术交流，为发展现代工业和振兴贸易做贡献。该展与美国国际机床展（IMTS）和欧洲国际机床展（EMO）一道被称为世界三大机床博览会，堪称日本最大的产业博览会之一。

（六）新加坡

新加坡是国际级的港口和贸易中心，旅游业非常发达，美味的食物及精致的购物场所吸引了来自世界各地的游客。

新加坡有19家国际博览会联盟成员，国际展会规模数量居亚洲第一位，在世界居第五至六位。据新加坡旅游局展览会议署统计，每年前往新加坡旅游观光及参加各种国际会议、展览的人数比新加坡的总人口还多。

新加坡旅游局于1974年成立了展览会议署，主要任务是协助、配合会展公司开展工作，向国际上介绍新加坡搞国际会展的优越条件，促销在新加坡举办的各种会展。新加坡展览会议署所扮演的不是管理部门，只是协调配合，而且不向新加坡的会展公司收取任何费用。

新加坡目前对会展活动的举办和管理没有任何管理法规，举办展会也不需要任何审批手续。新加坡政府认为完善的基础设施是发展会展经济必不可少的前提，展馆建设更是首要条件之一。新加坡在这方面投入很大，拥有新加坡国际会议与展览中心、新加坡国际博览中心、新加坡展览馆等大型展馆。新加坡具有代表性的展会包括：

（1）新加坡国际家具展。

（2）新加坡珠宝首饰展：新加坡作为亚洲的金融和经济中心，对珠宝首饰的需求量持续增长，新加坡珠宝首饰展为东南亚国家和地区的珠宝首饰业人士提供一个专业的贸易平台。

（4）新加坡建筑建材展览会：每两年一次。

（5）新加坡环球电子展：每两年举办一届，是东南亚及亚太地区最具影响力、规模最大、专业水平很高的电子专业展。

资料卡

2023年9月，由新加坡旅游局主办的2023年新加坡商务会奖旅游交流会在北京召开。据统计，2023年1月至8月，新加坡入境旅客达900万人次，恢复至2019年同期79%水平，显示新加坡旅游业正在稳健复苏。中国在疫情前一直是新加坡旅游业重要的战略市场和客源国，随着中国公民出境旅游与航班运力的有序恢复，2023 年访新的中国旅客显著增加，已突破 87 万人次，仅 7、8 月暑假期间，中国游客就达到 44.58 万人次，重新回到新加坡第一大客源国位置。疫情前，商务旅客约占新加坡总旅客人数的 13%，大量国际参与者受 MICE 活动吸引前往狮城。作为旅游行业的重要组成部分，新加坡的 MICE 行业在 2023 年强劲增长，许多重要行业活动也首次走出中国，选择新加坡作为海外举办地。截至 2022 年，在新加坡设立机构的中资企业数量已超过 8 500 家。新加坡作为国际金融中心、财富管理中心、服务枢纽，是企业通往快速增长的亚太地区的门户，对于中国企业来说，以新加坡为“枢纽”投资、开拓东南亚等海外市场已成趋势。新加坡为企业进入新兴市场和建立伙伴关系提供了理想渠道，日益增长的商贸交流也为新加坡带来了更多的 MICE 需求与机会。新加坡旅游局审时度势，积极拓展以中国市场为核心的商业活动。2023 年 3 月，中国机电产品品牌展览会在新加坡成功举办，这是疫情之后新加坡迎来的首个高规格、大规模的中国贸易投资促进团组活动，广受各界好评。6 月，首届财新亚洲愿景论坛(Asia New Vision Forum)在新加坡隆重举行，这是中国媒体机构疫情后首次在海外举办的国际商业峰会，400 余位来自全球的政策制定者、商业决策者和资深学者齐聚狮城，再次肯定了新加坡作为全球及亚洲商业节点的地位。

来源：新加坡旅游局。

(七) 俄罗斯

俄罗斯有 39 家国际博览会联盟 UFI 成员机构。俄罗斯拥有大型场馆 2 个、中型场馆 10 个、小型场馆 20 个，合计展示面积 1 149 264 平方米，占全球 2.8%。其中莫斯科 Crocus Expo36.6 万平方米，莫斯科红宝石展览中心 10.5 万平方米，叶卡捷琳堡国际会展中心 91 600 平方米，喀山展馆 88 433 平方米，圣彼得堡 ExpoForum50 000 平方米，圣彼得堡 lenexpo 展览中心 40 000 平方米。

俄罗斯共有博物馆 2 600 余座，其中艺术博物馆 325 座，历史和考古博物馆 509 座，地质类博物馆 1 366 座，参观人数超过 8 500 万。圣彼得堡的埃尔米塔什博物馆是世界上最大的艺术、历史文化博物馆之一。在俄国收藏外国美术作品居第二位的是莫斯科的普希金造型艺术博物馆。最大的俄国艺术博物馆是莫斯科的特列基雅科夫美术馆。圣彼得堡的俄国博物馆收藏着同样宝贵的俄国艺术品。

俄罗斯共有图书馆 15 万多所，共有图书、杂志、报纸以及其他出版物和文献 50 多亿册。莫斯科的俄罗斯国家图书馆是藏书最多的图书馆。圣彼得堡的俄罗斯民族图书馆是俄罗斯对公众开放的最古老的图书馆之一。俄罗斯共有联邦级图书馆 9 所，藏书约 9 457 万册。

俄罗斯是一个有着悠久戏剧传统的国家。俄罗斯第一座剧院建在沙皇阿列克谢·米哈伊洛维奇的宫殿，而俄国第一座向公众开放的剧院是伊丽莎白女皇 1756 年在圣彼得堡下旨筹建的。目前，俄罗斯共有 618 座剧院，其中歌剧和芭蕾舞剧院 74 座，戏剧、戏剧和音乐剧院 354 座，儿童和青少年剧院 174 座，观众超过 3 200 万人。

观看马戏是俄罗斯传统的娱乐方式。目前，共有 68 个马戏剧院，其中 43 个有固定演出场所，25 个流动演出，每年观众超过 1 100 万人。

案例分析

俄罗斯“中国文化节”

9月9日，由中国文化和旅游部与俄罗斯文化部共同主办的2021年俄罗斯“中国文化节”开幕。

本届俄罗斯“中国文化节”涵盖开幕式音乐会、精品舞剧线上展演、青年交流活动、线上专家论坛4个板块，持续至12月。开幕式线上音乐会由中国南京民族乐团和俄罗斯柴可夫斯基国立模范交响乐团共同演奏《国之当康——战疫》《我爱你中国》《卡林卡》等曲目，在中央广播电视总台俄语频道、俄罗斯国家电视台文化频道、中俄头条客户端等中俄主流媒体播出。文化节期间携手中俄两国大学生、剧院领域专家举办青年文化交流项目、线上专家论坛、精品舞剧线上展演等，并展播中国歌剧舞剧院经典舞剧《孔子》，作为本次文化节活动闭幕式。

自2006年以来中俄两国互办文化节，是两国文化交流中举办时间最久、活动规模最大、影响范围最广、受众人数最多的品牌文化活动之一，深受两国民众的喜爱。

来源：文化和旅游部政府门户网站。

温馨提醒

在确定2014年冬季奥运会举办城市之前，索契这个早已成为俄罗斯人度假胜地的黑海沿岸城市，并未引起外界过多的关注。随着2014年冬季奥运会的举行，索契具备了成为一个可持续发展的度假胜地的潜力。

（八）美国

美国有43家国际博览会联盟成员，主要分布在纽约(15)、芝加哥(4)。美国拥有10个大型场馆、76个中型场馆、219个小型场馆，合计展示面积6 936 197平方米，占全球17.1%，占北美洲83.4%。其中麦考密克(McCormick Place)会展中心241 548平方米、拉斯维加斯会议中心236 214平方米、奥兰多会议中心190 936平方米、拉斯维加斯威尼斯人度假村185 806平方米、威斯康星中心175 303平方米、休斯敦NRG公园130 092平方米。

作为拥有全球1/5展馆面积的国家，美国在展览业发展中可谓一枝独秀。作为全世界众多跨国公司和国际组织的聚集地，美国成为很多公司会议、奖励旅游组织者目的地的不二选择。

1. 纽约

纽约是美国第一大都市和第一大商港，不仅是美国的金融中心，也是全世界金融中心之一。纽约由五个区组成，面积为828.8平方公里，包括郊区在内的大纽约市人口达1 800万。纽约还是联合国总部所在地。纽约是摩天大楼最多的城市之一，代表性的建筑有帝国大厦、克莱斯勒大厦、洛克菲勒中心以及后来的世界贸易中心等，因此有“站着的城市”之称。纽约还是美国文化、艺术、音乐和出版中心，众多的博物馆、美术馆、图书馆、科学研究机构和艺术中心，美国三大广播电视网和一些有影响的报刊、通讯社的总部都设在这里。纽约也是铁路交通重要枢纽，地铁全长 1 000 多公里，是目前世界上最长、最快捷的地铁交通系统。纽约有 3 个国际机场，其中著名的肯尼迪国际机场承担着全美 50%的进出口货物空运业务和 35%的国际客运业务。

温馨提醒

曼哈顿岛是纽约的核心，也是美国的金融中心。美国最大的 500 家企业中，有三分之一以上把总部设在这里。大银行以及各大垄断组织的总部都在这里设立中心据点。这里还集中了世界金融、证券、期货及保险等行业的精华。位于曼哈顿岛南部的华尔街是美国财富和经济实力的象征，也是美国垄断资本的大本营和金融寡头的代名词。这条长度仅 540 米的狭窄街道两旁有 2 900 多家金融和外贸机构。著名的纽约证券交易所和美国证券交易所均设于此。

2. 洛杉矶

洛杉矶，也称天使之城，是仅次于纽约的美国第二大城市，总面积 10 567 平方公里。19 世纪末 20 世纪初，随着石油的发现，洛杉矶开始崛起，迅速发展成美国西部最大的城市。第二次世界大战后，随着现代工业的崛起，商业、金融业和旅游业日趋繁荣，移民激增，城区不断向四周扩展，洛杉矶发展成为美国的特大城市。现在的洛杉矶已成为美国石油化工、海洋、航天工业和电子业的最大基地。它是美国科技的主要中心之一，拥有科学家和工程技术人员的数量位居全美第一，享有“科技之城”的称号，著名的硅谷就坐落在这里。近年来，洛杉矶的金融业和商业也迅速发展，数百家银行在洛杉矶设有办事处，包括许多著名的国际大财团，如洛克希德、诺思罗普、罗克韦尔等，洛杉矶已成为仅次于纽约的金融中心。洛杉矶还是美国的文化娱乐中心。好莱坞、迪士尼乐园、贝弗利山庄等使洛杉矶成为一座举世闻名的“电影城”和“旅游城”。高速公路与城市街道纵横交错，四通八达。洛杉矶道路面积占全市面积 30%左右，是美国高速公路最发达的城市，也是全美拥有汽车最多的城市。洛杉矶的文化和教育事业也十分发达，这里有世界著名的加州理工学院、加利福尼亚大学洛杉矶分校、南加利福尼亚大学、亨廷顿图书馆、格蒂博物馆等。洛杉矶公共图书馆藏书量居全美第三位。洛杉矶是美国西部最大的工业中心，制造业产值约占加利福尼亚州的 1/2，居全国第三位。洛杉矶还是设备现代化的深水海港，附近的长滩有著名的瑟摩斯工程，是开采石油的人工岛，岛上有世界独一无二的大斜井。

3. 芝加哥

芝加哥是美国第三大城市，拥有全美最大的会展中心——麦考密克会展中心。以芝加哥为中心的 480 千米范围内，集中了美国近 20%的人口。20 世纪初，中西部已是美国最大的谷物和肉、乳产区，五大湖地区煤、铁资源等的开发，使芝加哥迅速成为中西部地区最大的城市和交通、工业中心，商业和金融业也日趋繁荣。芝加哥在国际工人运动中有着光荣历史，是国际“五一”劳动节(1886)和“三八”妇女节(1909)的发源地。芝加哥工业部门齐全，重工业占优势，轻工业也很发达。其是全美最大的钢铁和肉类加工工业基地，农业机械、运输机械、化学、石油化工、电机、飞机发动机、印刷等也在全美居领先地位，还拥有木材加工、造纸、电子、纺织、服装、面粉等工业部门。芝加哥的工业主要分布在芝加哥河南北及运河两侧，其中近城中心的卢普工业区工厂密度很大，为重要轻工业区；市南的卡柳梅特工业区多大型企业，是以钢铁为主的重化工业区，在卫星城加里有美国最大的钢铁联合企业。芝加哥的商业、金融业繁盛，市内拥有巨大的谷物和牲畜市场，贸易公司有千余家，批发零售额在国内名列前茅，且是世界主要的邮购中心。芝加哥是美国最大的铁路枢纽及美国中北部 30 多条铁路线的集结点，城市铁路线总长(1.24 万多千米)和年货运量(5.12 亿吨)均居世界各大城市之首。其公路交通发达，12 条公路干线经此，是州内公路系统的中心。此外，芝加哥又是五大湖地区重要湖港，船只可经伊利运河—哈得孙河或圣劳伦斯河出海，市内有 3 个重要机场，其中城西北的奥黑尔国际机场是美国面积最大、客运最繁忙的机场，年旅客流量达 3 000 万～4 000 万人次。芝加哥是美国主要文化教育中心之一，大市区内有 95 所大专院校，建于 1891 年的芝加哥大学享有国际声誉，该校的东方研究所和博物馆以收藏东方艺术珍品著称；还有伊利诺伊大学、伊利诺伊理工学院、西北大学等著名学府。其他重要文化设施有艺术学院、艺术博物馆、科学和工业博物馆、谢德水族馆、阿德勒天文馆、历史协会等。耸立在城中心的古老水塔，是芝加哥城 1871 年大火后幸存的历史文物。

4. 休斯敦

休斯敦，以下简称休市，美国第四大城市，面积为 6 304 平方英里，人口约 430 万人。休市周围特别是墨西哥湾沿海蕴藏着极丰富的石油、天然气，此外，重晶石、石膏、镁、盐、木材及淡水资源也较丰富。休市是美国石油工业和石化工业的中心。全美 100 家最大能源公司中有 28 家的总部设在这里，此外还有 5 000 多家公司从事与能源相关的业务。目前，休市每天可炼原油 334.7 万桶，占得州的 85.1%，全美国的 21.7%。休市还生产全美 39.1%的聚乙烯和 61%的聚丙烯。休市也是重要的国际金融、贸易中心，有 523 家商业银行、393 家抵押业务机构、521 家证券交易机构。全世界最大的 50 家银行中有近 40 家在此设立分行或代表处。休斯敦港为美国第一大进口港和第四大出口港，世界第七大港，有 66 条固定航线连接 113 个国家和地区的 250 个港口。休斯敦港主要吞吐的是石油化工制农产品及工业机械设备等。休市陆上交通非常便利，有 14 条铁路主干线向外辐射，高速公路四通八达。除陆上交通外，休市有 3 个飞机场，数十家航空公司经营客货运业务，是美国南部地区最大的国际空港。休市的得州医学中心是美国和世界上最大、最有名的医学中心之一，在癌症和心脏研究方面最为著名。约翰逊航天中心建于 1962 年，是训练美宇航员，开发设计太空梭和太空站的基地。休市也是海洋科学研究中心。美国 70 多家海洋研究机构有一半在这里设立总部，另一半在这里设有办事处。休市有 38 所高等院校，最大的大学是休斯敦大学，最有名的是莱斯大学，被誉为南方的哈佛。

5. 费城

费城，美国第五大城，是美国历史名城，美国独立战争时期地位重要，现仍为美国主要经济、交通、文化中心之一。费城重化工业发达，为美国东海岸主要炼油中心和钢铁、造船基地，还有化学、电机、电器、机械、铁路机车、汽车等重要工业部门，被称为“美国的鲁尔”。纺织、服装等轻工业亦负盛名，全市约 2/5 就业人口从事工业。商业和金融业也较发达，美国第一所银行和证券交易所即诞生于此，为美国第三联邦储备区银行总部所在地。费城港是世界最大的河口港之一，有运河沟通特拉华河和切萨皮克湾并设有面积约 29 公顷的自由贸易区。费城有 3 条铁路干线，稠密的公路网与港口连接，水陆联运便捷。市内有地下铁道和高架铁路，公共交通设施完备。大市区内有 6 座大桥横跨特拉华河，与对岸新泽西州各城镇相连。费城国际机场位于市中心西南 12 公里处，客、货运量在全美居前列。从市政厅向西北延伸的本杰明富兰克林大街是一条宽阔的林荫大道，途经费城艺术博物馆、罗丁博物馆、本杰明富兰克林纪念馆和菲斯天文馆等重要文化设施，通往费尔蒙特公园。该公园沿斯库尔基尔河延伸，占地 1 600 公顷，是世界上最大的城市公园，内有 1876 年美国独立百年博览会会址。城东多历史遗址，城西是大学区，有宾夕法尼亚大学、坦帕大学、圣约瑟夫学院、克尔提斯音乐学院和宾夕法尼亚美术研究院等著名高等学府。费城管弦乐团在国际上享有盛名。

6. 旧金山

旧金山为美国西部人口密度最高的城市。旧金山是美国与太平洋地区贸易的主要海港，素有"西海岸门户"之称。旧金山港口自然条件优越，港区有铁路专用线 107 千米，水陆联运便捷。旧金山公路网稠密，建有横跨海湾的金门大桥(长 2 734 米)和圣弗朗西斯科—奥克兰湾大桥(长 2.74 公里)等，并有海底隧道，高速电气铁路运输系统贯通整个海湾地区。位于旧金山市南 11 千米处的大型国际机场，为美国最繁忙的航空港之一。旧金山的经济以服务业、商业和金融业为主，有 40 家银行及其 147 家分行，是太平洋岸证券交易所和美国最大的银行美洲银行总部所在地。旧金山旅游业兴盛，蒙哥马利街及其附近地区为金融区，有"西部华尔街"之称，高 52 层的美洲银行大厦就耸立在这里。旧金山伯克利为大学城，有加利福尼亚大学和各种科研机构。旧金山公共图书馆系统规模很大，并多教堂、剧院，滨海山城的优美景色，丰富多彩的风情，以及金门公园、水上世界公园、海滩、电报山等旅游点，每年吸引数以百万计的游客。

7. 底特律

底特律是世界著名的汽车城。汽车制造业为城市工业的核心部门，与汽车制造业有关的钢材、仪表、塑料、玻璃以及轮胎、发动机等零部件生产也相当发达，专业化、集约化程度很高。市内有福特、通用、克莱斯勒和阿美利加 4 家美国最大的汽车制造公司的总部及其所属企业。

8. 亚特兰大

亚特兰大，为美国东南部商业、运输业和工业中心，是可口可乐公司总部、洛克希德飞机公司总部所在地。州议会大厦、市政厅等为美国主要会议中心之一，拥有国内规模最大的会议设施。亚特兰大有佐治亚理工学院、亚特兰大大学等 28 所高等学府以及图书馆、博物馆、艺术中心等文化设施。1996 年第 26 届世界奥运会在此举行。

9. 波士顿

波士顿，有新英格兰区联邦储备银行、波士顿第一国民银行总部、温默杰特证券交易所等以及 50 家保险公司。波士顿港湾优良，远洋巨轮可自由靠岸。此外，波士顿还是美国主要渔港之一，有若干铁路、公路干线与港口衔接，水陆联运方便。波士顿是美国著名的文化城，市内有 16 所大学，大市区有 47 所，西郊有著名的哈佛大学、马萨诸塞理工学院等；还有国家航空与宇航局电子研究中心等重要科研机构。市内医院众多，有三大医学科研中心，马萨诸塞医学院的医学教育享誉全国。波士顿交响乐团享有国际声誉，其他主要文化设施有艺术博物馆、美术馆、自然科学史博物馆和波士顿公共图书馆等。

10. 达拉斯

达拉斯设有石油公司 600 家左右，是美国西南部地区银行和金融重镇，许多保险公司在此设有总部，大市区有第 11 联邦储备银行等约 100 家银行。达拉斯市以文化活动著称，经常有歌剧、芭蕾舞、音乐会和交响乐会上演。该市还是全国三大会议中心之一，一年一度的得克萨斯州博览会也在此举行。

（九）加拿大

加拿大没有大型场馆，仅拥有中型场馆 11 个、小型场馆 21 个，合计展示面积 760 914 平方米，占全球 1.9%。其中，多伦多会议中心 92 894 平方米，加拿大能源中心 92 894 平方米，密西沙加国际中心 50 906 平方米，蒙特利尔奥林匹克馆 46 447 平方米，蒙特利尔会议中心 43 340 平方米，温哥华会议中心 43 340 平方米。

（十）巴西

巴西没有大型场馆，仅拥有中型场馆 17 个、小型场馆 39 个，合计展示面积 1 194 357 平方米，占全球 2.9%。其中，圣保罗会展中心 100 000 平方米，里约中心 87 000 平方米，圣保罗安年比会展中心 76 318 平方米。

里约中心拥有现代化的设施和周边配套。举办了 2012 年的里约 G20，也承办了很多体育赛事：2007 年主办泛美运动会，承办了 2016 夏季奥运会和残奥会，以及 2014 年的巴西世界杯。

（十一）阿联酋

阿联酋拥有大型场馆 1 个、中型场馆 4 个、小型场馆 1 个，合计展示面积 304 557 平方米，占全球 0.8%。其中迪拜世贸中心 122 000 平方米，阿布扎比国家展览中心 82 251 平方米，沙迦博览中心 30 000 平方米。

迪拜世界贸易中心是 20 世纪 80 年代迪拜第一座摩天大楼，迪拜的国际贸易和商务中心，二十多年以来众多国际性的重要会议都在这里举行。2003 年，投资 1.77 亿美元的迪拜国际会议展览中心（Dubai International Convention and Exhibition Centre，DIEC）在迪拜世贸中心旁边建成，展览中心总面积 3.7 万平方米，共有 9 个主展厅。建成的第一年就举办了国际货币基金组织和世界银行年度会议，吸引了 15 000 多个各国和地区的参会代表。

沙迦博览中心是阿联酋充当通往整个中东和独联体地区和南亚次大陆首屈一指的展览设施。这是全国第一个建立的贸易展览中心，自 1977 年成立以来就成为国际贸易的焦点。多年来，该中心已经成为该地区最流行的贸易展览场馆之一。

阿布扎比未来旅游业发展的中心议题为“商务、旅游、会议和展览”。2005 年阿布扎比政府成立了国家展览公司以提升会展服务并且增加国际竞争力。阿布扎比国家展览公司（Abu Dhabi National Exhibitions Company，ADNEC）作为一个政府管理的机构和大型的活动组织机构，其拥有专属的展览场地，海湾区最有影响力、极具规模的展会都将在这里举办。展览中心坐落于黄金地段，与该地主要的酒店、商业中心和写字楼相毗邻。周边还有国际机场，交通便利。展览中心独具风格的设计与建筑将成为阿布扎比面向世界的标志。

二、中国会展业

会展业是现代服务业的重要组成部分，是推动城市经济发展的重要力量，蕴含着无限生机和发展潜力。近年来，城市越来越重视会展业发展。全国各主要城市针对会展业发展制定了相关政策，并采取了有效举措以提振会展业市场发展活力。我国的会展经济发展迅猛，举办会展活动的数量和质量都达到国际先进水平。以展览业为例，截至 2024 年 2 月，全国共有

229 个国际博览会联盟成员，比 2019 年的 134 个增加了 95 个，增长 71%。有 108 个展会获得 UFI 认证。

表 2.2 中国展馆建设情况前十排名

		总面积(平方米)
1	上海国家会展中心	404 400
2	深圳国际会展中心	400 000
3	广州进出口商品交易会展馆	338 000
4	昆明滇池国际会展中心	310 000
5	重庆国际博览中心	203 646
6	青岛国际会展中心	200 000
7	上海新国际博览中心	200 000
8	天津国家会展中心	200 000
9	成都世纪城新国际会展中心	192 000
10	武汉国际会展中心	150 000

如表 2.2 所示，我国大型展馆建设主要集中在北上广等地，可见各区域、各城市的整体发展是不平衡的，在全国范围内逐步形成了以下五大会展经济区域：

(1) 珠江三角洲会展经济区：以广州为中心，包括深圳、东莞、顺德、珠海、中山、福州、厦门以及香港、澳门特别行政区；

资料卡

粤港澳大湾区

2019 年 2 月，中共中央、国务院印发了《粤港澳大湾区发展规划纲要》。粤港澳大湾区包括香港特别行政区、澳门特别行政区和广东省广州市、深圳市、珠海市、佛山市、惠州市、东莞市、中山市、江门市、肇庆市(以下称珠三角九市)，总面积 5.6 万平方千米，大湾区区位优势明显，经济实力雄厚，创新要素集聚，国际化水平领先，合作基础良好。

未来的大湾区发展战略定位为：

(1) 具有全球影响力的国际科技创新中心。瞄准世界科技和产业发展前沿，加强创新平台建设，大力发展新技术、新产业、新业态、新模式，加快形成以创新为主要动力和支撑的经济体系；扎实推进全面创新改革试验，充分发挥粤港澳科技研发与产业创新优势，破除影响创新要素自由流动的瓶颈和制约，进一步激发各类创新主体活力，建成全球科技创新高地和新兴产业重要策源地。

(2) “一带一路”建设的重要支撑。更好发挥港澳在国家对外开放中的功能和作用，提高珠三角九市开放型经济发展水平，促进国际国内两个市场、两种资源有效对接，在更高层次参与国际经济合作和竞争，建设具有重要影响力的国际交通物流枢纽和国际文化交往中心。

（3）内地与港澳深度合作示范区。依托粤港澳良好的合作基础，充分发挥深圳前海、广州南沙、珠海横琴等重大合作平台的作用，探索协调协同发展新模式，深化珠三角九市与港澳全面务实合作，促进人员、物资、资金、信息便捷有序流动，为粤港澳发展提供新动能，为内地与港澳更紧密合作提供示范。

（4）宜居宜业宜游的优质生活圈。坚持以人民为中心的发展思想，践行生态文明理念，充分利用现代信息技术，实现城市群智能管理，优先发展民生工程，提高大湾区民众生活便利水平，提升居民生活质量，为港澳居民在内地学习、就业、创业、生活提供更加便利的条件，加强多元文化交流融合，建设生态安全、环境优美、社会安定、文化繁荣的美丽湾区。

大湾区将完善城市群和城镇发展体系，优化提升中心城市。以香港、澳门、广州、深圳四大中心城市作为区域发展的核心引擎，继续发挥比较优势做优做强，增强对周边区域发展的辐射带动作用。

——香港。巩固和提升国际金融、航运、贸易中心和国际航空枢纽地位，强化全球离岸人民币业务枢纽地位、国际资产管理中心及风险管理中心功能，推动金融、商贸、物流、专业服务等向高端高增值方向发展，大力发展创新及科技事业，培育新兴产业，建设亚太区国际法律及争议解决服务中心，打造更具竞争力的国际大都会。

——澳门。建设世界旅游休闲中心、中国与葡语国家商贸合作服务平台，促进经济适度多元发展，打造以中华文化为主流、多元文化共存的交流合作基地。

——广州。充分发挥国家中心城市和综合性门户城市引领作用，全面增强国际商贸中心、综合交通枢纽功能，培育提升科技教育文化中心功能，着力建设国际大都市。

——深圳。发挥作为经济特区、全国性经济中心城市和国家创新型城市的引领作用，加快建成现代化国际化城市，努力成为具有世界影响力的创新创意之都。

建设重要节点城市。支持珠海、佛山、惠州、东莞、中山、江门、肇庆等城市充分发挥自身优势，深化改革创新，增强城市综合实力，形成特色鲜明、功能互补、具有竞争力的重要节点城市。增强发展的协调性，强化与中心城市的互动合作，带动周边特色城镇发展，共同提升城市群发展质量。

发展特色城镇。充分发挥珠三角九市特色城镇数量多、体量大的优势，培育一批具有特色优势的魅力城镇，完善市政基础设施和公共服务设施，发展特色产业，传承传统文化，形成优化区域发展格局的重要支撑。建设智慧小镇，开展智能技术应用试验，推动体制机制创新，探索未来城市发展模式。加快推进特大镇行政管理体制改革，在降低行政成本和提升行政效率的基础上不断拓展特大镇功能。

促进城乡融合发展。建立健全城乡融合发展体制机制和政策体系，推动珠三角九市城乡一体化发展，全面提高城镇化发展质量和水平，建设具有岭南特色的宜居城乡。加强分类指导，合理划定功能分区，优化空间布局，促进城乡集约发展。提高城乡基础设施一体化水平，因地制宜推进城市更新，改造城中村、合并小型村，加强配套设施建设，改善城乡人居环境。

来源：《粤港澳大湾区发展规划纲要》。

（2）长江三角洲会展经济区：以上海为龙头，带动南京、苏州、南通、合肥、宁波、温州、义乌、杭州等会展城市；

(3) 环渤海会展经济区：以北京为龙头，包括天津、青岛、济南、烟台、潍坊、威海、石家庄、唐山、廊坊等会展城市；

(4) 东北会展经济区：包括大连、长春、哈尔滨、沈阳以及吉林；

(5) 中西部会展经济区：包括重庆、郑州、长沙、西安、成都、昆明、西宁、乌鲁木齐、兰州、酒泉、南宁等。

各大城市可以按其会展业发展速度和成熟程度分为三个梯队：以中国香港、北京、上海、广州为代表的第一梯队，除了各自拥有国际知名组展机构和品牌展会外，其本土展会的规模和影响力也是国内首屈一指的，如上交会、华交会、广交会等。第二梯队以深圳、大连、长春、杭州、南宁、昆明、义乌、东莞及部分省会城市为代表，他们虽然在会展业总体规模和发展水平上与第一梯队存在一定差距，但是在各自发展会展业的过程中也取得了一定的成就，形成了一批在国内外具有一定竞争力和影响力的组展机构和品牌展会，如大连国际服装博览会、东莞名家具展、义乌国际小商品博览会等。第三梯队的城市数量较多，基本上其会展业发展处于刚刚起步阶段，虽然也拥有一定规模的会展场馆和设施，但是利用率不高，而且在办展规模、质量和效益上和第一、二梯队不可同日而语。

(一) 中国香港

中国香港位于亚洲的中心地带，背靠内地贸易港口，快捷发达的交通物流和繁茂富足的资金流与大量的人流打造了这个东方之珠。会展经济也随着中国香港经济的发展而步入一个辉煌期，但随着中国内地的对外开放，广州、上海、北京、大连等城市的崛起已将原来通过中国香港进行对外交流贸易的方式分散到经济日渐发展的内地各个地区。特别是近几年内地经济的快速增长也成就了一个城市的产业优势：交通、旅游及高新技术和信息日益发达。这种现象的出现必然影响中国香港会展业的发展，尤其是许多国际知名会展公司的战略重点从中国香港迁移到上海、广州，其会展业面临着前所未有的严峻挑战。

1. 中国香港会展业概况

近年来香港地区每年举行的大型展览活动超过 80 项，参展商达几百万，每年在香港举办的大型会议就有近 1 000 个。香港展览会议协会成立于 1990 年，其会员近 80 家，致力向外宣传香港乃“亚洲展览之都”和提升业内各方面的水平和素质，努力打造“亚洲盛事之都”“国际会展中心城市”。

中国香港利用珠江三角洲在土地和劳动力方面的优势，形成玩具、礼品、钟表、珠宝等轻工业产品强势竞争力，这样就吸引了世界各地的采购商到港采购，甚至设立采购办公室。海外参展商来香港参展后，可顺道直接到珠江三角洲的厂房参观、看样品。这样不仅给参展商提供便利，同时也给各地的展览机构带来了事半功倍的效果。中国香港的展会以消费品商展为主，展览涉及的产业应该是展览举办地的优势产业，并且展览举办地及其周边地区有强大的市场需求，能吸引到大量的国内外参展商和买家。服装、钟表、珠宝、礼品等轻工业就是香港的优势产业，使香港地区成为亚洲最大的消费品出口地。香港拥有一个设备完善及管理优良的展馆，即香港会议展览中心，其建筑面积达到 25 万平方米，其中展览面积为 64 000 平方米，是中国及亚洲区内最重要的商贸展览中心之一，此外还有香港国际展览中心、亚洲国际博览馆等现代化设施。

目前中国香港有 24 个展会获得国际博览会联盟 UFI 认证(详见表 2.3)。

表 2.3 香港的 UFI 认证展会

	展会名称	组展者
1	APLF Leather & Materials+	APLF Ltd
2	China International Medical Tourism Fair CMTF	Guangzhou Zhenghe Exhibition Service Co. Ltd
3	Cosmoprof Asia	Cosmoprof Asia Ltd
4	Electronic Asia	Hong Kong Trade Development Council
5	Fashion Access	APLF Ltd
6	Global Sources Consumer Electronics	Global Sources
7	HOFEX	UBM HKES
8	Hong Kong Baby Products Fair	Hong Kong Trade Development Council
9	Hong Kong Electronics Fair	Hong Kong Trade Development Council
10	Hong Kong Fashion Week	Hong Kong Trade Development Council
11	Hong Kong Gifts & Premium Fair	Hong Kong Trade Development Council
12	Eco Expo Asia International Trade Fair on Environmental Protection	Hong Kong Trade Development Council
13	Hong Kong International Diamond, Gem & Pearl Show	Hong Kong Trade Development Council
14	Hong Kong International Jewellery Show	Hong Kong Trade Development Council
15	JMA Hong Kong International Jewelry Show	Hong Kong Jewelry Manufacturers' Association (HKJMA)
16	Hong Kong International Lighting Fair	Hong Kong Trade Development Council
17	Hong Kong International Medical and Healthcare Fair	Hong Kong Trade Development Council
18	Hong Kong International Outdoor and Tech Light Expo	Hong Kong Trade Development Council
19	Hong Kong International Printing and Packaging Fair	Hong Kong Trade Development Council
20	Hong Kong International Optical Fair	Hong Kong Trade Development Council
21	Hong Kong Toys & Games Fair	Hong Kong Trade Development Council
22	Hong Kong Watch & Clock Fair	Hong Kong Trade Development Council
23	Home inStryle	Hong Kong Trade Development Council
24	Hong Kong International Wine & Spirits Fair	Hong Kong Trade Development Council

2. 中国香港会展业的发展思路

中国香港要在亚太地区永葆“会展之都”的地位，必须开展一场“新会展运动”。主要包括以下几个方面：

（1）产业优势打造品牌展会。香港地区是世界著名经济、金融、贸易中心城市，涉及产业包括电子、珠宝、文具、钟表、服装、物流、通信等产业；目前这些产业中如珠宝展等已是世界品牌展会，但同时还可开发些投资洽谈会、贸易洽谈会、采购会及一些金融贸易的国际性会议，促进贸易发展，提升香港地区的知名度。

(2) 凭依优越的地理、交通、自由港优势拓展购物和观光旅游。香港地区是亚洲重要的贸易中心，单在香港地区开业的贸易公司就有 10 多万家，跨国公司不少于 5 000 家。这些公司都是在香港地区从事采购，然后供给海外市场，所以香港本土就聚集了很多的买家。展览的举办是否成功不仅看参展商数量，更要看买家的数量和质量。这些优势的充分显露为中国香港进一步打造购物天堂的招牌打下坚实的基础，这是其他亚洲城市很难比较的。与此同时，良好的服务以及大量旅游休闲资源也随着会展的发展而日趋成熟。

(3) 凭借成熟的会展经营理念打造区域会展业的培训体系。香港地区的会展业比内地起步早，在会展的市场化运作方面已经形成了自己独特成熟的经营理念。目前如亚洲博闻、励展等知名会展公司内的大量职业经理人无一不是从香港会展业摸爬滚打中成长起来的，可以将其经营理念向内地其他地区输入，把香港地区打造成区域会展人才基地。

(4) 优质服务敲响展会大门。一个市场化运作良好的会展城市，其展会服务也一定是一流的。香港会展业多年来形成了一个公开公平公正的展览环境和竞争秩序，规范化的创新构思及全方位的服务令人叹为观止。比如展会开始时，官员通常会到现场进行政策法规解答，银行会到现场服务，调查机构在会场内进行市场趋向调查；展会期间召开发布会，并举办专业研讨会使与会者不仅能做成生意，更掌握本行业的许多重要信息，媒体也会到现场提供传媒服务。

(二) 北京

北京是全国的政治、文化与国际交往中心，又是生机勃勃、充满活力的综合性产业城市。作为第 29 届奥运会的举办地，北京共建有 31 个奥运场馆，其中 12 个新建场馆、11 个改建场馆和 8 个临建场馆。从 2008 年 9 月 29 日起，北京奥林匹克公园内的“鸟巢”“水立方”等奥运场馆开始对游客开放。开放当日，公园便迎来了 15 万人次的游客量，超过故宫，成为国庆假期首日游客最多的地方。

案例分析

感受双奥魅力　北京奥运博物馆迎来首批观众

2024 年 2 月，北京冬奥会成功举办两周年纪念日，全新开放的北京奥运博物馆迎来首批观众。

随着北京奥运博物馆的大门正式打开，陆续有观众步入展厅，开启一趟感受双奥魅力之旅。首批观众中有北京奥运会、北京冬奥会的亲身参与者，也有普通观众，还有家庭“组团”参观者。展厅内，一幅幅照片、一件件实物展品展现了“双奥之城”的奥林匹克荣光，引来观众驻足欣赏、拍照，比如冬奥会吉祥物冰墩墩的制作模具，还有北京冬奥会火炬外观设计的其他应征方案。还有家长向孩子讲述展品背后的奥运历史、奥运故事。

在基本陈列展区，北京冬奥会“志愿者之家”的场景也得以复原展现。

北京冬奥会两周年纪念日又逢立春节气，博物馆为观众提供了笔墨纸砚，供大家写福字，沾喜气、迎新年。体育项目互动体验区是深受小朋友喜爱的区域之一，大家根据喜好积极参与冰壶、乒乓球、篮球、VR滑雪等项目，了解运动知识，收获运动快乐。

作为北京奥运博物馆开馆后举办的首个专题展览——北京双奥美术作品回顾展在艺术展单元正式开展，展览总面积约1 000平方米，展出了海内外艺术家为北京奥运会和北京冬奥会创作的100余件优秀美术作品，涵盖国画、油画、水彩、雕塑等门类，其中有黄永玉、韩美林、吴为山、范曾、陈丹青、袁熙坤、易茗、黄剑等艺术家的作品。

来源：北京晚报。

中国加入世贸组织后，北京会展业已具一定规模且呈快速发展态势，对首都经济的促进作用越来越大。特别是在申奥成功后，会展业面临着难得的发展机遇，每年都有来自数十个国家和地区的数千家国外公司来京参展，欧美发达国家客商占多数。北京举办展览以经济技术类为主，其余为文化艺术类及卫生、教育类，逐渐显现国际化、专业化、品牌化特征，其中机床、通信、纺机、印刷、冶金、制冷、汽车、计算机和服装服饰类展会已经比较成熟，进入世界先进展会行列。北京国际展览业协会1998年成立。2001年5月，经有关部门批准，北京国际展览业协会正式更名为北京国际会议展览业协会。

2023年9月，北京市发展改革委、市商务局联合印发《关于促进本市会展业高质量发展的若干措施》(简称《若干措施》)。《若干措施》明确5方面24项具体工作任务，将打造彰显首都特色的会展品牌体系，构建具有国际竞争力的现代会展产业体系，完善会展高质量发展生态体系，建立优质高效的会展运营体系。《若干措施》突出首都功能定位，突出管理服务制度创新，突出打造会展发展新格局，突出统筹当前和长远，明确5方面24项具体工作任务，主要着力构建"四个体系"。

1. 做强一批国家级品牌展会

围绕服务国家战略、推动京津冀协同发展、落实首都功能定位，增强会展业的重大国事活动服务保障功能、国际高端要素集聚承载功能、开放发展动力支撑功能、城市对外交往示范引领功能，做强一批国家级品牌展会，谋划一批服务国家战略的新型展会，培育一批推动京津冀协同发展的优质展会，壮大一批符合主导产业发展方向的精品展会，打造彰显首都特色的会展品牌体系。

如表2.4所示，目前北京仅有11个定期举办的展会通过国际博览会联盟UFI的认证，成为世界一流水准的品牌展会，比2019年减少了6个。

表2.4　北京的UFI认证展会

序号	展会名称	组展者
1	China International Medical Tourism Fair	Guangzhou Zhenghe Exhibition Service Co. Ltd
2	China International Scientific Instrument and Laboratory Equipment Exhibiton	Beijing Lamp Exhibition Co. Ltd.
3	International Exhibition for Refrigeration, Air—Conditioning, Heating and Ventilation, Frozen Food Processing, Packaging and Storage	BIEC — Beijing International Exhibition Center

续表

序号	展会名称	组展者
4	CIAACE China International Expo for Auto Electronics, Accessories, Tuning and Care Products	YASN International Exhibition Co. Ltd.
5	CIBTM Incentives, Business Travel & Meetings Expo in Beijing	Reed Travel Exhibitions
6	CIMES China International Machine Tool & Tools Exhibition	Reed Exhibitions (China) Ltd. Head Office
7	CIPPE	Beijing Zhenwei Exhibition Co. Ltd
8	CIOSH China International Occupational Safety & Health Goods Expo	Messe Düsseldorf China Ltd.
9	PT/Expo Comm China.	E. J. Krause & Associates, Inc.
10	The International Exhibition on Electric Power Equipment and Technology	Adsale Exhibition Services Ltd.
11	VIV Qingdao	VNU Exhibitions Europe

2. 吸引国内外品牌首发首秀

高效配置要素资源，构建具有国际竞争力的现代会展产业体系。培育、引进符合首都功能定位的国际知名展会落户；鼓励本市会展企业增强组展实力，打造具有国际竞争力的会展集团；鼓励展会主办方与本市重点商圈、特色餐饮集聚区、文化街区、产业园区等加强合作，促进会展与相关产业融合发展；推动会展与消费联动，促进会展、商务、文旅、体育等融合发展，聚焦重要节庆赛事，策划专场发布、专项展览、颁奖盛典等综合性活动，培育一批动漫、国潮、极限运动等深受年轻消费人群喜爱的精品活动，促进流行文化、时尚体育、潮流消费融合发展；依托珠宝展、家博会等展会平台，吸引国内外品牌首发首秀，推动展会与消费季活动合作互动、相互赋能。

3. 加快新国展三期配套设施建设

激发市场主体创新发展活力，完善会展高质量发展生态体系。针对会展主办方、承办方、行业协会、场馆方等反映的痛点、难点问题，加大改革力度，优化会展业发展环境；加快补齐硬件设施短板，有效增加会展设施和高品质配套服务供给，构建产业链条完整、基础设施完善、生产生活配套便利的会展生态体系；优化营商环境，精简会展审批流程；高水平建设大型会展场馆，加快推进新国展二期会展中心、大兴国际会展中心建设，提升北京市承接大型品牌展会的硬件设施能力；支持现有场馆智慧化改造升级，提升数字化、智能化水平，满足线上线下同步办展需求。提高会展配套服务功能，坚持国际化、高端化、品质化，加快新国展三期配套设施建设，高标准规划建设大兴国际会展中心、国际消费枢纽，打造集购物、免税、娱乐、商务、酒店、体育、艺术、休闲等功能于一体的国际交往新空间。

4. 完善服务机制，建立优质高效的会展运营体系

遵循市场主导、政府引导、行业自律的原则，进一步健全会展业服务促进机制，优化公共服务平台，积极促进专业化行业组织发展，实现政府、协会、企业信息共享和良性互动；研究完善、促进会展业发展奖励政策，进一步细化、明确奖励标准、奖励范围、申报流程；鼓励会展企业发起设立会展产业投资基金，重点支持场馆建设运营、展会资源整合、展会品牌孵化；在大型国际展会期间，根据交通运输需求，增加公共交通运力。

（三）上海

1. 会展业概况

20世纪90年代以来，上海的会展业以每年20%的速度在增长。上海相继建立了上海展览中心、上海国际展览中心、世贸商城、农展中心、光大会展中心、上海新国际博览中心世博展馆、国家会展中心等8个展览场馆。上海于2002年成立了上海会展行业协会，主要负责展览项目预审，组织行业统计，向会员提供信息咨询、培训认证、评估、招商、年审等服务。截至2024年10月，该协会共有1 683家会员，涵盖主/承办、场馆、展示工程、物流、会议旅游服务、媒体等领域。2005年5月，《上海市展览业管理办法》颁布、实施，确立了上海工商行政管理部门负责对展览业市场秩序进行监管、依法查处违法行为的执法地位。

上海会展业近年来保持着持续、较快的增长势头。国家会展中心正式投入使用，成为全球最大的会展中心，为上海会展行业发展带来新的机遇。

如表2.5所示，目前上海已有34个定期举办的展会通过国际博览会联盟UFI的认证。

表2.5 上海的UFI认证展会

序号	展会名称	组展者
1	All in Print	Messe Düsseldorf China Ltd.
2	Appliance & Electronics World Expo	China Household Electrical Appliances Association
3	Aquatech	RAI Amsterdam BV.
4	Auto Shanghai	Shanghai International Exhibition Co., Ltd.
5	China Interdye	Shanghai International Exhibition Co., Ltd.
6	China International Agrochemical & Crop Protection Exhibition	CCPIT Sub—council of Chemical Industry
7	China International Industry Fair	Shanghai Industry & Commerce Exhibition Co., Ltd.
8	China International Medical Tourism Fair	Guangzhou Zhenghe Exhibition Service Co. Ltd
9	China Machine Tool Exhibition	Shanghai Huapin Exhibition Co., Ltd
10	China Refrigeration Expo	BIEC — Beijing International Exhibition Center
11	Chinaplas The International Exhibition on Plastics and Rubber Industries	Adsale Exhibition Services Ltd.
12	Design Shanghai	Clarion Events Shanghai

续表

序号	展会名称	组展者
13	Die & Mould China	Shanghai International Exhibition Co., Ltd.
14	Fashion Access	APLF Ltd
15	Pet Fair Asia	VNU Exhibitions Asia
16	Shanghai International Disaster Reduction and Security Exhibition	Meorient International Exhibition
17	Shanghai International Construction Material and Indoor Decoration Exhibition, Energy—saving and advanced wall material exposition	Shanghai Modern International Exhibition Co., Ltd.
18	Shanghai International Lighting Expo	Shanghai Modern International Exhibition Co., Ltd.
19	The International Exhibition on Electric Power Equipment and Technology	Adsale Exhibition Services Ltd.
20	Tube China — The all China — International Tube & Pipe Industry Trade Fair	Messe Düsseldorf China Ltd.
21	Wire China — The All China — International Wire & Cable Industry Trade Fair	Messe Düsseldorf China Ltd.
22	China (Shanghai) Int'l Health, Wellness, Fitness Expo	Shanghai Donnor Exhibition Co., Ltd
23	China Beauty Expo	Informa Exhibitions (Shanghai)
24	CHINAADHESIVE China International Adhesives and Sealants Exhibition	CCPIT Sub—Council of Chemical Industry
25	CIOSH China International Occupational Safety & Health Goods Expo	Messe Düsseldorf China Ltd
26	ICIF China International Chemical Industry Fair	CCPIT Sub—Council of Chemical Industry
27	International Exhibition of Senior Care, Rehabilitation Medicine and Healthcare Shanghai	Shanghai Intex Exhibition Co., Ltd.
28	Link Fashion (Shanghai)	Shanghai Aozo Exhibition Service Co., Ltd.
29	NEPCON China	RX China (Shanghai)
30	RubberTech China The International Exhibition on Rubber Technology	China United Rubber Corporation
31	Shanghai International Advert, Print, Pack, Paper Exposition	Shanghai Modern International Exhibition Co., Ltd.
32	SIAL Shanghai	Beijing Aiboxiya Exhibition Co., Ltd.
33	SinoCorrugated	RX China (Shanghai)
34	Yangtze River Delta International Cultural Industries Expo	CPIT Shanghai Exhibition Co., Ltd.

2. 上海会展业的特点

（1）雄厚的产业优势

中国是世界制造业的中心。国外制造业进入中国首先瞄准的是长江三角洲地区。这是因为长江三角洲地区城市密集度高，梯队明显。这些城市普遍规范程度高、基础设施完善、商务成本较低，人力资源素质高。上海是长江三角洲的龙头。制造业厂家通过上海把其产品扩散到世界市场，而目前展览业大部分集中在机械、化工、汽车、IT、制药、环保产品上，这些类型的展览会将毫不犹豫地选择上海。同时上海发展展览经济对上海及长江三角洲其他地区的制造业发展将是强有力的支持。大型和专业性展览往往是产品和技术市场占有率及盈利前景的晴雨表，金融合作机构也往往会根据展览第一线的精确反应来决定相关的融资力度。上海所拥有的强大工业产业背景，是亚洲其他展览中心城市所无法比拟的。

（2）便利的交通设施和配套设施

上海已建成以浦东国际机场为主、虹桥国际机场为辅的组合性航空国际枢纽港。上海周边地区的机场港口也初具规模，上海港口的吞吐量居世界第一位。上海拥有各类五星级饭店接近 150 家，可同时接纳 10 万人入住，基本满足举办各类会展活动的住宿和餐饮要求。随着上海经济的发展，上海的会展场馆的软硬件设施也将得到更大的发展与完善，并成为上海发展会展业的一大优势。

（3）强大的城市综合竞争力

上海已经被国际经济界和东亚国家公认为一个具有国际亲和力的大都市。它地理位置优越，对外联系便捷，硬件条件一流，商务信息快捷，外商光临频率高，为上海发展会展业提供了广阔的平台。此外，上海市民文化水平高，易于接受新技术和新产品，因此会有越来越多的国际展会光顾上海。随着上海“五个中心”建设进程的深入，会展业作为中介服务业发展的重要一翼，必将备受关注。

上海是中国经济发展最快的城市之一，以上海为中心的长江三角洲城市群也是中国经济最活跃的地区。上海的对外开放度也在全国名列前茅，目前排名世界五百强的企业中已有 280 家进驻上海。

目前上海拥有了一些高速发展的展览公司，民营、合资、国有各占 1/3 左右。上海的政府部门支持办展的积极性也相当高，营造了良好的氛围。国际会展巨头和国际会展组织已经进入上海，在对上海本地市场格局产生冲击的同时，也给上海的会展业带来了先进的管理方法和模式。

3. 品牌展会

为进一步贯彻落实《上海市推动会展经济高质量发展，打造国际会展之都三年行动方案（2023—2025 年）》，培育一批细分行业领域处于世界领先地位的国际知名会展项目，上海市会展行业协会于 2024 年评选出 20 个“2023 年度上海品牌展览会”，55 个“2023 年度上海优秀展览会”。

表 2.6　2023 年度上海品牌展览会（排名不分先后）

序号	展会名称	申报单位
1	第六届中国国际进口博览会	中国国际进口博览局
2	第二十届上海国际汽车工业展览会	上海市国际展览（集团）有限公司

续表

序号	展会名称	申报单位
3	2023 中国国际美容化妆洗涤用品博览会	上海百文会展有限公司
4	第 87 届中国国际医疗器械(春季)博览会	国药励展展览有限责任公司
5	2023 西雅国际食品展览会(上海)	北京爱博西雅展览有限公司
6	2023 上海国际汽车零配件、维修检测诊断设备及服务用品展览会	法兰克福展览(上海)有限公司
7	第二十三届中国国际工业博览会	上海工业商务展览有限公司
8	中国国际纺织面料及辅料(秋冬)博览会	中国国际贸易促进委员会纺织行业分会
9	SNEC 第十六届(2023)国际太阳能光伏与智慧能源(上海)展览会	上海伏勒密展览服务有限公司
10	2023(第二十八届)中国国际家具展览会	上海博华国际展览有限公司
11	第二十二届国际 CBME 孕婴童展	亿百媒会展(上海)有限公司
12	第二十六届 FHC 上海环球食品展	上海博华国际展览有限公司
13	2023 中国(上海)国际乐器展览会	上海国展展览中心有限公司
14	2023 年中国国际海事技术学术会议和展览会	上海市船舶与海洋工程学会
15	2023 中国国际厨房、卫浴设施展览会(第 27 届)	上海环球展览有限公司
16	2023 亚洲国际动力传动与控制技术展览会	汉诺威米兰展览(上海)有限公司
17	2023 中国国际自行车展览会	上海协升展览有限公司
18	2023 中国国际地面材料及铺装技术展览会	上海万耀企龙展览有限公司
19	2023 第三十届上海国际广告技术设备展览会	上海现代国际展览有限公司
20	2023 慕尼黑上海光博会	慕尼黑展览(上海)有限公司

(四) 广州

广州毗邻中国香港和中国澳门,是华南地区的交通通信枢纽和贸易口岸,是中国的“南大门”。广州将发展重点放在包括汽车在内的交通运输设备、石油化工、精细化工、电子信息、钢铁、制药、轻纺七大产业上。

1. 会展业概况

广州是我国重要的展览中心都市,也是内地仅次于北京和上海的第三大会展城市,综合经济实力位列全国十大城市前列。

目前,广州已有 16 个国际博览会联盟 UFI 认证展会,详见表 2.7。

表 2.7　　广州的 UFI 认证展会

	展会名称	组展者
1	CACFair Weaving ＋ Home Décor	Guangzhou YI-WU International Exhibition Co. Ltd.
2	China International Ceramics Technology, Equipment, Building Ceramics & Sanitaryware Exhibition	CCPIT Building Materials Sub—Council

续表

	展会名称	组展者
3	China International Small and Medium Enterprises Fair	The Bureau of China International SME Fair
4	China Refrigeration Expo	BIEC — Beijing International Exhibition Center
5	Chinaplas	Adsale Exhibition Services Ltd.
6	Dental South China International Expo and Academic Symposium	Guangdong International Science & Technology Exhibition Co.
7	Jinhan fair for Home & Gifts	Guangzhou Poly Jinhan Exhibition Co., Ltd.
8	SF EXPO, Coat EXPO, Pigments EXPO	Wise Exhibition (Guangdong) Co., Ltd
9	China (Guangzhou) International Elderly Industry Expo	Guangdong Ksourcing Exhibition Company
10	China (Guangzhou) International Finance Expo	Guangzhou International Exhibition Co., Ltd
11	China Hotpot and Catering and Condiment Industrial Chain Exposition	Comexposium Zhongmao International Exhibition(Shandong) Co., Ltd.
12	China Preschool Education Conference & International Kids' Education Expo—China	Guangzhou AUCH Exhibition Services Co., Ltd.
13	FISHEX China International (Guangzhou) Fishery & Seafood Expo	Guangzhou Boyi Global Exhibition Co., Ltd.
14	Guangzhou High—end Wine and Spirits Expo	Guangzhou Zhongjiuzhan Conference and Exhibition Service Co., Ltd.
15	Guangzhou International Commercial Smart Equipment Expo — China VMF	Guangdong Grandeur International Exhibition Group Co. Ltd.
16	Guangzhou International Shoes Machinery Materials and Leather Industry Fair	Guangzhou Guanglv Exhibition Co., Ltd.

广州现有专业展览场馆 11 个(包括广州展览中心、广州锦汉展览中心、广州番禺贸促展览中心、广州南沙国际会议展览中心、广州市工业产品展览中心、广州国际展览馆、广州中国出口商品交易会馆、广州新会展中心、广州国际展览中心等),共计展览面积 49 万平方米。广州的会展场馆已形成了以流花地区中国出口商品交易展览中心和琶洲国际会议展览中心为两大会展群体的格局。广州市会展业行业协会成立于 2005 年 4 月 21 日,是联系政府与企业之间的桥梁和纽带,其宗旨是"服务、自律、引导、协调"。在这里,有中国第一展之称的广交会,是全国展出规模最大、到会客商最多、国际化程度最高、参展效果最好的展会。从第 101 届开始,广交会正式更名为中国进出口商品交易会。此外,在中国出口商品交易会展馆每年都有 70 多个展览,其中一年两届家具展建筑材料展、一年两届美容美发展、照明展、涂料展、医疗器械展等都

是超过1万平方米的大展，在业内有相当的影响力。

2. 广州会展业的特点

依托着“中国第一展”中国出口商品交易会（广交会）的影响力，广州周边地区出现了百展争雄的格局。广交会展馆长年处于排期趋向饱和的状态，就单个展馆而言，使用率这么高的展馆在国内并不多见。

（1）依靠产业优势和市场优势，大力发展会展业

华南地区是中国经济最发达的地区之一，作为经济晴雨表的展览业自然有了发展繁荣的深厚基础。我们将这种基础归结为拥有产业优势和市场优势。

优势的产业造就了优势的展览。广东电子及信息制造业产值全国第一位；广州同时也有华南地区最大的计算网络及通信设备展；广东化妆品产量和销量均占全国1/3，同时广州有规模达到3万平方米、全国最大的美容美发化妆品展；广东家具业产值占全国1/3、出口占2/3，遥遥领先于各地。广州的家具展春季达到5万平方米；秋季达3.5万平方米，同时东莞、深圳又各有4万平方米以上的家具展，无论就单个家具展还是就全省总体情况看，广东家具展览业的兴旺程度在国内首屈一指。

和产业优势比，市场优势对展览业的促进作用更大。对广东来说消费（此处所指的消费乃广义的消费，不但包括生活资料的消费，而且包括生产资料的消费）和投资、出口一样是拉动广东经济持续增长的三驾马车之一。这意味着广东有一个巨大的消费市场，来自全国乃至世界各地的参展厂商容易在这里找到需求殷切的买家。不是基于产业优势而是基于市场优势比较明显的例子是境外来华展。美国的克劳斯公司不但和北京有关部委合办中国最大的通信展，而且来广州举办华南地区最大的通信展。许多国外著名的IT厂商既到北京又来广州参展，无疑是看好华南的市场。中国香港雅式公司和蒙哥马利集团每两年选择在广州办一次国际樟塑工业涂料展和食品展，自然也是出于同样的原因。

一个有趣的现象是部分创办多年全国性的巡回展，如日用百货展、文化用品展、洗涤用品展等尽管不定点在各地轮流举办，但选择广州的次数比较多。这些展览搬到广州举办时不仅规模比其他地方大，而且来的客商也特别多，展会期间签单成交十分踊跃。显然，本地旺盛的消费能力对此贡献不小。

市场优势和产业优势有一定的关联性，两者常常相互依存、相辅相成。广东省统计局的数据表明，投资、消费、出口“三驾马车”中，以消费对广东经济增长的影响最大，是投资的两倍，出口的三倍。目前广东的工业结构以轻工业为主，而轻工业的增长主要是由消费拉动的。巨大的消费需求刺激了轻工业的增长，而轻工业的发达又为消费创造了很好的条件。展览也具有这种相互作用。如广东与福建、温州等地一样是国内五大鞋类生产基地，行业规模位居全国之首。这种产业优势造成了广东制鞋业对皮革原料及制鞋设备的大量需求，因此吸引了意大利、西班牙等众多国外展商组团参加由中国香港显辉公司举办的国际皮革鞋材及工业设备展，为广东市场提供优质皮革和先进设备。广东制鞋业的发达同时也刺激了本地皮革原料业的发达，使其产量占全国20%以上的市场份额。广东的皮革供应商不失时机地加入上述皮革鞋材展。内外展商共同参与使显辉公司办的鞋展达到15 000平方米以上，已俨然成为国内同题材中最大的展览会。

（2）着眼未来，准确定位。展览的成功首先基于组展者对行业发展的准确预期和对展览本身明确的市场定位。

广州有一个建筑装饰展，目前规模已达35万平方米，就此题材来说是国内最大的展览。

许多人把它当作建材展，实际上此展与国家产业目录里的建材是有区别的。它的展品不是钢材、水泥等建筑材料，而是室内装修装饰材料，如卫浴设备、地板材料、墙体涂料等。一年两届的美容美发化妆品展每届以30%～50%的速度增长，两年内展览面积翻了两番。因此正确选择展览题材对办展者来说，能在今后的组展工作中收到事半功倍的效果。国外展览业发达国家在展览立项时就非常注重市场调研，着眼未来，准确定位展会题材。

(3) 非公有经济百花齐放，市场机制较完善。广州有着悠久的商业文化传统，民间经商办实业风气甚浓。同时广州在我国改革开放事业中先行一步，政策束缚少，市场机制在经济中发挥着主要作用，市场开放度很高。在广州既有国家级的广交会，也有纯粹的国外来华专业展，还有民营展览机构所办的各类专业展，每一类展览都不乏惊艳之作。

可以说广州的展览业是一个百花齐放的行业。它给了每个相关经营者以同等的机会。任何有实力的办展机构只要摸准市场，在广州都有发展机会。

(4) 广交会展馆为培育展览市场做出了独特贡献。广交会展馆在华南地区有着独特的地位。它是本地最大的展馆，任何其他展馆(即使是在设施上更为先进)在规模上也无法与其相比。本地所有大型展览，尤其是2万平方米以上的大型展览，只能选择在广交会展馆举办。广交会展馆承担了培育市场的责任。具体做法有多种：对常年举办的品牌展览予以合适的排期、优越的场地位置、优惠的价格、对同题材的其他小型展览予以限制(凡2万平方米以上已成熟的展览不再接受同题材展览租用场地)。而对目前规模虽不太大，如5 000平方米的展览只要其有发展潜力同样予以积极扶持。扶持的前提是要对扶持对象有充分的了解，为此投入相当的人力物力调研，了解办展机构的实力、展览题材与本地产业发展的关系、状况、预期前景如何等；扎实的市场调研使广交会展馆能将调控市场、培育展览的经营策略与谋求未来更大发展的经营目标结合起来，保证在调控的同时不妨碍正常竞争，在当前利益与长远利益之间能做出科学的决策。

3. 目标

加快广州会展业的发展，建设国际会展中心城市，这是广州会展业发展的总体目标。为此，广州发展会展业的基本思路是：遵循“立足珠三角、面向海内外、服务全中国”的宗旨，按照“品牌国际化、管理规范化、运作市场化、服务智能化”的方针，借助地处泛珠三角核心经济圈的区位优势，优化资源配置，加强规划引导，发展多门类、高档次、强辐射的会展业，加快国际会展中心城市建设步伐，全力打造国际会展之都。

(五) 大连

20世纪80年代末期，大连市还是一个以重工业为主的港口城市。从90年代初开始，大连市委、市政府本着“不求最大但求最佳”的城市发展思路，按照市场经济的规律，高起点发展第三产业，而会展业便是第三产业中发展较快的一个新兴行业。2013年大连市会展行业协会成立。

大连国际服装节的成功举办不仅真正为大连打造了一个享誉全球的国际服装节，而且使其迅速成为大连的城市名片，随即大连星海会展中心、大连希尔顿、香格里拉、富丽华等大批星级酒店、大连中山广场、大连星海广场、海军广场、星海大道等大批极具国际水准的现代化城市基础设施相继建成，使大连成为更具规模的东北亚国际会展中心城市。

现在每届大连国际服装节都会吸引40～50个国家和地区服装厂商、近万名参会参展代表、政府首脑、新闻记者及数万外地游客和数十万大连市民的广泛参与。

大连以“大连国际服装节”作为发展会展经济的突破口，随后又相继开发了温泉滑雪节、樱花节、赏槐会、沙滩文化节、葡萄酒节等旅游节庆活动 10 余个，承办东北“4+1”城市旅游联合体年会、智慧旅游论坛、中国海洋旅游年和中俄旅游年的部分活动。以大连国际服装节为代表的大型品牌展会于 2002 年 10 月通过 UFI 的资格认证，充分显示了大连会展业发展的雄心与成熟。

大连先后成功打造出中国软交会、服博会、海外学子创业周、啤酒节博览会等在国内外具有较大影响的会展活动。

2016 年，大连市政协将“助推大连会展业创新发展”列入重点协商计划安排，由市政协外事委牵头对大连会展产业的发展现状与远景进行了深入的调查和研讨，并针对当前存在的发展规划和具体措施不详实，缺乏管理统筹和立法规范，专业会展公司较少、人才不足等问题撰写出专题调研报告，提出中肯建议。

（六）深圳

深圳市会议展览业协会成立于 1989 年，是由深圳市从事会议、展览业及相关的企事业单位发起自愿组成的具有法人资格的行业性、非营利性社会团体。协会现有会员近 305 家，遍及海内外，业务范围涵盖整个会展产业链的各个环节。协会在政府与会展企业中起到了纽带与桥梁的作用。协会积极参与国内外各种行业会议与活动，推介深圳会展业，已成为国际博览会联盟（UFI）和国际展览与项目协会（IAEE）的会员、中国展览馆协会副理事长单位、广东省展览协会常务理事单位。

深圳会展中心地处城市中心区，是深圳市最大的单体建筑，总建筑面积达 28 万平方米。深圳会展中心集展览、会议、商务、餐饮、娱乐等多功能于一体，由深圳市政府投资兴建，委托深圳会展中心管理有限责任公司经营，于 2004 年正式投入使用。开馆以来，每年成功举办近 100 场展览，1 800 多场会议，年展览面积超过 280 万平方米。

深圳市工业展览馆是市经济贸易和信息化委员会主管的公益性展览推广机构、市一级外事接待单位，自 1985 年成立以来，始终致力于向国内外客商宣传深圳综合投资环境、推介深圳工业产品的工作，每年通过展览接待为参展企业赢得许多产品销售订单，同时也为企业创造与国内外商家进行各种经济合作的机会。工业展览馆新馆总建筑面积约 13 000 平方米，4～9 层规划为“深圳工业发展成就”主题展，2～3 层用于举办各类周期性会议展览活动。其中，“深圳工业发展成就展”已于 2011 年 4 月对外开放，该展览荟萃了电子信息、生物医药、纺织服装、新材料与新能源等 20 多个行业近千家企业的 3 000 余件展品，为展示深圳工业成果、优质展品的最佳平台。

目前，深圳已有 24 个国际博览会联盟 UFI 认证展会，比 2019 年的 11 个增加了 13 个，增长率为 118%，详见表 2.8。

表 2.8　　深圳的 UFI 认证展会

	展会名称	组展者
1	C-Touch Shenzhen	Reed Exhibitions Kuozhan (Shanghai) Co., Ltd.
2	China (Shenzhen) International Cultural Industries Fair	Shenzhen International Cultural Industry Fair Co., Ltd.

续表

	展会名称	组展者
3	China (Shenzhen) International Gift & Home Product Fair	Reed Huabo Exhibitions (Shenzhen) Co., Ltd.
4	China (Shenzhen) International Gifts, Handicrafts, Watches & Houseware Fair	Reed Huabo Exhibitions (Shenzhen) Co., Ltd.
5	China International Fashion Brand Fair	Huanyu Shishang Exhibition (Shenzhen) Co., Ltd.
6	China International Optoelectronic Exposition (CIOE)	Shenzhen UBM Herong Exhibition Co., Ltd.
7	AAITF The China International Automotive Aftermarket Industry and Tuning Trade Fair	Guangzhou Jiuzhou Tarsus Exhibition Co., Ltd.
8	China Hospital Construction Conference Hospital Build & Infrastructure China Exhibition & Congress	Beijing Z&R Exhibitions Co., Ltd.
9	Motor & Magnetic Expo	Wise Exhibition (Guangdong) Co., Ltd
10	Shenzhen International Furniture Fair	Shenzhen Desy Exhibition Co. Ltd.
11	Shenzhen International Industrial Design Fair	Shenzhen Industrial Design Profession Association
12	Chinaplas The International Exhibition on Plastics and Rubber Industries	YAdsale Exhibition Services Ltd.
13	CIPPE	Beijing Zhenwei Exhibition Co. Ltd
14	DMP Greater Bay Area Industrial Expo	Shenzhen Xuntong Exhibition Ltd.
15	Elexcon & Embedded Expo	Shenzhen Informal Markets Creativity Exhibition Co., Ltd.
16	Global Tea Fair China (Shenzhen)	Shenzhen Huajuchen International Exhibition Group Co. Ltd.
17	Guangdong—Hong Kong—Macao Greater Bay Area International Auto Show	Shenzhen United Auto Show Management Co., Ltd.
18	isle International Smart Display & Integrated System Exhibition, Shenzhen	Canton Fair Advertising Co., Ltd.
19	NEPCON Asia	YRX (China) Investment Co., Ltd.
20	Shenzhen Int'l Smart Mobility, Auto Modification and Automotive Aftermarket Services Ecosystem Expo	Shenzhen Jiuzhou Hengye Media & Exhibition Technology Co., Ltd.
21	Shenzhen International Industrial Manufacturing Technology and Equipment Exhibition (ITES)	Shenzhen Huanyue Convention and Exhibition Co., Ltd

续表

	展会名称	组展者
22	Shenzhen International Tourism Expo	Shenzhen Yipeng Convention and Exhibition Service Co., Ltd.
23	SinoCorrugated	RX (China) Investment Co., Ltd.
24	Shenzhen International Furniture Fair	Shenzhen Desy Exhibition Co. Ltd.

（七）昆明

目前昆明已有两个 UFI 认证展会。

表 2.9　昆明的 UFI 认证展会

	展会名称	组展者
1	China Kunming International Automobile Expo	Yunnan World Expo International Exhibition Co., Ltd.
2	China Kunming International Stone EXPO	Oriental Universal International Convention & Exhibition Group Co., Ltd.

中国—东盟自由贸易区是一个拥有 18 亿消费者、1.5 万亿美元贸易总额的经济区，是一个巨大的“黄金市场”。昆明作为这一区域中的中心城市之一，有着得天独厚的会展业发展条件，先后举办了“1999 世界园艺博览会”、春城旅游节、中国艺术节、中国“金鸡、百花”电影节、亚洲民间艺术节、中国昆明进出口商品交易会、东亚城市市长论坛等国际性、全国性展会。昆明目前拥有 6 个展厅，面积超过 15 万平方米，可搭建标准展位 6 000 个以上；专业演出场馆 20 个，总座位数 1.57 万个；可供演出用的体育馆 5 个，可容纳观众 11.78 万人；可供商业性演出的社会其他场馆 107 个，可容纳观众 3.2 万人。据保守估计，昆明会展业对其他行业的经济拉动比为 1∶8，也就是说，会展业每创造 1 元的效益，就将给昆明经济带来 8 元的收益。现在昆明会展业每年直接产生的经济效益已突破 10 亿元人民币，加上其促进相关行业发展所产生的经济效益，昆明每年因此而增加的产值达 100 亿元人民币；会展业还为昆明带来了很大的社会效益。

资料卡

昆明世界园艺博览园（简称世博园）是 1999 昆明世界园艺博览会会址，园区整体规划依山就势、错落有致，气势恢宏，集全国各省、区、市地方特色和 95 个国家风格迥异的园林园艺精品、庭院建筑和科技成就于一园，体现了“人与自然，和谐发展”的时代主题，是一个“具有云南特色、极富中国气派、世界一流的园林园艺精品大观园”。园区包括五大场馆，即国际馆、中国馆、人与自然馆、科技馆和大温室；七大专题展园，即树木园、竹园、盆景园、药草园、茶园、蔬菜瓜果园和会后新建的名花艺石园；三大室外展区，即国际室外展区、中国室外展区和企业室外展区。作为世界上唯一完整保留的世博会会址，世博园凭借全世界规模最大、最具原创性的园林园艺大观园独有的历史文化和景观价值，已经成为具有世界性、民族性、园艺性、高品位性、唯一性、不可模仿性、价值可持续性的会址文化遗产。

从 1999 年开门迎客至今，世博园已形成“融园入城”发展模式，成为满足昆明市民和游客城市休闲、观光度假、周末聚会需求的重要精神圣地。

昆明市发展会展的定位是建设区域性国际会展城市。

为此，昆明市在会展业的长远规划方面，为了更好地整合会展资源，做大做强会展经济，提出了“节、会、展、演、赛”为主要内容的“大会展”发展战略，着力培育具有昆明特色的 5 大会展品牌。

（1）节庆品牌。以旅游业为主线，培植“中国昆明国际文化旅游节”等一批旅游节庆品牌；以民族节庆为主题，创立一批诸如“火把节”等具有浓郁民族特色和较高知名度的节庆品牌。

（2）会议品牌。瞄准高规格的全国性以及区域国际性会议，积极申办诸如“东亚城市市长论坛”“国际城市可持续性发展市长论坛”“第三届国际学生奶大会”等各类高规格的全国性及区域性国际性会议。

（3）展览品牌。进一步提升“中国昆明进出口商品交易会”的知名度；结合云南优势产业推出“中国昆明国际花卉交易会”等一批新的展览品牌。

（4）演出品牌。充分发挥云南的民族文化资源，推出具有云南独特风格的民族、民俗文化展演品牌。

（5）比赛品牌。发挥昆明低纬度、高海拔的区位优势，推出高原体育系列品牌；突出民族特色，推出民族体育品牌；利用气候、生态优势，推出高尔夫、网球、越野汽车等休闲体育品牌。

（八）成都

2022 年 12 月商务部印发了《成都服务业扩大开放综合试点总体方案》，明确支持成都建设国际会展之都。2021 年，成都出台了《成都市会展业促进条例》，将会展之都建设的举措通过法治化的方式进行固化。还编制了《“十四五”国际会展建设规划》《成都市会展产业建圈强链“十大行动”》，先后出台了《成都市会展业发展专项资金管理办法》等 10 余项长效激励机制，为成都会展业发展营造一流的政务服务环境。当前，成都市正依托区域资源和重点产业链，以天府新区和高新区两个承载地为核心，聚焦航空枢纽、运动赛事、会展旅游、特色农业 4 大特色，推动会展功能区域化布局，打造区域特色品牌会展，形成“一区一品牌”全域共兴的发展新格局。

成都现有场馆运营、创意策划、主场服务等重点企业近 700 家，与全球会展业 10 强中的 7 家开展合作，拥有中国西部国际博览城、世纪城新国际会展中心、中国天府农业博览园等 8 个专业场馆，总建筑面积超过了 280 万平方米。各类会议型酒店超过 500 家，客房总数超过 10 万家，完全具备了举办国际各类重大展会的功能。

如表 2.10 所示，成都现有 14 个 UFI 认证展会。成都深入实施品牌战略，以品牌效应为引领，强化会展的投资促进效应、资源集聚效应和产业的带动效应。走展会营城、品牌兴链之路，年均举办重大展会活动近千场，其中国际性活动超过上百场，国际驻馆合作项目达到 24 个，形成了国家机制性展会、中国西部国际博览会，具有“天下第一会”之称的全国糖酒商品交易会，全国 4 大 A 级车展之一的成都国际汽车展览会等系列品牌展会。年均举办赋能电子信息、装备制造、医药健康等重点产业的展会 200 余场，成都市委、市政府正全面推进集成电路、新型显示、大数据与人工智能、轨道交通、现代物流、生态环保、新材料、现代种业等 28 条重点产业链建设，具有非常好的产业会展基础。

表 2.10　　成都的 UFI 认证展会

	展会名称	组展者
1	Chengdu Advertising Sign & Printing & Packaging Industry Expo	Sichuan Donnor Exhibition Co., Ltd.
2	Chengdu Catering Supply Chain and Baking Expo	Chengdu Haiming Exhibition Co., Ltd.
3	Chengdu China Building and Decoration Materials Exhibition	Informa Tianyi Exhibition (Chengdu) Co., Ltd.
4	Chengdu International Environmental Protection Expo	Europe China Environmental Exhibitions
5	Chengdu International Pet Fair	Tianyi Zhixun Cultural Communication (Chengdu) Co., Ltd.
6	Chengdu Motor Show	Chengdu Century City Exhibition and Convention Group Company Limited
7	China Beauty Expo	Informa Exhibitions (Shanghai)
8	China Chengdu International Tea Expo	Sichuan Expo Economics Development Co., Ltd.
9	China Chengdu Medical Health Expo	Chengdu Century Kangbo Exhibition Co. Ltd.
10	China Food & Drinks Fair	COFCO Exhibition (Beijing) Co., Ltd.
11	China Hospital Construction Conference Hospital Build & Infrastructure China Exhibition & Congress	Beijing Z&R Exhibitions Co., Ltd.
12	China International Supply Chain & Logistics Technology and Equipment Expo	NorthStar Sinogold Exhibition Chengdu Co. Ltd.
13	Dental-Show — West China International Oral Equipment and Materials Exhibition and Oral Medicine Academic Conference of Western China	Chengdu Branch of Hubei Tarsus Hope Exhibition Company
14	The Sichuan International Health & Silver Industry Expo	Sichuan Expo Economics Development Co., Ltd.

（九）济南

目前，济南区域内有三个会展中心：舞耕国际会展中心 4.1 万平方米、济南国际会展中心 5.1 万平方米、山东国际会展中心 10.27 万平方米，在建的绿地国博城国际会展中心是目前国内最大的会展中心，其中净展面积 51 万平方米，国际会议中心 3 万平方米。济南已经形成会展场馆的东、中、西、北的布局。

《济南城市发展战略规划(2018—2050 年)》中提出要使济南成为“山水圣人”中华文化高

地及国际旅游的重要目的地。2019 年 4 月，济南印发《关于全面开展城市品质“十化”提升行动加快建设“大强美富通”现代化国际大都市的实施方案》，目标是把济南建设成具有世界水准的“会展之都”。会展和旅游是济南重要的发展产业。

(1) 优越的区位和交通条件。济南北接京津冀、南望长三角，是京沪间的重要节点城市，是黄河中下游的中心城市之一。在铁路客运方面，以济南为中心的“米”字形高铁网络基本成形，更加强化了济南作为 10 大区域性客运中心的地位。

(2) 省会都市圈优势。济南作为省会城市，是山东两大经济中心之一。随着山东做强省会城市的战略，济泰同城化、济淄同城化和济南齐河全面融合等方面正在积极推进中。

(3) 会展场馆设施优势。山东国际会展中心建成并投入运营，使济南有了举办一次性展览面积 10 万平方米以上的大型高端展会的场馆，为济南承办高等级的国际性展会打下了良好的硬件基础。

(4) 高校教育资源集聚优势。济南高校众多，山东大学、山东师范大学、济南大学、山东旅游职业学院等高校都设立了与会展产业相关的专业或旅游管理专业，同时，山东大学和山东师范大学还设有旅游管理专业硕士点，丰富的高校资源和会展旅游相关专业的设置，使得济南具备良好的会展和旅游相关专业的高素质人才培养基础。

(5) 丰富的旅游资源。济南旅游资源丰富，其中尤以泉水最为著名，又有千佛山、灵岩寺、四门塔等古文化遗址，自然旅游资源丰富(九如山瀑布群、红叶谷森林公园等)，还有老济南“明府城”的街巷风貌和老舍故居、李清照纪念堂等诸多人文景观。

济南的 UFI 认证展会如表 2.11 所示。

表 2.11　济南的 UFI 认证展会

	展会名称	组展者
1	China (Jinan) International Beauty, Salon, Cosmetics Industry Expo	Jinan Meibo Culture Communication Co., Ltd.
2	China (Jinan) International Building Decoration Exhibition	Jinan Xinzhan Exhibition Co., Ltd.
3	China (Jinan) International Solar Energy Utilization Conference and Exhibition	Shandong New Chenghua Exhibition Co., Ltd.
4	China (Shandong) International Agricultural Machinery Exhibition	Shandong New Chenghua Exhibition Co., Ltd.
5	China (Shandong) International Pet & Aquarium Products Exhibition	Shandong Huachen Exhibition Service Co., Ltd.
6	China International Cultural Tourism Fair CICTF	Qilu Tianyi International Exhibition (Shandong) Co., Ltd.
7	China International Medical Equipment (Shandong) Expo & Hospital Management Forum	Shandong New Chenghua Exhibition Co., Ltd.
8	China National Food Expo	Comexposium Zhongmao International Exhibition (Shandong) Co., Ltd.
9	International Ad Identification & LED Exhibition	Shandong Yachang Convention & Exhibition Service Co., Ltd.

续表

	展会名称	组展者
10	Jinan International Security Defensive Production Exhibition	Shandong Yachang Convention & Exhibition Service Co., Ltd.
11	National Wedding Props, Festive, Supplies & Artificial Flowers Fair	Shandong Yachang Convention & Exhibition Service Co., Ltd.
12	North China International Tea Industry Expo & Fair	Qilu Tianyi International Exhibition (Shandong) Co., Ltd.
13	Shandong Animal Husbandry Expo	Jinan Fushan Conference and Exhibition Service Co., Ltd.
14	Shandong International Electric Vehicle & New Energy Automobile Exhibition	Shandong Shibo Exhibition Mastermind Co., Ltd.
15	Shandong International Energy—saving and New Energy Vehicles Exhibition	Shandong Shibo Exhibition Mastermind Co., Ltd.

（十）南京

作为“一带一路”交汇点重要枢纽城市、长江经济带重要节点城市、长三角一体化的地理中心，南京坐拥千万级国际机场、亿吨级深水江海港，正在建设“米”字形高铁枢纽，推动南京成为双循环的重要枢纽。南京与全球230多个国家和地区建立经贸联系，与90个城市建立友城关系，落户的世界500强企业超过100家，外国专家和留学人员超过3万人，连续10年获评最具幸福感城市。连续三年出台优化营商环境政策，为来宁投资创业的企业和人才保驾护航。南京在全球科研城市中排名全球第八，在国家创新型城市中跻身全国第四，有力推动了经济社会高质量发展。南京是一座人文之城。从“天下文枢”到“世界文学之都”，见证了南京人文历史的辉煌历程。历史上从南京走出了明清时一半以上的状元；现在的南京，拥有53所高校、85万名在校大学生、82位“两院”院士。1910年6月，南京举办了中国历史上第一次以官方名义主办的南洋劝业会，时称为“我中国五千年未有之盛举”。

南京会展业聚焦软件和信息服务、新能源汽车、新医药与生命健康、集成电路、人工智能、智能电网、轨道交通、智能制造装备八大产业链，成为推动产业转型升级的重要平台。

“十三五”时期，南京会展业总量规模稳步增长，内部结构持续优化，质量、效益不断提升，共举办规模以上展会数量2 187个，展览面积2 145.7万平方米，年均增速达20%以上，成效显著。2020年城市会展业竞争力指数显示，南京在10个副省级城市中排名第三；在反映城市会展业发展基础与发展潜力的2020年城市整体环境竞争力指数中，南京排名第五，在全省排首位，成为衡量南京城开放度、省会城市首位度、创新城市发展活力和潜力的重要标志。

近年来，南京会展场馆及配套设施建设在理性、实用、多点融合地有序推进。通过科学布局，精准定位，实现多元经营，错位发展。南京国际博览中心室内展览面积达15万平方米，会议中心达4.6万平方米，以“好用的场馆、方便的场馆、智慧的场馆”知名的南京国际展览中心场馆使用率连年保持在40%以上。

依托绿水青山和临空经济示范区优势，南京空港国际博览中心及溧水会展小镇核心区面积达 2.37 平方公里，是全国首个以会展为主题的特色小镇。

依托国家农高区产业基础优势，江苏白马农业国际博览中心一期 2 万平方米也已经正式落成并投入运营。围绕生物农业、智慧农业等产业，打造“全球领先农业产业会展高地”。依托中芬合作交流中心和南京上秦淮国际文化交流中心，承办科技金融、商务商贸、文化休旅、现代物流等方向的南部新城特色会展区。联动“多点”布局全域会展，打造“一核三区多点”会展业城市空间新布局，拉动区域产业发展。

南京市贸促会出台了《南京市“十四五”会展业发展规划》《2021 年度南京市会展发展专项资金项目申报指南》，充分发挥专项财政资金的引导和激励作用。

数字化、智能化、低碳化是会展业发展不可忽视的三大新机遇。顺应会展业发展规律，南京全面拥抱 5G、AR\VR、大数据、云技术、物联网、区块链等最新技术，嵌入组展、招商和服务各环节，推动会展产业与数字经济、智能经济、绿色经济、创意经济、流量经济和共享经济等形态深度融合。南京会展业与主导产业“一对一”融合共进。南京创新周、中国(南京)国际软件产品和信息服务交易博览会、世界智能制造大会、中国(南京)金秋经贸洽谈会、中国(南京)文化和科技融合成果展览交易会等有南京特色、有自主知识产权的品牌展会，一系列行业、产业发展盛会在南京相继举办，最大限度延伸会展产业链。同时带动餐饮、住宿、交通、旅游等产业发展。南京先后与国际博览会联盟、国际会议协会等 30 多个国际国内优秀会展机构及相关会展强市建立联系，引进和培植了一批国际化程度高、影响力大的展会项目(如表 2.12 所示)。

表 2.12　南京的 UFI 认证展会

	展会名称	组展者
1	China (Nanjing) International Auto Expo	Nanjing Sungoal Exhibition and Convention Co., Ltd.
2	China (Nanjing) International Food and Wine Fair	Comexposium Zhongmao International Exhibition (Nanjing) Co. Ltd.
3	China (Nanjing) International Intelligent Agriculture Expo	Nanjing RoundExpo International Exhibition Co., Ltd.
4	China Jiangsu International Agricultural Machinery Fair	Jiangsu CCPIT International Conference & Exhibition Co., Ltd
5	International Door and Windows Custom Home Expo	Nanjing Biaoxiong ExhibitionCo., Ltd
6	VIV Qingdao	VNU Exhibitions Europe
7	World Semiconductor Conference & Nanjing International Semiconductor Expo	Nanjing RoundExpo International Exhibition Co., Ltd.

(十一) 无锡

会展经济是衡量城市发展程度、开放程度和城市活力的重要指标。2023 年无锡的会展业甚是活跃，2023 长三角跨境电商交易会、中国合成树脂新材料产业发展大会暨展览会、2023 中国·江苏太湖影视文化产业投资峰会、第八届无锡国际车展、第十届亚洲燃气轮机聚焦大会暨展览会、第三届中国集成电路设计创新大会、Star World 动漫游戏展、无锡国际茶博会等相继在无锡举办。展会密集接档的背后，是无锡持续放大会展产业“加乘效应”，着力推动重点产业发展和消费促进的典型缩影。

无锡的产业资源优势、城市区位特点决定了城市会展产业“会＋展”融合、“产＋展”融合的基本格局，会展业作为先导型产业，要坚决服务于无锡市产业强市主导战略和国际消费中心城市建设等重点任务。近年来无锡聚焦“465”现代产业集群发展，着力打造“一产业集群一品牌活动”，主动对接重点领域会展主办机构，整合区域资源，积极招展引会、策展办会，2023 年上半年无锡举办符合“465”产业主题的会展活动 41 个，同比增长 486%。在促进消费的形式和手段方面，无锡则呈现出与时代发展相适应的“新业态”。

会展市场繁荣的背后，交出的成绩单也相当喜人。据不完全统计，2023 年上半年来展览累计现场成交金额超 32.44 亿元；专业会议更是成了项目签约的“主舞台”，累计现场签约项目 258 个，协议金额 959.4 亿元。“太湖湾生命健康未来大会”以及定档下半年的“世界物联网博览会”“中国（无锡）国际新能源大会暨展览会”“中国（无锡）国际设计博览会”等一批本土品牌展会的规格和影响力逐年提升，已成为物联网、新能源、生物医药等领域重要的国际合作交流平台。

（十二）三亚

2024 年，三亚・亚特兰蒂斯正式推出了全新的多功能活动场地——The ONE 水上婚礼堂，为全国乃至全球的新人带来了全新的婚礼体验。这一创新之举，不仅标志着三亚・亚特兰蒂斯在婚庆产业领域迈出了新的一步，更是对三亚市政府《三亚市婚庆产业发展专项规划（2023—2025 年）》的积极响应。规划中明确提出，将依托三亚独特的热带滨海资源，紧紧抓住海南自由贸易港建设的契机，全面提升婚庆产业的规模和质量，强调构建一个涵盖“购、影、礼、宴、住、游”的婚庆产业体系，旨在通过多维度的产业整合，推动婚庆产业的整体发展。而三亚・亚特兰蒂斯，作为一站式娱乐休闲及综合旅游度假目的地，拥有酒店、水世界、水族馆、国际会展、餐饮、娱乐、购物、演艺八大业态，凭借天然的优势、独有的硬件设施、优越的地理位置，成为各类会议和活动的理想场所。

这里有总面积超过 5 000 平方米的多功能无柱宴会厅、商务中心以及各种规格的会议室，为商务人士提供了高质量的会议和活动体验，总面积达 5 800 平方米的四块草坪，则可以为各类大型或小型的婚礼和活动提供足够的空间。MICE & MORE“会”更精彩和 LOVE & MORE“爱”更美好两大品牌理念，完美诠释了三亚・亚特兰蒂斯在场地和服务多样性方面的优势。

（十三）杭州

杭州第 19 届亚运会、杭州第四届亚残运会都已完美收官。杭州国际博览中心在本届亚（残）运会上扮演多重角色，既是杭州亚（残）运会的主媒体中心和亚运官方接待酒店的场地保障方，也是杭州奥体中心国博壁球馆的赛事运行方，还是主媒体中心餐厅的餐饮服务商。尽管集多重角色于一身，但杭州国际博览中心张弛有度、有条不紊地完成了本届亚（残）运会保障服务工作。主媒体中心餐厅在赛后荣获杭州亚运组委会颁发的“团队之星”的荣誉称号，以表彰餐厅运行期间“好评率 100%”的优异表现。

2016 年 9 月，G20 峰会在杭州举办，时隔 7 年，杭州亚运会在杭州举办，杭州国际博览中心有幸两度参与盛会。7 年时间里，杭州国际博览中心先后接待世界环境日、联合国世界数据论坛等 30 余个国际活动，包括 9 个 ICCA 认证活动、8 个 UFI 认证活动。开业至今累计接待

46个国家及地区宾客到访，接待国内参观人次超200万。2023年5月，中东欧博览会活动上，杭州国际博览中心受宁波国际会议中心合作邀请，在前期会务资讯、会议筹备、全程演练、设备保障等方面开展协作。

办好一个会，提升一座城。每一场国际活动，事关城市形象，是提升城市品牌影响力的绝佳机会。在某种程度上，杭州国际博览中心一直扮演着“城市运营官”的角色，其终极使命还是回归到服务区域产业，促进城市发展。

（十四）西安

2023年，西安市会展业复苏强劲，全年举办516场规模以上展会活动，同比增长101.56%；展览面积247.7万平方米，同比增长340.83%，展会数量和规模创历年新高。西安市商务局结合全市现代产业体系布局，培育大数据、电子信息、高端装备、新材料新能源等60余场现代产业体系相关展会。

为办好会展，西安市商务局大力提升全市大、中、小型会展活动承办场所承载力。以西安国际会展中心二期建设为引领，西安市进一步完善会展场馆布局，并持续开展会议型酒店认定工作，全市会议型酒店达125家。同时，该局想方设法提高会展服务能力。2023年9月至11月，西安市商务局与国内多个省市会展行业协会紧密合作，成功举办中国（西安）会展服务技能大赛，为西安会展同行提供了良好借鉴。此外，西安市还发布2023年会展活动指导目录，修编《西安市会展业促进条例》，通过政策扶持、产业引导等方式，培育具有国际竞争力的会展企业和品牌。

（十五）长沙

2023年长沙自贸会展区全年新增企业1 260家，引进重点招商引资项目20个、10亿元以上项目2个，完成进出口额18.11亿元、重大项目投资完成额22.76亿元、重大产业项目8个。此外，2023年举办会议会展121场次，实现展览面积173.47万平方米，占全市展览面积一半。国际商务商事服务区（启动区）建设顺利，致力于打造对外开放“桥头堡”。会展安保服务机制创新获批湖南省第二批制度创新成果，并推进展会知识产权保护机制创新、会展物流一站通等重点领域制度创新，获评“2023年中国（湖南）自由贸易试验区长沙片区真抓实干督查激励成效明显成员单位”等荣誉。

三、会展业发展条件

我们不禁要问，为什么各地的会展业发展差异如此明显？为什么有些国家和地区可以享受会展业带来的甜蜜果实，而有些却只能临渊羡鱼？到底是什么因素制约着一个地区会展业的发展呢？

案例分析

巴西2014年世界杯

巴西约有33%贫困人口，世界杯前日益严重的通货膨胀让穷人的生活难以为继。《圣保罗报》咨询机构在2014年2月开展的一份“是否支持巴西承办世界杯”的调查表明，全国

137 座城市的 2 000 名受访者中，50.7%的巴西人明确回答了“不”，19.7%表示部分支持，只有 26.1%的人无条件地支持。美国皮尤研究中心调查也显示，61%的巴西受访者认为举办世界杯存在弊端。与之形成鲜明对照的是，当巴西在 2007 年申办世界杯的时候，绝大多数巴西人表示支持再次举办世界杯。

什么原因导致了巴西人改变看法？关于政府对世界杯的大量资金投入，75.8%的人认为没有必要，80.2%的人认为投资其他领域更好，仅有 17.7%的人支持用于场馆建设，并认为这将有利于本国体育的发展。而世界杯投入也包含了基础设施，如改善城市交通、通信等。但有 66.6%的巴西人认为，这些设施不可能在赛事期间获得使用，只有 27.7%的人相信工程会在开幕式之前结束。

面对民众的疑虑，政府也没能给出安心答复。仅为筹备世界杯，政府就投入了超过 130 亿美元，远远超出了 80 亿美元的预算。巴西政府在 2007 年声明，场馆建设经费全部由私人赞助，但实际上这项费用有 90%出自公共财政。另外，2010 年写在世界杯责任书上的场馆、港口和机场等基础设施只有 30%按计划在赛前完工。

对会展进行评估和资质认可的最具权威性的组织——国际博览会联盟(UFI)曾发表报告认为：“一个城市或地区，如果基础设施相对完备，人均收入在世界中等以上，服务业在 GDP 中的比重超过制造业且过半，外贸总额占 GDP 的比重接近或超过 10%，行业协会的力量相对较强，会展经济就会在该城市或该地区得到强势增长，并发挥相关的积极作用。”对比国内外各个城市或地区发展会展业的经验和教训，我们可以发现会展业的发展速度和水平与下列条件是互相制约、互相促进、相辅相成的。

(1) 安定团结的社会环境、活跃的政治活动；稳定增长的宏观经济。

(2) 完善的基础设施、健全和高效的金融、货运、保险、旅游、餐饮、房地产业等为会展业配套的产业活动，现代化的通信设施和科技水平。

(3) 人民群众丰富、高质量的物质和精神文化生活。

(4) 优越的地理位置、方便快捷的对内对外交通。

(5) 政府倾向性的政策，强有力的行业协会监管，开放的文化环境和深入的会展研究。

(6) 设施先进、交通便捷的会议中心及展示中心。

(7) 高素质的会展人才。

上述前三个条件是会展业发展的核心驱动因素。会展业是经济发展到一定程度才产生的一种经济形态，而且以稳定的社会环境为基础，以活跃的政治活动为前提，以繁荣的经济为动力，以完善的产业配套和高质量的人民物质文化生活水平为支撑。而完善的产业配套活动不仅是城市竞争会展活动目的地的重要筹码，也是影响会展产业联动效应大小的关键因素。

第四个是会展业的区位条件，是会展业发展的外部制约因素。区位条件对会展业的发展非常重要。会展业发展的区位条件通常应从地理区位、经济区位和交通区位这三个方面分析。

中国香港地区的地理位置十分优越，其正好是在亚洲的中心点。在下游各个主要商业城市坐飞机来港，飞机的航程都不会超过 5 个小时。差不多全球 50%的人口都可以在 5 个小时之内到达香港地区。而时间就是金钱，能节省时间就是优势。香港地区还拥有全世界最繁忙的空运港之一，有 80 多个航空公司，每天有 400 多个航班在香港地区起落。这说明全世界的人要来香港地区都十分方便，航班的选择也多。香港地区还拥有全世界吞吐量最大的货柜码头之一，为参展商展品的物流配送运输提供了很大的便利。香港地区另一个很大的优势是香港是个自由港，这个自由港的地位是难以取代的，展品的进出既不需要上税也不需要付押金，而且香港的报关手续也特别简捷快速。

最后三个是会展业发展的软环境条件，它是会展业发展的引导因素，也是制约会展业发展的瓶颈。这些因素在会展业发展的初期和会展市场行为不完善的情况下，尤其起到至关重要的作用。政府倾向性的政策，强有力的行业协会监管，开放的文化环境和深入的会展研究，设施先进、交通便捷的会议中心及展示中心，高素质的会展人才都是会展业发展不可缺少的土壤。

例如，汉诺威被誉为“会展之都”，与其拥有世界上最大的展览中心之一——汉诺威国际展览中心不无关系。该展览中心不仅设施和技术为世界领先水平，同时拥有设备完善的欧洲最大的专用客运火车站。在过去的10年里，集团公司投入总计超过8亿欧元建设新的展览馆，改善停车设施，建立卓越的公路网、大宗货物运输道路和具有吸引力的建筑。这些使得汉诺威展览中心成为国际市场交流的最佳场所。展场交通非常方便，北面和东面各有一条干线地铁，还有连通法兰克福、汉诺威和汉堡的德国南北干线的火车站（“汉诺威展场”）。两条“空中走廊”（装备有人行电梯），一条从西面连通火车站和13号馆入口，一条从东面连通停车场和8、9号馆。一条新的地铁线路提供了从汉诺威机场途经汉诺威中央火车站到达展场的快速交通。此外，还有专用的货运站，设有能起卸大件重型货物的设备。展场的停车场可停放50 000部车辆，其中有遮盖的泊位有8 700个；场内还有一个直升机场；配备有自己的变电站和供水系统。

而说起政府倾向性政策对会展的重要性，大连就是最好的说明。1992年大连市政府提出要把大连建设成为一个海内外知名的会展城市，动员全市市民支持参与会展业的发展，营造全市会展兴市的大好氛围。市领导亲自赴北京与中央有关部委商洽，出面申办全国性展览会、交易会，而且还邀请国外著名公司负责人来大连参展、参观。在出国访问时，市领导还不忘宣传大连的展览环境和展览项目；对于重要的展会，市领导都要在展前亲自听取汇报，检查布展情况，解决疑难问题，协调各方关系，完善薄弱环节。1994年大连果断决策且集中财力兴建大连星海会展中心，1996年2月12日大连市展览工作领导小组成立。2003年大连市政府清理了各部门的行政审批事项，对展览项目的审批规定为转移审批，转移至中国贸促会大连市分会。大连市展览工作领导小组办公室依据《大连市展览会管理暂行办法》，参照市领导确定的展览立项八原则，制订全市展览计划，进行展会项目审核、业务指导、情况汇总、资料统计、业务培训等工作。展览办在对展会项目审核时，相同类型题材的展会，协调促成双方合二为一，绝不通过第二个；对一个项目扶持培育2～3年后实行优胜劣汰。此外，还规范了会展业市场，保护了办展单位对项目的知识产权以及参展商、贸易商等各方的合法权益。

但我们也必须看到，上述观点只是一个城市或地区会展业发展的影响条件，并不是任何一个城市或地区发展会展业所必须具备的条件。

我们应该辩证地看到，会展业发展所需条件同会展业发展是相辅相成和良性互动的关系。会展业发展所需的条件决定了会展业发展的速度，而发展的会展业又在不断地改变和完善会展业发展所需的条件。也就是说，一个城市不能被动地等各种条件都具备了或者完全成熟了，再来发展会展业。条件成熟的要发展会展业，条件不完备的也可以因地制宜地创造条件来逐步发展，因为我们完全可以在一个城市或地区的经济及会展业发展过程中，不断完善所需要的条件。比如浙江省义乌市，其原先只不过是一个各方面条件都很差的小县城，从开发举办小商品市场开始，义乌的会展业越搞越大，极大地推动了城市的建设和各方面的工作。而这个城市发展会展业所需要的条件，如经济、基础设施、交通、通信、饭店、会展场所、政府政策等，也在政府建设和发展过程中与义乌会展业逐步发展的过程中不断完善和健全，并使得义乌市能有条件每年和商务部、浙江省政府、中国轻工业联合会、中国商业联合会联合主办颇具规模和影响的中国义乌国际小商品交易会。从1995年开始，义乌市每年都举办国际小商品博览会，而且规模一年比一年大，档次一届比一届高。以小商品博览会为代表的会展业在义乌蓬勃兴起，与中国小商品城互促共进，并带动了周边地区大批相关日用消费品制造基地的发展壮大，促进了整个义乌经济的持续快速稳定增长，也为义乌交通运输、餐饮旅游、货运仓储、金融保险、各项基础设施及服务的发展与完善提供了有力的加速器。

另外，海南偏僻小镇博鳌举办亚洲知名论坛，福建泉州"展览兴市"，河北廊坊建设会展旅游城，杭州举办西湖博览会以及广东省东莞名家具展的发展等实践经验，都能帮助我国其他中小城市正确认识会展业的发展条件，因地制宜地发展会展业。

知识归纳

1. 本章主要介绍了德国、英国、法国、意大利、日本、新加坡、美国、俄罗斯等几个主要的会展强国，以及国内几个特色会展城市。德国展览业非常发达，市场化运作十分成熟，被誉为世界头号会展强国。其会展代表城市主要有汉诺威、法兰克福、柏林、科隆、慕尼黑等；英国是老牌的资本主义国家，也是现代意义上的第一次世界博览会(即英国伦敦万国工业博览会)的诞生地；法国不仅有世界上独一无二的全球展览促销网络，在展会经营管理上也有很多值得中国展览界借鉴的地方；意大利展览会通常是由专业人员组织的，往往与该领域的企业协会或贸易协会联系。美国拥有一大批综合竞争力极强的会展城市群，投入建设的专业大型场馆占到全球面积的1/5。

2. 中国目前已形成五大会展经济区域，其中中国香港、北京、上海、广州等地会展业发展较成熟。

3. 会展业的发展条件包括：安定团结的社会环境、活跃的政治活动、稳定增长的宏观经济；完善的基础设施、健全和高效的金融、货运、保险、旅游、餐饮、房地产业等为会展业配套的产业活动、现代化的通信设施和科技水平；人民群众丰富、高质量的物质和精神文化生活；优越的地理位置、方便快捷的对外对内交通；政府倾向性的政策；强有力的行业协会监管；开放的文化环境和深入的会展研究；设施先进、交通便捷的会议中心及展示中心；高素质的会展人才等。

知识图表

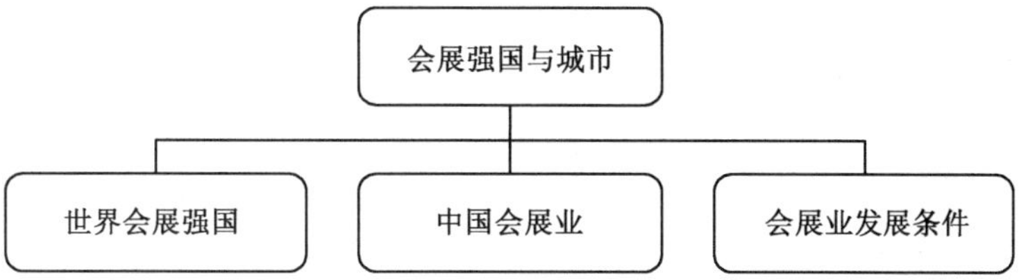

网站导航

本单元学习有关的网站有：

1. 央视新闻网.
2. http://www. ufi. org.

关键词汇

汉诺威　慕尼黑　杜塞尔多夫　米兰　一站式　CEBIT

独立思考

1. 近年来，你所在的城市会展业发展如何？有哪些优势和不足？
2. 会展业和旅游业有何关系？

基本训练

一、单选题

1. 汉诺威是世界上最著名的“展览之都”，其拥有世界上两个最大的博览会，汉诺威工业博览会和(　　)。

A. 汉诺威电脑与通信博览会　　B. 信息及通信技术博览会
C. 国际汽车—小轿车展览会　　D. 建筑及建筑机械专业展览会

2. 全美最大的会展中心是(　　)。

A. 洛杉矶　　B. 纽约　　C. 芝加哥　　D. 拉斯维加斯

3. 国内三大展览中心城市中不包括(　　)。

A. 上海　　B. 北京　　C. 广州　　D. 深圳

4. 从第(　　)届开始，广交会正式更名为中国进出口商品交易会。

A. 101　　B. 102　　C. 103　　D. 104

5. 德国最大的会展中心位于(　　)。

A. 杜塞尔多夫　　B. 汉诺威　　C. 慕尼黑　　D. 法兰克福

6. 第一届汉诺威工业博览会举办于(　　)。

A. 1947 年　　B. 1957 年　　C. 1974 年　　D. 1975 年

7. 关于德国的会展业，描述正确的是(　　)。

A. 头号会展强国　　B. 举办会议最多的国家
C. 会展业的联动系数最强的国家　　D. 承办 2/3 国际知名专业贸易展会

8. 被誉为“世界工业发展的晴雨表”的是(　　)。

A. 汉诺威电脑与通信博览会　　B. 信息及通信技术博览会
C. 国际汽车—小轿车展览会　　D. 汉诺威工业博览会

二、简答题

1. 请归纳中国五大会展经济带。
2. 制约一个地区会展业发展的因素有哪些？

实战演练

【目标】 理解一个城市发展会展业的各种条件。

【内容】 对你所在城市会展业开展初步调研，了解代表企业、品牌会展、专业场馆情况以及政府发展会展业的具体举措。

【步骤】

(1) 调研城市主要的会展场馆。
(2) 了解各会展场馆举办过或将要举办的品牌会展活动。
(3) 分析这些活动的举办方选择该城市或者场馆的原因。
(4) 分析该城市在发展会展业上面临的主要问题，如何克服？

项目二

策划会展活动

任务三　策划和筹备会议

知识目标

- ◆ 了解会议、会议产业的基本概念；
- ◆ 了解会议的分类、要素；
- ◆ 了解会议的作用；
- ◆ 了解会议策划和筹备的内容；
- ◆ 了解会议预算内容。

技能目标

- ◆ 科学设计会议主题；
- ◆ 合理安排会议议程。

能力目标

- ◆ 掌握会议策划相关文案的写作；
- ◆ 掌握编制会议预算的方法；
- ◆ 熟悉会议筹备的各个阶段和工作内容。

思政目标

- ◆ 廉洁、高效、务实，杜绝官僚主义；
- ◆ 关注我国在重大国际会议上的发声，增强民族自豪感。

重点难点

- ◆ 会议策划；
- ◆ 会议筹备；
- ◆ 会议预算。

一、会议概述

任务引入

第六届中国国际进口博览会圆满落幕，为了筹办好第六届进博会，为所有参展国家和企业提供更好的服务和交流平台，会议的角色仍然不可小觑。你了解本届进博会中安排有哪些会议吗？为什么要策划这些会议呢？第七届进博会的会议策划应该怎么做呢？

（一）会议的概念

1. 会议

展览和会议是会展经济的两翼，除展览以外，会议也是会展经济的重要组成部分。会议是人们为了解决某个共同的问题或出于不同的目的聚集在一起讨论、交流的活动，往往会伴随着一定规模的人员流动和消费。大型会议特别是国际性会议在提升城市形象、促进市政建设、创造经济效益等方面具有特殊的作用。

2. 会议产业

会议产业是指提供会议产品和服务的企业集群。其核心层是 PCO，外围层为 DMC。

（1）PCO。PCO 英文全称为 professional conference organizer，即专业会议组织者，主要是指为筹办会议、展览以及活动等提供专业服务的公司，或从事相关工作的个人。PCO 应能为会议提供全方面的服务，包括会议的主要会务工作、会议附设展览、筹集资金和安排宾馆、餐饮和旅游等。

资料卡

PCO 的工作内容包括：

（1）会议的促销宣传、新闻报道工作；

（2）各种印刷品的制作安排；

（3）会议地点和会议场所的选择；

（4）会议住宿（宾馆）的安排；

（5）会议餐饮的安排；

（6）会议预先注册和现场注册工作；

（7）会议财务管理工作，包括会议预算、资金筹措、现金管理等；

（8）会议临时员工的招聘和培训、管理工作；

（9）会议翻译（口译和笔译）人员的安排；

（10）会议技术设备和人员的安排；

（11）会议社会活动、学术访问活动的安排；

（12）会议旅行、游览等活动的安排；

（13）会议附设活动的安排（包括国际会议国外参会商的物品报关等）；

（14）帮助有关机构进行国际会议的申报、申办；

（15）与海关协调参加国际会议的国外代表入境签证事宜；

（16）协调、处理与当地政府机构包括公安、消防和海关等部门的关系。

PCO 帮助安排、组织会议是一种商业行为，目的是获取收入。PCO 的收费方式有以下几种：

① 包价式：帮助组织、运作、管理好一个会议，一次性收取一笔费用（比如 50 000 元），不管与会者人数的多少。

② 基本费＋与会者人头费：除了收取一笔基本费用（比如 30 000 元，一般比包价式低）外，

再根据与会者人数每个人提取一定的费用(比如 20 元/人)。

③ 与会者人头费:完全根据与会者人数的多少,每个人提取一定的费用(比如 50 元/人,一般比第二种收费方式中的人头费要多),不再收取基本费。

④ 按小时收费:完全按照为社团组织或企业安排、组织会议的工作时间来收费(比如 100 元/小时),不管与会者多少,不再收取基本费。

(2) DMC。DMC 英文全称 destination management company,即目的地管理公司,主要在举办城市提供会议服务。服务项目包括订房、预订餐厅、安排机场接送车辆、技术服务以及会议代表娱乐活动。

许多目的地管理公司的活动属于“幕后操作”,即协助会议策划者从事细节性工作。这类公司熟悉举办城市,可以提供关于目的地的详细信息,既有供应商信息,又有会议附件活动的信息(特别观光游览等)。

PCO 和 DMC 都是会议业发展不可缺少的重要内容。国际会议的举办通常都是由 PCO 组织,在选定会议目的地城市之后,将会议的服务以及会议奖励旅游和主题活动交 DMC 负责。

(二) 会议的利益主体

召开一次会议,尤其是大型会议,通常其利益主体包括主办者、承办者、与会者等其他与会议有关的人员。

案例分析

中国会展经济国际合作论坛由中国贸促会创办于 2005 年。第十九届中国会展经济国际合作论坛(CEFCO2024)于 2024 年 1 月 10 日下午在江西南昌开幕,来自多个国家和地区的会展业人士齐聚此间,就推动国际会展业合作与发展展开探讨。本届论坛由中国贸促会与国际博览会联盟(UFI)、国际展览与项目协会(IAEE)、独立组展商协会(SISO)和国际会议协会(ICCA)4 家国际会展组织共同主办,中国国际商会、江西省贸促会、南昌市人民政府承办。本届论坛以“开放共享、链接世界”为主题,全面线下举办,来自美国、法国、英国、德国、意大利、澳大利亚、葡萄牙、阿联酋、马来西亚、韩国、泰国、新加坡及中国澳门等 10 多个国家和地区 500 多位代表现场参会。

此次论坛包括两场全体会议、八场分组会议及相关交流活动,议题涵盖共享《区域全面经济伙伴关系协定》(RCEP)区域会展合作新机遇、中国会展业国际化进程等,通过专家解读、高端对话、案例分析等形式,为会展业发展贡献智慧。

中国国际贸易促进委员会副会长表示,会展业连接生产与消费、供给与需求,是构建现代化市场体系和开放型经济体系的重要平台,是维护全球产业链、供应链稳定与畅通的重要环节。会展业应深化国际交流与合作,共同维护全球产业链、供应链稳定与畅通,促进世界经济复苏与增长。

国际博览会联盟执行副总裁认为,展览业是贸易投资的“催化剂”,建立一种网络,让企业可以相互沟通与交流、探讨与交易,开拓新兴市场。中国政府及展览机构的工作,对塑造全球交流与合作格局发挥了至关重要的作用。

来源:中国新闻网。

1. 主办者

会议主办者一般指对会议活动的组织、管理、协调负主要责任的机构或者个人的统称。会议主办者可以是公司、协会或者非营利性机构等。

2. 承办者

会议承办者是指具体落实会议组织任务的机构或个人，既可以来自主办者内部，也可以来自主办者外部。承办者对主办者负责，具体职责由主办者确定或协商谈判确定。

内部承办者往往来自会议主办机构中的成员，通常会设立一个秘书处或筹划委员会，专门处理会议的筹备、管理和策划工作。外部承办者通常是会议或相关行业中的专业人士，如专门提供会议承办服务的会展公司或旅行社。

现代会议往往涉及相关协办者或赞助者等。

(1) 协办者。根据会议活动的实际需要，可以设定一个或者若干个会议协办者。会议协办是指协助主办或承办单位负责会议的策划、组织、操作与管理的机构或个人。会议协办的方式主要有以下几种：①经费资助，即协办者向主办者提供一定的经费支持；②名义使用，即协办者允许主办者以自己的名义举办会议；③智力支持，即协办者向主办者提供咨询、策划等智力支持；④物资资助，即协办者向主办者提供举办会议必需的物资；⑤人力保障，即协办者向主办者提供举办会议所需的会务人才支持；⑥工作分担，即协办者分担主办者的一部分组织工作。在这种情况下，主办单位与协办单位的分工必须明确。协办可以是无偿的，也可以是有偿的。

(2) 赞助者。在举办一些大型会议活动时，争取赞助是解决会议经费问题的有效办法。赞助的方式可以是提供资金，也可以是免费或优惠提供场地、设备和其他会议用品，赞助者也可以是协办者，但两者在法律责任上有所区别，前者负民事法律上的连带责任，后者则不承担民事责任。赞助者通常可以获得会议活动会徽、吉祥物、名称的使用权。

3. 与会者

与会者是指参加会议活动的对象，通常又称会议成员、参加者或注册者。与会者的类型包括正式成员、列席成员、特邀成员、旁听成员等。与会者是会议活动的主体，是会议活动成功与否的重要因素。与会数量的多少决定了会议规模的大小，与会者人数越多，会议规模越大。

温馨提醒

与会者即参加会议的对象，是会议的主体，可分成四种资格，资格不同，其在会议中的权利和义务也不同。

(1) 正式成员：具有正式资格，有表决权、选举权和发言权。

(2) 特邀成员：其权利和义务由会议主办者或会议领导机构确定。

(3) 列席成员：不具正式资格，但有一定发言权，无表决权和选举权。

(4) 旁听成员：不具正式资格，无表决权和发言权。

(三) 会议的分类

全世界每年举办的会议数不胜数，类型、规模各不相同。为了便于研究，我们将会议大致按照以下标准分类。

1. 按照会议的地域范围和影响力划分

按照会议的地域范围和影响力划分，会议可以分为国际会议、全国会议、地区会议、本地会议。

国际会议是指会议代表来自不同国家的会议活动。由于国际会议在提升举办地形象、促进当地市政建设和经济发展等方面起的巨大作用，世界上多个国家都在积极争取承办国际会议。

知识拓展

1. ICCA 国际会议标准

国际会议协会(The International Congress & Convention Association，ICCA)，创建于1963年，是全球会议行业最主要的机构组织之一。在会议领域内，它是最具有国际影响力的协会。

ICCA 规定的国际会议标准有3个：(1)至少有50个参加者；(2)定期组织举行会议(不包括一次性会议)；(3)必须在至少3个国家举行。

北京市旅游局、北京国际会议中心、上海国际会议中心都是它的会员单位。在国内见到的有关国际会议的统计数字，大部分来源于ICCA的统计资料。

2. UIA 国际会议标准

国际协会联盟(Union of International Associations，UIA)，创建于1907年，为全球成员构建了一个会议行业信息统计和交换的强大平台。这个组织在国内没有太大的影响，但在国际上是一个很重要的国际会议组织。

UIA 一直统计的国际会议有4个标准：(1)至少有300个参加者；(2)国外参加者至少占总量的40%；(3)参加会议的国家至少有5个；(4)最短会期为3天。2014年版首度统计C类国际会议，将参加者超过250人、会期超过2天的国际会议也纳入统计口径。

3. 中国相关统计标准

据国家有关文件的规定，来自3个或3个以上国家或地区(不含港澳台地区)的代表参加，以交流为主要目的而举办的研讨会、报告会、交流会、论坛及国际组织的行政会议，可称为国际会议。

2. 按会议主办者的性质划分

根据举办单位性质划分，可以将会议分为公司类会议、协会类会议和其他组织会议等。

(1) 公司类会议。公司类会议是公司组织处理本公司的事务及与营销、培训或股东讨论等有关的会议。

(2) 协会类会议。协会类会议是会议市场上的主要客源，具有周期稳定、规模大等特点，主要目的在于扩大本行业的交易和促进行业发展，如贸易、医药等行业会议。

(3) 其他组织会议。其他组织会议是指不能归于以上两类的会议活动。这类会议的典型代表是政府机构会议，其他还有工会、政治团体、宗教等组织或自筹的会议。

3. 按会议规模划分

根据会议规模进行划分，可以将会议划分为微型会议、小型会议、中型会议、大型会议、特大型会议。

(1) 微型会议:与会人数少于10人的会议活动。

(2) 小型会议:与会人数为10～100人的会议活动。

(3) 中型会议:与会人数为100～1 000人的会议活动。

(4) 大型会议:与会人数为1 000～10 000人的会议活动。

(5) 特大型会议:10 000人以上的会议活动。

4. 按会议举办的时间划分

根据会议举办时间划分,可以分为定期会议和不定期会议。

定期会议,又可以称为经常性会议或例会,到预定时间若无特殊情况,就必须预期召开,如我国各级人民代表大会、上市公司的股东大会和董事会等。

不定期会议又可以称为临时性会议,会议召开没有固定的时间间隔或者该会议仅召开一次就完成了其特定的任务。

5. 按会议本身的性质划分

按会议本身的性质划分,可以分为营利性会议和非营利性会议两大类。

营利性会议主要是由专业会议公司或一些营利性机构来策划和组织,如常见的企业战略研讨会、营销高峰论坛、行业培训会议等。

非营利性会议如政府工作会议、协会会议、公司内部会议等。

案例分析

作为新时代的军媒移动旗舰平台——中国军号正式上线,扬帆起航。中国军号全方位展现解放军新闻传播中心在推进媒体深度融合发展征程上的创新成果、崭新风采。2024年,中国军号举行"元宇宙"发布会,在这里您可以领略3D航母与军媒旗舰平台的创新融合;您可以探索VR交互与智慧媒体内容的深度交融;您还可以沉浸式体验元宇宙世界跨越时空的灵动与包容;一起走进"中国军号"云端展厅,跨越虚实,探索"军媒旗舰"的无穷魅力。

6. 按行业划分

按行业划分,会议可以划分为医学、科学、教育、农业、环境等类别。行业会议中全年举办国际会议比例较高的有医学类会议、科学类会议、工业类会议、技术类会议、教育类会议等。

7. 按会议活动内容划分

按会议活动内容划分,可以分为商务会议、文化交流会议、专业学术会议、政治会议、培训会议。

商务会议是指为了企业的业务和管理工作发展的需要而进行的会议活动。

文化交流会议是指各种民间和政府组织组成的跨区域性的文化学习交流的活动,常以考察、交流等形式出现。

专业学术会议是指某一领域具有一定专业技术的专家学者参加的会议,如专题研究会、学术报告会、专家评审会等。

政治会议是指国际政治组织、国家和地方政府为某一政治议题而开展的各种会议。

培训会议是指用一个会期对某类专业人员进行有关业务知识方面的技能训练或新观念、新知识方面的理论培训的会议活动。一般采用讲座、论坛、演示等形式。

8. 按会议组织形式划分

按会议组织形式划分，可以划分为论坛、讲座、研讨会、报告会。

论坛的特点是需要经过反复深入的讨论，一般由演讲者或者小组组长主持，它可以有许多听众参与。

讲座更正式一些，更有组织一些，经常由一位专家进行个别讲演，讲座后可以有来自观众的提问。

研讨会通常有许多可参与的活动，出席者有许多平等交换意见的机会，知识和经验被大家分享，研讨会通常是在讨论主持人的主持下进行的。

报告会是在重要会议和群众集会上，主要领导人或相关代表人物发表指导性的讲话。

（四）会议的构成要素

构成会议的基本要素有：会议主办者、会议参加者、会议时间、会议地点、会议方式、会议主题。其核心要素是会议主题，它决定了对其他要素（如会议时间、地点、方式以及参加者）的选择。

会议的形式要素包括名称、时间、地点、方式、规模、主持人等。会议的内容要素主要包括会议的指导思想、会议主题、会议议题、会议任务和完成会议任务的措施等。会议的人员要素主要包括主办者、承办者、与会者、贵宾、与会议有关的人员、会场临时工作人员。

（五）会议的作用

案例分析

> 国际博览会联盟（UFI）设置了人力资源管理、数字创新、市场营销、运营与服务以及可持续发展等工作组。他们与UFI团队紧密合作，定期组织一些深入研究特定主题的论坛。这些独特的会议汇集了具有共同关注点的行业专业人士，一起分享知识和经验。每个UFI论坛都向所有UFI成员和活动组织者开放，专门讨论与展览行业问题有关的特定主题。这些为期一天的会议由各工作组主席主持，包括演讲、发言者和与会者之间的圆桌讨论和辩论。在过去的UFI论坛上显示的演示文稿可以从会员区下载（仅为UFI会员保留部分）。

1. 集思广益，科学决策

会议使不同的人、不同的想法汇聚一堂，相互碰撞，从而产生金点子。许多高水准的创意就是开会期间不同观念相互碰撞的产物。

会议的召开便于使各级领导充分掌握有关信息，充分发挥群众的智慧，为决策的制定与实施奠定基础。同时，也可以在会议的讨论中了解基层群众及下属员工的实际情况和思想动向，对反映出来的问题可以具体分析和解决。

2. 发扬民主，动员群众，宣传教育

会议可以说是领导机关和各级领导密切联系群众的纽带，如积极分子典型事迹报告、先进集体和先进个人的表彰、重大历史事件的通报等。

3. 传达信息，拓展思路

各类经验交流会、汇报会、座谈会、调查会，通过汇报、交流、学习、讨论可以达到传达信息的目的。如技术人员在会上可以交流技术或学习、研讨新技术，以获得经验总结、技术攻关对策以及技术创新的灵感。

因此,会议活动既是信息的共享过程,也是有效的智力开发过程。

4. 协调矛盾,推动工作

会前,人们往往对同一个问题的看法存在某些差异。在会议上,大家可以围绕一个共同的目标讨论、研究和论证,求同存异,最终达成共识,从而起到推动工作的作用。

许多公司或部门的常规会议的主要目的是监督和检查员工对工作任务的执行情况,了解员工的工作进度;同时,借助会议这种集合的面对面的形式,有效协调上下级以及员工之间的矛盾。

5. 国际交流,跨文化沟通

国际会议可以起到国际交流、跨文化的沟通作用。

二、会议策划

任务引入

进博会或者高峰论坛对你来说或许很遥远,但是日常生活当中,我们的家庭聚会、毕业周年庆等,你是否勇于担当发起人或者承办人的角色呢?为了策划好这样一次小会议,你需要做好哪些前期准备工作?现场如何跟进呢?如何分工?要注意哪些问题?

知识储备

作为一项大型会议,会议的基本流程分为会前工作、会中工作、会后工作。会前工作的内容包括会议策划、会议组织构架与审批、会议筹备方案、会议通知、会场布置等。成功的会议离不开成功的会议策划与管理,在各种资源的基础上将会议活动的各个环节恰如其分地联系起来,是会议组织者面临的重要问题。

(一) 会议策划的含义

策划一词在古代有谋划、筹划、策划、计划、计策、对策等意思。

策划是一项立足现实、面向未来的活动。它是策划者依靠自身理性并根据搜集到的各种信息判断事物变化发展的趋势,全面构思、设计、选择合理可行的行动方式,以实现特定目标的活动。策划是一个综合性系统工程,其中目标是策划的起点,信息是策划的基础和前提,创意是策划的核心。它作为一种以人类智慧发挥为条件的高级思维活动,始终与人类社会相伴而行。

所谓会议策划,就是围绕会议活动的目标,在全面、深入分析会议信息的基础上,运用科学的策划方法,制定会议活动最佳方案的创造性思维活动。作为会议活动整体策略的运筹规划,会议策划贯穿会议整个流程。会议策划为会议活动的开展提供决策方案,保证会议活动的经济效益,在塑造会议品牌形象方面起着重要的作用。

(二) 会议策划的流程以及技巧

好的会议策划,一定是对具体的执行方案有深入的思考,具有可行性;一定是在某些方面有突破、有新意、有创意。

从具体的工作流程上说，会议策划主要包括以下项目：会议目标策划、会议主题策划、会议议题策划、选择会议场地、确定会议与会人员、编制会议日程、准备会议资料，进行会议宣传推广、制定会议接待计划等。

会议策划是具体回答以下六大要素问题，即 5W+1H：

会议目标(why)——为什么开会，开会要达到什么目标；

会议主题和议题(what)——开什么会，会议内容是什么；

与会人员(who)——谁参与会议，参会的目标观众有哪些；

会议时间(when)——什么时候开会，开会的具体时间；

会议地点(where)——在什么地方开会，开会的城市以及场馆；

会议形式(how)——会议怎么样进行。

1. 会议的目标策划

会议的目标是会议组织者的期望和会议所要完成的具体任务。人们举行会议就是为了达到某种目的或者是完成某个任务，会议目标策划就是要解决为什么开会这一最基本的问题。因而会议目标制约着会议的议题和议程，决定会议的性质，影响会议的方式，引导会议的结果。在明确会议目标时需要注意的问题包括：提出的目标要切合实际；处理好目标层次之间的关系。

2. 会议的主题和议题策划

会议主题是会议的灵魂，是会议的思想核心。会议主题是围绕会议目标确定并贯穿一次会议中各项议题的主线。会议议题则是紧扣主题付诸讨论或解决的具体问题。会议主题和议题策划是会议策划的一项重要内容。经过精心策划的成功主题和议题具有强大的号召力，在吸引社会关注、树立会议形象、实现会议目标、提高会议效率等方面起到不可忽视的作用。

(1) 搜集相关信息

会议主题和议题需要在广泛搜集信息和深入分析的基础上才能确定。在召开有关会议以前，主办机构要多方搜集相关信息，并深入研究有关信息，努力抓住与会者的心理与有关热点和难点问题以及急需解决的问题，为下一步确定会议主题提供翔实的背景资料和参考依据。

(2) 确定会议主题和议题

会议的主题在确定时需要遵循的原则有：时代性，紧扣某一领域的热点和难点问题，紧紧把握时代脉搏，不能远离现实；前瞻性，会议的主题针对某一领域的发展现状和趋势，要适度超前，对问题要看得更远，更深，能切实反映某一领域的发展动态；总结性，会议主题要能对该领域的发展有所总结。在遵循以上原则的基础上，通过邀请专家、指导讲座或头脑风暴、群策群力的方法确定会议主题。

主题确定后，还要确定若干议题，以便从内容、功能等方面拆分整个会议，使会议可以照顾到方方面面，也便于组织嘉宾讨论。议题是针对主题所要讨论的不同方面，都是围绕主题确定的，每个议题都是主题的构成要素。

在议题策划方面同样要遵循一定的原则，如时代性、前瞻性、适度性、主次性、充分性、集中性。议题策划的一般程序包括：搜集议题、筛选议题、加工和调整议题、确定议题。前期搜集议题时，需要搜集大量信息，征询相关的机构和行业专家的意见，也可以调查与会者，让他们提出建议，在此基础上，会议组织者再综合各个方面的意见，并结合会议的定位确定各项议题。

3. 与会人员的确定

与会人员是会议活动的主体，选择合适的与会人员是会议成功的基本前提。

与会人员在确定时常用的几种方法有领导确定、规则确定、商磋确定、选举确定等，在确定时需要注意以下问题：

(1) 合法性：目标与会人员确定要符合相关的法律、法规、规章以及组织章程、议事规则的有关规定。

(2) 必要性：确定的目标与会人员能帮助实现会议目标；因参与会议能获益；与会议议题相关联；能满足会议公共关系需要；可提供专业或独家信息；可起到协调者作用；利于会议组织者表达意愿。

(3) 代表性：充分考虑会议参加者的代表性，尽量选择代表一个团体或群体的人员。

(4) 规模适度性：根据会议的性质和需要达到的效果以及客观条件确定规模。

4. 会议时间

会议时间策划主要解决两个方面的问题：什么时间召开会议，以及会议时间的长短。确定会议的最佳时间，应遵循的原则包括以下几个方面：

(1) 时机

会议的目的是解决问题，解决问题的时机是否成熟是决定会议能否成功的因素之一。选择成熟的时机举行会议，能够烘托会议的主题。

(2) 可操作性

根据行业的特性和与会者的时间情况恰当安排会议，安排的时间应尽量使与会者都能出席。不宜选择在企业生产关键时期、节假日期间或休息时间等召开会议。

(3) 合理

会议时间的确定要符合人的生理和心理规律，劳逸集合，利于推动工作，如周六、周日这两天与会者可能受节假日活动的影响，注意力容易不集中，因此不适合安排会议。另外上午8:30—10:30，下午3:00—5:00是会议最可能取得高效率的时间段，早上过早或晚上过晚都容易疲劳和注意力不集中，不利于会议的开展。

确定会议时间的长短，需要考虑以下几个方面。

一是实际需要。会议时间长短应根据会议的时间需要来确定，如会议议题的多少，议题越多，完成这些议题所需要的时间就越多；议题的复杂程度，简单的议题，一个短会就可以解决问题，复杂的议题则需要更多的时间去发言讨论，所以需要的时间就多。

二是会议的成本与效率。会议的时间越短，成本越低，效率就越高。作为商业性会议，会议主办者要考虑会议的成本以及效率，把会议时间长短安排在合理范围，既保证会议安排的时间段能解决问题，同时也要控制会议的成本，保证会议的赢利。

5. 会议地点

进行会议地点策划时，一是要确定会议的举办地，二是要选择会议场所。会议地点的策划是一项系统工程，要考虑方方面面的因素。

情景思考

> 沃尔玛百货有限公司董事长沃尔顿说："之所以把全球董事会放在中国召开，是因为中国对沃尔玛有着双重重要意义。首先，多年来我们一直依赖中国为我们提供优质商品；此外，我们从1996年起开始在中国开设零售分店。我觉得董事会成员应该亲自到这些店来看看，了解中国这个市场对于沃尔玛的价值及重要意义。"

（1）举办大型国际会议，会议举办地需要考虑的因素包括：

① 经济因素：会议举办地的经济要发达，有一定的经济基础。

② 政治因素：会议举办地的社会稳定，没有战争和暴乱；有健全的法律法规。

③ 科学技术因素：会议举办地科技发达，将先进的科学技术运用到会议中。

④ 文化因素：会议举办地文化具有开放性和包容性。

⑤ 气候因素：会议举办地气候条件良好，周边环境具有吸引力。

⑥ 资源因素：会议举办地资源丰富，尤其是旅游资源，对与会者有一定的吸引力。

⑦ 交通位置因素：会议举办地的地理位置优越，交通便利，有足够的航线、铁路线以及高速公路线。

⑧ 基础设施因素：会议举办地的基础设施健全，能满足与会者的吃、住、行、游、购、娱等需要。

（2）会议场所的选择需要考虑的因素包括：规模要大小适宜；租金成本要合理；设备要配备良好；应有足够的停车场地；周边交通要便利。

6. 会议形式

会议是一种程序化的活动，各种形式的会议有自己的模式和程序。会议形式就是会议将怎样进行，会议形式策划主要受到会议的目标和性质、与会人员的身份、会议现场座位格局、会议装饰以及技术手段等诸多因素的制约。

（1）会议议程

会议议程，即将会议的议题按照主次、轻重等内在联系有机地排列起来。将议程印成文书，就是议程表。议程表应在会前发给与会人员，是会议最为重要的文件之一。

① 会议议程表的作用：能使与会者很好地理解会议的目的；规范会议的内容；约束沟通的次序与沟通的节奏。

② 会议议程确定原则：要按照议题的轻重缓急编排会议议程；每一个议题应预估所需的时间并明确地标示出来；事先通知与会者，以使其做好准备。

③ 安排议程的顺序包括以下两种：

一是先主后次。如果次要的议题数量较多且需要花较多的时间讨论研究，或会议时间有限，可采取这种方法，以保证开会时与会者头脑清醒，精力充沛，同时也确保有足够的时间研究主要议题。

二是先次后主。如果次要的议题数量较少，而研究主要议题可能要花较多的时间，可采取这种方法。

（2）会议日程

在会议议程确定的情况下，如会期满一天以上的，还需要制定会议的日程。会议的日程安排即将会议议程规定的各项活动按照单位时间具体落实，不仅包括会议议题内容，还包括其他活动（如聚餐、参观、考察、娱乐等）。

会议日程表明会议发展的进程，同时也是对完成各项议程需要时间的预测和必要的限制，目的在于提高会议的效率。此外，会议日程也是会议组织者对会议实施组织、与会者参加会议和人们了解会议情况的重要依据。

编排会议的日程要充分考虑会期、会议议程以及拟采用的选举方式等情况；要根据议程的具体内容、要求，合理编排日程；会议日程的编制要明确具体，使人一目了然。

会议日程不仅要将全部议程加以细化，而且要反映会议过程中其他辅助活动。会议日程的安排既要贯彻精简、高效的原则，又要科学、合理，做到紧中有松，劳逸结合，符合人体生理和心理活动的规律，以提高会议活动的质量。

(3) 会议程序

所谓会议程序，就是指在一次具体的会议中按时间先后排列的详细活动步骤。会议程序可以让与会者了解每次具体的会议活动的内容及时间顺序，同时也是会议主持人掌握会议的操作依据。

会议议程、会议日程和会议程序三者之间的联系在于，都是关于会议活动先后顺序的安排。它们之间的区别在于：会议议程是整个会议活动顺序的总体安排，但不包括会议期间的辅助活动，其特点是概括、明了，一旦确定，不得任意改动，凡有两项以上议题的会议，都应当事先制定议程；会议日程是将各项会议活动（包括辅助活动）落实到单位时间，凡会期满一天的会议都应当制定会议日程，以便与会者和会议工作人员了解会议的具体进程；会议程序则是一次具体会议活动的详细顺序和步骤，是会议议程的具体化和明细化，可供会议主持人直接操作。规模较大、活动较多、会期较长的会议，往往同时制定会议的议程、日程和程序，以适应不同的需要。会期较短、议题较少，并且较为灵活的会议，只需制定一份会议议程即可。

7. 会议预算

明确会议预算能提供定量的会议财务计划，一方面通过对会议支出的预算，可以了解会议启动的资金需要，避免金额不足而影响会议的正常筹备；另一方面通过对会议收入的预算努力寻求其他经费，以保证会议最终不会出现财务亏损。

会议预算主要由会议收入和支出两部分组成，支出部分又分为固定支出和可变支出两大部分。固定支出也叫固定成本，相对于变动成本，其是指成本总额在一定时期和一定业务量范围内，不受业务量增减变动影响而能保持不变的成本，如会场以及设备费用。可变支出也叫可变成本，是指成本总额在一定时期和一定业务量范围内，受业务量增减变动影响而发生变化的成本，如会议餐饮费用。为了制定一个比较确切的预算计划，要了解会议各项花费的价格标准，就需要实地询价。

会议支出主要包括人工成本、会场以及设备租金、会场布置费、会议交通费、会议招待费、会议材料印刷费、会议办公费用、通信费、会议宣传费以及其他费用。其他费用包括保险、税收、礼品、法律服务以及一些不可预见的临时性开支。

会议收入主要包括会议注册费、赞助费、补助费、宾馆的佣金、旅游收入和展览收入等。会议注册费是会议最主要的收入，是决定会议能否做到收支平衡的主要因素。要使会议的财务预算做到平衡或者赢利，还需要寻求企业赞助、基金赞助和政府部门的补助。

三、会议筹备

任务引入

会议策划案一旦通过，就进入了紧张的筹备工作当中。可是千头万绪，从何处下手呢？让我们一起来梳理一下吧！

知识储备

（一）前期筹备阶段

会议的前期筹备阶段的开始时间应该在会议召开当日之前的3个月。这个阶段是耗时最长、变数最多、最考验会议组委会成员精力和耐力的时期。前期筹备阶段的工作包括成立会务工作机构、制发会议通知等。

1. 成立会务工作机构

会议的举办需要涉及诸多方面的工作，主办方需组建会务工作机构，不同机构设立不同岗位，各岗位人员互相配合和协同合作以完成这项工作。会务工作机构包括：

（1）会务组：负责会务组织、会场布置、会议接待签到等会议的组织、协调工作。

（2）秘书组：负责拟写会议方案，准备各种会议文件和资料，做好会议记录，编写会议纪要、简报等。

（3）接待组：负责生活服务、交通疏导、医疗服务等工作。

（4）宣传组：负责会议的录音录像、娱乐活动、照相服务和对外宣传报道。

（5）财务组：负责会议经费的统筹使用和收费、付账工作。

（6）保卫组：负责防火、防盗、人身安全和财务安全、保密工作。

2. 制发会议通知

会议通知是向与会者传递召开会议信息的载体，是会议组织者同与会者会前沟通的重要渠道。制发会议通知是会前准备的重要环节。

会议通知的结构一般包括标题、称呼、正文及落款，会议通知的内容包括名称、时间、地点、与会人员、议题及要求等。

会议通知的种类有书信式和柬帖式。会议通知的发送形式有正式通知和非正式通知。会议通知的方式包括书面、口头、电话、邮件。

（1）标题

会议通知的标题写在第一行正中，可以只写“通知”两字；如果事情重要或紧急，也可以写“重要通知”或“紧急通知”，以引起注意。还可以是“机关名称＋会议名称＋通知”。

（2）称呼

会议通知的称呼在第二行顶格写（有时，因通知事项简短，内容单一，书写时略去称呼，直起正文），通知对象可以是单位或个人。称呼写被通知者的姓名、职称或单位名称。

（3）正文

另起一行，空两格写正文。正文因内容而异。一般要写清开会的缘由、开会的时间、地点、参加会议的对象、报到的时间、报到的地点，还要写清要求、注意事项、联系方式等。

（4）落款

分两行写在正文右下方，一行署名，一行写日期。

3. 制作会议证件

会议证件是表明与会议有关人员身份权利和义务的证据。一般来说，制发证件只限于大型会议或重要会议，而通常的小型会议不必制发证件。

（1）会议证件的作用

① 表明会议期间各种人员的身份，便于接待和会场的管理。

② 便于代表之间的相互辨认和联系及交流。

③ 凭证出入会场，保证会议安全。

④ 便于统计出席人数。

⑤ 给与会者留作纪念。

会议证件可以分为会议正式证件和会议工作证件。会议正式证件可以分为列席证、来宾证、代表证、出席证、旁听证等。会议工作证件可以分为记者证、工作证、出入证等。

(2) 会议证件上的内容

会议证件上的内容包括:①会议名称,必须写全称;②会徽;③姓名;④照片;⑤证件种类;⑥组别或代表团名称;⑦证件编号;⑧会议日期。

4. 准备会议材料

(1) 会前需准备的会议材料

① 会议的指导文件,如上级下发的政策性和工作部署性文件、上级指示文书、本次开会起因文书等。

② 会议的主题文件,如领导人讲话稿、代表发言材料、经验介绍材料等。

③ 会议程序文件,包括议程文书、日程安排、选举程序、表决程序等。

④ 会议参考文件,如统计报表、技术资料、与会代表来信和各类来访等的书面材料。

⑤ 会议管理文件,包括会议通知、开会须知、议事规则、证件、保密制度、作息时间、生活管理等。

(2) 准备会议物品和设施

① 常用文具,如笔、墨、纸、簿册等常用文具。

② 印刷设备,如打字机、打印机、扫描仪、复印机等。

③ 会场基本设施,如桌椅、照明电器、通风机、卫生用具、安全通道、消防设施等。

④ 会场装饰用品,如花卉、旗帜、会标、会徽、画像、标语口号。

⑤ 视听器材,如麦克风、幻灯机、投影仪、黑(白)板、电子书写板、摄像机、录音机、磁带、软盘、光盘、同声翻译系统等。

(3) 准备领导讲话稿

讲话稿是领导人在开会中所做的讲话的稿件,表现领导人对会议的指示和关心,往往是会议的补充报告。讲话稿的写法,就内容来讲,包括以下几点:①肯定会议的重要性;②评价过去的工作;③点出当前值得注意的问题;④指明今后的方向和目标;⑤评价会议中心议题;⑥提出原则性的意见,向大会提出希望。

5. 邀请嘉宾

大型会议是思想的交流与碰撞,嘉宾尤其是演讲嘉宾是点燃这种思想火焰的火种,因此,嘉宾的联系邀请工作尤为重要,邀请函必不可少。国际会议经常会邀请国外的嘉宾,因而会涉及不同国家、背景的嘉宾的语言习惯、忌讳等细节问题,因此邀请函的撰写发放工作不可小觑。这部分工作主要由文案、设计、翻译和嘉宾联系人员完成。

6. 执行媒体计划

媒体宣传会议不能一蹴而就,而应贯穿会议始终。因此,在媒介计划确定后,就要开始筛选媒体、联系媒体、提前预热宣传工作,同时还要准备好大量的新闻稿件,为后续工作打好基础。在宣传过程中,还要注意为媒体工作人员安排会期行程、采访任务、机票预订和食宿问题,确保会议举办期间媒体采访万无一失。

7. 前期接待的安排

在确定了到会嘉宾和媒体记者等人员之后,就应着手安排交通和食宿事宜。一般来说,会议组委会特邀的致辞嘉宾、主旨演讲嘉宾、演讲嘉宾、主持人等有“任务”的嘉宾的旅费由组委会承担,普通与会嘉宾旅费自付。用餐安排需要提前与参会嘉宾联系,确认其是否参加会议用餐或者宴会。安排住宿前也要与嘉宾联系,确定其入住日期及对房间的要求等问题。

（二）中期筹备阶段

会议的中期筹备阶段的开始时间应该在会议召开当日之前的30天左右。在进行完一系列的策划、考察、分工、联系等工作后，就进入了一些实质性的文字、视觉包装、会议信息整理分发工作阶段。

1. 外包服务及其审核

会议举办单位应该负责从策划、筹备到举办、收尾的所有会议工作。但是一般来说，大型会议的举办方以及承办方不可能做到事事亲力亲为。会务组要做的是对会议进行整体策划、统筹安排和邀请嘉宾，因此对于较为专业的工作，例如媒体推广、设计、同声传译、翻译、速记、摄像录像等，都可以通过联系相应的专业公司进行服务外包。这些外包工作人员在各自擅长的领域具有会务组不可比拟的经验和优势。

2. 会议手册的设计和制作

一本信息准确而详细的会议手册能为与会人员解答会议期间遇到的大部分问题，能为工作人员减少许多工作。会议手册的编写是一项非常烦琐的工作，需要进行大量的文字撰写、编排和设计工作，这就需要文案和设计人员有足够的精力和耐心，保持头脑清醒，思路清晰，避免不必要的错误。会议手册应包含会议概况、会议议程、嘉宾介绍、活动安排、组织机构介绍、参会嘉宾名单和会务信息（酒店和会场地址、交通、食宿等）。

3. 会议视觉包装

举办一次会议相当于一次会议品牌的展示，统一的会议视觉符号不仅能展示出会议举办单位的正规、严谨，而且能给与会人员留下深刻的印象，有利于会议品牌的统一和延续。通常深蓝色和暗红色是比较常用的会议用色，当然也可以适当创新和发挥。风格一致的视觉材料会给人一种整齐、高端的感觉。如果会议本身拥有自己的标志（logo），那么其他视觉材料可以在logo基础上进行相应的设计。

举办一次大型会议所需的视觉材料主要包括会议背板、易拉宝（H展架）、指示牌、接机牌、胸卡、桌签、记事本和笔、材料袋、横幅、垂幅。

4. 准备嘉宾演讲材料

嘉宾的演讲是会议中最重要的部分。为确保会议举办时演讲顺利，应提前收集好嘉宾的演讲材料。另外，为了做好同声传译、现场互动等工作，获得良好的会议效果，应将嘉宾的演讲材料提前发送给翻译、速记、主持人等相关人员，让他们提前熟悉演讲内容，做好相应的准备。

5. 发送会议指南

会议指南是确定了所有的会议细节之后，在嘉宾出行之前给予的温馨提示，主要包括会议流程、交通、食宿、天气和注意事项等相关信息。为了方便与会嘉宾能顺利赴会，应在会议举办前4～5天以电子邮件或者其他嘉宾能收到的方式发送会议指南，确保嘉宾在出行前能收到。会议指南一般制作成方便嘉宾打印携带的形式。如果有国外嘉宾参会，应准备中英文两版甚至更多国语言版本。

一般情况下，会议指南应包括以下几个方面：(1)接机信息；(2)用餐地点、时间；(3)机票报销手续；(4)到会注册时间、地点；(5)入住酒店注意事项；(6)天气、货币兑换等事宜；(7)会议议程；(8)其他活动安排；(9)工作人员联系方式。

6. 礼品的选择

一般来说，会议组委会会赠送与会人员礼品或者纪念品，以表示对对方赴会及演讲的感谢和敬意。礼品的选择是一项十分关键的任务，合适的礼品会增强与会者对会议的良好印象，不合适的礼品会引起不必要的尴尬和不满。因此，礼品的选择应注意以下几个方面：(1)与会议性质相符；(2)有地方特色；(3)轻巧便携；(4)体现中外文化差异；(5)预算控制；(6)避免易碎、液体类的礼品；(7)避免重复；(8)考虑时节；(9)不影响美观的前提下打上会议 logo。

7. 为领导草拟演讲稿

在大型会议上，主办方需要主动为领导准备讲话稿，包括致辞、主持词、总结讲话、晚宴致辞等。在撰写领导讲话时需要注意以下几个方面：(1)国际化语境；(2)少用古诗词，多用数字和例子；(3)切忌夸夸其谈、过于抽象；(4)主旨鲜明、重点突出。

（三）倒计时阶段

会议的筹备阶段之后就是倒计时阶段。这个阶段在会议召开当日前 7～10 天。在此阶段，需要将会议各项工作全部落实到个人。进入这个阶段后，会务组的工作地点大部分转移到会议场地之内，所要完成的工作主要包括分工的落实、会场的布置、接机、住宿安排以及到会注册等事宜。同时，为了能查漏补缺并最终熟悉会议流程，还要在会议正式开始前一天彩排。

1. 召开工作协调会

在此阶段之前的工作方式大多是多方合作沟通，而进入倒计时阶段后转为各个工作人员的现场协作。因此，召开工作协调会是很必要的。工作协调会的主要作用是确定分工，让工作人员明确自己的职责，梳理会议流程，为会务执行工作确立良好的分工协作机制。

2. 会议资料装袋

在会务协调会后，开始准备会议现场的布置和物料准备工作。嘉宾到来时要向其分发各种材料，因此分发给嘉宾的资料袋要及时装配。会议资料袋内容包括：会议手册、会议文件资料、分组名单、笔记本、文具、代表证、房号、餐券等。

3. 接机安排

接机看起来是一项很简单的工作，但是十分重要，因为嘉宾第一次和工作人员面对面，会直接影响嘉宾对会议的第一印象。接机的车辆与司机一般是外包服务，在前期的商谈中就要提出对司机的资质要求。接机人员要对嘉宾的行程了如指掌，这就需要制作详细的接机表(见表 3.1)。接机人员还要对嘉宾的信息有所了解，预先查看嘉宾照片，以免出现混淆情况。

表 3.1　接机表实例

<table>
<tr><th>序号</th><th>国家</th><th>姓名</th><th>性别</th><th>职务</th><th>手机号码</th><th>入住酒店</th><th>到达日期</th><th>到达时间</th><th>到达地点</th><th>车次/航班号</th><th>联系人</th><th>备注</th></tr>
<tr><td>1</td><td>马来西亚</td><td>理查德·×××</td><td>男</td><td>主任</td><td></td><td>君豪</td><td>10 月 15 日</td><td>0:20</td><td>北京机场 T3</td><td>MH360</td><td>需要</td><td rowspan="3">邮箱地址有误，邮件一直无法发送成功</td></tr>
<tr><td>2</td><td>马来西亚</td><td>李××</td><td>男</td><td>高级讲师</td><td></td><td>津利华</td><td>10 月 15 日</td><td>0:20</td><td>北京机场 T3</td><td>MH360</td><td></td></tr>
<tr><td>3</td><td>马来西亚</td><td>康×</td><td>男</td><td></td><td></td><td>未回复</td><td>10 月 15 日</td><td>0:20</td><td>北京机场 T3</td><td>MH360</td><td>需要</td></tr>
</table>

4. 住宿安排

对嘉宾来说，良好的休息有助于保持好的状态。因此，会务工作人员需要提前半天办理房卡，检查房间是否符合要求，之后帮主嘉宾办理入住手续并做好嘉宾住宿登记工作。另外，虽然在早期就已经确定了参会人员的数量，但实际上一场大型会议中，出席人员与预期人员数量可能不同。因此，需要预留 2～3 个房间备用。

会议住宿安排要求与原则：相对集中，距离适中；设施齐备，确保安全；合理分配，照顾特色；规格适中，勤俭节约。

在会议住宿安排方面，与会人员身份、职务相同的采用同一标准；应当将年长者、职务较高者、女性等特殊参会人员安排在向阳、通风和进出便利的房间；同时考虑民族背景、生活习惯；随行人员应当安排在同一间或相邻的房间；多人同一个房间时，尽量选择背景、专业相同或相近的人住在一起。

5. 会议注册

会议注册标志着嘉宾正式成为会议中的一员。在这一环节还可以同时办理一些信息确认、机票报销、材料发放等工作。为了让嘉宾一到饭店就能找到会务组，注册处一定要显眼，一般设在酒店大厅正对面左边或右边。

6. 会场布置

会场的风格很大部分代表着会议的基调。会场的布局是否合理，会场营造的气氛是否与会议主题内容一致，对会议效果会产生直接的影响，会场的条件也体现了会务工作的专业水平。会场布置是一项大工程，包括各种大型设备的布置和调试，也包括许多小物品的摆放，涉及的东西很多。大中型会议会场一般由舞台区、观众区、签到区、贵宾区、合影区、茶歇区、展览区、迎宾区等构成。

(1) 会场环境的布置原则包括：①追求实效、和谐、符合会议主题形象；②符合经济原则、预算控制原则；本着少花钱多办事的精神、不铺张浪费；③讲求空间科学利用的原则；④设计创新原则；⑤安全环保原则：方便拆装，不影响与会人员健康和会场设施；⑥功能性原则：会场布置能满足特定的功能和流程；⑦主题明确原则：布置要体现会议或活动的主题及信息的传达；⑧视觉统一原则：同一会议的整体标识制作和视觉形象要统一；⑨优质高效原则：要在预定的时间内及时完成安装和清理工作。

(2) 会场布置的内容包括排定会议座次、布置环境、电气设备配齐和调试使用等工作。

(3) 会场布置总体要求整洁、安静、明亮、空气流通、大小适宜、设备齐全、利于安全和保密。

(4) 会场布置的形式包括相对式、全围式、半围式、分散式等。

(5) 主席台布置包括主席台座位排法、讲台、话筒、休息室、主席台背景(会标、会徽等)。主席台座次排法，按国内惯例，高位居中，其他按顺序先左后右，一左一右；按国际惯例，高位居中，其他按顺序先右后左，一右一左，与国内相反。

温馨提醒

安排座位的注意事项：

(1) 大型会议事先应划好区域，贴上标识牌、指示牌、座位名签，使与会人员顺利入座。

(2) 表彰、总结类型大会上，应将被表彰、受奖励对象安排在前几排，最好贴上座位名签。

(3) 要注意分清上下座。

一般情况下，讲台只设一个，可设在中央，也可设在右侧(以主席台的朝向为准)。设在中央的，位置应低于主席台。

会议活动如穿插揭幕仪式(如揭牌、揭像等)，可在主席台左侧设揭幕架，与讲台对称。揭幕架上事先放置好所要揭幕的碑、牌、像等，上面用合适的丝绒罩住。

会议背景板上有会议的会徽和有关组织的徽章，会议的名称、缩写和会议举办时间与地点以及会议的主办单位。

会标是会议的标题、会议的名称。会标完整的结构是：主办单位＋内容＋会议类型。会标适宜选用黑体或宋体字，红底白字，会标词语要严格按照公文标题词语省略的要求省略。

会徽：体现或象征会议精神的图案性标志。一般悬挂在主席台的天幕中央，形成会场的视觉中心，具有较强的感染和激励作用。

会徽的来源有两种：一种是本组织的徽志作为会徽，如党徽、国徽、警徽等；另一种是向社会公开征集，选择最能体现或象征会议精神的图案作为会徽。

(6) 观众席座位安排技巧有横排法、竖排法、左右排列法。座位标识方法包括：①在会议桌或者椅背上放名签；②在与会人员出席证上注明座次(如10排3号)；③印制座次图表。

在会场布置方面，配备常用的一些设备，并调试。常用的设备类型有表决系统、同声传译系统、发言讨论系统、多媒体投影仪、幻灯机、投影仪、录像机、电视机、摄像机、灯光设备等。对于会议使用的设备，应设专人操作与维护，布置背板。如果是国际会议，还需要配备同声传译和速记人员；现场为烘托会议氛围，需要放置鲜花与绿植，便于现场的会议需要，需要连接电源线路与网络线路。

7. 签到处与媒体采访区

签到处一般布置在会议大厅门口比较显眼的地方，方便嘉宾能迅速看到和指引嘉宾入场。同时，签到台背后应当设置会议背板，方便嘉宾签到时摄影。

媒体采访区不要距离会场太远。根据不同媒体的特点，采访的环境也不一样。报纸杂志类媒体需要记者与受访者深入、长时间交谈，因此可选择休息区、咖啡馆等作为采访地点。电视媒体的采访环境要求更高，为了追求良好的视觉和声音效果，采访区不仅要考虑采光、噪声，还要考虑画面，所以采访时的环境尽量安静，空间相对独立，方便搭景。

8. 宴会厅与贵宾室

晚宴和贵宾接待都是带有仪式意味的环节。因此，宴会厅和贵宾室的布置风格要美观、大方，注意等级排位。贵宾接待室所需的物品主要有背板、鲜花、茶水和座位。

9. 会场茶歇

茶歇所需要的食品和饮品需要提前与酒店或会展中心敲定，使其有充足的时间准备。与会者人数众多，且可能来自不同国家和地区，要注意各人的口味和饮食习惯不同。会场茶歇类型有中式茶歇和西式茶歇。中式的饮品包括矿泉水、开水、绿茶、花茶、红茶、奶茶、果茶、罐装饮料、微量酒精饮料，点心一般是各类糕点、饼干、袋装食品、时令水果、花式果盘等。西式茶歇饮品一般包括各式咖啡、矿泉水、低度酒精饮料、罐装饮料、红茶、果茶、牛奶、果汁等，点心有蛋糕、各类甜品、糕点、水果、花式果盘，有的还有中式糕点。

在准备茶歇的食品和饮品时可以遵循“多类少量”的原则。

10. 物品检查与彩排

将各个场地布置完毕，各种物品准备完毕后，还需要检查物品和彩排。检查时不仅要查看物品数量、种类是否齐全，还要注意物品在会议中的使用是否便利。

物品检查完毕后就可以彩排了。彩排即依据流程，在会场内将会议过程中工作人员的工作演习一遍，是保证会议顺利召开的必不可少的环节。在彩排中工作人员可以及时发现问题并纠正，以防将问题带到会议中。彩排到差不多可以验收的时候，要安排主管领导来验收，让领导了解会场筹备的情况，更重要的是让领导了解有些效果达不到预期是因为各种现实条件的制约，而不是会务人员的努力不够。彩排呈现出来的问题总是超出想象的，尊重实际情况和人们现实的理解水平是第一原则。

知识归纳

1. 会议是人们为了解决某个共同的问题或出于不同的目的聚集在一起讨论、交流的活动，它往往伴随着一定规模的人员流动和消费。作为会展业的重要组成部分，大型会议特别是国际性会议在提升城市形象、促进市政建设、创造经济效益等方面具有特殊的作用。

2. 会议策划需要提前至少6个月开始。会议策划主要包括以下具体项目：会议目标策划、会议主题策划、会议议题策划、选择会议场地、确定会议与会人员、编制会议日程、准备会议资料，进行会议宣传推广，最后还包括制定会议接待计划等。

3. 会议的筹备是一项非常烦琐细致的工作，分为前期筹备阶段、中期筹备阶段以及倒计时阶段。前期筹备阶段的工作包括成立会务工作机构、制发会议通知等。在会议的中期筹备阶段完成一系列的策划、考察、分工、联系等工作后，就进入一些实质性的文字、视觉包装、会议信息整理分发工作阶段。会议的筹备阶段之后就是倒计时阶段。这个阶段所要完成的工作主要包括分工的落实、会场的布置、接机、住宿安排以及到会注册等事宜。同时，为了能查缺补漏并最终熟悉会议流程，还要在会议正式开始前一天彩排。

知识图表

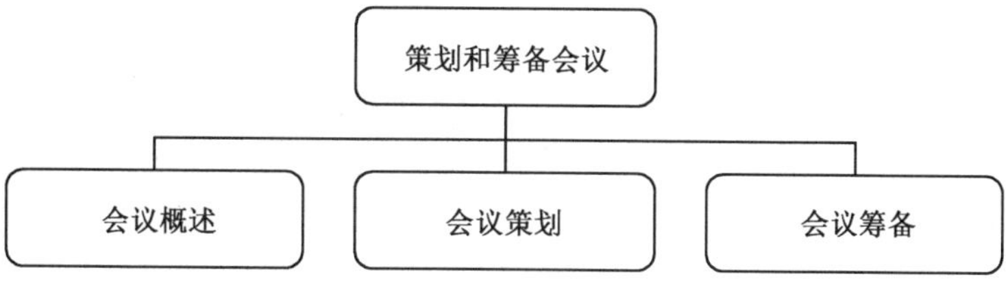

网站导航

本单元学习有关的网站有：

1. http://www.lcesummit.com/cn/
2. http://www.chinadaily.com.cn/fortune

关键词汇

会议　会议产业　会议主题　会议议题　会议日程　会议议程　会议成本　会议通知　会议策划

独立思考

1. 会议有哪些作用？
2. 简述会议日程、会议议程、会议程序的区别。

基本训练

一、名词解释

会议　会议产业

二、填空题

1. 根据ICCA的定义标准，只有与会人数在＿＿＿＿＿人以上，至少在＿＿＿＿＿个国家轮流举行的固定性国际会议才被纳入国际会议活动的统计范围。

2. 会议主题是贯穿于＿＿＿＿＿的主线，它为实现会议目的服务。

3. 根据会议举办时间划分，可将会议分为＿＿＿＿＿和＿＿＿＿＿。

4. 会议通知是向与会者传递召开会议信息的载体，是会议组织者同与会者之间进行会前沟通的＿＿＿＿＿。

三、单项选择题

1. 按举办者的性质不同，会议可以分为协会会议、公司会议、政府会议等，其中会议市场最重要的客源是(　　)。

A. 协会会议　　B. 公司会议
C. 政府会议　　D. 政治团队会议

2. 冬季与夏季“达沃斯论坛”分别在(　　)举行。

A. 瑞士　美国　　B. 瑞士　中国
C. 日本　瑞士　　D. 瑞士　日本

3. 下列不属于会议成本中固定费用的是(　　)。

A. 会议记录费　　B. 会场租赁费
C. 会场布置费　　D. 会场设备费

4. 以下属于布置会场技巧的是(　　)。

A. 应对会议开始的冷场　　B. 善于控制离题发言
C. 会议的必备用品　　D. 会场背景的装饰

5. 小型会场内座位安排，常以离会议主持人或主席位置近的座位为上座，而会议的主持人或会议主席的位置应置于(　　)。

A. 接近入口处、正对门　　B. 远离入口处、正对门
C. 接近入口处、背对门　　D. 远离入口处、背对门

四、简答题

1. 会议议程与会议日程有哪些区别?

2. 选择会议地点，应综合考虑哪些因素?

实战演练

作为学习会展的学生，需要你在校园内策划一次以非物质文化遗产分享和传承为主题的交流会，请你草拟一份策划书，要求包括以下具体项目：会议目标策划、会议主题策划、会议议题策划、选择会议场地、确定会议与会人员、编制会议日程、准备会议资料，进行会议宣传推广，最后还包括制定会议接待计划等。要求结合学校实际情况，具备一定的可行性。

任务四　策划与管理展会

知识目标

- ◆ 了解展会的定义、类型；
- ◆ 熟悉展会策划和管理的具体内容；
- ◆ 掌握我国展览业的发展现状与对策。

技能目标

- ◆ 掌握展会现场服务的主要内容；
- ◆ 掌握展会设计的原则。

能力目标

- ◆ 具备独立设计和策划展会方案的能力；
- ◆ 能根据方案筹备小型展会活动，并做好现场管理。

思政目标

- ◆ 理解进博会对我国和世界经济的意义，增强民族自豪感；
- ◆ 热爱家乡，以发展、振兴家乡经济为己任。

重点难点

- ◆ 展会策划；
- ◆ 展会现场管理。

任务引入

小杨大学毕业后选择了自主创业，开设了一家外贸公司，他听说每年春秋两季的广交会是很多同行必去的盛会，但是他对此一窍不通，高额的展位租金让他犹豫不决，你该如何说服他参展呢？需要提醒他做好哪些准备工作呢？

一、展会概述

展览业是会展业的一个重要组成部分，在后工业时代世界经济的发展中发挥了巨大的作用，是现代经济体系不可缺少的一个重要服务行业。我国的展览业在改革开放后取得了惊人的发展，但和世界展览业的发展相比，还存在问题。随着这些问题的解决，展览业在我国必将有极其远大的发展前景。因此，学习展览业的知识，了解国内外展览业的发展情势，意义十分重大。

(一) 展会的相关定义

展会是一种具有一定规模和相对固定的举办日期，以展示组织形象或产品为主要形式，以促成参展商和贸易观众之间的交流洽谈为最终目的的中介性活动。一次展会的利益主体主要包括主办者、承办者、参展商和专业观众，其主要内容是实物展示，以及参展商和专业观众之间的信息交流和商贸洽谈。

(二) 展会的产生与发展

展会是人类社会发展到一定阶段的产物，至今已形成了一个庞大的、成熟的行业，其产生和发展可分为四个阶段：原始阶段、古代阶段、近代阶段及现代阶段。

1. 原始阶段

人类原始的、偶然的物物交换就包含了展览的基本原理，是展览的原始形式。

2. 古代阶段

随着社会经济的发展，物物交换逐渐发展到集市、庙会等。集市可视为展览的古老形式，但这种形式仍然是自发进行的，而不是现代意义上的有组织的展览，规模也要比现代展览小得多。

3. 近代阶段

17～19 世纪，在工业革命的推动下，欧洲出现了纯展示欣赏性质的艺术展和纯宣传性质的国家工业展。当这些展览会特别是国家工业展融入了贸易功能，现代展览会的代表形式(即贸易展览会)产生了。贸易展览会刚开始仅限于某一地区，随着资本主义的全球扩张，其范围逐渐扩展到全世界，形成国际贸易展览会。

18 世纪中叶，自从英国举办了第一届世界博览会之后，展览业得到迅速发展。1895 年，德国莱比锡举办了第一届国际样品博览会，采用样品展览代替商品陈列，并将展品分门别类展出，标志着现代展览业的产生。

4. 现代阶段

19 世纪末至今是展览业发展的现代阶段，尤其是自 20 世纪 60 年代以来，展览业在全球范围内取得了长足的发展，并形成了庞大的产业规模。

(三) 展会的类型

展会的分类应考虑两个方面：一是展览的内容，即展览的本质特征，包括展览的性质、内容、所属行业等；二是展览形式，包括展览规模、时间、地点等。

1. 按照展览性质划分

展会分为贸易和消费两种性质。

贸易性质的展览是为产业(即制造业、商业等行业)举办的展览，主要目的是交流信息、洽谈。消费性质的展览基本上都展出消费品，目的主要是直接销售。展览的性质由展览组织者决定，可以通过参观者的成分反映出来：对工商企业开放的展览是贸易性质的展览，对公众开放的展览是消费性质的展览。具有贸易和消费两种性质的展览被称作综合性展览。经济越不发达的国家，展览的综合性倾向越重；反之，经济越发达的国家，展览的贸易和消费性质分得越清。

2. 按照展览内容划分

展会分为综合展览和专业展览两类。

综合展览指包括全行业或数个行业的展览会，也被称作横向型展览会，比如工业展、轻工业展；专业展览指展示某一行业甚至某一项产品的展览会，比如钟表展。专业展览会的突出特征之一是常常同时举办讨论会、报告会，用以介绍新产品、新技术等。

3. 按照展会规模划分

这里的规模是指展出者和参观者所代表的区域规模，而不是展览场地的规模。根据规模，可把展览会分为国际、国家、地区、地方展，以及单个公司的独家展。不同规模的展览有不同的特色和优势。

国际展是指国际参展单位(商)的参展面积达到展出面积20%以上的展览会；国家展指参展者基本来自本国的展览会；地方展是指国内某一地区举办的以展示本地区产品为主体的展览会；公司展则是由公司举办的以展示本公司产品为主的展览会。

4. 按照展览面积划分

展览会分为小型展览、中型展览和大型展览。小型展览指单个展览面积在6 000平方米以下的展览会；中型展览指单个展览面积在6 000～12 000平方米的展览会；大型展览指单个展览面积超过12 000平方米的展览会。

5. 按照展览时间划分

展览会可按时间分为定期和不定期。定期的有一年四次、一年两次、一年一次、两年一次等，不定期展则视需要而定；可分为长期和短期。长期可以是三个月、半年，甚至常设，短期展一般不超过1个月。在发达国家，专业展览会一般是3天。在英国，一年一次的展览会占展览会总数的3/4。展览日期受财务预算、订货以及节假日的影响，有旺季、淡季之分。

6. 按照展览场地划分

大部分展览会是在专用展览场馆举办的。展览场馆最简单的划分是室内场馆和室外场馆。室内场馆多用于展示常规展品的展览会，比如纺织展、电子展等；室外场馆多用于展示超大超重展品，比如航空展、矿山设备展。在几个地方轮流举办的展览会被称作巡回展。比较特殊的是流动展，即利用飞机、轮船、火车、汽车作为展场的展览会。

(四) 展会的作用

案例分析

山西文化产业博览交易会

2023年10月23日，历时5天的第六届山西文化产业博览交易会落下帷幕。

微信扫描“元宇宙应用平台”二维码，用户进入一个虚拟空间，自由设定名字和装扮后，可参与“拼沉睡的立佛”“测大佛的高度”“补北魏的颜色”“辨演奏指挥家”等趣味游戏，还能进入“云冈石窟景区”全景漫游。山西文博集团展台前，参观者通过屏幕，既能高清观看五台山塔院寺大白塔的每一处细节，还能感受它在不同日照和一年四季中的变化……最吸引人的还是山西文物数字博物馆，通过微信小程序进入后，即可开启全省部分文博单位导览解说、文物鉴赏、云上观展等功能，观众可以随时随地欣赏、浏览山西文物。点击汉代雁鱼铜灯，能随意旋转、高清观察文物的每处细节，欣赏文物身上金灿灿的彩绘，还能在线拆解、合成铜灯，了解它的构造，并通过透视图搞清它可吸纳烟尘、保持室内清洁的环保原理……

本届文博会上，来自全国各地的各种“非遗”展品，用潮玩的角度解读传统文化，既有情景体验、活态展示，还有各式各样的IP文创衍生品，让传统文化更加具有生机，尽显年轻活力，成为本届文博会一大亮点。三晋文化源远流长，孕育出多姿多彩的非物质文化遗产。这些传统技艺在传承中不断创新与发展，融入现代生活，愈加光彩夺目。在翼城非遗展区，一块木板吸引了不少游客驻足。扫描木板背后的二维码，游客便可跟随手机上的木板健身操起舞。这是国家级非遗“翼城浑身板”。早在500多年前，当地群众在劳动过程中创造出一种益体健身的民间舞蹈，表演时用木板击打身体的各个部位，达到通筋活络、强身健体的目的。如今，“翼城浑身板”作为一项健身产品受到不少群众欢迎。越来越多的年轻人正在发现非遗之美，并为其注入青春活力。在绛州澄泥砚展区，既有雕刻繁复的传统砚台，也有不少造型简洁、灵动的砚台。“90后”蔺霄麟是绛州澄泥砚第三代传承人。他在传统工艺的基础上，结合现代审美，创新出多款“时尚砚台”，还开网店、做直播，让澄泥砚走入更多年轻人的视野。

雁鱼灯、晋侯鸟尊……这些珍贵的青铜器，化身为夜光冰箱贴、珐琅徽章等文创产品，色泽鲜艳、小巧精致，受到年轻人的喜爱。以晋城市玉皇庙的二十八星宿为创意来源的手包、丝巾、泡茶杯，山西博物院的“‘卣’趣”“‘铜’趣”等文创产品……一个个“国宝”成为创意IP，延伸出无限价值。

文博会期间共举办了461场各类文化活动，其中在文博会现场共举办375场，形式多样、精彩纷呈。会展中心内外上百种特色小吃、品牌快餐及高档餐饮，满足了近20万人的不同就餐需求……

本届文博会共有27.3万名观众入场参观，仅周末两天，日均参观近10万人，突破历史纪录。仅在开幕式当天，就签约92个重点文化产业项目，包括文化产业园区、文化旅游演艺、文化遗址保护展示工程等项目，签约总金额共232.62亿元。文博会共推出270个文化产业招商项目，总投资额1 242.39亿元。据不完全统计，文博会现场交易和线上销售总额突破2亿元，达成合作意向30多亿元。

……

来源：山西日报。

工业化初期，以机器马达生产为标志的生产力空前强大，产出的洋纱、洋布、洋米、洋面、洋糖、洋火、洋蜡、洋油、洋车、洋船，以及洋枪、洋炮等，把全球的家制土产品赶尽杀绝，销路不成问题。现在，销售成了企业生存的命脉，如果不能把生产出来的产品销出去，大批大量生产的企业将无法生存；如果一国大多数企业的产品销路不畅，其国民经济即陷入危机，甚至于崩溃。现代企业的销售不可能是提篮小卖，沿街吆喝，参加展览会已经成为企业最重要的营销方式之一，也是企业开辟新市场的首选方式。

企业通过参加展览会，可以获得以下诸多好处。

1. 迅速全面地了解市场行情

许多工商企业正是借助展览会这个渠道，向国内外客户试销新产品、推出新品牌，同时通过与世界各地买家的接触，了解谁是真正的客户及行业的发展趋势，最终达到推销产品、占领市场的目的。美国贸易展览局的一份调查显示：制造业、通信业和批发业中，2/3以上的企业经常参加展览会；金融、保险等服务性行业虽然只能展示资料和图片，但依然有1/3以上的公司将展览会视为主要的营销手段。

2. 参展是企业低成本开发市场和接触合作客户的最有效方式

相比其他营销方式而言，参展的工作量相对较小，而质量更高；在展销会上接触到合格客户后，后续工作量较少。展览调查公司的调查显示，展会上接触到一个合格的客户后，平均只需要给对方打 0.8 个电话就可以做成买卖。相比之下，平时的典型业务销售方式却需要 3.7 个电话才能完成。展览调查公司的研究还显示，到一家参展商摊位上访问的客户中，只有 12% 在展前 12 个月内接到该公司销售人员的电话；88%为新的潜在客户；对于参展公司的产品和服务来说，展会上 49%的访问者正计划购买。此外，展销会还为参展商带来高层次的访问者。

3. 凸显竞争优势

因为同行的竞争对手汇聚展览会同台竞技，展会的参观者也将利用这个机会比较各家参展商。参展商于是趁此机会一展身手，努力吸引参观者的眼球，以求脱颖而出，树立和维护自身形象，增强竞争力优势。参展企业通过训练有素的展台职员、积极的展前和展中的促销、引人入胜的展台设计以及严谨的展后跟进，自身可以变得光芒四射。因此，这是一个让参展商展示产品的优异功能、提高自身知名度和信誉度的公开机会。

所以，现代企业大多不放过参展的机会，尤其要千方百计挤进品牌展览会。展览业也成为推动和促进世界各国和地区经济蓬勃发展的加速器和助推器。由发展展览业而振兴国民经济的例子不胜枚举。比如，新加坡曾以“购物天堂”而誉满于世，但在 20 世纪 80 年代中期，因通货膨胀、物价上涨等原因，不复之前的辉煌；当时饭店建造失控，客房入住率和房价一度下降，经济一度陷入困境。为寻求突破，新加坡抓住了 20 世纪 70 年代初展览业大发展的机遇，经过多年的努力，取得了巨大成功。从 90 年代起，新加坡每年举办 100 多个国际展览会，吸引了海外参展商 18 万人次和国外观众 20 万人次，海外参展商达 70%，海外贸易访客达 30%以上，每年创收约 5 亿美元。新加坡在世界展览业中的地位受到了有关国际组织的承认：设在布鲁塞尔的国际协会联盟(UIA)已连续 12 年将新加坡推选为亚洲排名第一的国际会议与展览城市；再加上每年举办的 600 多个国际会议，旅游业形成了自己的特色，故新加坡不仅成为著名的国际展览之都，而且使饭店客房率一直保持在 80%以上，大大地促进了新加坡的经济发展，取得了巨大的成功。

此外，日本在 1970 年于大阪首次举办了世界博览会。日本人称之为“万国博览会”，体现了“人类的进步与和谐”，向观众展示了继东京奥运会之后日本在各方面的发展和成就。日本大大得益于这次博览会，自此以后，日本 10 年的经济发展一直保持着强劲的势头。

(五) 国际展览业发展的新趋势

从整体上看，国际展览业当前的发展水平与格局同世界经济发展总体状况基本一致。大多数发达国家拥有开展展览活动的良好基础，它们办展经验丰富、品牌展会众多、会展业竞争力强。随着世界新经济秩序的逐步建立和各国科技水平的普遍提高，国际展览业将呈现以下发展趋势。

1. 展会专业化趋势

在国际上，专业性的展览已成为会展业发展的主流，代表着会展经济的发展趋势。与一般的会展相比，专业展览具有针对性强、参展观众质量高、参展效果好等特点，因此近几年来综合性展览会的举办数量不断减少，许多综合性展览会都不同程度地转为专业性展览。原来的一些综合性的展览已经被细化分为若干个专业展。如汉诺威工业博览会就已被细分为若干个专业展(如机器人展、灯具展、仪器仪表展、铸件展等)。此外,由于专业展览会能够集中反映某个行业或其相关行业的整体状况,并具有更强的市场功能,因而从产生之日起就受到世界各国特别是会展城市的青睐,如汉诺威的 CeBIT,杜塞尔多夫的国际印刷、包装展,纽伦堡的玩具展,中国香港的珠宝、玩具展,米兰的国际服装展等。专业化是展览业发展的必然趋势,因为只有具有明确的展览主题和市场定位,展览会才对参展商或与会者有足够的吸引力。

2. 展会规模化趋势

随着展览业的竞争日趋激烈,各举办机构已不再局限于吸引本国、本地区的参展商,而是把目标更多地投向国际市场,进而扩大展会影响力,提高国际参与程度。一些国家的地方政府对展览业大力扶植,在大型展览场馆的基础设施建设上,欧洲一些国家的地方政府几乎投入了100%的资金。例如德国巴伐利亚州政府和慕尼黑市政府投入慕尼黑展览中心的建设资金占99.8%。此外,政府往往还会给予启动资金,鼓励展览中心贷款,而且采取贴息贷款方式。由于国家政府在政策等各个方面的大力支持,很多城市也想通过修建大型展览场馆举办一些大型的国际展会来提升城市的形象和扩大招商引资,促进地区经济的发展,所有这些必然会导致展会的规模越办越大。

3. 业内强强联合,国际化运作集团化趋势增强

并购和联盟已经席卷了全球经济的各个领域,成为国际市场的一大焦点。作为国际化程度很高的展览领域也不例外。展览企业通过资本运作进行的兼并与合作,可以利用国内、国际两种资源,开拓国内、国际两个市场,以获得资源的优化配置。目前,世界上许多展览业的大组织、大企业纷纷开始联合,以期优势互补,提升实力,打造业内超级航母。展览业虽然投入大,但回报快,是一个高利润行业,其利润率高达 25%,因此业内的竞争十分激烈。国际展览业的巨头们为了降低成本、减少风险以便维护高利润率,正在以兼并与合作的方式建立战略联盟,进行国际化运作。如世界上两家著名的展览公司“瑞德”和“克劳斯”联姻,共同开发通信和计算机展览市场。欧美的展览业巨头开始用资金来购买其他竞争对手的展览主题,如美国的克劳斯公司用 40 亿美元购买了南美的品牌展会及其相关产业。在展览行业内盛行一种理念,即与其群雄纷争,不如强强联合、合作经营;与其四面出击,不如集中资源,发展自己的核心优势项目。

4. 展览巨头通过资本输出和移植品牌会展,抢占国际展览市场

在世界展览业向专业化、国际化和集团化发展的过程中,欧美展览业已经相当发达,但是其国内发展的空间已经接近饱和。国际展览巨头为了谋求向全球发展,纷纷把目标投向海外,通过资本运作寻求低成本扩张,进入展览业相对落后的发展中国家市场。如美国的卡尔顿通公司以 12.6 亿美元的高价收购拉丁美洲约 40 个大型贸易展览会和相关的刊物杂志,德国的汉诺威展览公司直接收购上海一个有名气的地面装饰展览会。另外,它们充分利用广泛的业务网络将一些名牌展览移植到他国举办。如 2002 年慕尼黑国际展览集团率先成功移植电子元器件博览会到上海举办,此后,它逐渐把高档消费品、建筑材料、交通运输等博览会引入中国。德国的法兰克福展览有限公司也把每年春秋两季原在德国本土举办的国际消费品展览会(Ambient)移植到中国、日本和俄罗斯。这种跨国运作既满足了国际市场的需求,同时也抢占了世界展览市场的份额。

5. 展览新军崛起,举办国家多元化

近几年,发展中国家(地区)尤其是亚太地区的新加坡、韩国、日本等国家和中国香港地区的展览业迅速崛起,在国际展览业中的地位得到显著提高。例如,素有“亚洲展览之都”之称的中国香港十分重视会展市场及其相关产品的开发,每年都有上千个国际会议和展览在香港地区举办。新加坡拥有良好的会展举办条件，每年在新加坡举办的大型展览会和会议超过 3 200 个。韩国和日本政府都特别重视本国展览业的发展，韩国正在努力使自己的展览业年增加 7%以上。展览业作为当今经济全球化的重要国际贸易交流平台，国际展览市场份额的大小对于一国的经济发展起着至关重要的作用，因而引起了世界各国的高度重视。借助跨国展览巨头品牌移植大力发展本国的展览业，力争在国际展览市场这块大蛋糕中分享利益，导致展览业的举办国打破传统的西方垄断趋势而呈现多元化特点。

6. 现代新技术的应用，为展览业的发展注入了新的活力

信息技术、网络技术等科学技术的快速发展也为全球展览经济的发展注入了新的活力。随着科学技术的迅猛发展，以科学技术为主题的展览会越来越多，尤其是科技革命带来的大量新工艺、新材料的出现，会展设备现代化已经成为会展业发展一个不争的事实。实际上，设备现代化也是展会标准现代化、展览内容国际化、展览形式多样化发展的共同要求。值得关注的是，大量信息技术的应用，向网络求发展空间，又成为世界展览业发展不可回避的趋势。广泛应用网络不仅逐渐成为规模较大展览会的主办者、参展者和参观者所具有的一种新思维，而且成为 21 世纪展览会的特征。

现代社会的飞速发展源于科技的进步。对于会展行业而言，先进的计算机技术、VR 技术、大数据技术、RFID 技术的应用是行业转型的关键。在这些技术的支持下，会展的形式与内容变得更加丰富，焕发出了新的生机与活力。对这些技术进行深入研究，已经成为会展企业提高自身服务能力的重要方向。

在设计中使用计算机，是展览设计的必然潮流。展览总体设计是从宏观上和系统工程上对整个展览的表现内容和表现形式进行全面考虑和把握，计算机对设计最直接的贡献是带来了新的造型语言及表达形式，计算机可以从表现内容和形式上创作出展览中各种风格的作品，并以屏幕显示的方式，开辟了设计传达的新领域。

线上展会可以使用 VR 等技术协助展览主办方打造虚拟的线上展会场景，主办方可绘制在线电子展位图实现展商信息可视化，展商布置基于图文视频、3D 建模在线虚拟展台。在线观展沉浸感强，还能优化观众在线观展体验。

会展行业所谓的大数据是通过追踪技术记录一位观众在整个展场的行为轨迹，服务于商贸配对以进行精准营销。所以会展产业的大数据应用应该是利用其他数据做运营优化。目前数据源比较成熟的，主要包括社交数据（包括社交网站、论坛等来源）、搜索数据和位置数据。

射频识别 RFID 技术是一种无线通信技术。超高频率的 RFID 读写器，能够根据无线通信信号鉴别特殊总体目标并读写有关数据信息。RFID 技术在大中型展会中运用早已获得认证。2006 年爱知世博会的门票系统就选用了 RFID 技术，保证了大量参观者迅速进场。2007 年世界杯赛主办单位也选用了置入 RFID 集成 IC 的门票，具有了防伪标识的功效。

7. 展中有会，会中套展

作为会议的一种特殊类型，展会与其他类型的会议有着紧密的联系，两者形成了“你中有我，我中有你”的互相依赖、互相促进、不可分割的关系。“展中有会，会中套展”已成为国内外展览会的一大鲜明特点。

（六）展会的构成

现代展会是由若干相互联系的要素有机构成的一个系统，在这个展览系统中存在五大基本要素。

1. 展会组织者——系统的主体

展会组织者包括主办机构和承办机构，展会的主办机构主要负责策划和制定展览会组织和实施的方案，安排展览会的组织、招展、公关、广告策划、展场联系和落实、观众组织、财务管理以及落实一系列配套服务（包括为展商提供的货运、报关、检疫、布展、住宿、交通等），需承担展览会的民事责任。主办机构可以是政府部门、行业协会、专业学会与商会、专业性展览公司或会展中心，也可以是大型企业。五类展览会主办者并不总是单独主办展览会，它们也常常联合在一起，共同主办展览会。这样，政府机构、行业协会（或学会）、专业展览公司、大公司企业和会展中心都可发挥各自优势，合力将展会办得更好。

展会的承办机构往往负责和承担展览会的组织招展、服务、公关、广告宣传的具体工作。尤其是在由政府部门主办的各类展会里，主办者往往只是挂名发挥其号召力和影响力，并给予办展工作的具体支持和方便而已，实际具体工作都是由展会的承办者来做的。这些承办者一般都是同政府有关部门有着密切联系的会展中心和展览公司。

2. 参展商——系统的动力层次

参展商亦称参展客户，是指参加展会的企事业单位、团体以及个体。参展商之所以成为系统的动力层次，主要是因为市场的需求和参展商的存在，才产生了展览系统的其他要素。参展厂商数量的多少和行为的活跃与否，直接关系着展览系统的生命力。事实表明，凡是参展厂商群体庞大，行业组织支持度高、展览竞争越激烈的地区，展览系统越活跃。

3. 展会的媒体（展示场所）——系统的神经

展览媒体是指展示传播信息的媒介物，这种媒介物在展览上被称为展示场所（展览馆或展览中心）。

4. 展览市场——系统结构的纽带

展览系统是一个开放的系统，它所涉及的内容和经济关系远远超出了纯粹商品交换的范围。在这个系统中，既有以展览为媒介反映参展厂商和消费者关系的商品交换行为，也有反映参展厂商与展览组织者和展馆之间的分工协作行为。

5. 参观展会的观众

观众有专业观众与普通观众之分。欧洲发达的会展强国会展管理焦点都是以参观者为中心，尤其是专业观众的数量和质量不仅直接关系到最后实现成交额的多少，也成为参展商赴展的直接驱动力。很多展会将展期划分为媒体推介日、专业观众日、公众日三个阶段，分别面向不同的观众群体。媒体推介日不仅是为展会造势，为参展商和展内活动做宣传推广，同时可以让社会各界关注，吸引更多的专业观众和普通观众前来观展。公众日通过与最终服务对象［即消费者（最终用户）］的交流沟通，可以测试本行业市场潜在需求规模和特点、发展趋势等，为参展商和展会组织者提供很多参考。

情景思考

（1）简述展览业发展的四个阶段。

（2）如何理解国际展览业发展的新趋势？

二、展会策划与管理

“凡事预则立，不预则废。”开发与经营好一个展览会是一项相当庞大的系统工程，涉及方方面面，工作千头万绪，而首先要做好的是前期准备工作，内容包含立项策划、申报审批、依法办展三方面；有了充足的前期准备，才可以开始展会的筹备工作，包括招展和招商工作；而在展会举办期间，要真正达到展会预定的目标，必须实施科学细致的现场管理；在现场管理达到了理想的状况之后，还必须妥善地安排好撤展管理，这样才能善始善终地举办一场成功的展会。开发和经营工作是展会成功最关键的因素。

（一）展会立项策划

举办一个展览项目，前期准备的第一项大事就是立项策划。展览会对主办者来说，是创造一个集中宣传企业和产品的舞台，为吸引更多的厂商和参观者，主办者个个煞费苦心，从确定主题到招商、组织参观者，稍有不慎，便可能前功尽弃。因此，各个环节的精心策划便成为展览会能否成功的关键。

立项策划，就是根据市场调研所掌握的各种信息，初步规划拟办展览会的有关事宜，设计出展览会的基本框架。

一般来说，展览项目的立项策划侧重于从定性的角度来规划即将举办的展览会，其内容主要包括：确定展会的主题和定位、名称和地点、办展机构、展品范围、办展时间、招展计划、宣传推广和招商计划、进度计划、现场管理计划、相关活动计划等，还要撰写出项目可行性报告。

1. 展会主题和定位

开发一个展览会，通过市场调研确定展题，找对主题，是展会策划的首要和关键的工作，是成功开发与经营展览会的前提。所谓展览主题，即指展览活动的核心思想，贯穿于整个展览从前期策划到展后延伸工作的全过程。在展览业发达的英、法、德等国，一年内举办两场内容相同的展览是贻笑大方的事。确定展题、找对主题，能防止内容雷同和重复办展，避免撞车，开展错位竞争。这无论对办展者、参展商及观展者而言，都是至关重要的。只有这样，才能使展览办出特色，办出新意，办出品牌，并能赢得自己独特的展商群体和观展群体，才能展得热热闹闹，红红火火，使展览会参与各方都能得利。在确定展题、找对主题的过程中，一定要以市场调研为手段，坚决摒弃纯营利的商业化炒作、急功近利的短期思想、人云亦云的盲目行为。市场调研工作应提前 2～3 年就开始进行。

展会定位，即根据展会的主题，明确展会的目标参展商和观众、办展目标、展会规模等。展会定位可以按以下四个步骤进行：

（1）确定展会 CIS 策略。通过对会展市场的细分，本展会明确要向参展商和观众提供哪些富有特色而又与众不同的价值，将以怎样的方式提供，界定本展会与同题材的其他展会的不同之处。

（2）选定目标参展商和观众。通过细分具体产业市场，本展会选定适合的潜在参展商和观众的范围，并预估展会的规模。

（3）积极传播展会形象。展会定位确定后，要通过各种手段将本展会的特色告诉潜在的参展商和观众，让他们对本展会的定位有初步的认知。

（4）创造差异化优势，采取措施凸显本展会高于同题材的其他展会的优势。

上述办法将本展会富有特色而又与众不同的价值传递给参展商和观众，争取得到他们的认同。由于特色鲜明，本展会与同题材的其他展会相比竞争优势凸现，在众多的展会中就会脱颖而出，取得成功。

展会主题对，展会定位好，展会的竞争优势将十分明显，展会的运作也会一帆风顺；否则，不管主办者多么劳神费力，展会的进展都将举步维艰。

资料卡

2010年上海世博会主题阐述

一、主题阐述——“城市，让生活更美好”

联合国人居组织1996年发布的《伊斯坦布尔宣言》强调：“我们的城市必须成为人类能够过上有尊严的、身体健康、安全、幸福和充满希望的美满生活的地方。”而城市面临的种种挑战的发端，不论是拥挤、污染、犯罪还是冲突，根源都在于城市化进程中人与自然、人与人、精神与物质之间各种关系的失谐，长期的失谐，必然导致城市生活质量的倒退乃至文明的倒退。

为此，2010年上海世博会以“和谐城市”的理念来回应对“城市，让生活更美好”的诉求。“和谐”的理念蕴藏在中国古老文化之中。中华文化推崇人际之和、天人之和、身心之和。同时，“和谐”也见诸西方先贤的理想。数百年来，人们对“和谐城市”模式的探讨，从来没有停止过。从“乌托邦”到18世纪的“理想城市”，再到“田园都市”，一系列的理论、主张和模型无不在探索如何建立城市在空间上、秩序上、精神生活和物质吐纳上的平衡与和谐。自20世纪80年代以来，随着环境问题和发展问题的日趋严重，可持续发展理念应运而生。对“和谐生活”和“和谐城市”的追求和实践贯穿于人类社会的发展历史，并且正越来越彰显在人们为明天城市所描绘的蓝图之中。

建立“和谐城市”，是从根本上立足于人和自然、人与人、精神与物质和谐，在形式上体现为多文化的和谐共存、城市经济的和谐发展、科技时代的和谐生活、社区细胞的和谐运作，以及城市和乡村的和谐互动。“和谐城市”的理念将为城市管理和城市规划提出更新的挑战，并将之引入更高的境界。

二、副主题阐述

上海世博会通过文化、经济、科技、社区和城乡关系五个方面来解析和探讨“和谐城市”的理念。可以看到，这五个副主题既是相对独立的，又是相互关联的。对副主题的阐述充分涵盖历史和时代背景，同时体现各副主题之间的关联性。

1. 城市多元文化的融合

文化的多样性和异质性是城市的特点。今天，世界各国的人们比以往任何时代都更为关注文化自由以及文化的识别性。多元文化同时意味着历史和未来的和谐。

2. 城市经济的繁荣

城市经济发展的原动力是城市的集聚效应。在知识经济时代，创新和创业越来越成为城市经济可持续发展的核心动力。一个城市的创新能力基于其研究实力，但更多是来源于人与人之间富有创造性的互动。创业能力固然和城市的财富有关，但其实更多地植根于是否具备鼓励创业的文化传统。而创新创业最终要由人来承担，是否具备优质的工作和生活环境，具备吸引一流人才的能力，直接关乎一个城市的经济前途。此外，良好的基础设施和完备的服务业，也是城市经济繁荣的必要支撑。

毋庸讳言，城市经济发展与环境资源保护之间存在冲突。建立循环经济模式，已经成为实现城市可持续发展的重要策略。因此，未来城市的经济将更充满活力，而这种活力是建立在两大基础之上的，一是市民的创新和创造力，二是与自然的和谐共处。

3. 城市科技的创新

城市是人类科技创新的巨大舞台。20 世纪以来，科技的突飞猛进令大规模城市化成为可能。在未来城市中，科技将在保护不可再生资源、集约利用能源、保护物种多样性、创造可持续的人居模式方面发挥巨大的作用。科技，将带领人们重回自然的怀抱。

4. 城市社区的重塑

社区是城市的“细胞”，是城市人最常见的生活空间形式。健康的“细胞”才能造就健康和谐的城市。文化融合、经济繁荣，无不是以社区为基本单位而实现的。

城市社区的建设和重塑一直是城市管理者面临的最直接的任务。如何才能让贫困社区从城市的社会地图上消失，曾经是城市发展史上最鲜明、最持久的困惑。在当今时代，发达国家城市居民结构的变化和发展中国家城市人口的空前增长令这项任务更为繁重。在可持续发展的目标下，21 世纪城市社区的重塑意味着通过创造“均衡社区”从根本上减少和消除城市的灰暗角落，而“均衡社区”应该具有以下特征：合理的居民构成，合理的房屋所有权结构，完善的基础设施，宜人的居所环境，充分的就业和创业机会。未来的社区将具备深厚的社会凝聚力，以及与城市母体和其他“细胞”的和谐互动——一切以人为本。

5. 城市和乡村的互动

自从城市诞生的那天起，城市和乡村在经济、社会和环境方面就是相互依存的。农村居民通过向城市销售产品谋生，而城市的繁荣也依靠了农村腹地的资源和需求。

城市的扩张对乡村土地资源和其他不可再生资源带来了巨大的压力。城市规划的新思想、建筑和能源科技的运用可以最大限度地缓解这种压力。同时，大量农村人口的流入给城市管理提出了艰难的课题。随着城市化的推进，城市与乡村之间的界限已经不那么明显，城市和乡村之间的关系正变得越来越紧密，唇齿相依。未来的和谐城市越来越离不开一个同样和谐宜居的乡村腹地。

资料来源：摘自《2010 年上海世博会注册报告》。

2. 展会名称和办展地点

应给拟办展览会确定一个合适的名称，体现出展览的主题，让人顾名思义就能立即获得该展会的基本信息，从而对参展者、观展者都产生吸引力。展览会的名称一般应包括三个方面的内容：基本部分、限定部分和行业标识。基本部分用来表明展览会的性质和特征，常用词有展览会、博览会、展销会、交易会和“节”等；限定部分用来说明展会举办的时间、地点和展会的性质；行业标识用来表明展览题材和展品范围，通常是一个产业的名称，或者是一个产业中的某一个产品大类。

例如，第二届上海国际健康节，该名称中的“节”为基本部分，“第二届上海国际”为限定部分，“健康”为行业标识。这个名称表明该展会是在上海第二次举办的、国际性的、保健产业的展会。有的展会没有行业标识，通常是一些以“博览会”命名的展会，如“爱知世界博览会”，由于展会包含的题材众多，无法在展会名称中全部体现。

选择展会的举办地点，以适应展览主题的要求，包括两件事：一是展会在什么地方举办，二是展会在哪个展馆举办。

选择展会在什么地方举办，就是要确定展会在哪个国家、哪个省或哪个城市举办，在该市的什么地方举办。从展览题材上看，展会举办地点最好选择在展览题材所在产业的生产或销售比较集中的地方，或者在其临近地区交通比较便利的地方。从展会的性质上看，国际性展会的举办地应是对外交通和海关通关比较便利的地方，这样可以方便海外企业参展和国内外观众前来参观；全国性展会的举办地应在国内比较重要的经济中心或交通中心，这样有利于全国的企业参展和全国各地观众参观。从展会定位看，展会举办的地方要能发挥区域优势，提高展会的号召力。

展会在哪个展馆举办，就是要选择展会举办的具体地点。目前，大部分的展会都在展览馆内举办。具体选择在哪个展馆举办，要结合展会的主题、题材和展会定位而定。有些展览题材对展馆的建筑结构（如展厅的高度、地面承重、采光、音响效果等）有特殊的要求，有的对展馆的供电、照明、给排水、采暖、通风等设施有特殊要求，如果选择错误，展会的效果将会大受影响。如果定位是高档次的展会，则对展馆各方面的要求更高，在选择展馆时不能马虎。另外，在具体选择展馆时，还要综合考虑各种因素，如使用该展馆的成本大小，展期安排是否符合自己的要求，展馆本身的服务如何，等等。

3. 办展机构

选择好的主办单位、承办单位、协办单位和支持单位等办展机构，对于一个展会的成功举办和长远发展有十分重要的意义，尤其是主办单位和承办单位是最核心和最重要的办展机构，更应慎重确定。

（1）主办单位

主办单位是拥有展会所有权、享有展会的主要法律权利并承担主要法律义务的办展单位。在实际操作中，主办单位有三种形式：第一种主办单位拥有展会并享有主要法律权利、承担主要法律义务，而且具体实施展会的策划、组织、操作与管理；第二种主办单位拥有展会并对展会承担主要法律责任，但不参与展会的实际策划、组织、操作与管理；第三种主办单位是名义主办单位，即既不参与展会的实际策划、组织、操作与管理，也不对展会承担法律责任。之所以有上述第二和第三种形式的主办单位，主要是因为展会要利用这些“主办单位”在行业中的强大号召力，而不在乎其实际操作投入有多大。

（2）承办单位

承办单位是直接负责展会的策划、组织、操作与管理，并对展会承担主要财务责任的办展单位。承办单位对举办展会的各个方面都会产生重大影响，是办展机构中较为核心的单位。大部分承办单位还要负责展会的招展、招商和宣传推广工作。这些承办者一般都是同政府有关部门有着密切联系的会展中心和展览公司。

（3）协办单位

协办单位是协助主办或承办单位完成展会的策划、组织、操作与管理，部分承担展会的招展、招商和宣传推广工作的办展单位。协办单位对展会一般不承担财务责任，也不承担展会的主要招展和招商工作，只是对主办或承办单位的工作起协助作用。在实际操作中，协办单位承担的工作最为常见的是部分招展、招商和宣传推广工作，如有些行业协会、研究机构和政府主管部门等。

(4) 支持单位

支持单位是在展会的策划、组织、操作与管理，或者是招展、招商和宣传推广等工作中，对展会主办单位或承办单位起支持作用的办展单位。支持单位有时候也承担一些展会的招商和宣传推广工作，但基本不参与展会的招展工作，也不对展会承担任何财务责任。

一些企业为会展提供场地和设施的出租，场馆展台的装饰布置，展品的运输保管，参展商和专业观众的商务、住宿、餐饮与旅游等服务以及国际、国内和当地的交通服务等。这类能为会展提供业务的企业，如会展中心、会展服务企业、航空公司、旅行社和饭店等，也算展会的支持单位。他们从展会中获得营销机会。

4. 办展时间

办展时间是指展会计划在什么时候举办。有些展会的展览时间可以很长，如"世博会"的展期长达几个月甚至半年；但对于绝大多数专业贸易展会来说，展期一般以 3～5 天为宜。

一个展会需要选择确定三个时间：一是该展会的具体开展日期；二是展会的进场筹展日期；三是展会的撤展退场日期。应预先安排好这三个时间，并提前公布，便于参展者和观展者安排有关计划。这三个时间安排必须科学合理，应努力避免拖沓或仓促行事。

展会的办展时间与展览题材所在的行业特征密切相关。在确定办展时间时，要充分考虑展会所在的行业有无季节性特征，避免不必要的损失。

此外，确定本展会的办展时间，还要充分考虑相关展会的办展时间。原则上要尽量避开国内外有重大影响的同类题材的展览会的举办时间，以避免彼此在时间上产生冲突，特别是要尽量避开国内外该类题材的品牌展会的举办时间，策划的新展会和它们的举办时间原则上要相隔 3 个月以上。

另外，展览时间的确定还受行业企业的财务预算和国家法定节假日的影响。

一般来说，展会的办展时间一旦确定下来，没有特殊情况就不要随便变动，以利于目标参展商和观众提前做参加展会的计划、预算和其他准备。

5. 招展策划

招展就是招揽商户前来参展，是展会的重头戏。有一定数量和质量的商户参展，展会才对观众有吸引力，才能取得成功。拟如何进行，必须预先认真策划。其内容和做法详见后文。

6. 招商策划

招商即邀请专业观众到展会来参观，也是展会的重头戏。强有力的招商计划能增强商户参展的信心，拟如何招商必须预先认真策划。其内容和做法详见后文。

7. 进度计划

展会时间确定之后，就要对各项工作的进度预先做出安排，以保证这些工作的协调衔接有条不紊。

8. 管理计划

一个展览会的中心活动是展出，展出现场如何管理关系到展会的成败，必须预先就做好计划。其内容和做法详见后文。

9. 相关活动计划

一个展会除了展览之外，还会举办一些配套活动，使展会丰富多彩、更具特色，以吸引更多商户前来参展和更多专业人士前来参观。拟举办哪些活动，须在立项策划时就做出安排。其内容和做法详见后文。

10. 项目可行性分析

对于展览会立项策划来说，项目可行性分析是项目管理的关键步骤，是该展会有必要举办及可以举办的决策依据。其主要内容是分析某一展览会市场的结构和前景，并选定最优的项目运作方案，具体包括市场分析、最优方案选定、财务预算等，内容比较庞杂，主要程序如下所示：

(1) 研究目标市场

在商业性展览活动中，所有的策划行为都离不开市场，必须从研究目标市场开始。展览会目标市场分析的基础，是理解某一展览会所在行业的市场结构。只有弄清某一产业的大市场、小市场和市场构成，策划人员才能根据现有同类展览会的定位，确定本展会的展品、参展企业以及潜在的专业观众。因此，展览项目策划人员必须掌握产业经济学和市场学的相关理论与方法。

(2) 明确展会定位

市场营销学中的所谓定位，就是确定产品或服务在消费者心目中的地位。对于展览会而言，定位是指某一展览会的发展目标及其在同类型展览会中的竞争地位，即展览组织者希望把展览会办成什么样子。这种定位既能形成展览会的特色，同时决定了参展商与专业观众的层次和结构。例如，中国住宅交易会(CIHAF)的办展定位，就是打造房地产业最完整的产业链。

(3) 成本收益匡算

估算展览会的成本和收益是项目可行性分析的重要内容。因为对于展览公司而言，目标很明确，即通过举办展览会获取利润，即使目前不盈利，在连续举办几届以后应该会获利。经过成本收益的匡算，利润可观，才会决定举办一次展览会，否则，不如不办。

(4) 拟定初选项目

在明确了目标市场、展会定位和未来的成本收益状况之后，就可以初步拟订展览项目了。但初选的展览项目是否可行，展览策划者还有一系列的工作要做，如研究项目的可行性、选择最优方案和制定项目运作方案，在完成这些工作后才算正式拟定了展览项目。之后，策划人员需要撰写详细的可行性研究报告，并将其提交给公司决策层。

(5) 撰写可行性研究报告

可行性研究报告是展览策划者就某一个项目进行可行性研究的书面表达，它是展会组织者决定是否继续某展览项目的正式依据。在可行性研究报告中，策划人员要全面分析办展机构和举办地的能力及条件，换句话说，要综合考虑盈利、场地要求、管理技术要求、预计参展商数量和观众人次、展览会的竞争力、公共与私人财务援助的可能性、行政支持等诸多因素，而准确估计展览会的成本和收益尤为重要。

一般而言，展览项目可行性研究报告的内容包括六大部分，即展览会项目简介，市场前景与目标市场分析，技术性要求(如对展览场地的特殊要求，需要配备专业人员等)，管理技术和人力资源分析，收入与支出概算，结论。

11. 办理立项审批手续

在市场经济国家，展览是促进产品销售的手段，是一种纯粹的市场行为，因此，目前国际上除极少数国家仍对出国展览实行政府审批之外，绝大多数市场经济国家对展览项目均不实行审批制，展览业的管理不通过政府部门采用行政手段来实施，而通过行业协会或贸易促进机构以行业自律的方式负责协调和规范。

在计划经济体制国家，或计划经济向市场经济转轨的国家，举办展览实行的是政府行为的项目审批制。我国目前仍然保持着计划经济体制下形成的展览主办单位的资格认定制和展览立项的政府审批制。一些大型展览项目会给办展地方带来交通、治安、卫生、生活物资供应等问题，经过政府审批，可由政府统筹解决。

在确定展题、找对主题后，要制定展会项目计划书，编写项目可行性报告，向有关政府主管部门办理立项审批手续。审批机构除国务院外，商务部、科学技术部、文化和旅游部等也都可以办理。有的展览会，省、直辖市一级的主管部门就可审批，审批部门对各项理由充分、手续齐全的办展申请，基本上均会予以放行。今后这一政府审批制将会随着展览业的市场化发展得到改革。

12. 学习了解相关法律，依法办展

学习了解相关法律，依法办展是展览会开发经营中的一个重要原则。中国自 1993 年 5 月 3 日成为国际展览局第 46 个正式成员国后，便正式参加了国际展览局各成员国共同制定和修改的《国际展览会公约》。此公约对举办国际性展览会（即世界博览会）的举办周期、主办者和参展者的权利和义务、申办和批准的程序、展出内容和运作规则等都做了规定。中国参加展览业的这一国际性公约，标志着中国展览业走上国际法接轨的道路。

为了保证展览业在我国的健康发展，我国政府有关部门陆续制定了一些法规，主要包括：

(1) 海关总署 1975 年 11 月 3 日发布的《中华人民共和国海关对进口展览品监管办法》；

(2) 海关总署 1975 年 9 月 20 日发布的《中华人民共和国海关对出口展览品监管办法》；

(3) 原对外贸易经济合作部 1988 年 4 月 29 日发布的《关于举办来华经济技术展览会审批规定》；

(4) 海关总署 1988 年 6 月 22 日发布的《关于对来华和去国外举办经济贸易展览会有关审批问题的通知》；

(5) 原国家工商行政管理局/经贸部 1988 年 9 月 15 日发布的《关于举办来华经济技术展览会等经营广告审批办法的通知》；

(6) 国家外汇管理局 1989 年 5 月 25 日发布的《关于国内单位出国举办或参加展览会（博览会）外汇收支的管理规定》；

(7) 原对外贸易经济合作部 1990 年 2 月 20 日发布的《关于出国举办经济贸易展览有关问题的补充通知》；

(8) 原对外经济贸易合作部 1991 年 7 月 11 日发布的《在国外举办经济贸易展览会的审批管理办法》；

(9) 国务院办公厅 1991 年 8 月 31 日发布的《关于加强对出国举办经济贸易展览会统一协调管理的通知》；

(10) 对外经济贸易合作部 1992 年 1 月 28 日发布的《关于批转〈关于出国举办经济贸易展览会归口协调审批管理办法〉的通知》。

此外还有原文化部 1992 年 6 月 18 日发布的《关于加强引进外国艺术表演和艺术展览管理的意见》；原文化部 1993 年 10 月 12 日发布的《关于印发〈文化艺术品出国和来华展览管理细则〉的通知》；原机械部 1993 年 12 月 25 日发布的《关于来华国际展览的管理办法》《关于国内展览的管理办法》和《关于出国（境）展览的管理办法》；原对外贸易经济合作部 1995 年 9 月 1 日发布的《关于各类对外经济贸易展览会期间加强商标管理工作的通知》；原建设部 1997 年 6 月 5 日发布的《关于印发〈建设部展览管理〉的通知》；原文化部 1997 年 6 月 27 日发布的《涉外文化艺术表演及展览管理规定》；国务院办公厅 1997 年 7 月 31 日发布的《关于对在我国境

内举办对外经济技术展览会和加强管理的通知》；原文化部 1998 年 8 月 3 日发布的《关于加强美术展览活动广告管理的通知》；中国国际贸易促进会、原对外贸易经济合作部 2001 年 3 月 15 日发布的《出国举办经济贸易展览会审批管理办法》；原对外贸易经济合作部 2001 年 7 月 23 日发布的《关于审核出国（境）举办经济贸易展览会主办单位资格的通知》；原对外经济贸易部 2001 年 12 月 20 日发布的《关于重新核定出国（境）举办经济贸易展览会组办单位资格的通知》等。

另外，我国部分省市的政府部门也制定了一些有关展览业的地方法规。

由于国际展览涉及各个领域，因此受到相关领域法律的制约和保障，如合同法、海关法、保险法、广告法、海商法、诉讼法、仲裁规则等。

无论是单项的法规，还是相关领域的法规，展览业的管理和从业人员都应该学习、了解并遵守、履行，因为它们是保障我国展览业有序进行和快速发展的法律基础。

由于展览会的开发经营要涉及主办单位、承办单位、支持单位、参展单位、展馆、展览服务单位，因此各方必须按照《中华人民共和国民法典·合同编》的规定签订契约，因为契约是明确参与展览业务各方的权利和义务的有效手段，也是参与方维护自身合法权益的有效手段。如主办单位达两个以上，互相之间须签订契约，明确各自应承担的法律责任，相互间的权利和义务关系。在契约的签订中，应注意不要采用印刷好的格式合同，而应根据具体情况当场制作合同，经谈判协商、供对方修改后签订，否则一旦发生纠葛，格式合同如不清楚时，法院可能做出对格式合同制定者不利的解释。展览会参与各方在合同谈判时，应注意防止主办单位与承办单位责任倒挂，注意招展代理和招展独家代理的区别，注意展馆、主办单位和参展商应各自负责投保以及其他的一些常见的模糊问题。

但是，由于主办单位往往是政府部门，承办单位就容易忽视与政府部门之间签订办展契约。这是一个误区，因为按照规定主办单位应该承担展览会的民事责任，如果没有契约的保障，一旦发生问题，承办单位就十分被动了。

总之，学法、守法、依法办展，是展览会开发成功的关键。

（二）展会筹备具体实施工作

展会项目经有关部门批准以后，即可进入实质性筹备阶段，其工作内容有：展位设计；指定展位承建商；编制展区清洁和保安计划；安排展会运输代理服务；落实展会旅游代理和接待服务；编制《参展商手册》；进行展会网络营销等。

1. 展位设计

展览会要办出特色，办出新意，使展场魅力四射，才能赢得尽可能多的观展群体，从而取得成功。而要办出特色，办出新意，就要充分重视展位的设计。

在一些著名国际展会里，虽不乏中国企业的展位，但多数仍停留在“三板一桌加两凳”的水平，呆板且毫无新意。统计资料显示，在有几百个甚至上千个展位的展览里，过半数的参观买家流连展场的时间不足 8 小时，在如此短促的时间内，很多国外企业却能有效地吸引这些买家，让买家对自己的产品留下深刻印象。除了由于产品质量过硬，设计新颖外，别出心裁的展位设计功不可没。

所以，参展商要充分重视并下大力气，在有限的空间内给予创造性的、艺术性的布置，提供的展品质量也应更趋齐整。参展商如果自身缺乏专业性的设计人员，可以请展览服务公司和展位搭建商提供所需的服务。

2. 指定展位承建商

展位的搭建是一项专业性非常强的工作，也是一项关系到展会形象和声誉的重要工作。一般情况下，展会的组织者和办展机构不会亲自承担这项工作，而是把这项工作交给专门的一家或多家展位承建商，后者通常被称为展会的“指定承建商”。

指定展位承建商可以通过招标、专家推荐等方式具体选定。一般情况下，招标是选定承建商最为常见的方法。招标是公开选择确定承建商的过程，包括展会组织方将展会的基本情况以及展位的搭建要求，以广告或邀请函的形式，向承建市场及有可能承建的单位发布；有意向的承建商制作标书，就搭建该展会展位的价格和施工方案等进行投标；展会组织方开标，选择其中价格较合理并较有信誉的承建商，签订工程施工合同。

一般情况下，投标单位都要根据办展机构的要求，提供以下基本资料：公司营业执照、证明企业信誉及实力的资料、企业资质证书，展位搭建工程的施工方案及设计图，施工组织设计书，需用材料清单及采购价格，施工工时定额及费用，租赁家具价格和实图，接水、接电价格等，汇总算出的工程总造价。

3. 制订展区清洁和保安计划

一个展览会从进场筹办起，至撤展退场止，都有保洁和保安的需要。在展位搭建和布展的过程中，展区现场每日产生大量建筑垃圾，而且往往需要大量用水、用电，甚至用火，给展馆带来较大的安全隐患，稍有不慎就可能会酿成重大损失，展会组织者必须对此高度重视。因此，在指定展位承建商时，办展机构就需要认真制订展区清洁和展会保安计划。

制订展区清洁计划时，要注意两点：

一是布展时的清洁和展会期间的清洁有不同的要求。布展时的垃圾主要是展位搭建和装修所产生的建筑垃圾、废物，可以定时集中清运；展会期间的垃圾主要是观众和出展人员带来的生活垃圾，必须随时搜集清理。

二是展位内的清洁和展馆公共区域的清洁应由不同的人负责。凡是参展商产生的垃圾，无论是在布展过程当中，还是在展位内产生的，原则上均由参展商自身负责；在展会闭幕撤展时，参展商还需要将自己展位内的搭建物和展品等及时撤离展馆。而展会的通道和公共区域的清洁工作则由展会负责。

制订保安计划时，重点考虑的是防范火灾事故和人员拥挤踩踏事故发生。一旦发生如此重大安全事故，展会就可以说是完全失败，严重时，展会组织方还将承担刑事责任。

4. 安排运输代理服务

参展商需要将展品及其他物料运进和运出展会，就有运输、通关、装卸等事务需要处理，一般的展会都提供这些代理服务。通常的做法是，展会主办方允许适宜的物流公司进场设点，承办这些工作。

5. 落实旅游代理和接待服务

参展商需要宾馆、旅店安置等接待服务，有的还有旅游需求，一般的展会都提供这些代理服务。通常的做法是，展会主办方允许适宜的旅游公司进场设点，承办这些工作。

6. 编制《参展商手册》

《参展商手册》内容比较庞杂，各种展会所编的差异很大。一般来说，凡是需要参展商知晓的展会规定、办事程序、承办单位等资讯，都编入《参展商手册》，发给每位参展商。

7. 展会的招展

招展就是展会组织方招揽企业参加展会的行为。展会要有一定数量和质量的参展者，才能成为真正意义上的展览会,没有一定数量和质量的参与者,展会的实效与声誉就会大打折扣。招展工作就是展位营销,即展会组织者利用种种营销策略将展位销售给参展商的过程。

(1) 招展策略

为了吸引著名国际企业参展,办展单位可与有关政府主管部门、国际组织、行业协会联系,取得它们的支持;赴海外招商,可和海外著名展览公司或企业合作,请它们做招商代理,或组团赴海外开展宣传促销活动;还可直接通过国际商务机构与客商沟通,亦可通过我国驻外机构和各国驻华使领馆商务官员吸引更多的国际企业来华参展,努力提高国际参与度。

随着网络技术的发展,网上招商已屡见不鲜。办展单位可尽早为展会注册域名,在互联网上建立自己的网页,宣传促销展会,并通过互联网办理网上招展、网上咨询、注册等一系列手续。

在招展过程中,办展单位不能只顾经济利益而不管参展商质量,在积极进行海外招商和加强对内宣传、大力招展的同时,还必须审查参展企业资格,确保参展单位的资质、品牌和信誉以及参展商品应有的质量。

知识拓展

企业参展可执行细案(部分参考)

(一) 12 个月前

1. 择展工作:全面分析各展览会的规模、时间、地点、专业程度、目标市场等方面,综合专家意见,制定全年展览计划;

2. 择定要参加的展会后,与这些展览会的主办单位或代理公司联系并取得初步资料;

3. 选定展会当中的展示场地(一般而言,首次参加国际大展,较难取得最佳位置);

4. 了解付款形式,考虑汇率波动,确定财务计划;

5. 与展览会的主办单位或代理公司签订参展合同。

(二) 9 个月前

1. 设计本企业参展展台的展示结构;

2. 取得展览管理公司的设计批准;

3. 选择并准备参展产品;

4. 与国外潜在客户及目前的顾客联络;

5. 制作公司参展所需的《展览宣传册》或其他宣传资料。

(三) 6 个月前

1. 制定广告宣传推广计划,并以适合的方式(如邮件、广告等)推广;

2. 确定旅行计划;

3. 按合同规定支付展览场地租金费用,及其他服务所需的预先付款;

4. 复查公司的参展说明书、宣传资料、新闻稿等,并准备必要的翻译;

5. 安排展览期间翻译人员;

6. 向服务承包商及展览组织单位定购广告促销。

(四) 3 个月前

1. 继续追踪参展企业产品推广活动;

2. 最后确定参展样品,并准备大量代表本公司产品品质及特色的样品,贴上公司标签,以便赠送给索取样品的客商;

3. 最终确定对展位结构的设计；
4. 就访客回应制定工作程序；
5. 训练参展员工；
6. 排定展览期间的客户约谈；
7. 安排展览现场或场外的招待会；
8. 购买外汇。
（五）4 天前
1. 将运货文件、展览说明书及宣传资料等文件或相关复印件放入公事包；
2. 乘飞机至目的地。
（六）3 天前
1. 抵达目的地，至事先预约的饭店登记入住；
2. 视察展览厅及场地；
3. 咨询运输代理商，确定所有运送物品的抵达；
4. 指示运输承包商将物品运送至会场；
5. 联络所有现场服务承包商，确定一切已准备就绪；
6. 与展览组织方代表联络，告知通信方式；
7. 访问当地顾客。
（七）2 天前
1. 确定所有物品已完成运送；
2. 查看所定设备及所有用品功能完好；
3. 根据设计方案，布置展位现场；
4. 将所有活动项目做最后的确认和检查。
（八）1 天前
1. 将摊位架构、设备及用品做最后的检查；
2. 将促销用品发送直接分配中心；
3. 与公司参展员工、翻译员等进行展览前最后准备。
（九）展览期间
1. 尽早到会场；
2. 展览第一天即将新闻稿送到会场的记者通信厅；
3. 实地观察后尽早预约明年场地；
4. 详细记录每一个到访客户的情况及要求，不要凭事后记忆；
5. 对于没有把握的产品需求，不要当场允诺，及时汇报总部以做出合理答复，一旦应承，必须按质按期完成，以取得客户合作信心；
6. 每日与员工制作简报；
7. 每天将潜在商机及顾客资料送回公司，以便即时处理及回应。
（十）展览结束
1. 监督摊位拆除；
2. 处理商机；
3. 寄出客户及各方答谢卡；
4. 参展评估分析。

(2) 招展的基础性工作

在招展和展位营销过程中,基础性工作有两项:建立目标参展商数据库和编制招展函。

知识拓展

建立目标参展商数据库

招展工作的第一步是确定目标参展商的范围,并建立一个完备而实用的目标参展商数据库。这是各项后续招展工作的基础。

有效搜集目标参展商信息的方法很多,比如:通过专业网站、专业刊物、行业协会、同类展会收集等;还可以通过政府主管部门、外国驻华代表机构搜集,甚至通过黄页电话簿也可以搜集到大量有效信息。

在搜集目标参展商信息时,除了要搜集它们的名称、地址、联系方式(含电话、传真、E-mail地址、联系人)等基本信息外,还要搜集企业经营相关信息,如企业规模、产品种类、经营业绩等,以便下一步对其进行市场分析,更好地确定优质的参展商范围。

搜集到各种有关信息后,接下来就要着手建立目标参展商数据库。目标参展商数据库是招展工作中目标客户的重要来源,要建立好这个数据库必须遵循以下原则:

第一,数据库的数据量要尽量充分。数据库的一条数据就是有关一家目标参展商的所有信息,像这样的数据要尽可能多,才能保证实际参展商对目标参展商有比较高的比率,以招揽到足够多的优质参展商。

第二,分类科学合理,便于查找和检索。一个数据库要真正发挥作用,科学分类的工作是十分重要的,它可以大幅提高检索的效率,从而保证招展工作的顺利进行。

在遵循以上两个原则的基础上,就可以按照一定的方法建立目标参展商数据库:

第一,确定数据的分类标准,并按标准对数据进行分类。在制定分类标准时,既要考虑行业产品的特点,又要考虑招展的需要,还要考虑数据库使用的便利性。例如,在举办电子产品展时,会涉及视听产品、数码影像、家用电器、多媒体产品、通信产品、电子配件、办公室自动化及设备、个人电子产品等多种产品种类,但如果仅按实物产品的用途作为分类标准,许多软件类企业就无法归入目标参展商,从而降低了招展工作的有效度。因此,办展机构可以增添诸如"电子制造服务"这样的分类标准,将大量软件企业涵盖进数据库。

第二,确定数据库基本字段。经过分类的数据库一般以表格形式出现,而表格中每一类信息都会有一个相对固定的项目名称。如"企业名称""地址""电话""传真"等,都可以作为字段,它们是检索的关键词,并决定着检索的快捷与便利性。

第三,选择适合的软件。企业要根据数据量的大小,在充分考虑速度、安全性、便利性和成本的基础上,选择合适的软件来运作数据库。

第四,输入目标参展商信息。对于一个庞大的数据库而言,这是一项重要而又艰辛的工作,既不能输错,也不能漏输。它考验着一个企业基础工作是否扎实,也考验着相应秘书部门工作的质量。

一旦建立起了有效的目标参展商数据库,招展工作就可以进入实际操作的阶段了。是否准备好一份招展函,是招展工作有效进行的前提。招展函是展会组织方用来招揽目标参展商参展的小册子,它的主要作用是向目标参展商说明展会的有关情况,并引起其参展的兴趣。招展函是展会进行展位营销时的核心资料之一，也是目标参展商最初了解展会情况的主要信息来源。招展函的策划和编印工作，在展会的招展策划和展位营销工作中占有重要的地位。

温馨提醒

招展函一般主要包括以下五个方面的内容：

第一，展会的基本内容主要包括展会名称和logo、展会的举办时间和地点、办展机构名单、办展起因和办展目标、展会特色、展品范围和价格等。其中，展会的名称和logo一般被放在招展函封面最醒目的位置，展会的名称一般用较大的字体。如果展会是国际性的，展会的名称还包括其英文名称。另外，由于展会名称一般较长，为了使用方便，展会的名称常常有一个简称，如中国出口商品交易会的中文简称为“广交会”，英文简称是“CECF”。

展会的举办时间和地点一般被放在招展函的封面，只不过封面的“举办时间”通常是展会的正式展览时间；内页的“举办时间”往往还包括展会的布展、撤展和对专业及普通观众的开放时间等。

办展机构包括展会的主办单位、承办单位、协办单位和支持单位等，有时还包括展会的批准机构。它们一般被放在展会招展函的封面。

办展起因和办展目标，简要说明举办该展会的原因以及展会规模计划等。如果是已经连续举办多次的展会，那么对往届展会的回顾也是一项必不可少的内容。

展会特色，常常用非常简洁的言语来高度概括，如展会的宣传口号、展会的主题等，要易记易懂，易于传播。

展品范围要详细地列明，有时还包括展会的展区划分，供参展商做参展决策时参考。

价格即展会的各种展出用地的价格，包括空地价格、标准展位价格、室外场地价格等。

对于标准展位，一般还要对其基本配置做出详细说明。

第二，市场状况介绍。主要包括行业状况和地区的市场状况等。

(1) 行业状况。结合展位的定位，简要介绍对展会展览题材所在行业的状况，如行业生产、销售、进出口及发展趋势等。

(2) 地区的市场状况。简要介绍办展所在地区的市场状况，“地区”范围究竟该包括哪些地区，主要取决于展会的定位和市场辐射范围的大小。如果展会是国际展，那么介绍的“地区”范围就不仅仅是展会所在的城市和省份，可能还包括整个国家及其周边国家，如德国的展览会介绍，常常包括整个欧洲大陆。

第三，展会招商和宣传推广计划。主要包括展会招商计划、宣传推广计划、相关活动计划、展会服务项目等。

在招商计划中，简要介绍展会计划邀请专业观众的办法、范围和渠道。如果展会已经连续多次举办，那么对往届展会到会观众的回顾分析将是十分有用的资料。

在宣传推广计划中，简要介绍展会宣传推广的手段、办法、范围和渠道以及展会计划如何扩大其影响的措施等。展会宣传推广计划是参展商较关注的项目，需要详细列明。

(1) 相关活动。简要介绍展会期间将要举办哪些相关活动、各种活动的举办时间和地点以及参展商参加活动的联系办法等。展会相关活动的作用很大，它既对展会有宣传和辅助作用，也对参展商的形象有宣传和展示作用，有些参展商因此乐意参加。

(2) 服务项目。搞好服务是展会提高竞争力和吸引力的重要手段之一。招展函要告诉目标参展商,如果他们参展,将能从展会获得怎样的服务,这些服务包括展会为他们提供的各种有偿服务和免费服务。

第四,参展办法。主要包括如何办理参展手续、付款方式、参展申请表和办展机构的联系办法等。其中:付款方式要列明展会的开户银行、开户名称和账号、收款单位名称、参展商参展的付款办法、应付定金的数量和付款时间等。联系办法要列明办展机构的联系地址、电话、传真、网址和 E-mail 等,供参展商参展联系之用。

第五,各种必备的图片,如展馆平面图、展馆周边地区交通图等。

最后附一张参展申请表,一旦目标参展商计划参展,就可以填写该表并传真回办展机构预订展位。

8. 招商工作

展会招商是与展会招展对应的一个专用术语,通俗地说,就是邀请观众到展会来参观。尤其是要吸引专业观众观展。

从某种意义上说,展会招商最主要的是要邀请尽量多的专业观众到会参观,要尽量给参展商带来其所期望的观众。

目前,国外和中国香港等地的展览会都拥有大批专业观众。他们和展览会的举办者保持着密切联系,一有展览会开幕,这些专业观众便蜂拥而至,到展览会上了解市场信息,采购商品。香港地区有一些企业光在展览会上接订单,就能满足业务要求,欧美一些大型展览会的主办者,更是拥有来自世界各国的专业观众。

如果主办者要开发和经营好展览会,真正把展览会办成灵活高效的交易中心,增强展览会对参展商的吸引力,并通过展览会实现大市场的跨越,就应该将交易"网络"建立和完善起来。展览会的主办者或承办者必须知道,纵横交错、上下贯通的营销网络,是需要花很大力气去"编织"的。

(1) 建立目标观众数据库

和展会招展需要有目标参展商数据库一样,展会招商也是建立在有一个完整而实用的目标观众数据库基础之上的。一个好的目标观众数据库是进行展会招商策划和制定展会宣传推广方案的重要基础,也是策划和制作展会通信和观众邀请函的基础。

所谓目标观众,主要是指"专业观众"。这些观众可能是该展会展览题材所在行业的人士,也可能是与该题材所在行业有关联的行业的人士。目标观众是展会招商主要的目标客户范围,展会招商是在了解了上述观众所在行业、观众的基本数量、需求特征和分布状况的前提下进行的。因此,建立一个完整实用的目标观众数据库对展会招商具有十分重要的作用。

一般来说,展会目标观众的范围比其目标参展商的范围要广,其涉及的行业也要多。所以,我们在招商时,不能把目标观众的范围仅仅局限在展会展览题材所在的行业,还要考虑其相关行业和其产品的各种用户所在的行业。如体育用品博览会的目标观众除了体育行业以外,还有众多的健身休闲产业、房地产行业、各种会所等。

目标观众数据库,是指将已经掌握的所有目标观众的有关信息按照一定的规则而建立的数据库,它是在掌握了大量目标观众信息的基础上建立起来的。与搜集目标参展商的信息有些相似,展会目标观众的信息也可以通过以下渠道搜集:通过行业企业名录搜集;通过商会和行业协会搜集;通过政府主管部门搜集;通过专业报刊搜集;通过同类展会搜集;等等。

(2) 编制《展会通讯》

有了目标观众数据库,展会招商工作就有了客户目标基础。在展会的筹备阶段,展会的目标参展商和目标观众往往很想了解展会的筹备进展情况。这些信息能否及时传递给他们,影响到他们是否参加展会的最终决定,于是,编制《展会通讯》就成为解决这一问题的常用方法。

《展会通讯》是办展机构根据展会的实际需要编写,用来向展会的目标客户通报展会有关情况的一种宣传资料,它通常是一份小册子,或者是一份报纸。《展会通讯》编制出来以后,办展机构就以直接邮寄、E-mail 等方式及时传递给其目标客户,并在展会的专门网站上发布。

《展会通讯》一般要包括以下内容:展会的基本内容,如展会名称和 logo、举办时间和地点、办展机构、展会特色和优势等;展会展览题材所在行业的市场信息和行业动态,这不仅包括国内外同类展会的情况,更包括本展会展览题材所在行业国内外市场状况及行业动态;展会招展情况通报;展会招商情况通报;展会宣传推广情况通报;展会期间举办的相关活动情况的通报。在每期通讯上都要附上参观回执表。

(3) 制作观众邀请函

观众邀请函的内容比《展会通讯》更简洁、更集中,其所有的内容都在于吸引观众到会参观。因此,展会的特点、优势、展品和参展企业介绍,应是观众邀请函的最主要的内容。如果展会已经举办过几届,那么对历届展会简短的总结也常常是观众邀请函所包含的内容。观众邀请函的内容主要包括:展会的基本内容,包括展会的名称、举办的时间和地点、办展机构、展会的 logo、本展会简单介绍(如展会的特点和优势等);展会招展情况,包括展出的主要展品、新产品和展会招展情况,尤其是一些知名的企业参展情况要重点列出;列举展会期间举办的相关活动的时间、地点和主题,以方便观众提前安排时间与准备等。必须附上参观回执表,包括参观申请的联系办法和联系人等,方便观众预先登记。

观众邀请函也是展会直复营销的有力武器,它意在邀请观众到会参观,但同时也扩大了展会的宣传推广,促进展会的招展工作。因此,观众邀请函有时也被用作展会宣传推广的一种武器。

和《展会通讯》一样,观众邀请函一般以直接邮寄的方式发送到目标观众手中。所以,观众邀请函的发送也有赖于目标观众数据库的建立和完善。和《展会通讯》不同,观众邀请函一般在展会开幕前一个月左右才开始向目标观众投寄。不过,对于国外的观众而言,观众邀请函的邮寄时间要适度提前,一般要在展会开幕前 3 个月到半年的时候就开始邮寄,这样更便于国外观众做参观计划和申请签证。

情景思考

(1) 展会的主办机构和承办机构有何联系与区别?

(2) 展会的立项策划具体包括哪些内容?

三、展览空间设计

任务引入

企业在参展时往往受到各种条件的限制，比如有限的资金预算、有限的展览空间。那么到底如何设计，才能在既有空间内最大限度地展现企业产品和实力，吸引观众和客户呢？

展览活动集商品展示、商贸交易和经济技术交流为一体，是公众参与的活动，人们在接收信息的同时还反馈消息。展览设计是一门综合性质很强的专业学科，它集美学、艺术史、社会学、行为科学、CIS策划、广告学、公共关系学、设计方法学、色彩学、人体工程学、材料科学、电子工学、光学、心理学和现代信息技术为一体，是现代科技与艺术结合下的产物。

虽然展览设计也属于空间设计的范畴，但是与传统的空间设计不同，展览设计更强调本身的“四维”特性，结合了时间与空间。人置身于展览场所中，在一个个展位间，从不同的角度观察、体会、感受和参与。展览设计不仅仅局限于静态的空间设计，更是动态互动空间的设计。

1851年，在伦敦举办的第一届世博会中，由当时的园艺师约瑟夫·帕克斯顿按照伦敦温室架构原理建造的总长563米、宽124米，共有三层五跨、简单阶梯形长方体结构的展馆，空间开阔，通体透明。这个让当时的人们叹为观止的庞然大物被称为“水晶宫”，第一次在人们的面前呈现出一个新颖而独特的展览建筑设计。作为巴黎标志的埃菲尔铁塔则是1889年法国巴黎世博会的主题建筑物。

由此可见，展览设计伴随着整个展览业的发展不断进步。随着现代网络技术、计算机科学、材料科学、照明科学及其相关技术的发展，展览设计领域将会有越来越多的新材料、新科技及新工艺出现并广泛应用。

(一) 展览展示空间的作用

展览活动是信息沟通的过程，展览设计是为了实现信息传递、实物展示、洽谈交流和销售功能而进行的，其中包括展览会的空间序列组合设计、展示展具装饰色彩设计、灯光照明设计和视听图像设计，无论何种设计都是基于充分体现展示的意图与功能，调动各种艺术、科学及技术的手段，为商品创造出最佳的展示空间、陈列空间，为商家提供最佳的交流空间、贸易洽谈空间和销售空间，从而吸引消费者群体的消费欲望，产生购买行为，以达到最终预期的效果。

展览展示空间的具体作用主要表现在如下几个方面：

1. 吸引参观者

展示活动是以招引、传达和沟通为主要机能的交流活动，其功效的生成与人的心理要素息息相关。从“注意—知悉—联想—喜好—信任—接受”的展示生成原理次序不难看出，展示功效与参观者的心理感受及反应有着密切的关系。人在认知客观物象的过程中，总会伴随着满意、厌恶、喜爱、恐惧等不同的情感，产生意愿、欲望与认同等不同的心理定式特征。因此，为了在展会中使自己的展位脱颖而出，展示设计中对于参观者心理需求的把握十分重要。

从心理学角度来说，人对客观事物所触发的心理体验，是由人的生活经验所诱导的心理思维形式。展览环境中应通过灯光、商品、道具、材料对比来引起顾客的注意，直到获得顾客的认知和接受。成功的展示设计形象应该具有强大的感染力，以便诱发人们良好的情感反应，提升展示传达的效果。展示空间的形态尺度不同，会产生各异的情感效应。亲切、气势逼人、开阔、时尚，或者空旷、压抑、渺小、杂乱，都是由其空间要素的构成决定的。

2. 企业品牌宣传

现代展览活动的规模越来越大，成百上千的参展商汇聚于一届展会之中，参观者置身于此，每时每刻都在接受海量的信息，每一位参观者在每一处展台的停留时间十分有限，在这样的一个短时间的流动参观过程中，成功的展示设计能让展台在多姿多彩的展览环境中脱颖而出，通过各种艺术手段将其展品的性能、质量、品牌形象等信息正确有效地传递给参观者。

展示设计在某种程度上已经成为现代企业形象的一个代言人，代表了该品牌在某段时期的营销理念和经营方针。企业对于销售空间内外展示的管理，形成了一个品牌的宣传窗口。对于展示道具的统一运用也可以加深人们对于品牌的认识度，便于形象上的管理。同时，消费方式与商业展示也存在一定的互动作用。

3. 有效的商品促销

商品的促销是商业展示中重要的一环。其目的非常明确，即刺激消费者的消费欲望，增加需求，以及宣传商品，使其需求量不过度受价格的影响。由集市贸易发展而来的展览活动，在展览空间中通过各种手段刺激商品的销售依然十分重要，销售人员也可以在此空间内起到人员推销的功效。

4. 对于文化的创造与更新

文化一直伴随着历史螺旋式发展，文化成果对于历史存在积极的影响与作用，而文化对于展示设计的影响表现方式不同，有些是有意识的，有些是潜移默化的。现代商业展示设计中既包括了对于旧文化的发扬，同时也包括了对新文化的探索。在完整的展览展示空间氛围中不可避免地包涵某些文化气息。同时，整个的展览展示设计必然是某种文化形态观念下的产物，商业展示设计在满足人们使用需求的同时，往往也会和当时的社会时尚潮流、人文文化色彩及世界流行趋势相适应。

（二）展示设计的原则

1. 准确有效

快速准确地传递商业信息是商业展示的重要原则。而在展览空间中的商业展示，更需要通过设计的手段使消费者能够详细地获取商品的详细信息，体验品牌的魅力，营造消费的氛围，以达到促进销售和宣传品牌的目的。

但是，为了更具视觉上的冲击力而吸引消费者，区别于其他相关的竞争品牌产品，并准确传达企业及产品的形象，设计者往往在内容、形式、版面编排、创意上都颇费心思。过于注重外在形式的设计，并不一定能准确传达企业及产品的形象。出奇的创意有时的确能吸引消费者的眼球，却往往使创意与设计走向了形式主义。为了创意而创意，为了引人注目而只展示视觉冲击力，往往会将消费者置于过于复杂的信息之中，不知所云。如此就违背了展示的本意，即借由样本迅速而准确地向消费者展示自己的品牌和产品，突显其与其他同类品牌和产品相比的优势，以帮助消费者迅速理解、认知产品的性能特点，做出决策。由于消费者接受商品信息过程十分短暂，当在短时间内无法获得正确信息，理解发生了困难，构成了消费者的负担时，反而会使其产生反感的情绪而拒绝购买该产品，或对此品牌留下不良的心理印象。

2. 简洁美观

商业展示设计要想让消费者记住，就必须通过简洁明了的文、图、形象体现商品鲜明的个性特点。一般来说，展览设计空间大，设计所涉及的点、线、面、体的韵律变化以及色彩的明暗处理，所组成的简单或复杂的空间都会对观众的视觉感受和情绪产生不同的刺激。展览设计在求新、求变、求异的同时，也需要设计人员善于掌握和运用形式美法则，注重设计的变化与统一，通过简单明了的设计满足观众的审美情趣，加深对展览活动的记忆。

3. 经济实用

需要昂贵成本的设计不一定是好设计，在展览设计中首要目的是以传递信息、提高参展者的知名度为前提的，展览设计的好坏不在于花钱多少，而在于能否反映出展品的优势和特征，能否体现参展者的形象和意图，能否吸引参展者的注意，用最低的花费达到最佳的展出效果。而且一般来说，展览活动的举办期一般较短，道具设计有其特殊的要求，重复利用率较低，故须考虑选材的合理及制作的简便，有时甚至可以向展览公司、设计公司租用。对于整体展示成本的控制不仅体现经济意识，也是对于展览设计师专业设计水平的要求。

4. 安全第一

大型的展览场合必然会有大流量的人群，也会出现拥挤的场面，所以安全成为展览设计师必须考虑的问题。比如，展位通道宽度要适当，铺装地面材料要平整，严禁携带危险品入场，使用电路不得随意排线，合理使用灯光和动态展示设施。展台、展架的设计必须符合结构力学原理，以防坍塌。展台、展架还应尽可能设计成若干个单元，便于安装，易于拆卸，方便搬运及运输。

（三）展位功能空间分区

在设计展位之前，首先，要了解展览活动的性质、目的、内容和要求；其次，要领悟参展者展出的形式、目的、内容和要求；再次，熟悉参展者的企业形象、展品情况；最后，掌握展位的面积、位置等情况。在此基础上，才能规划和设计展位。参展者的参展目的根据展会的性质各有不同，展台设计的构思针对需求也各不相同。

第一种以建立自身良好品牌形象为目的。树立良好的品牌形象对于产品的市场营销有着非同一般的作用，观众之所以偏爱某一产品，除了该产品本身的特色外，还取决于由宣传、消费心理等多种因素造就的产品品牌的影响。在展位设计中，应重点突出产品品牌形象，如商标、企业名称、产品名称等。设置醒目的品牌形象，是设计此类展位的主要手段。

第二种以推出新产品或服务，进行市场调研为目的。由于展会活动举办时间一般较短，而观众的数量多、信息量大，能汇集市场中几乎全部主要买方和卖方，因此可以充分全面地反映销售渠道状况，市场供求水平、客户情况等，试探市场对该产品或服务的反应。同时，利用这种方式还可以节省调研的时间和费用。在展位设计中，尽可能展示实物，考虑观众与展品的近距离接触，并实际操作、触摸、品尝等，安排企业营销人员、技术人员与观众交流的空间，以收集观众对新产品或服务的性能、质量、包装、价格等各方面的反馈信息。

第三种以贸易洽谈为目的。贸易洽谈是参展者最重要的目标。对于那些在市场上有一定知名度、产品已经成熟的企业来说，展位设计主要考虑贸易洽谈区域的布置，设计要温馨，位置要相对独立，以保证双方可以在安静的环境中洽谈。

根据以上参展商的不同需求，可以看出展位不仅是参展者展示产品的场所，也是接待观众、洽谈贸易等的场所。对于展览会的主办者和承办者来讲，应按照展会的主题、产品和服务的内容、行业、地区等因素精心策划和研究，全盘规划展位，一般有两种：

第一种是标准展位。除国内某些大型商品订货会仍采用面积较小的展位外，通常展览会的展位面积为9平方米，称为标准展台。展会主办者负责标准展台的搭建并提供展示所需要的基本设施，包括三面展墙、两个能固定在展墙上的射灯、一个展桌、两把椅子、地毯、220V5A三相电源插座等，还刻写楣板即标示参展公司的名称。

第二种是特装展位。该展位的面积超过4个或4个以上标准展位，办展者提供定光地面，让参展公司根据其产品特点、技术特点、市场定位、展览期间的活动安排等因素，做别出心裁的独特装修。办展者则尽可能地帮助参展商，提供布展所需要的各种现场服务。

它所包含的功能区域分为以下几类：

(1) 展示区域。展示区域用于放置展品、模型、宣传资料等。

(2) 表演演示区域。表演演示区域供观众观看展品，工作人员介绍产品、解答问题。其设计应考虑易进易出，便于走动，空间不能太小。

(3) 观赏区域。

(4) 登记与咨询区域。登记与咨询区域用于参展者记录观众情况、发放宣传资料、解答观众询问。最常见的形式是放一个架子，站着记录，或放一张台子，坐着记录。但是根据不同需求，登记与咨询区域的形式也各不相同。如果参展者希望记录所有观众的情况，其设计应考虑只设一个入口，并安排登记台；如果参展者只记录目标观众的情况，其设计可考虑比较开放的入口和比较靠后的登记台，由工作人员自己辨明、确认后再行登记；如果参展者希望发放大量的宣传资料，其设计可考虑在展位前部放置资料台或资料架；如果参展者只发放资料给目标观众，其设计可考虑放置一个对外不开放但工作人员可以方便取用的资料架。

(5) 接待和洽谈区域。接待和洽谈区域用于接待客户、洽谈生意。如果是简单的接待、询问，可以不用专门设计接待洽谈室；如果是长谈、深谈，则要考虑安排舒适、面积充足的空间，可设计成开放式或半封闭式，配备提供饮料和点心的设备。

(6) 储存区域。储存区域用于放置资料、接待品、展品、工具、衣物、公文包及工作人员个人用品。如果是大的展位，可考虑设计一个储存间；如果是小的展位，可以安排一个小的展柜，里面储存物品，上面放置展品。

(7) 休息区域。休息区域用于工作人员休息、餐饮。其设计应考虑封闭式，以免损坏参展者的形象、档次。

(四) 展具选择

展位设计和装潢需要采用某些展具。现在流行的展示用具主要有三大类：一次性使用展具、循环租用式展具及循环便携式展具。它们的特点分别是：

一次性使用展具一般由较有实力和较具创意的展览工程公司为客户量身订制，所选材料多为木制品，优点是可因地制宜，通过千变万化甚至超越想象、随心所欲的造型，来充分体现企业和产品的形象。但其不足之处是一旦成型就不易改变，而且单次使用价格较昂贵，又会因场地等因素不可多次使用。

循环租用式展具通常由于材料较贵，使用者并不会拥有器材的物权，而是向展览工程公司租用。其优点是结构坚固，器材耐用，通过钢制支架拼接造型，在三维视觉上丰富多变而且可随时更改，即使在同一次展会里亦可每日变样，不足之处是价格较高，不易携带。

循环便携式展具是使用最普遍的。这种展具一般采用可折叠的支架辅以喷涂精美的宣传图片，既有流畅的整体线条，又不拘于传统的三面围板式结构，能较突出地体现公司形象和传递产品信息。其优点是价格相宜，便于携带，用于布置3×3平方米标准展台，拆卸折叠后一人就可以搬运，十分适合长途运输。外观上，它还可以在结构允许范围内改变形状，也可以通过更新宣传图片以配合新产品，但其不足之处在于变化不及其他两种器材多样。总的来说，对国内一般厂家参展来说，较适合使用第三种便携式展示用具，只需不多的投入就可打破传统的形象宣传方式。

（五）展览展示空间设计元素及设计风格

展览环境中形形色色的展示空间设计都离不开设计师精心巧妙的构思与别出心裁的创意，而构成这些吸引参观者的展示设计最为基本的元素可以归结为：色彩、形态、照明和材质。

色彩在展示设计中起到了至关重要的作用，首先，作为展示空间主体的商品本身就有色彩。设计师根据自身所具备的色彩知识，合理选择颜色来达到突出商品的目的。色彩的对比和调节，展品与背景之间的对比反衬，可使展品在观众中获得良好的视觉效果。展览主题色、企业标志色、商标标准色的普遍应用，形成了各展示单位的标志色，起到了良好的指示性与诱导性作用。赏心悦目的色彩，统一和谐的色调，富有韵律感、节奏感的色彩组合序列，也能美化环境，让人感受到审美上的乐趣。

“绘画、雕塑，甚至包括建筑和园艺，只要是属于美术类的视觉艺术，最主要的一环就是图样的造型，因为造型能够以给人带来愉悦的形状（而不是通过在感觉上令人愉快的色彩的表现），去奠定趣味的基础。那种能使得轮廓线放射出色彩起的是刺激作用，它们可以使物体增添诱人的色泽，但并不能使物体成为经得住审美的对象。相反，在那些容许色彩刺激的场合，它们往往也是因为有了美丽的形状才变得华贵起来。”以上论述出现在康德的《评判力的批判》中，所以对于形与色而言，两者是一个有机的整体，相互补充、相辅相成。在展示设计中，形态美感的把握十分重要。

光给人带来光明与温暖，在展示空间中光的作用尤为重要，现代展示环境中没有灯光照明是无法想象的。展示空间中的照明不仅仅是为了照亮商品，运用得好的照明对确定整个展示空间的室内设计风格与特色，塑造展示主体的形象等方面都会起到一定的作用。现代展示空间设计中，照明设计已经成为非常重要的一个部分，同时各类照明灯具的发展也为展示设计的个性化发展提供了支持。

每一种材料都有自己独特的品质，不同的材料具有不同的性格、不同的肌理，只适合与之相应的商品。如果材料的运用符合所展示商品的特性，强化商品的个性，就可以引发顾客的相关联想。比如，石材的内在感受坚硬、粗糙、寒冷，适合表现一些粗犷的风格。而木材的内在感受温暖亲切实在，是人们最感亲切的素材，适合表现具有亲切感、温馨感的设计风格。

设计师运用色彩、形态、照明与材质这四种元素，根据展示商品的特性，通过自己的创意创造出各种不同的展示风格。

1. 自然淳朴风格

自然淳朴风格的商业空间展示设计追求天然与纯净的田园风情，力求通过表现自然的质感与色彩，来减少室内的人工气息，尊重材料的本来面目。此种风格往往被用来展示食品、布料等商品。常常选择看起来较软的木材、绿色的植物，带有自然气息的壁纸等具有柔美气质的材料。

2. 粗野豪放风格

粗野豪放风格的展示设计多以对比的手法，采用混凝土、暴露毛糙来衬托服装质地的柔软，或暗示越野车的粗犷，或渲染男装的豪迈气概，等等。在材质的选择上，多以粗糙的石头、冰凉的水泥、干枯的枝丫和斑驳的铜锈挂件等来表达粗犷豪迈的内涵。

3. 现代高技派风格

现代高技派在当今年轻人的眼里是“酷”的代名词，常被运用于以高科技产品为主要商品和以青少年为主要消费对象的展示。在设计中用裸露建筑空间（诸如管道、自动扶梯等构件）来表现结构美、工艺美、材料美，体现高科技美，同时新材料（如软膜）的运用也是现代高技派的另一特点。

4. 简洁的现代派风格

简洁的现代派风格以直线为主导，其设计不仅出现在店面的立面，还贯穿在室内的全部，在材料选用上以塑料、玻璃为主，力求营造一个纯净的空间形式。

5. 古典主义风格

古典主义风格多被一些具有悠久历史的商品展示空间所采用，以华丽的水晶灯、精美古朴的铁艺和典雅的柱石、光滑的大理石和温柔的皮毛来表现商品悠久的历史和尊贵的品质。例如，在某次展会上敦煌民乐厂的展台上，由于敦煌是一个著名民族乐器品牌，故在展台中十分强调它的传统元素，运用了云纹、书法、敦煌飞天等营造古典的展示环境。

（六）展览设计的发展趋势

展示最重要的目的不是仅仅将商品展示在人们面前，而是希望借由展示的过程使人们从发现与体验的过程中接受相关的信息，从而改变某种观念或态度，采取预期的相应行为。传导对象对商品信息的理解与吸收成为展示观念革新中最重大的方面。现代展览设计有以下几大发展趋势。

（1）在展览设计的总体格局上，大胆追求大空间、大跨度的空间布局，打破常规的封闭式格局。逐渐向开放式的空间格局发展，按照实际需要，灵活布置。取消部分隔断围板，改变洽谈区原有的封闭式格局，通过一些简易的隔断构成半开放，甚至完全敞开的空间。

（2）互动式的设计和高科技不断介入展示设计，比如大量采用声、光、电、数码影像等高新技术来招揽观众。此外，展览设计还可以通过各种精密的光学元件，将实物或者影像资料在自由空间成像，利用体视原理、交互感应等技术，配合声音，获得动态、逼真的三维视觉效果。

（3）展览设计注重生活化，现场化。展品实物，以及让观众手摸、耳听、品味、操作、体验等方式给观众以强烈的现场感，使观众由被动变为主动，由客体变为主体。

（4）展示设计的形式向动态化发展。动态展示指展示现场所进行的一系列的实地表演、实际操作、观众参与以及借助电动道具的展示活动。动态展示的方式在商业展示活动中逐渐受到大家的关注，如服装展示、汽车展示等。同时，动态展示也使展示过程生动化，使展示空间具有一种活力，如营造视觉冲击力、听觉感染力、触觉激活力、味觉和嗅觉刺激感，通过具有娱乐色彩的环境、气氛和商品陈列、促销活动吸引顾客注意力，增强对展品的记忆。动态展示方式比大众媒体广告更直接，更富有感受力，更容易刺激购买行为和消费行为。同时在展示空间运用网络、计算机等辅助道具，一方面可以使消费者获得更多的商品信息，另一方面能够利用科技让展示过程令人耳目一新。

案例分析

2010 年上海世博会场馆设计思路一览

1. 主题馆

上海世博会的主题馆分为永恒之城、活力之城、创新之城、生态之城和宜居之城板块。

这五个板块分别对应副主题中的文化、经济、科技、社区和城乡关系。但这种对应并不是绝对和排他的。上海世博会的五个副主题之间具有极为丰富的关联性。主题馆每一个板块在重点对应一个副主题时，也将涵盖该副主题与其他副主题之间的有机联系。

2. 世界博物博览馆

主题区除主题馆外的另一个重要展示场馆是世界博物博览馆，由现有旧厂房改建而成。在世博会期间，组织方将与世界各国知名的博物馆联手在馆内推出一个有关世博会历史的大型展览，旨在将其办成迄今为止规模最大、最为全面的有关世博会历史的展览。除此之外，在2010年世博会期间，组织者还将与世界各大城市的著名博物馆合作，定期在馆内推出世界著名博物馆藏品特别巡展。这将给世博会的参观者一个意外的收获——在参观世博会之余，他们也有机会一览世界著名博物馆的经典藏品。在世博会结束之后，该博览馆将会被永久保留，成为世界各地文化艺术精品上海巡展的场所。

3. “和谐城市”实验区

该实验区位于浦西的“互动体验区”内，具备户内和户外的展示设施。“和谐城市”实验区给了世界各地的城市政府一个独立展示的机会。这些城市将有机会在区内展示各自对“和谐城市”的设想和实施途径。

组织者将向一些城市的政府发出参展邀请，同时，其他感兴趣的城市也可以主动就参展联系组织者。潜在参展城市都需递交一份展示方案。具体合作事宜和方式将由组织者和各城市分别商定。

鉴于目前已有城市对此表示了浓厚的兴趣，组织者将会尽快与国际展览局一同拟定一份关于“和谐城市”实验区的参展条件和要求，以及与各城市的合作磋商机制。

4. 公众参与展示

在主题区的各个展示板块中都会考虑公众参与的元素。组织者也将开辟专门的公众展示区域，用于专门举行公众自办的展览。

5. 渗透式展示

除了在各展示区专门展示之外，园区内的硬件和软件也是体现主题、展示主题的途径。组织者将致力于通过园区内外交通，园内所用建筑材料，能源利用，废弃物处理，场地规划设计，园区绿化，园区历史建筑保护和再利用，濒水区设计等各个方面展示“和谐城市”的理念与实践。

情景思考

(1) 展示设计的原则有哪些？

(2) 展位的基本功能分区有哪些？

(3) 如何归纳现代展示设计的发展新趋势？

四、展会现场的接待与服务

任务引入

在一场展会中，短时间内聚集了大量的参展商和观众，他们为展会带来了大量的商品和信息，那么如何更好地服务于买卖双方，为他们搭建一个高效的交易平台，让他们满载而归？如何提高他们的参展满意度，为下次招展和招商做好准备？

（一）展会现场服务的分类

展会的成功举办，主要在于主办单位、参展商及专业观众价值链的有效传递。一般而言，展会现场服务主要分为以下几大类。

1. 参展商展台服务

参展商的展台服务是展览会的主办方、参展商及专业观众价值链有效传递中最重要的一个环节。展会的价值和展出的目的主要在展台工作阶段得以实现。现场的展台工作主要指展会开幕期间的展台接待、展品推销、贸易洽谈、情况记录、市场调研等，以及展会开幕前后的工作，包括展台施工、布置、宣传、行政和展台拆除、展品处理、致谢等。

2. 主办方展台服务

主办方的展台服务主要体现在为参展企业服务上，具体表现为应急事务的处理，展台施工协调，提供展览所在地的新闻媒体和广告公司情况，代为联系企业新闻发布会场地，联系当地或行业的主要领导者，展会后答谢会的安排和遗留商品的处理等问题，都属于主办方展台服务的内容。

3. 场馆展台服务

场馆的展台服务主要是指展会开始时展具的租赁、水电的供给、电话服务以及其他直接针对展览商及专业观众的服务，如提供小型会议间，提供茶水、咖啡服务，餐饮服务等。展前与组展方合作发布在展馆周围和展览场馆内部的广告销售服务通常也作为场馆展台服务的一项内容。

（二）展会入场管理

1. 展会预登记服务

展会登记是对与会者（参展商）入住酒店、安排住宿时提供的个人资料等的原始记载。当然，展会登记要求展会组织者配合酒店做好登记工作。

通常展会登记可分为两类：一是预先登记；二是现场登记。展会组织者一般鼓励并强调预先登记。预先登记是整个登记过程的一部分，能使展会组织者提前掌握出席会议、参加展览的人数和名单，也便于入住酒店安排客房和餐饮，展会提前登记减少了展会登记现场的拥挤。现场登记，即对少数因特殊原因未能预先登记人员，报到时在展会现场登记。展会登记是整个展会的开始部分，但给参加者的第一印象却非常重要，展会组织者必须特别重视与接待单位的协调沟通。

展会接待单位根据展会组织者的要求对与会者（参展商）预先登记，在客人到达前应做好以下安排：

（1）根据展会团体预订中提供的信息，在客人到达前安排客房，并将钥匙装进信封袋。

(2) 提前为团体或单位填写登记卡，客人到达时只需签字即可。

(3) 对团体收费。

(4) 如果由个人付款，所有账目、信息和客房单要齐备。

(5) 当团体成员到达时，可在大厅区域布置登记柜台，并应避开前台处，以减少拥挤。

(6) 有时展会组织者要求安排团体到达的细节，并提前代表成员将所有单据表格取走，在路途中由客人完成。

(7) 给每个客人独立的资料袋，里面装好表示欢迎的酒店卡、钥匙、收费说明、旅行城市地图。

(8) 接待人员协助服务员将行李安排到客人的房间中，要求一个团体安排在同一区域或同一楼层。

(9) 通知有关部门服务到位，包括保安部、餐厅客房服务等。

(10) 展会登记时，展会主要的组织者和负责人都应在场，迎接与会者（参展商）并提供各种帮助。

2. 展会现场注册登记

现场登记一般是由展会组织者安排专人来负责。现场登记人员需要注意的方面有：

(1) 要注意自己良好的工作态度，特别是表现在客人有问题来咨询时的反应。

(2) 提前做好解决问题的准备，以便可以轻松自如地应对客人各种专业性的问题。

(3) 不可在经济问题上掉以轻心，对涉及付费事宜（如通过银行汇款或邮件等），现场登记人员要做好相应的记录（附带汇票存根或复印件及信用卡号）。

(4) 仪容仪表上，要遵照既定的着装要求佩戴工作人员胸卡，职业化能得到客人的信任；随身尽量少带个人物品。

(5) 留心记住应急电话号码表上的所有信息，能充当活的路标箭头，准确地告诉与会者（参展商）如何找到房间号、会议室和洗手间，以便随时帮助客人。

(6) 出现紧急情况使你不能从事原定的工作时，毫无怨言地去做替换，并一直面带微笑愉快工作。

现场登记人员还应该注意一些工作忌讳：工作时间不得在登记处进行私人聊天；不要就前来注册的出席者、参展者或酒店做出不好的评论；不要在注册桌位上放食物或饮品；避免嚼口香糖、说俚语或开玩笑；不要对与会人员、参展者或演讲人做出消极回应；不要坐着同客人讲话，要起身面带微笑地迎接。

为避免遇到现场一般工作人员不能处理的事情，展会组织者还要安排现场协调员。

3. 网上注册

不管是提前报到还是现场报到，在现代通信技术下，越来越多的会展公司考虑采用网上报到方式。如果客人要提前报到，可以登录公司的网站，填写登记表，然后发送确认。如果是现场报到，也可以在登记处安置一些电脑终端，进行现场网上报到。

二维码是一种黑白相间的图形，能够记录数据符号信息，并通过电子扫描设备自动识读以实现信息自动处理。二维码可以存储大量的信息，包括文字、数字、图片、音频、视频等多种数据类型。通过扫描二维码，用户可以快速获取相关信息，例如名片、地图、Wi-Fi 密码、资料等。二维码可以包含网站地址信息，用户扫描二维码后可以直接跳转到对应的网站，例如微博、手机网站、电子商务平台等。在酒店管理中，二维码可以用于酒店的二维码宣传、二维码卫生管理、用户扫码预定、扫码支付、扫码入住，提高酒店的管理效率和用户体验。二维码可以用于手机电商，用户扫描商品二维码后可以直接在手机上进行购物下单……随着微信等社交平台的普及运用，二维码为会展活动网上注册提供了极大的便利。

网上报到有很多优点。第一，如果信息由与会者(参展商)自己输入，信息错误率会降低很多，信息的准确度可以得到保证。第二，由与会者(参展者)自己输入注册信息，可节约时间，节省人工成本。第三，付款信息可以立刻自动核实，账目很快转入企业账号，不仅加快了资金流动，而且不存在坏账之忧。除这三个优点外，网上报到也存在一定的弊端，比如存在信誉度问题。

从与会者(参展商)角度来说，如果能够在网上报到，还可以预订酒店、出租汽车以及航班。客人可以在报到的同时安排自己的计划和行程，不用在注册、住宿、飞机、租车时多次重复输入姓名及信用卡号，从而提升了客户满意度。

需要说明的是，并不是所有的与会者(参展者)都习惯或喜欢网上报到注册，在使用新的技术为大部分客户提供注册便利的同时也不可忽略其他传统的报到注册方式。如果是网上提前报到，最好设免费咨询电话。如果是现场报到，报到处电脑旁必须随时安排工作人员提供帮助。

如上所述，如果策划得当，网上报到方式的利远大于弊。随着科技的快速发展，网上报到方式将越来越流行。

(三) 布展管理

所谓布展，从参展商的角度看，是指参展商为准备展览而在展会开幕前对展位进行搭装、布置和将展品陈列在展位上的系列工作；从办展机构的角度看，是指协调和管理展会现场环境布置和对参展商的有关工作。布展时间的长短主要取决于展览题材及展品的复杂程度，车展和大型机械展往往需要一个星期的时间布展，而消费品展布展时间只需要 2 天。展会规模的大小对布展时间也有一定的影响，展会规模越大，其需要的布展时间往往越长；对于一般的展会而言，布展时间常常在 2～4 天。

根据国家对展会的管理规定，办展机构在组织布展前需要到几个部门办理有关手续，然后才能开始布展。这几个部门和手续分别是：工商报批、消防报批和备案、安全保卫报批和备案、海关报批和备案。另外，若展馆位于城市的中心地带，在有些城市还需要办理外地车辆进城证，以方便外地企业运送展品到展会现场布展。在布展前，还需要与展会指定承建商和展品运输代理充分协调和沟通，共同交流对展会现场环境布置和展位搭建的指导思想、意见和建议，及时解决展品运输过程中可能出现的各种问题，避免出现现场布展格调不统一或展品迟迟不到等不良现象，保证展会布展现场秩序井然、有条不紊。

布展正式开始后，办展机构要全面协调和管理布展工作，如确定展位、展馆地毯铺设、参展商报到和进场、展位搭建协调、现场施工管理和验收、海关现场办公、展位楣板的制作、安装和核对、现场安全保卫、消防和安全检查、现场清洁和布展垃圾的处理等。

(四) 展会现场管理

1. 开幕式

开幕式是展会正式开始的标志，也是主办单位向公众展示展会规模和实力的良好机会。展会开幕式涉及的层面较多，事务十分繁杂，因而必须高度重视、精心策划和部署。展会开幕式筹划组织的内容主要应包括以下几个方面：

(1) 主题

展会的开幕式应围绕一个鲜明的主题来展开,这个主题要与展会的定位一脉相承,为活动程序、领导发言稿和新闻通稿的撰写、表演活动等提供基调和依据。

(2) 时间和地点

开幕式的时间既不可过早,也不可过晚,通常都定在上午 9:00 左右。地点一般选择在展览场馆前的广场上,临时搭建舞台。时间和地点的选择应充分考虑当地的交通、气候及工作习惯等因素,开幕式尽量按原定时间举行,避免拖延时间过长。

(3) 开幕式程序

展会的开幕式既可以是主办单位自己策划组织,也可以承包给一家专业策划公司,但基本程序都是一致的。举办活动之前应及早筹划与确定,制定一个清晰简洁的开幕式程序是开幕式成功举办的重要保证。

(4) 出席的主要嘉宾

主办方一般会邀请行业主管部门的领导、行业协会的主管人员、外国驻华机构代表、专家及其他相关人士作为嘉宾出席开幕式。主办单位首先根据办展需要和开幕式安排仔细遴选嘉宾,提前沟通确认,邀请国外、境外人士前来参加活动至少于半年前发出邀请,并寄送相关说明资料。另外,接待、翻译、礼仪人员及嘉宾在台上的位置等事宜也应提前安排好。

主要领导的讲话稿和主办单位的新闻通稿是媒体及广大公众全面了解展会基本情况的重要材料,而且往往是新闻媒体报道的基调。其核心内容应包括展会的亮点、创新之处及其对整个行业发展的重要意义。

展览行业发展至今;展览公司之间尤其是同主题展览会之间的竞争越来越激烈,一个成功的开幕式不仅可以增强参展商和专业观众对展会的信心,还可以提高业界和大众对展会的关注程度,扩大展览会的影响,宣传品牌形象。因此,在展会开幕式上可以邀请一些名人出席,通过政府或行业 VIP 的影响力来提高展会本身在行业中的影响力;也可以举办一些与展会的主题紧密相关的演出活动来展现展会的人气和实力。展会的主办单位还可以在开幕式中适当制造一些轰动性的事件以吸引媒体的关注,宣传展会形象。

2. 专业观众注册

专业观众是展会重要的资源之一,办展机构一般对专业观众到会情况都极为重视,并安排专门的程序对到会的专业观众进行注册登记。为做好专业观众注册及其相关服务工作,展会一般要准备好展会参展指南、专业观众登记表、展会证件、门票、展会会刊等资料。

在进行观众登记注册时,可以将观众登记台和通道分为"持有邀请函观众登记台"和"无邀请函观众登记台",以减少现场工作量,提高工作效率;要有专人负责管理观众登记的现场服务事务,维持秩序;工作人员必须经过一定培训,准确录入观众信息,妥善保管填写好的观众登记表、邀请函和名片等资料。

在登记处附近,展会主办单位可以设置展览活动及论坛议程牌,方便观众预先了解展会的总体结构和主要活动安排。

3. 现场广告和新闻管理

(1) 现场广告管理

展会的主办机构可以通过展览快讯、展览会会刊、户外广告牌、气球、标语等来获得广告收入。尽管广告的载体不同,但广告政策必须明确、统一,对所有参展商一视同仁。如果有相应的优惠措施,应让所有的参展商都了解,而不应简单地根据参展企业的规模大小决定是否给予优惠。

(2) 新闻管理

在展览期间，展会应有意识地安排一些媒体参观和采访展会，以扩大宣传力度。另外，国内1万平方米以上的展会还会在现场设立新闻中心或新闻办公室，以便参观商和主办单位能及时发布各种信息。展会主办单位可以安排熟悉展会相关情况的新闻主管，负责统一发布展览会的官方信息，并接受媒体的采访。也可安排一些重要的公关活动，如邀请重要领导参观和视察展会、接待外国参展和参观代表团、接待行业协会和商会的考察、接待外国驻华机构代表的访问等。这些公关和接待活动对扩大展会影响、树立展会良好形象具有重要作用。

4. 对参展商的现场联络和服务

展出期间，所有的参展商都亲临展会，办展机构一般都会抓住这一机遇，亲自到各参展商的展位拜访参展商，或者邀请参展商座谈，与他们联络感情，了解他们的需求，征求他们对展会的意见和改进建议，及时为他们提供所需要的各种服务。

5. 展会相关活动的协调管理

对于展览期间举办的会议、比赛、表演和其他相关活动，展会要积极安排和协调。展览会不仅是一种展示促销的经贸活动，同时也是商务旅游的重要组成部分和旅游活动的重要形式，参展商和观展者不仅需要展览会的内部服务，也需要会外的食、住、行、游、娱、购等服务，主办者能否加强同旅游饭店、交通运输部门、旅行社和文化娱乐部门的联系，为参展商和观展商提供良好的综合服务或灵活的单项服务，也是衡量展览会服务质量高低和成功与否的标准之一。

6. 现场安全保卫工作

重点是消防安全防护和公众秩序维护。要提高警惕，防止可疑人员进入展会，防止展会物品被窃、被破坏，防止观众失窃。还要指导和协助参展商处理一些安全保卫方面的工作，防止展品丢失和被盗，这和布展时一样，展览期间展会也只负责提供一般的保护工作。

7. 知识产权保护工作

展会往往会邀请有关知识产权保护部门在展会现场设立专门的“知识产权保护办公室”，负责处理参展商有关知识产权方面的侵权事件。

8. 现场清洁

展会一般只负责展场公共区域（如通道等）的清洁卫生工作，开展时间内要派员随时收集观众和工作人员遗弃的垃圾，每天闭馆后要派出相关人员清洁和打扫公共区域；展会一般不负责各展位里面的清洁卫生工作，这些区域的清洁卫生工作由各参展商自己负责。

9. 有关信息的搜集与整理

展会展览期间，各种信息汇聚，展会要抓住这一时机搜集有关信息，如对参展商和观众进行问卷调查，了解他们对展会各方面的看法和意见等。展览期间搜集的信息是宝贵的资源，是改进今后办展策略的重要参考资料，展会要认真分析、整理和保存。

10. 突发事件管理

展会举办的地方通常是人、财、物高度聚集的地方，因此展会的主办人员必须时时做好应对突发事件的准备，以避免人员伤亡和财产损失，避免对展会产生不良影响。

展会举办过程中可能发生的突发事件主要有火灾、人员伤害等可预见的突发事件，以及地震和恐怖袭击等不可预见的突发事件。虽然应对不同突发事件的做法各不相同，但基本的原则是一样的，应当防患于未然，在事件发生之前就做好防范措施。主办单位可以成立紧急应急行动小组，根据所使用展馆的特点制定应对紧急突发事件预案，其中包括人员疏散撤离方案等。

（五）撤展管理

当按计划的天数展出完毕以后，展会就要准备闭幕。展会闭幕标志着本届展会正式结束，然而，并不意味着展会现场工作就此结束。展会闭幕后，展会的撤展工作还需要办展机构大力介入和做好必要的管理，善始善终。

展会的撤展工作主要包括展位的拆除、参展商租用展具的退还、参展商展品的处理和回运、展场的清洁和撤展安全保卫等。

1. 展位的拆除

展览完毕后，各参展商的展位要安全拆除，让展览场地恢复原貌，如果参展商使用的是标准展位或者委托施工的展位，展位的拆除工作一般由承建商负责；如果参展商使用的展位是自己施工搭建的，展位的拆除工作就要由参展商负责。展位的拆除工作有时比布展时更为复杂，也更为危险。展会要监督各参展商或承建商按规定的程序拆除展位，避免发生事故。

2. 参展商租用展具的退还

展览完毕，各参展商临时租用的展具要及时退还展馆服务部门或者各承建商。如果参展商在退还展具时与展馆服务部门或承建商之间出现纠纷，展会可以从中协调。

3. 参展商展品的处理和回运

展览结束后，参展商的展品有四种处理办法：出售、赠送、销毁和回运。不管是哪一种处理办法，参展商都要提前做好计划和准备。例如，有些展会不许现场出售展品，这时参展商就不能在展览结束后将展品卖给观众。展览结束后，参展商可以将展品赠送给客户、当地代理商或其他有关人员。如果某些展品不便赠送或者参展商不愿出售和赠送，往往就地销毁；对于一些价值较大又无法现场售出的展品，参展商往往要将其运回去。

4. 展品出馆控制

为了保证所有出馆人员带出展馆的展品是他自己的物品，在展会展览期间及展会结束后，展会要查验所有的出馆展品后才给予放行。展会给出馆展品实行“放行条”控制，需要出馆的展品，相应的参展商要向展会申请“放行条”，展会在查验展品与“放行条”一致时才准许其出馆。

5. 与场地部门结算工作

办展机构要派出专门人员与展馆场地部门核对展会租用面积、参展类别和各种服务收费，准备相关资料和数据，为展会闭幕后与场地部门结算做准备。

6. 与有关方面商谈下一届展会的合作与代理事宜

展览期间，展会的各合作单位和招展、招商代理一般都会亲临展会，办展机构这时需要与他们商谈下一届展会的合作与代理招展、招商等事宜，为下一届展会提前做准备。

在国外，展会闭幕之前提前撤展也是不允许的，而在国内，一些参展商为了避过交通高峰期，提前撤展已经成了一种惯例。所以主办方应该在一开始就与参展商协调沟通好，不允许提前撤展，以免对整个展会的品牌形象造成不利的影响。

对布展和撤展，最重要的是要控制时间，进行时间管理，为此，主办方首先要将布展和撤展的确切起止时间准确地通知参展商，让参展商理解布展和撤展时间限制的不可变更性；其次，要加强现场管理，维持好现场的交通秩序，设法提高工作效率。

情景思考

> 展会现场管理包括哪些具体内容？

五、会展评估

会展活动都是有目标的，不会无缘无故地举行。会展评估能检验会展活动是否实现了组织方的目标，是否满足了各个利益相关方的需求，进而确定会展活动的价值。它也让我们在总结经验的过程中思考业已出现的问题，以后怎么解决、如何改进。所以，会展评估是做好下一次会展项目、实现会展业高质量发展和可持续发展并逐步形成会展品牌的一项基本功，它就像汽车的方向盘一样，通过评估结果的反馈，调整着整个管理系统下一步的方向。

会展评估的目的和好处有很多，除了确定会展项目是否值得、发现其过程中的优缺点以外，还能收集营销资料、找到收获最大的参会者、比较成本收益，等等。

会展评估的办法有很多种，但多数因太理论化、太抽象而操作性不强。现在国际上用得比较多的是菲利普斯(Phillips)的六级评估模型，这个模型在理论和实操上取得了比较好的平衡。20 世纪 70 年代，菲利普斯开始研究培训会议的效果评估和投资回报率，80 年代在实践应用中进行了改进，形成了六级评估模型，并在 90 年代向全球推广。到 2006 年的时候，全球已有 2 000 多家机构使用他的模型评估会议、展览和各种活动的效果。比如，第四级是应用层面，包括知识技能在工作和生活中的应用、有没有和新认识的客户联系、有没有进一步跟踪新线索，以及促进应用的有利因素和遇到的困难等；第五级是效果层面，是指应用之后给组织带来的效果，包括产品销量的增加、质量效率的提升、成本的节省、耗时的减少等；第六级是投资回报率，是指会展活动带给各个利益相关方的回报，既然各方都为会展项目投入了时间、精力或资金，那么回报率怎么样？菲利普斯通过孤立和单独考虑会展效果的因果关系，借助统计学方法定量分析，计算出投资回报率。

会展项目评估的基本步骤如下：

(1) 确定利益相关方及各方对数据的要求。

(2) 确定要收集哪些数据。

(3) 确定数据源和样本量。

(4) 确定数据采集办法和采集时间。

(5) 确定数据采集人员和数据分析人员。

(6) 分析数据并形成效果评估及建议的文字报告。

(7) 向各利益相关方有针对性地分别反馈。

会展效果评估不是在项目结束后才做，是从做项目需求调查时开始的，它贯穿于会展策划和运营的整个过程中，并延续到项目结束以后。做需求调查的过程中，目标会变得逐渐清晰，这时就要根据目标结合六级评估模型确定效果评估的级别，这是评估计划的开始。评估计划中应仔细考虑评估过程中每个阶段的工作及其实施办法，比如项目前的数据前测、项目后的数据后测，因为有些数据(如效果层面的数据)，是在会展活动结束一段时间后才显现出来。在项目前、项目的过程中及结束后的一段限定的时间内，要按评估计划收集各方各级数据、完成数据分析和形成评估报告，来判断一个会展项目到底是否实现了预定目标。评估结果不只是本次会展活动的总结，更是下一次活动的指导。

数据采集办法受到具体会展项目，投入时间、人力、精力、财力等条件的限制，需要在做评估计划时仔细考虑，而不是在项目结束时才着手谋划。数据采集办法包括问卷调查法、访谈法、焦点组座谈法、观察法等，其中最常用的是问卷调查法，焦点组座谈法也很常用，信效度较高。问卷通常由封闭式问题和开放式问题组成，对于封闭式问题只能在标准答案中选择，而对于开放式问题则可以自由回答。问卷中问题的设问水平与问卷的效度有关，匿名填写有利于获得真实数据，对信度有好处。

六、我国展览业现状分析

案例分析

中国(广饶)国际橡胶轮胎暨汽车配件展览会

由中国贸促会、山东省人民政府主办的第十届中国(广饶)国际橡胶轮胎暨汽车配件展览会，以“创新驱动、合作共赢”为主题，围绕新旧动能转换和轮胎、汽配产业创新以及绿色、共享发展理念，积极搭建招商引资和服务产业发展新平台，服务产业转型升级，全面提升展览会国际化、专业化水平，培育国际品牌展会。

中国(广饶)国际橡胶轮胎汽配展历经十年的发展，已逐步发展成为国内规模最大、国际一流的专业性展会。一是展览会规模不断扩大，展览面积由首届1.2万平方米增加至4.8万平方米；参展企业由179家增加至705家，参展企业层次不断提升，有米其林、佳通、固特异、中策等54家全球轮胎75强及世界500强企业到会参展。展品种类不断丰富，主要展出轮胎制品、轮毂制品、汽车保养维修设备、橡胶轮胎机械设备、橡胶原辅材料、汽车配件等七大类展品。

二是国际化、专业化水平进一步提高。自2010年办展以来，展览会始终坚持专业化、国际化、品牌化和信息化方向，经过十年培育与发展，领跑国内同类展会，成长为全球第二大轮胎专业展会，连续6年被中国会展经济研究会等权威机构授予“中国十佳品牌会展项目”，在山东省首批品牌展会中位列第一位，是国内首家通过国际展览协会(UFI)认证的橡胶轮胎专业展会。本届展会有来自德国、英国、美国、泰国等国家和地区的120余家境外企业参展。到会专业观众达10万余人次，其中有来自美国、俄罗斯、迪拜、加拿大等100多个国家和地区的1 600余名专业采购商到会参展，到会采购商实现九连增。

本届展会活动丰富多彩，举办了5·15中国(广饶)国际轮胎日论坛、中国(东营)—东盟轮胎汽配产业投资峰会暨“孙武故里·投资广饶”双招双引推介会、2019中国(广饶)国际橡胶轮胎技术发展大会暨首届工业科学技术论坛、第四届东营·橡胶轮胎暨汽配产业高端人才洽谈会、ITC企业国际化经营能力提升—橡胶轮胎主题高级研修班等15场高规格同期会议活动，活动内容涵盖了人才洽谈、行业标准、国际贸易、行业论坛、投资推介等多个领域，均取得显著成效。其中，5·15中国(广饶)国际轮胎日论坛现场发布《中国轮胎品牌海外竞争力蓝皮书》，中外贵宾共同见证5月15日——中国(广饶)国际轮胎日的诞生，行业内权威专家做了主题演讲并进行高端对话，努力打造世界轮胎会议的风向标。

展会期间洽谈交易活跃，洽谈成果丰硕，据初步统计，15、16日两天达成贸易意向、协议、合同额突破200亿元。

来源：山东省人民政府官网。

我国展览业总的发展趋势是起步晚、势头猛，但目前在国际上还处于落后地位。落后虽然不好，却具有后发优势。就是说，只要我们理智地看到差距，虚心借鉴发达国家的先进经验，主动避免他们所走过的弯路，就可获得跨越式的超速发展。当前，我们可以从意识观念、领导体制、市场机制、法治建设、人才培训、行业管理、品牌建树等方面来寻求突破。

1. 增强意识，转变观念

由于对展览业、会展业、旅游业缺乏全面的理解和正确的认识，尤其是不了解新兴会展业的全部产业架构和运作模式，不了解展览业的行业内容与发展特点，不了解会展业与旅游业的关系，不少领导干部和从业人员一直认为展览会和交易会就是会展业，错把展会当成了会展。某些地方成立的会展行业协会，充其量也就是展览业协会，行业管理尚未覆盖到会展业的全部，即会议业、展销业、博览业、奖励旅游、节事活动。有的政府领导和展览业从业人员只看到展览会是一种贸易促销和招商引资活动，而没有认识到举办展览会(尤其是国际展览会)必然涉及食、住、行、游、娱、购的旅游六大要素，也没有认识到各种会展活动就是商务旅游的重要组成部分和旅游活动的重要形式，以及这些活动的参加者就是旅游业的重要客源市场，从而片面地认为会展业是外经贸部门的事，与旅游管理部门没有关系；也有人不了解旅游业与会展业的交融性、旅游业与会展业的结合以及“展中有会、会中有展”的趋势，而把会议与展览会分割管理。

诸如此类的片面认识和落后观念在我国一些地方仍然存在，故而许多地方的政府还没有成立统一的会展管理部门，会展业也还处于盲目开发的无序状态。

会展业是后工业时代才出现的一大新兴行业，涵盖会议业、展销业、博览业、奖励旅游、节事活动等，其本质功能是什么？关于这个问题的答案，人们多倾向于想当然，以为是传播信息、交流知识。这是片面而且肤浅的看法！广播、电视、报刊、网页等媒体也是传播信息、交流知识的，人们为什么不是只坐在家里听广播、看电视、读报刊、上网冲浪，而要千里迢迢赶赴展会？就是因为可以获得亲身体验。这就是说，会展业是体验经济。旅游业也是体验经济，但多为个体活动或个体临时拼凑的团体旅游，而会展业的体验主体从五湖四海聚拢而来，是群体性的；其所体验的客体，是人类经济或文化之某一领域的精华荟萃，也是群体性的。所以，会展业的本质是群体性的体验经济。它比旅游业更具规模经济效应，其本身就能创造出巨量的经济效益。会展业除了给旅游业带来大批量的客源之外，还能加速商品流通、推动资本流动、普及科技知识、繁荣文化交流，有着不可估量的社会效益。会展业还是世界各民族友好交往的最佳平台，对于增进各国各地区的相互了解，弥合分歧，消除矛盾，争取世界持久和平，促进人类进步和谐，有着不可或缺的政治意义。我们应当扩大眼界，高瞻远瞩，提高认识，转变观念，对会展业予以高度重视，大力发展，迎头赶上世界先进水平。

2. 理顺领导体制

世界各国政府十分重视对展览业的管理，几乎所有发达国家都设有单一的国家级展览管理机构，如德国的 AUMA(德国展览委员会)、法国的 CEFM-ACTIM(法国海外展览委员会技术、工业和经济合作署)；意大利、西班牙、日本等国则把展览管理机构设在国家的贸易促进机构，如 ICE(意大利对外贸易协会)、ICEX(西班牙外贸协会)、JETERO(日本贸易振兴会)等，这些展览管理机构的职责可能会有差异，但它们的共同特点是唯一性、全国性和权威性。在这些国家里还看不到有能与这些机构平起平坐、职能类同的其他机构。

1991 年中国展览馆协会成立，业务范围为“专业交流、业务培训、展览展示、书刊编辑、国际合作、咨询服务”。2006 年商务部下设了中国会展经济研究会，主营“信息交流、展览展示、国际合作、咨询服务”。中国香港于2006年成立中国会展行业协会有限公司，但已于2011年解散。在企查查上搜索企业名含“会展行业协会”，结果多达80家，其中哈尔滨会展行业协会早在1999年成立，主营“行业自律、行业调查、交流合作、行业培训、咨询服务、展览与展会、搭建网络平台、编辑内刊、接受相关部门委托工作”。搜索展览协会多达205家，其中深圳市会议展览业协会成立于1989年，主营“行业协调、咨询服务”。杭州市会议与奖励旅游业协会成立于2011年，海南省会奖旅游与展览行业协会成立于2016年。长春市旅游协会成立于1998年，主营“组织人员交流与合作及旅游节事活动，组织安排各类培训，受理导游人员各类资格考试，组织开展行业评比、赛事活动，旅游项目调研、策划、设计和评估业务，组织、接待各种会议，提供信息咨询服务。承办相关社会组织授权或委托办理相关事宜。承接政府部门委托的相关事宜”。

世界各国政府都清楚地明白各种规模和档次的展示会、交易会和博览会都是商务旅游中的重要组成部分，故而对展览业的管理还有一种模式：将包括博览会在内的会展业务纳入旅游业的管理体制下，由旅游部门领导协调，组织宣传，统一促销，参与管理，例如，会展业高度发达的新加坡，其展览业最主要的管理机构是贸易发展局（STDB），它从发展国际贸易、提升新加坡区域中心地位等宏观的角度，制订了一整套扶持、服务、规范、协调和发展的计划。而与此同时，新加坡旅游促进局属下的新加坡会议局（SCB）也参与部分管理工作，当然会议局侧重于国际会议，但对展览会的管理，会议局相比较而言就更加微观，更多地具体着眼于通过国际会议和展览会促进旅游，参与一些重大国际活动的整体策划、包装、宣传以及为参展商、海外观众和代表提供服务。在新加坡，举办国际展览和会议须申请“公共及娱乐活动准证”和“专业人员签证备案”，而后者就必须向新加坡旅游局属下的新加坡会议局申办。另一个参与展览业管理与服务的机构是新加坡会议展览协会（SACEDS），新加坡贸发局、旅游促进局、会议局都派代表参加SACEDS的执行委员会。

在中国香港地区，旅游发展局下设的香港会议局专门负责促进香港的会展活动。在欧美许多国家干脆就将旅游局称为“旅游与会议局”或者“会议观光局”。

还有，在国外，会展管理的高等教育和科研工作，一般都在著名的旅游高等院校内进行，如美国内华达大学饭店管理学院旅游与会议管理系，就以培养高级会展管理人才而著名。

再如，太平洋旅游协会（PATA）下设亚洲太平洋地区展览会及会议联合会（APECC）和亚洲会议旅游局协会（AACVB）；日本国家旅游机构国际观光振兴会（JNTO）为官方指定的负责MICE业务的机构，韩国观光公社（KNTO）下设会议司。

以上所述表明会展业具有强烈的旅游属性。而我们一些领导干部和从业人员，因为对旅游业，尤其是对商务旅游及国际会展业缺乏学习和了解，以致认识不清，观念陈旧，就自然而然地把旅游部门排除在展览业的管理体制之外，形成了一些地区展览业领导体制不顺、不正常、不健全的局面。

要使我国展览业乃至会展业获得跨越式发展，当务之急就是理顺领导管理体制。

3. 加快市场化进程，减少政府干预，培育市场主体和市场机制

近年来，国内展会组展主体呈现多元化趋势。目前，政府机构主要承担政府主导的各种重大经贸洽谈展会和综合性展会，“十四五”规划纲要中对会展业的发展明确提出以“推动生产性服务业融合化发展”、“深化服务领域改革开放”、“促进国内国际双循环”、“推动进出口协同发展”为主的发展方向。2022年9月，国务院审议通过的《支持外贸稳定发展若干政策措施》首次明确外贸发展资金支持境外自办展。

行业协会主导或主办了许多有影响的专业性会展。少数国有企业也组织经营性会展业务。民营企业逐渐介入会展业，经营范围涉及会展业务的民营企业在北京、上海、广州等地超过千家。外资企业通过与国内单位结成合作伙伴，开展海外和国内招展，据统计目前国内举办的国际专业展中，约40%有境外公司参与。

我国会展行业市场化程度加深，具体体现在政府展会项目外包、行业中介组织建设和行业标准建设三个方面取得的突破。目前政府展会项目正积极实施服务外包，例如进博会、武汉光博会、亚欧博览会、绵阳科博会、贵州数博会、物博会、沈阳制博会等一批政府展会项目。

4. 加强场馆建设和管理，提高场馆的利用率和国际化水平

目前全国场馆主要有以下商业模式：

(1) 场馆建设及物业增值盈利模式

场馆本身是会展经济的基础。从场馆建设角度出发，会展经济最重要的盈利模式是通过周边土地的升值实现投资回报。涉及场馆的建设和经营，通常有两种模式，第一种模式是政府统一建设和经营。政府投资有利于实现公益性和商业性的结合。第二种模式以土地换展馆。政府划拨土地，由相关公司建设展馆，并可配套建设酒店、公寓、写字楼。展馆所有权归属政府，但政府不收使用费，展馆依靠自身运营实现良性循环。

(2) 场馆租赁盈利模式

场馆租赁盈利模式是展览场馆所有者通过合同形式将经营场地出租，并从中收取一定租金的盈利方式。所有权与经营权在一定程度上分离，承租人按合同规定交付租金和维护资产外，享有较大的经营自主权，能够不受行政干预地安排和组织场馆的人、财、物。目前，场馆租赁是自有展馆的基地展览机构主要利润来源之一。

(3) 产业链增值服务盈利模式

展览机构通过向上下游客户即展会组织者和参展商、采购商等提供增值服务获取盈利。

(4) 自办展览盈利模式

展览机构自办展览集场馆优势、服务优势、本土产业优势为一体，可有效拓宽盈利渠道。目前，国际基地型展览巨头，自办展均占绝对份额，曾有调研数据显示：科隆展览公司展馆95%是自办展，法兰克福展览公司展馆自办展占70%；从经营收入来看，汉堡展览公司70%来自自办展、15%来自客展、另有15%来自会议；意大利米兰展览公司自办展和客展各占50%。

拓展自办展盈利模式，基地展览机构可利用自身资金和资源优势，以兼并、收购、合作等模式在外地或国外举办自办展、合办展；对于成熟的自主品牌大展，可通过服务、展期、展馆位置优先倾斜等措施，扶持其发展成为超大型的世界级品牌展；对于产业布局上有后发优势的题材、高新技术、创新型题材，要抢占展览题材，创办新展，并实行场租优惠等扶持策略。

(5) 展会电子商务盈利模式

展会网站定位于为会展所有活动与企业提供各种营销服务。展会电子商务拓展展会宣传、招商、招展渠道，实现实体展会和网络展会的有效互动；优化展会管理、提高效率、降低成本，并能延伸展会服务和功能，提供高附加值的捆绑式、一站式服务，有效锁定目标客户。展会电子商务业务如能运作上市，将是会展企业的重要新利润来源。

(6) 展览会议论坛模式

有机构针对"广交会区域经济影响研究项目"调查数据显示，每届广交会参展商在广州举办会议、产品推介会等相关活动的费用总计为1.88亿元，两届合计约3.8亿元，市场容量非常诱人。开拓"展会论坛"及系列会议的主、承办业务将带来丰厚利润。

(7) 展览场馆和展览公司的资本运作盈利模式

展览场馆具有投入大、周期长、风险大的特点，仅仅靠国家拨款和企业自身积累，不符合收益与风险对等原则，展览场馆可利用资本市场，通过直接投资、发行股票、发行债券、银行借款和租赁等方式，实现展馆资本的保值、增值，增强展馆的盈利能力。

5. 鼓励会展企业做大做强，形成规模效应和竞争优势

国际展览会联盟(UFI)规定：凡是国外参展商的参展总面积占展览会总面积的20%，观展观众中的20%来自国外，展会收入20%用于广告宣传、招徕参展商和观众的展览会，就都可向国际展览会联盟(UFI)申请认证，取得UFI认证的展会具有知名度和高社会效益，堪称品牌展览会。目前我国获得国际博览会联盟(UFI)认证的展会已达253个。目前中国内地会展服务行业内有3家上市公司，总市值为134.37亿元。分别为：

(1) 米奥会展(300795.SZ)

浙江米奥兰特商务会展股份有限公司以境外会展的策划、组织、推广及运营服务为主营业务，提供全球的数字化展览自主服务平台和RCEP市场的展览营销方案。其主要产品和服务包括代理展、自办展、数字展及其他。米奥会展旗下的Homelife与Machinex两大品牌，经过十余年的发展，已经成为“一带一路”国家采购中国商品的重要B2B平台。公司数字化创新服务模式“网展贸”在2020年被国务院服务贸易发展部际联席会议办公室授予服务贸易创新发展试点“最佳实践案例”之首例。该模式目前已经形成了“网展贸Pro”、“网展贸Max”、“网展贸Meta”、“网展贸建站通”等产品，组成了公司独特的外贸数字化服务矩阵。2021年9月3日，由米奥兰特支持成立的杭州新丝路数字外贸研究院提交的杭州市数字外贸平台服务入选了2021年中国服贸会创新业态服务示范实践案例。

(2) 兰生股份(600826.SH)

东浩兰生会展集团股份有限公司主要从事展览组织、展馆运营、会议活动赛事及会展服务。公司经营范围包括展览、传播、会议论坛、节事活动等策划组织、会展场馆管理、展览运输、广告搭建等服务。凭借丰富的组展办会经验和资源优势，兰生股份主办和承办了诸多重要展会，包括中国国际工业博览会、上海国际广告印刷包装纸业展览会、上海国际绿色建筑建材博览会、上海国际照明展览会等4个国际博览会联盟(UFI)认证展会。此外，公司还主办中国(上海)国际技术进出口交易会、中国华东进出口商品交易会、中国自主品牌博览会、上海(国际)赛事文化及体育用品博览会、上海国际广告节等知名品牌项目。

(3) 锋尚文化(300860.SZ)

锋尚文化集团股份有限公司以创意设计为核心，业务涵盖大型文化演艺活动、文化旅游演艺、景观艺术照明及演绎、虚拟演艺产品等多个领域的创意、设计及制作服务。锋尚文化因其出色的创意设计，荣获了诸多荣誉，如庆祝中华人民共和国成立70周年联欢活动荣誉证书、亚洲文化嘉年华荣誉证书、第二届全国青年运动会开闭幕式荣誉证书等。

这三家企业在中国会展服务行业中占据了重要地位，展现了各自在境外会展策划、展览组织以及文化演艺活动创意设计等领域的突出能力和市场竞争力。国际化和品牌化是未来发展的重要方向。随着中国经济的持续开放和“一带一路”倡议的深入推进，中国会展服务行业将更加积极地参与国际市场竞争，提升自身的国际影响力。企业需要不断提升服务质量，打造具有国际竞争力的品牌，吸引更多的国际展商和观众。同时，企业还应积极参与国际展览组织，提升在全球会展业中的话语权。

此外，绿色会展和可持续发展将成为行业的重要趋势。随着全球环保意识的增强，会展服务行业需要在展会组织中更多地考虑环保和可持续发展。例如，减少一次性物品的使用，推广绿色展会认证采用环保材料和节能设备等。绿色会展不仅符合全球可持续发展的潮流，也有助于提升企业的社会形象和品牌价值。

6. 加强法律法规建设，完善行业自律机制，规范市场秩序

中国会展服务行业近年来发展迅速，成为经济增长和产业升级的重要推动力。然而，随着行业规模的扩大和市场竞争的加剧，行业内也面临诸多风险，比如重大恶性产品服务安全事件；政策恶化、政策利空、取消补贴、征收更高税收和更严监管；行业恶化、新技术和行业替代；宏观环境恶化，金融市场暴跌；对应商品价格大跌；自然灾害、战争和不可控事件发生等。这些市场风险和财务风险加大了会展企业生存和发展的不确定性，迫切需要国家出台法律法规或者完善行业自律进行规避或者防范。

上海市“十三五”规划明确提出上海要建设“国际会展之都 ”，上海的会展数量、场馆面积等逐步跻身世界前列，但在上海市会展业快速发展的同时，面临的挑战和问题依然明显。上海2017年起将制定《上海市会展业条例》作为立法预备项目，2019年作为立法正式项目。

作为全国首个会展业地方性法规，条例围绕上海市委、市政府“建设国际会展之都”的要求，坚持发展导向、问题导向，将固化提升成功举办进博会的成熟经验和创新突破相结合，对本市会展业优化营商环境、赋能行业发展、加强服务保障、办好进博会等方面进行了科学规范设计。条例如此定义会展活动：“举办单位通过招展方式，在特定场所和一定期限内，进行物品、技术、服务等展示，或者以举办与展示主题相关的会议形式，为参与者提供推介、洽谈、交流等服务的商务性活动，但以现场零售为主的展销活动除外。”条例提出，在政务服务“一网通办”平台建立会展统一服务窗口；设立“本市支持境外机构在特定会展场馆独立举办对外经济技术展会”等条款，体现进一步扩大开放的态度；提出优化展品通关手续和提高通关便利化水平；针对“傍展”“展虫”等扰乱市场秩序的行为，也作出了相关规定，进一步规范会展主体行为等。

为促进上海会展业国际化发展，条例设计了一系列制度，以吸引更多境内外会展企业落户上海，鼓励境内外举办单位、场馆单位和会展服务单位在上海市设立总部，并在通关流程、人才引进、资金结算、投资便利、人员出入境等方面按照规定给予支持。条例还规定，本市要建立国际会展活动引进和申办联动机制。商务、文化旅游等部门和会展行业组织应当加强国际交流合作，积极引进国际知名会展行业组织和国际知名会展活动。同时，条例鼓励举办单位、场馆单位和会展服务单位运用现代信息技术，开展服务与管理创新，促进网上会展等新兴业态发展；积极发展绿色会展，完善绿色会展相关标准，鼓励采用绿色原材料、应用低碳环保技术。

在各发达国家，民间行业协会对形成行业自律机制、规范展览市场、保证展览业健康快速发展，起着至关重要的作用。国外会展行业协会的功能主要包括：制定规章制度并监督执行，检查评估行业协会成员经营发展状况并为政府审批认证提供依据，搜集展览业发展所需的信息，交流技术并培训人员，以及解决内外矛盾纠纷并制裁行业违规人员，还作为行业的发言人向政府、议会、社会公众发布信息、申明主张、推动有关的法治建设。

7. 加大数字化和智能化投入，培养数字化人才，推动技术创新和应用

2020年4月，商务部发布了《关于创新展会服务式 · 培育展览业发展新功能有关工作的通知》，指导展览企业充分利用国家惠企政策举措，探索和实施数字展览经济，推动行业向线上线下融合的展会模式转变。

2021年6月，商务部发布了《“十四五”商务发展规划》，进一步明确了会展行业的发展方向，强调要完善会展业协调机制，推动线上线下融合的展会模式，提出提升贸易平台，打造高水平、专业性、市场化品牌展会。这一规划为会展行业在未来五年的发展提供了政策支持和战略指导,促进了行业的持续健康发展。

2021 年 7 月,《国务院办公厅关于加快发展外贸新业态新模式的意见》中指出大力发展数字展会,建立线上线下融合营销体系。

2022 年 1 月,《"十四五"数字经济发展规划》提出加快推动文化教育、医疗健康、会展旅游等领域公共服务资源数字化供给和网络化服务。

当下,伴随着互联网的发展,出现了全程媒体、全息媒体、全员媒体、全效媒体,信息无处不在……全媒体时代成为大趋势。企业和市场发展必须紧跟时代,大胆运用新技术、新机制、新模式,加快融合发展步伐,实现会展效果的最大化和最优化。随着国家数字战略的逐步实施,数字化人才缺口明显,需要政府和企业加大数字化和智能化投入,推动技术创新和应用。

情景思考

如何评价、分析我国展览业发展现状?

知识归纳

1. 展览业是现代经济的助推器,在现代经济发展中起着不可替代的重要作用。展览业的发展形势具有国际化、规模化、专业化、科技化等特点。

2. 展览会的主办机构需承担展览会的民事责任,可以是政府部门、行业协会和专业学会与商会、专业性展览公司、大型企业、会展中心。承办者负责和承担展览会的组织招展、服务、公关、广告宣传的具体工作。这些承办者一般都是同政府有关部门有着密切联系的会展中心和展览公司。

3. 展会实务包括以下几个方面的工作:展会的立项策划、展会的筹备、展会招展与招商、展位设计、展会现场接待和布展撤展工作等。

4. 展览业经营质量的提高必须从管理制度、法治建设、人才培养、提升品牌等方面下功夫。

知识图表

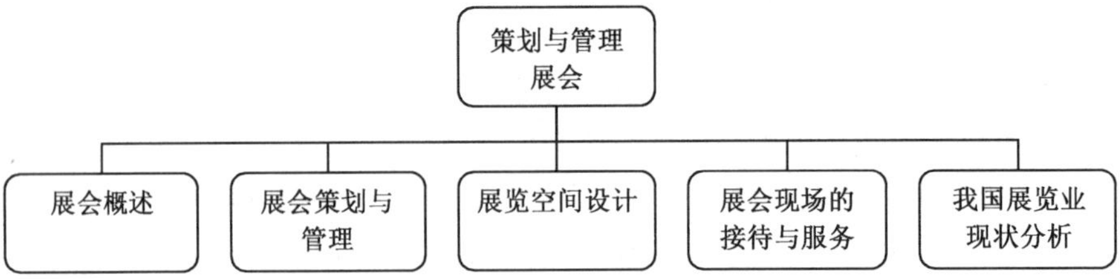

网站导航

1. 中国国际会展网:http://www. chn expo. com.
2. 中国会展网:http://www. expo china. com.
3. http://www. autoshanghai. org.

关键词汇

展会的主办和承办机构　展会立项策划　招展与招商　设计　现场接待　招展书　展位

独立思考

1. 为什么展览业既是一个历史悠久、博大精深的行业，又是一个方兴未艾、亟待发展的行业？
2. 展览业在一个国家的发展中有哪些重要作用？
3. 网络宣传有何独特优势？

基本训练

一、名词解释

1. 集市
2. 主办单位
3. 承办单位
4. 展位
5. 展具

二、选择题

1. 下列展会中销售业务文案的是(　　)。

A. 招展书(参展说明书和会议说明书)　　B. 请示

C. 参展须知　　D. 观众邀请函

2. 一个策划方案是否可行的基本要求是(　　)。

A. 技术上是否可行　　B. 经济性是否可行

C. 有效性是否可行　　D. 创新性是否达标

三、简答题

1. 国际展览业有哪些新发展趋势？
2. 展会注册有哪些方式？
3. 展位应该包括哪些功能分区？

四、思考题

1. 中国展览业发展存在哪些不足，有何建议？
2. 参观一次品牌展会或登录其官网，报告其策划、招展、招商的具体策略。
3. 参观某一展位，评价其空间设计特色。

实战演练

【目标】 策划一次在校园内可以举办的消费展会。

【内容】 熟悉展会策划和筹备的相关内容和流程，掌握文案写作要求。

【步骤】

1. 通过目标市场调研，确定展会题材和细节，撰写一份策划书；
2. 撰写与会者邀请函；
3. 设计一份与会者信息登记表。

任务五　策划奖励旅游

知识目标

- ◆ 奖励旅游的概念、类型和特点；
- ◆ 奖励旅游的操作机构和操作流程；
- ◆ 我国奖励旅游的发展对策。

技能目标

- ◆ 理解奖励旅游的含义和实质；
- ◆ 学会运用奖励旅游的操作流程；
- ◆ 学会分析某一地区奖励旅游的发展现状，并提出相应的发展措施。

能力目标

- ◆ 具备独立设计和策划奖励旅游方案的能力；
- ◆ 能根据方案安排小型奖励旅游活动。

思政目标

- ◆ 公平公正公开的考核原则；
- ◆ 以人为本，以待遇留人，以情感留人，增强团队凝聚力。

重点难点

- ◆ 奖励旅游的概念和特征；
- ◆ 奖励旅游的类型；
- ◆ 奖励旅游产品的设计与策划。

一、奖励旅游概述

任务引入

在物质极大丰富的今天，当你的推销员和经销商对物质已应有尽有时，你想过给他们别的激励吗？何种形式的激励能够激发已精疲力竭但“战绩辉煌”者的想象力和创造力呢？怎样的奖励才能在人们的心中余音袅袅、挥之不去呢？通过本项目的学习，你能解决以上问题。

（一）奖励旅游的概述

常见的激励方式有现金奖励、物质奖励、精神奖励、奖励旅游。其中，现金奖励可能是最受欢迎的。物质奖励即以实物作为奖励，但大家对事物的价值认知不同，故很难满足所有人的需要。而精神奖励难以引起大家的兴趣，激励效果不强。在诸多奖励方式中，奖励旅游能增强企业员工的荣誉感，加深其对企业文化的认同，有利于企业营销宣传。

奖励旅游最早源于20世纪二三十年代的美国，其后在欧美得到了充分的发展，并成为旅游的重要组成部分，如今已有50%的美国公司采用该方法来奖励员工。在英国商业组织给员工的资金中，有2/5是以奖励旅游的方式支付的。在法国和德国，一半以上资金通过奖励旅游支付给员工。在我国，奖励旅游这个市场还不够成熟，但是引起了旅游业界的关注，在许多旅行社都成立了专门机构负责奖励旅游市场的业务。

情景思考

1. 如果你的公司要给予你一次价值18 000元的欧洲七日游作为一次奖励旅游，你是更愿意出去玩还是愿意选择直接给你18 000元现金？

2. 在民企和国企中，哪个更重视奖励旅游？为什么？

资料卡

企业常见的非薪酬激励手段

如何激励员工，激发其最大潜能是理论界和企业都非常关注的话题。管理学中各种各样的激励理论层出不穷，而企业也在探索各种激励手段，依靠传统“重赏之下必有勇夫”的激励被证明单调且效果有限。采取非薪酬的精神激励是薪酬激励的有效补充，非薪酬激励一般体现在工作自主性、支持环境、个人成长、业务成就方面，下面列举几种常见的非薪酬激励：

(1) 晋升。晋升是一种效果强烈的激励手段，对下属行为的影响极大。因此，在不影响效率的前提下应尽量多设“官职”，更大限度地提高员工的满意度，发挥职工的潜力。

(2) 给予培训机会。给予培训机会也是激励手段之一，这一方法如果运用得当，会产生良好的效果。

(3) 荣誉称号。企业可以根据自身的需要设置丰富多彩的荣誉称号，以充分调动员工的工作积极性，并通过大会、公告栏等形式在企业内部传播，塑造典型形象，既可满足员工的自豪感，也是传播企业文化的一种途径。

(4) 沟通。广泛征求员工的意见，通过制定相关的制度和方案(如全面质量管理、持续发展式管理、建议箱等)鼓励员工提建议。

(5) 授权。授权是一种非常有效的激励手段，因为它可以满足员工的成就感，但授权需要一定的艺术。

(6) 从工作本身着手。在工作设计方面，要尽量让员工对工作本身产生兴趣，手段有工作扩大化、工作丰富化等。

1. 奖励旅游的概念

奖励旅游的英文名称是“incentive tour”，属于 MICE 的组成部分之一，“incentive”的含义是“刺激”“鼓励”“激励”，也可以称为“激励旅游”。

国际奖励旅游管理者协会对奖励旅游的定义是“奖励旅游是一种向完成了显著目标的参与者以旅游作为奖励，从而达到激励目的的一种现代管理工具”。

从概念中，我们导出奖励旅游包含的以下几种内在因素：

（1）奖励旅游的对象。奖励旅游的对象应包含企业的优秀员工、企业产品的经销商、企业产品的代理商、企业品牌的忠实消费者，他们构成了奖励旅游奖励的对象。

（2）奖励旅游的决策者。由于奖励旅游活动目的的特殊性，因此决策者是企业而不是旅游活动的参与主体(即员工或客户)，只有企业才有权决定是否开展以及怎么开展奖励旅游。

（3）奖励旅游的提供者。提供奖励旅游服务的专业机构包含一些旅行社、旅游公司等，他们负责奖励旅游的策划、组织、操作事宜。

（4）奖励旅游的形式。奖励旅游既是一项特殊的旅游活动，同时又具有会展活动的显著特征，是旅游和会展的结合体。

（5）奖励旅游的内容。奖励旅游的活动内容不仅仅是安排特殊的旅游路线和旅游活动，还包括会议、培训、颁奖典礼、主题晚会或宴会、舞会和个性化奖品的赠送。

（6）奖励旅游的目的。企业以旅游作为奖励，奖励的对象是优秀员工，达到销售目的的经销商和代理商，以及忠实顾客或 VIP，其目的是激励员工，增强其荣誉感，树立企业形象，宣传企业文化，增加企业的凝聚力和提升员工的忠诚度，最终提高企业竞争力，因此，奖励旅游的本质是现代化的管理工具。

温馨提醒

注意：学生在学习本课内容时容易将奖励旅游等同于一般旅游，奖励旅游和一般旅游是有区别的。其区别表现为：

1. 旅游动机不同

常规旅游者的动机通常是为了摆脱惯常的生活和工作环境以追求暂时的放松。而奖励旅游的动机外延更为宽泛：作为奖励旅游的组织者，其动机是通过“一张一弛”的有效调节，激励经销商和员工的工作热情，分阶段地实现企业目标。作为奖励旅游的参与者，他们更多地将其看作一种荣誉、一种参与学习与交流经验和搜集信息的过程，放松和解脱只是诸多动机中的一种。

2. 活动内容不同

一般旅游，无论是观光还是度假，通常更注重旅游吸引物的吸引力程度、行程安排的合理性。而奖励旅游活动内涵则更为丰富，它不仅具备常规旅游的活动项目，还包含了会议、颁奖典礼、主题晚宴等活动。

美国奖励旅游相关杂志研究发现：65%的奖励旅游在旅游过程中举办会议，那些原本不愿参加会议者却接受了奖励旅游，人们寻求属于自己的时间，暂时远离他们惯常的生活环境(如家庭和生意)，而奖励旅游中的会议又能给他们带来生意上的相关信息，帮助他们提高生活质量。

3. 旅游效果不同

常规旅游的效果是解除精神疲劳，丰富了阅历，增长了见识，从而满足了人们精神的需求。奖励旅游除此之外，还有常规旅游无法企及的效果，如可以延长对员工的刺激效用，增强员工对企业的凝聚力和亲和力，进一步提高员工的工作主动性和工作能力。

4. 组织理念不同

对于组织者来说，常规旅游同一类型的项目一旦固定并形成了规范，其操作往往驾轻就熟，只要做到安全、周到、细致，就能使顾客满意。

奖励旅游更注重以人为本、客户至上的经营理念，它根据客户的需要量体裁衣，一切以客户的需求为出发点。他们在接到客户项目时会充分和客户沟通，了解公司的真正需求，为他们精心设计别出心裁的奖励旅游方案。

2. 奖励旅游六个内在要素

(1) 奖励旅游的本质是“管理工具”，其最终目的是协助企业达到特定的目标。

(2) 奖励旅游的核心是“鼓励”，这种鼓励具有“继往开来”的双重性，既是对以往工作成绩的奖励，也是对未来工作的激励。

(3) 奖励旅游成功的关键是“非比寻常”，奖励旅游的行程安排独特，“无限惊喜”“倍感尊荣”是奖励旅游最高的精神写照。

(4) 奖励旅游的参与主体是对企业的发展做出或即将做出贡献的优秀人员，他们往往都是业中的顶尖好手和特殊人才。

(5) 旅游活动是奖励旅游的载体，专业旅游企业是奖励旅游活动的策划者与实施者。

(6) 奖励旅游除了奖励和慰劳的目的外，还有多重附加功能，如凝聚员工向心力、树立企业形象、强化企业文化、持续鼓励员工提升工作绩效，甚至是为企业开拓市场做准备等，但最终目的是实现企业的持续、稳定和健康发展。

资料卡

某公司奖励旅游相关管理办法

第一条　参加带薪奖励旅游的范围是：

1. 按文件规定符合业绩标准的单位；同时按考核计算得分在前×名的单位；

2. 获奖单位在册正式员工；

3. 其他经分公司总经理室讨论通过的可以参加带薪奖励旅游的员工。

第二条　本次带薪奖励旅游由分公司统一组织旅游线路。

第三条　本规定主旨在全公司范围内激励业绩优秀的工作团队，导入健康、和谐的生活理念，努力为员工创造称心的工作环境，关心和爱护员工，最大限度地调动员工的积极性。

第四条　不愿意或不能参加统一组织旅游的，公司不予另行补贴。

第五条　参加带薪奖励旅游的员工在旅途中应注意个人人身、财产安全。

第六条　参加旅游的员工必须遵守目的地各国的法律法规，尊重各国及各地区的风俗习惯。违反旅游目的国的法律法规及风俗习惯的责任及其经济赔偿由个人承担。

第七条　参加旅游奖励的员工如带家属，家属成员的一切参团费用自理，并购买旅游意外伤害保险，参团家属的一切责任均由家属自负，公司不承担家属的任何安全事故及其他法律责任。

第八条　所有参团人员办理护照、港澳通行证及参加自费项目、支付司机导游小费等费用由个人自理。

第九条　本规定即日起实施。

3. 奖励旅游形成的条件

（1）奖励旅游形成的首要因素——心理需求

奖励旅游是一项特殊的旅游形式，不管是什么样的旅游形式，人们旅游的目的都包括释放压力、丰富自己，以满足自己的精神需求。随着科学的发展和技术的进步，人们的生活、工作节奏越来越快，旅游可以释放压力，加深人们之间的交流与沟通，扩大视野，丰富知识，所以旅游是员工与客户发自内心的一种需求，奖励旅游受到更多企业的关注和员工的青睐。

（2）奖励旅游形成的次要因素——经济因素

目前随着经济的发展，社会的进步，一些盈利的企业和公司都会拿出一部分利润奖励自己的员工或者客户，奖励的方式有赠送现金、奖品、加工资等，但是这些奖赏并没有带来最好的效果且开支较大。在如今生活节奏越来越快、压力越来越大的情况下，人们对身心健康的需求不断增加。因此，企业针对这个需求选择了奖励旅游，给优秀的员工或客户组织短暂的旅游不仅可以缓解压力，而且可以提高劳动效率，为企业创造更多价值，提高企业竞争力。

（二）奖励旅游的特征

奖励旅游是会展旅游的重要组成部分，它们有些共同点，如组团规模大、消费档次高、季节性不强以及经济效益好等。除此之外，奖励旅游还有以下特点。

1. 具有鲜明的企业文化特征

企业文化是企业员工在长期的生产经营实践中形成并为员工所认同并遵守的最高目标、价值标准、基本理念以及行为规范。因此，没有企业的经营活动也就没有企业文化的产生，而企业的文化是为企业的经营目标服务的。企业组织奖励旅游的目的就是要弘扬企业文化并使文化有机地融入活动。奖励旅游各个活动环节的安排、设计和进行都具有鲜明的企业文化特征。

2. 团队人员整体素质高，对服务要求高

参加奖励旅游的旅游者和一般的旅游者不同，他们是企业中业绩突出的人，对企业有贡献的人，并能为企业创造较高的价值，被企业所认同，同时他们对企业的目标、行为规范、价值观念的认同感较强，从而能自觉遵守企业制定的各项行为规范，受到企业领导和同事的赞扬，因而团队人员整体素质高，其对服务要求严格。他们的高要求体现在交通、住宿、餐饮以及导游服务等各个环节，在为他们提供服务时必须具有专业性，且在活动的设计及组织方面须带有科学性和创造性。

3. 会议型奖励旅游成为趋势

现代奖励旅游最显著的一个特征就是会议和奖励旅游紧密结合，即在奖励旅游的日程中，根据企业组织活动的意图和宗旨，安排先进事迹报告、企业战略研讨、企业年度工作会议、主题晚宴、颁奖晚会等会议活动。负责奖励旅游活动的旅行社或旅游公司需要精心策划和合理安排整个会议活动的日程，既要弘扬企业文化，也要满足员工的成就感和满足感，既要达到企业举办活动的目的，也要激发参加者的积极性，为参加者留下难忘的美好回忆。

（三）奖励旅游的类型

1. 按活动模式划分

（1）传统型

传统型奖励旅游以美国为代表，从 20 世纪 60 年代起，该模式至今备受美国企业推崇。这类奖励旅游有一整套程式化和有组织的活动项目，通常的流程为：

① 会议。公司举办年会、研讨会、培训等活动，提供员工交流学习的机会。

② 旅游。组织参与者去附近的风景名胜参观、游览。

③ 颁奖典礼。公开表彰表现突出的员工、客户。

④ 主题晚宴或晚会，赠送富有含义的礼物。宴会主题需独特、新颖、别出心裁。从场地的选择、布置，到餐饮的安排，晚会活动的设计，现场气氛的营造，礼物的选择，每个环节都应精心设计，细心打造，令参加者难忘。

⑤ 公司的首脑人物出面作陪，和受奖者共商大计，这对于参加者无疑是一种殊荣。

⑥ 请名人参加奖励旅游团的某项活动。

⑦ 通过豪华、高档次、高消费、高享受来体现奖励旅游者的身价。

⑧ 通过制造惊喜，让参加者产生终生难忘的美好回忆。

（2）参与型

参与型奖励旅游以英国为代表。参与型奖励旅游备受欧洲市场推崇，因而越来越成为奖励旅游市场的发展趋势。英国奖励旅游公司董事总经理约翰・劳逊先生认为，参与活动对协作精神的形成大有好处，其对人们能起到激励作用，可激发他们相互竞争的心态，因为每个人都想获得胜利。瑞士一位旅游咨询顾问英格女士称："回归大自然的倾向正在日益增强。人们需要尝试不同口味的东西，打着黑领带的团体已经过时了，他们需要到森林中去，需要徒步旅游和氢气球旅游。"参与型奖励旅游使旅游者与社会和自然界接触，感受人与社会、人与自然的和谐，有助于唤起他们的责任感。这类奖励旅游通常的形式有：

① 徒步。徒步是户外运动中最为典型和最为普遍的一种。对于高强度工作压力的参与者来说，徒步有利于释放压力，有助于身心健康。

② 登山。登山既可以锻炼身体，又可以陶冶奖励旅游参与者的情操。

③ 划艇。一项水上运动除了给奖励参与者带来身心健康，还能带给参与者刺激。

④ 漂流。在繁重而紧张的现代快节奏的生活里的奖励旅游参与者，走出城市与大自然亲密接触，可释放压力，放松心情。

⑤ 生态旅游。让参与者参观、游览一些保护完整的自然和文化生态系统，领会生态旅游的奥秘，从而更加热爱大自然。

⑥ 拓展训练。奖励旅游中安排拓展训练，可以协助企业提升员工核心价值，有效拓展企业人员的潜能，提升和强化个人心理素质，同时增强企业团队的凝聚力。

但参与型奖励旅游户外运动较多，且有一定的风险性，在奖励旅游的实际操作中经常会遇到纠纷。奖励旅游活动的组织者或提供者，在安排活动时要考虑到其合理性和安全性，并且购买相关的保险，保障参与者人身安全和利益。

2. 按活动目的划分

(1) 慰劳型

从奖励旅游的定义分析来看,奖励旅游的目的是慰劳和感谢对公司业绩做出突出贡献的员工、经销商、代理商和忠实的消费者等,表达对其以往工作的认可,以及对未来工作方面的期许。

(2) 团队建设型

奖励旅游的参与者通过短暂的异地相处,共同享受集体旅游带来的快乐与刺激,参与性强的集体活动使彼此之间交流和沟通进一步加深,增强团队协作能力和团队合作氛围,提升了员工和相关利益人员对企业的忠诚度和企业文化的认同感。

(3) 商务型

一些奖励旅游活动的安排不仅实现奖励员工的目的,还需实现企业的特定目标,将奖励旅游活动与企业业务融为一体。在奖励旅游期间,还需参与公司会议、展销会、项目考察等活动。

(4) 培训型

奖励旅游目的是为员工及利益相关者提供更大的发展空间,对其进行相关的培训,在游览之余"寓教于乐",更好地实现培训的目的,同时达到激励的效果。

温馨提醒

奖励旅游策划者的目的

(1) 提高总销售量,增加市场占有率;
(2) 增强士气,鼓足干劲,提高雇员的生产效率和工作效益;
(3) 销售新产品;
(4) 介绍新产品;
(5) 销售滞销产品;
(6) 抵消竞争性的促销;
(7) 支持淡季销售;
(8) 帮助销售培训;
(9) 取得更多商店陈列空间;
(10) 减少事故发生率;
(11) 改进出勤率。

二、奖励旅游设计与策划

任务引入

某知名化妆品公司拟为其 10 名杰出员工策划一次奖励旅游,预算很宽裕。经过与旅行社初步接洽后,公司提出了很多具体的要求和期望,要求策划方案能让 10 名员工感觉到"不虚此行"。如果你是旅行社负责人,打算如何为其度身定做一份奖励旅游计划呢?

（一）奖励旅游的操作机构

1. 全面服务型奖励旅游公司

这类专业公司在奖励旅游活动的各个环节、各个阶段向客户提供全方位的帮助和服务，负责从项目策划、组织、操作、实施，到制定绩效标准、企业内部沟通、动员等。这类公司的报酬是按专业服务费支出再加上交通、旅馆等旅游服务销售的通常佣金来收取的。

2. 完成型奖励旅游公司

这类公司通常规模小、知名度低、整体实力不强，其主要任务是完成公司客户自己设计好的奖励旅游项目，业务主要集中在旅游的安排和销售上，而不提供相关的策划服务，他们的收益通常主要来自旅游的佣金部分。

3. 设有奖励旅游部的旅行社和航空公司

奖励旅游逐渐被企业所认可，市场范围不断扩大，许多旅行社和航空公司都设有奖励旅游的专门业务部门，主要负责旅游的实施，有的也为客户提供奖励旅游活动策划的专业性服务。

（二）奖励旅游设计应遵循的依据

1. 量身打造

奖励旅游要让参与者感受到与以往旅游的明显不同，是为奖励旅游者“量身打造”专属的旅游活动。这就需要专业机构在设计旅游方案上下功夫，搜集服务企业的资料，了解企业所属行业的属性与特点，了解企业通过本次活动想要达到的目标以及企业员工的特性，从而制定出符合企业理念、满足企业活动要求的专属方案，让客户看到方案的创意和与众不同。

与众不同的方案具体体现在旅游地点的选择、活动的内容和形式、交通安排、住宿、餐饮以及现场活动的氛围等每个环节的精心设计和细心打造上，从而增强参与者对企业的忠诚度，提高对企业文化的认同感，激励其更加努力地工作，为企业创造更大的经济效益。

案例分析

酒店推出奖励旅游宴

对于来到中国的奖励旅游团来说，品尝中国特色美食、感受中国传统文化当然是活动安排的重头戏。针对奖励旅游团的特点，国宾酒店会议活动团队精心打造出了一套完整的主题餐饮活动方案。入住国宾的奖励旅游团不但可以在酒店内组织大型主题性活动，如“皇帝晚宴”“北京小吃街”“苏格兰晚宴舞会”等餐饮体验，还将遍访名胜古迹或寻找有特色的活动场所，如长城、颐和园、海洋馆、恭王府、大使馆或高档社区、高尔夫球场，举办各类餐饮活动，让客人在品尝美食的同时，获得更高层次的享受。如澳大利亚三凌公司高级经理人奖励旅游团入住国宾酒店，在大宴会厅举办了一场体验式的高级别“皇帝晚宴”。服务员身着宫廷服装为客人提供服务，客人们穿着清朝宫廷服饰，坐在龙椅上寻找当皇帝的感觉，贴在京剧脸谱上的菜单凸显了中餐美食的魅力。“皇帝晚宴”的美食由酒店中餐厨师长主理，菜肴以精致的港式粤菜为主，如皇帝大拼盘、鲍参翅羹、清蒸膏蟹等，色鲜味美、令客人赞不绝口。

2. 非比寻常

奖励旅游策划的成功的关键就是“非比寻常”，方案应充满创意，大大区别于以往的一般旅游。无论是交通工具的选择、餐饮住宿的安排，还是行程路线的安排，都应体现出不同。策划者要充满想象力和创造力，从吃、住、行、游等方面全方位思考；不仅要从创新方面下功夫，还要提前考虑到这些创新给参与者带来的惊喜程度。创新还需贯彻到实处，如果可行性不高，那么再好的创新只能停留在纸上，应从现实出发，使方案充满丰富的想象力和创造力。

案例分析

> 一家国内的旅游咨询公司很擅长创新。一天晚上，当他们带着一个荷兰奖励团来到长城脚下，并突然宣布晚上将在那儿享用一顿晚宴时，那些荷兰客人霎时非常兴奋，有的甚至激动得哭了。他们事先并不知道还有这样一个新奇的安排，着实被感动了一把。

3. 终生难忘

在设计奖励旅游方案时，要注意通过主体的巧妙策划和各项活动的精心安排，给参与者留下特有的、难忘的经历。精心的安排体现在多个方面，可以是一种服务到心的接待方式；可以是与众不同的行程安排；也可以是特别安排的个性礼遇等，活动各个环节应独具匠心，让每一位参与者在这趟旅程中收获惊喜和感动，成为其“生命中的经典之旅”。

（三）奖励旅游的策划流程

从一般意义上讲，奖励旅游活动要想成功实施，必须有良好的运作模式。从世界范围来看，经过几十年的发展，奖励旅游已经逐步形成了以下三种主要运作模式：一是由专门的奖励旅游顾问公司来运作实施；二是委托给旅行社来运作实施；三是由企业内部的专门部门来运作实施。

不同运作模式的操作流程各有区别。奖励旅游因为其自身的特点，所以经常由专业的顾问公司为企业量身定做并实施运作，所有活动和形式尽可能多地融入企业理念和管理目标，这样既富有效率，又能取得较好的激励效果。根据著名的“戴明环”管理思想，将奖励旅游的运作过程分为计划、实施、检查、处理四个阶段来阐释。

由专门的奖励旅游顾问公司来运作和委托给旅行社来运作，其流程基本相似。

1. “P”（Plan，即计划）阶段

企业管理层做出奖励旅游的决策，并将其交付给专业的旅游顾问公司实施时，奖励旅游即进入了计划和前期准备阶段。在这个阶段，专业旅游顾问公司需要了解以下信息：

一是奖励旅游的实质与目的。奖励旅游顾问公司要深入领会企业热衷于奖励旅游的目的，并在此基础上根据企业的奖励目标来计量和明确人数，并协助企业宣传内容、选定配额，更好地树立正确观念，提供符合实质的产品与服务。

二是客户的企业特性与背景。了解企业特性与背景是提供令企业满意的产品与服务的基础，故在计划准备阶段搜集关于企业的各类商业资讯对企业进行奖励旅游（包括次数、特殊要求、规模、合作方式、满意度等）都是十分必要的。

三是企业竞争对手状况。企业的竞争对手提供给员工、经销商、客户或者商业伙伴的同类奖励旅游行程和安排，在很大程度上会影响本企业奖励旅游的实施和参加者的士气，故事先充分了解企业竞争对手的奖励旅游安排情况对实施奖励旅游的意义重大。

四是行程的特殊要求。企业一般会因自身的特殊情况，对奖励旅游的行程做出特殊要求，这就需要组织奖励旅游的顾问公司注意企业的特殊要求以及本次组团的特殊之处，如特殊饮食、主题晚会或惊喜派对等。旅游顾问公司须事先与企业充分沟通，而不是给企业提供千篇一律的产品与服务。

五是企业的预算与分配。依企业所能承担的经费来进行财务分配并实现预算的有效、合理运用，是奖励旅游顾问公司安排行程和活动的基础。这就要求：一方面，公司报价要令企业满意；另一方面，旅游公司也能从此项活动中获得一定的经济收益。

2. "D"(Do，即实施)阶段

经过计划阶段的充分了解，接下来就是奖励旅游的实施阶段。因为奖励旅游团较一般传统的旅游团更为复杂，所以需要花更多的心思以及更长的时间。奖励旅游顾问公司的一般实施流程可归纳为以下"四步"。

第一步，预算审核。在计划阶段全面了解企业相关经费的基础上，旅游顾问公司在实施奖励旅游时，需要首先做出较为详细的预算并审核。良好的财务预算是成功筹办奖励旅游活动的基本要素之一。奖励旅游属于一种定价式旅游，企业可以限定一个费用总额，然后奖励旅游顾问公司在这个总金额的限定下，根据企业的特殊需要，设计出令其满意的旅游安排，或是奖励旅游顾问公司根据企业的行程安排自己提出一个合适的报价。但不管是哪种情况，顾问公司都要根据经费多寡，在活动次数、主题活动、出游时间上做出相应调整，并据此进行适当的财务分配以及有效掌控。特别是要注意处理好增加公司利润与将经费更多用在活动上的矛盾。如预算做得好，奖励旅游的实施也就有了充分的保障。

第二步，企业评估与分析。同样以计划阶段企业相关背景及资料的搜集为基础，专业旅游顾问公司需要对企业进行准确细致的评估与分析，然后依据其特性设计具有特色、独一无二的旅游行程。这是奖励旅游成功的法则。对企业评估与分析一般可以包括以下内容：(1)企业财力与经营背景；(2)先前奖励旅游的状况；(3)市场竞争对手的状况；(4)企业特性；(5)本次奖励旅游的状况，如预计旅游人数、出游日期等。

第三步，奖励旅游的安排。首先，奖励旅游顾问公司需要根据企业评估与分析，明确设计好本次奖励旅游的主题。主题是所有活动开展的核心，在具体设计时能起到指明方向的作用。

在明确主题的同时，安排好人力资源也是十分必要的。奖励旅游顾问公司一般由多个部门组成，而一项奖励旅游活动的实施往往需要几个部门通力协助。因此，安排合适的人力资源并做好动员工作，使之各司其职、各尽其力，能更好地保证活动顺利开展。

在上述工作的铺垫下，奖励旅游实施进入行程设计安排阶段。行程设计实质上就相当于对整个活动内容的具体安排。奖励旅游行程设计是专业顾问公司根据企业的特点和要求，结合旅游资源和接待服务的实际情况，专门为企业量身定做的包括整个旅游过程中全部旅游项目内容和服务的旅游游览线路，这是奖励旅游最为核心和关键的部分。首先，根据旅游的"吃、住、行、游、购、娱"六大要素，行程设计需要包括以下内容：(1)明确线路名称；(2)策划旅游线路；(3)计划设计活动日程；(4)选择交通方式；(5)安排住宿餐饮；(6)留出购物时间；(7)策划娱乐活动等。

温馨提醒

奖励旅游的方案和日程设计必须周密，应制定一个明确的准备工作进度表。奖励旅游活动的旅游时间安排不应使客户的正常经营活动感到过分紧张。另外，时间的选择既要利用淡季价格,又要顾及奖励旅游参加者的愿望。当然,这样的要求有时会有冲突,所以奖励旅游公司必须有足够的灵活性并善于做出妥协。

时间表上必须预留充足的准备时间,团队越大,所需的准备时间就越长,例如希望订包机,就要考虑航空公司调配额外班机的时间,在旅游目的地机场已达饱和的市场上,谈判包机至少需要1年时间。

其次,在吃、住、行、游、购、娱的基础上,安排好特殊事件也非常重要。它的强调与安排成就了奖励旅游的独一无二。特殊事件一般指在奖励旅游行程中安排的会议、培训、主题晚会等特殊内容。它不仅可以使企业激励员工的目的表现得淋漓尽致,也可以使活动更加别致,令人难以忘怀。

最后,奖励旅游的安排还得体现危机的防范与管理。在进行过程中,奖励旅游难免会有一些无法预知的意外发生,如天气急剧变化、交通事故、时间路线变更、旅游者意外事件等,这些都会打乱事先计划好的行程安排。旅游顾问公司对此如有事先考量,就能较好地帮助临时应对突发事件,保证活动圆满完成。

第四步,奖励旅游安排交企业确认并执行。虽然专业旅游顾问公司的行程活动安排建立在评估与分析企业、了解企业奖励旅游意愿的基础上,但是一些相关行程活动在成形之后,还得和企业进一步深度沟通、充分协商,按企业要求适当修改,并在双方满意的基础上最终确定,保质保量地加以执行。

3. "C"(Check,即检查)阶段

这个阶段主要是对整个奖励旅游活动进行监督、检查和控制,其中包括财务预算资金的检查控制、人力资源分配的检查监督,以及活动内容的监督控制。本环节通常会贯穿在第二个阶段,不能与奖励旅游的实施完全割裂开来。

4. "A"(Action,即处理)阶段

这个阶段主要是指对奖励旅游完成之后的一种修正和处理。奖励旅游顾问公司要在充分征询委托企业意见的基础上,结合公司内部的看法,总结本次任务,找出成功之处和经验教训,注重与客户的沟通和反馈,并将总结报告交予委托方。因此奖励旅游对企业而言,是一种有目的的旅游,效果评估和总结对企业都是非常重要的。

案例分析

"玉溪卷烟厂优秀调烟师奖励旅游"活动策划方案

一、成功策划本次奖励旅游的前期准备

1. 此次奖励旅游的实质目的分析

调烟师是现代烟草集团新产品研发的高级骨干技术人员,专门从事对卷烟新产品的开发,在保留烟草的香味的同时,严格调控尼古丁、焦油等有害人体健康的物质,尽量减少对烟民的身体损害。根据了解,在挑选合格的调烟师时,要求十分苛刻,尤其是对身体素质和技术水平的要求。

北京神舟国旅雍和宫门市此次受红塔集团玉溪卷烟厂厂部的委托,对本年度被评为优秀调烟师的10名员工以及一名优秀女主管策划一次奖励旅游活动。其中男性6名，女性5名，男女比例基本上维持在1∶1。这样的比例有利于本次奖励旅游线路及特殊行程的安排策划。

根据玉溪卷烟厂厂部领导的委托，本次奖励旅游主要是为了奖励这10名优秀员工在开发红塔新产品“人为峰”“新势力”这两种品牌烟上所做出的突出贡献。此外，适当地起到增强员工荣誉感、加强团队协作精神、放松身心的作用，其间旅游娱乐费用全由厂部报销。

2. 客户的企业特性与背景分析

玉溪卷烟厂为全国卷烟行业唯一的国家一级企业，中国乃至亚洲最大的现代卷烟生产基地。要做到这一点，就必须练就一流的技术，创造一流的产品，提供一流的服务；就必须树立一流的厂风，培养一流的素质，造就一流的人才队伍。因此，培养和留住企业优秀技术人才至关重要。

调烟师作为该企业的特殊人才，我们在开发奖励旅游时，应着重重视他们关注个人隐私和希望受到团体注目等特点，再根据不同性别类型的客户进行不同的规划。这些人员作为一个团体，应推出具有团体协作性，又注重个人享受的旅游产品。

3. 行程的特殊要求分析

调烟师为高级技术人才，长期在较为压抑的环境下工作，渴望得到放松，多数为年轻人。鉴于这一点，可推出探险、狩猎、登山等个性突出、探险性强的旅游产品；他们属于高消费群体，对价格不敏感，对住宿和餐饮质量要求高，因此在饭店选择时可以选择四星级以上的酒店；同时这些年轻人正处于恋爱阶段或新婚初期，追求浪漫的旅游方式和旅游产品。丽江作为浪漫之都，可作为首选目的地。

同时，我们还要举行具有民族特色的主题晚会或惊喜派对，根据厂部要求，其间还要为此11名员工开一个表彰大会，会议地址选择上应尽量空旷，具有一定特色。

4. 对企业的预算分配分析

根据厂部财务处分配额，本次奖励旅游最大可用资金为10万元，其中除要求召开一个小型的表彰大会外，其他活动由本旅行社做具体安排。神舟国旅雍和宫门市蒋经理认为该企业此次奖励旅游经费比较充裕，且奖励对象均为高薪阶层，在奖励旅游次数、主题活动、出游时间上可做较为宽裕的安排，有信心将其举办成为丰富多彩、娱乐身心的旅游活动。

二、本次奖励旅游的执行流程

1. 决定执行人员及工作分配

经过神舟国旅内部会议讨论，决定此次策划方案由市场部完成，其他部门配合其完成工作。根据策划方案决定选配一名特种导游和一名优秀的地方导游。特种导游主要负责探险旅游的引导工作，而导游则负责丽江观光景点的解说引导工作。全部方案由市场部经理统一指导。

2. 行程设计与规划

(1) 明确线路名称：“寻梦大香格里拉”。

(2) 旅游线路：丽江—香格里拉市—泸沽湖—亚丁稻城—丽江。

(3) 计划活动日程：6月8日抵达丽江，住宿国际大酒店，当天游玩古城，次日上雪山，感受玉龙风情。

6月10日乘越野车抵达中甸，游玩3天。主要景点：松赞林寺—纳帕海—奔子栏—金沙江第一弯—东竹林寺—德钦县城—梅里雪山。

6月13日晚抵达泸沽湖，游玩3天。D1：参加摩梭人的民族歌舞晚会，住宿湖边摩梭人家。D2：乘船游泸沽湖，游玩蓬莱三岛，还有半天，沿湖溜达。晚上吃湖边烧烤，与摩梭姑娘、小伙聊天。

6月16日起程去稻城亚丁。路线：稻城—日瓦，俄初山—冲古寺—洛戎牛场—牛奶海，五色湖—海子山。游程为3天，20日返回丽江，在丽江国际大酒店举行优秀调烟师表彰大会。

附：丽江国际大酒店简介

……

(4) 线路评价与分析。本路线主要为厌倦常规旅游、喜欢特别体验和刺激的特种人群所设计。本次服务对象都属于文化水平较高的年轻人，热爱探险。

这条始终以"寻梦香格里拉"为核心的线路与其他普通旅游线路相比，具有以下几个特点：

线路设计上更进一步：选择国家级科考探险线路，深入鲜为人知的最美的一段，集合雪山探险、野营、骑马、生态、科考、摄影等元素。整个行程安排在普通游客所能承受的范围之内，而非一味艰辛和探险。

安全保障更进一步：拥有全套野外生活装备，配备具有10年专业野外生活经验的特种导游1名及有经验的越野司机1名全程专业带队。

旅游体验更进一步：在行程中安排了特别体验活动和培训讲座，奇景、民风、人文尽领略，甚至可到藏民家做客。

旅游服务更进一步：探险生存培训，全程录像……

这样的旅行令人心旷神怡。普通的旅行常常走马观花，这种旅游值得他们深入体验。

(5) 出发前动员誓词。除在丽江住宿酒店外，大部分地区住宿为帐篷露营或寄宿当地民居，途中需耐住泥泞山路的颠簸，需习惯瞬息万变的霜雨与烈日，需克服在万丈悬崖上盘旋行车的恐惧，需在军用帐篷中忘掉热水、灯光与抽水马桶，咀嚼着青草的香味沉沉入睡。需要一种激情，就是无论多脏、多苦、多累、多险，你能爱这条路，因为这里是寻梦香格里拉之路。

(6) 征询企业意见。策划方案制定后，征询玉溪卷烟厂领导及11名受奖励员工的意见，再局部改动。与企业决策者面对面交流，同时介绍北京神舟国旅有关奖励旅游行程、路线、活动设计、服务、经典案例，让企业决策者了解本旅行社能为企业提供哪些细致、独特、完美的服务。

三、与玉溪卷烟厂保持密切的售后关系

在适当时间举行企业招待会、联谊会等活动。旅行社还可举办野餐会、舞会，举办旅游摄影比赛等活动，扩大影响。

赠送纪念品，寄生日贺卡和假日贺卡，或者赠送特殊奖品。

策划人：北京神舟国旅雍和宫门市蒋经理

问：

(1) 该策划方案有哪些亮点？

(2) 如果你是策划者，你会对该方案提出何种补充？

情景思考

> 一家 DMC 公司接到某国内公司的竞标项目——在国内召开"2023 年度优秀代理人表彰大会",与会人数计划在 150～200 人(来自全国各地),会期一周(包括奖励旅游在内)。你作为这家 DMC 公司的项目经理,请就此做一个项目策划,主要包括下述内容:
>
> (1) 推荐一个合适的会议及奖励旅游地点,并根据构成奖励旅游目的地的基本要素,阐述在该地点召开此类会议的理由。
>
> (2) 选择一个适合举办此次会议及奖励旅游的时间,并说明理由。

由企业内部的专门部门来运作。奖励旅游由企业内部的专门部门来运作,所以其运作流程并不复杂。加之部分内容和第一种模式基本相似,因此做出简要说明。

1. "P"(Plan,即计划)阶段

在计划阶段,企业经过商讨决定实施奖励旅游,即做出奖励旅游的决策,并提出大致的实施要求,然后交给企业专门负责实施的部门执行。这一阶段相对比较简单,可以通过开会协商的形式来进行。

2. "D"(Do,即实施)阶段

实施阶段是这一运作模式的重点和难点。因为奖励旅游涉及的环节和内容比较广泛,加之是由企业内部部门来完成,要做的工作相对较多。

3. "C"(Check,即检查)阶段

在这个阶段,企业内部奖励旅游主要负责部门要协同财务、人力资源、采购、供应等其他相关部门检查、监督和控制整个活动。

4. "A"(Action,即处理)阶段

在这个阶段,奖励旅游主要负责部门要认真听取公司内部看法和参加者的意见,总结本次任务,找出成功之处和经验教训,注重与企业高层及参加者的沟通、反馈,并将总结报告交予企业高层阅览。

三、国内外奖励旅游的发展历程

20 世纪初,奖励旅游从销售业中孕育、诞生,已经成长为现代旅游业中重要的一部分。但国内外奖励旅游的发展历程呈现出了一定的差异性。

(一) 国外奖励旅游的发展

1. 国外奖励旅游的起源

20 世纪初,北美和欧洲是世界经济最发达的地方,相对发达的商品经济和激烈的市场竞争成为奖励旅游萌生的沃土。早在 1906 年,美国"全国现金注册公司"就为其员工提供了一次参观其总部的旅游活动。

20 世纪二三十年代在美国芝加哥的汽车销售业中,有的公司管理者为了提高销售额而在开展销售竞赛活动时,为销售人员规定了定额指标,只要超额完成销售指标,销售人员就有资格参加免费的旅游活动。在当时，活动的组织者潜意识中把这样的免费旅游活动归纳为促销手段的一种，认为可以“生利还本”，也就是说这种活动可以给公司带来足够的利润以支付免费旅游的费用，其结果也证明了活动组织者预想的正确性。

于是作为促销手段而产生的免费旅游活动逐渐演变成了奖励旅游活动，并首先受到了销售企业的认可，成为销售企业中激励员工的方法。在当时，奖励旅游的最终使用者主要是汽车经销商、电器分销商和保险公司推销员等销售业精英，而这种奖励旅游活动包括全部免费和部分免费两种。

几乎在同一个时期的欧洲，苏联采取了全面规划以加速工业化的经济发展战略，并从1928年开始实施了第一个5年计划，斯大林为了激励那些完成政府5年计划的人，曾把他们送到黑海度假两周，形成了最早由政府实施的奖励旅游方式。

2. 国外奖励旅游的发展

纵观以北美和欧洲为代表的国外奖励旅游的发展历程，大致可以划分为三个阶段：

(1) 萌芽阶段(20世纪20年代至20世纪50年代中期)

在北美，奖励旅游诞生后的很长时期内，其应用范围仍然主要是销售业，绝大多数奖励旅游由企业自己组织、实施，团队规模不大，受交通工具的限制，短程奖励旅游盛行。20世纪20年代末期，体型较大且较为安全的客机开始投入使用，航空旅行的吸引力越来越大。到1939年时，欧美各主要城市间已经有了定期客运航班。航空交通的发展带动了远程奖励旅游的发展，美国公司开始将奖励旅游目的地瞄准欧洲，并将奖励旅游作为激励员工方式的观念初步输出到了欧洲，英国、德国、意大利和法国成为欧洲接受奖励旅游观念最快的国家。与此同时，人们逐渐认识到奖励旅游不仅是有效的促进销售的手段，还有增强士气、鼓舞干劲、提高雇员生产效率和工作效益、争取特殊经营对象等作用。与传统的现金奖励和物质奖励相较而言，奖励旅游有自身独特的优势，奖励旅游在企业管理方面的突出作用初步显现，于是许多非销售部门也开始实施奖励旅游计划。

(2) 发展阶段(20世纪50年代中期至20世纪90年代初期)

随着航空业的大发展，越来越多的公司加入了实施奖励旅游的行列，美国的奖励旅游兴盛起来，奖励旅游尤其是远距离的长途奖励旅游增长速度加快，此时欧洲成为美国奖励旅游最主要的海外目的地。美国出境奖励旅游的大发展，在输出奖励旅游观念的同时，也带来了欧洲奖励旅游市场的繁荣。之后奖励旅游目的地开始扩散，由欧洲、北美扩散到了大洋洲和亚太部分国家和地区，并逐渐和会议展览结合在一起。这一时期，人们对奖励旅游的认识在进一步深化，但在不同的国家对奖励旅游的理解也出现了一定的差异。

在美国，一直试图通过奖励旅游建立竞争性的氛围，因此非常强调预先设定目标，强调审核奖励旅游参与者的资格；在奖励旅游活动设置方面，美国的奖励旅游特别强调“非比寻常”，强调豪华甚至是“奢华的旅游”，住宿设施非五星级不住，旅游目的地通常是文化和历史名城、中心城市。但是在欧洲，奖励旅游虽然还保持着激励员工的初衷，但正如奖励旅游经理人协会一次名为“认识奖励旅游：不列颠和爱尔兰”的研究所显示的，许多公司使用奖励旅游活动是为了建立雇员的团队精神，或者是为了培训雇员，希望在旅游的过程中让同事间的感情变得更加融洽。为此，欧洲的公司并不想将奖励旅游办成奢华的活动。这些公司非常强调旅行中的活动组合，而并不过多考虑入住酒店的档次(一般是三四星级酒店)，目的地通常是和公司有业务联系和有业务兴趣的地区。而在亚洲的新加坡，大多数公司使用奖励旅游的目的是表示感谢或激励士气，在实施奖励旅游前甚至没有预先为奖励旅游的参与者设立目标。

为了适应奖励旅游的迅猛发展，国外专业的奖励旅游机构纷纷建立。这些机构不仅包括具有政府职能的奖励旅游局，同时还包括企业性质的专业机构。它们负责奖励旅游的各种细节问题，与航空公司和饭店商议，然后协调交通、住宿、餐饮、旅游、娱乐和会议活动，还负责准备促销宣传品，甚至可以参与制定奖励旅游的目标等内容。

知识拓展

奖励旅游从萌芽开始一度由公司自己策划并实施，奖励旅游的迅速发展促进了专业奖励旅游公司的诞生。一般认为 E. F. 麦当劳先生是奖励旅游的革新者。作为一家行李箱厂的库房管理员，他注意到一名 NCR 代表前来提取货物，并了解到行李箱被作为对经销商的奖励，他认为如果行李箱可以用作奖励，旅游也可以。由此诞生了专业奖励旅游代理。

其后 S&H 旅游奖励、马立兹和其他公司也加入了这个行列，并逐步发展成为专门从事奖励旅游业务的机构、全方位服务奖励公司、单纯安排旅游的奖励旅游公司或完成型奖励旅游公司。

随着奖励旅游的成长，奖励旅游的促销手段发生了质的改变，“欧洲会议奖励旅游展”“芝加哥会议奖励旅游展”(IT&ME)及奖励旅游经理人协会纷纷创立，推动了奖励旅游的进一步繁荣。

(3) 成熟阶段(20 世纪 90 年代初期至今)

进入 20 世纪 90 年代初期以来，人们对奖励旅游的认识更加全面、深刻，奖励旅游的内涵变得越来越丰富，奖励旅游作为一种有效的企业管理手段被纳入企业的管理系统。此时，西方国家采用奖励旅游激励相关人员的方式在所有的奖励方式之中占据了非常重要的地位，欧洲的奖励旅游市场每年以 3%～4%的速度增长，与世界旅游市场的发展几乎同步，奖励旅游的应用范围也更加宽广。

奖励旅游在延续美国传统型奖励旅游方式的同时，出现了多样化的趋势，探险奖励旅游等新的方式纷纷出现；奖励旅游的参与人员也不再局限于对企业直接做出贡献的工作人员，家庭奖励旅游逐渐纳入企业管理人员的视野。展览会在奖励旅游市场宣传与拓展中发挥着不可磨灭的作用。在欧洲、北美奖励旅游获得大发展的同时，澳大利亚、加拿大以及亚洲部分国家和地区的奖励旅游也在蓬勃发展。因为发展时期相对较晚，这些国家充分接受了北美和欧洲的奖励旅游观念，没有经历奖励旅游的萌芽阶段(或者萌芽时期非常短暂)而直接进入了奖励旅游的发展阶段，并且形成了具有地方特色的奖励旅游理念，很快就进入了奖励旅游的成熟期。

20 世纪 90 年代初期，亚洲经济的迅速发展受到了世界普遍的关注，越来越多的公司到亚洲寻求发展甚至将总部迁移到亚洲，奖励旅游作为一种有效的管理手段随之在亚洲传播开来。与此同时，亚洲旅游资源丰富、旅游业发展日益成熟，一些奖励旅游策划者开始选择亚洲作为奖励旅游目的地，亚洲一些旅游业发达的地区如曼谷、中国香港、新加坡等地已经接待了为数可观的奖励旅游团。而亚洲日益发达的经济体，尤其是新加坡、日本、韩国、中国台湾和中国香港等国家(地区)的企业开始自己组织洲内的奖励旅游，更是推动了亚洲奖励旅游的发展。但短途奖励旅游仍然是亚洲奖励旅游的主流。

（二）国内奖励旅游的发展

1. 国内奖励旅游的萌芽

普遍认为，中国的奖励旅游始于20世纪五六十年代，在政府及国有大中型企业兴办的疗养院中所进行的休假疗养活动已经具备了奖励旅游的基本特征。

这些疗养院大多始建于20世纪50年代，六七十年代成长缓慢，在80年代又得到了一定的发展。它们多建在风光旖旎、环境优雅的旅游风景区，或依山傍水，或在森林中、温泉旁。来休假疗养的人绝大多数是政府机关与国有大中型企业经过层层选拔的劳动模范和先进工作者，费用由政府和企业承担，而目的基本上是表彰和激励优秀人员，这些特征和奖励旅游非常相似。

2. 国内奖励旅游的发展

改革开放以后特别是80年代末90年代初外资企业大量涌入中国，欧美盛行的奖励旅游观念随之在中国传播。在中国范围内，外资企业和大多数三资企业秉承国际传统，奖励旅游作为其内在的管理手段得到了继承；民营企业和股份制企业机制灵活，奖励旅游发展也比较迅速；而国有企业因为受国家规定、传统观念等因素的影响对奖励旅游这种方式运用较少。

因为奖励旅游具有团队人数规模较大，组团时间多在淡季，消费支出较高，利润可观(接待奖励旅游团所获收益是接待普通旅游团队的2至3陪，甚至高达5倍至10倍)等特征，所以越来越多的旅游企业投入奖励旅游事业，目前，中国国际旅行社、中国旅行社、中国青年旅行社、广之旅国际旅行社股份有限公司、北京神舟国际旅行社集团有限公司、广东新之旅国际旅行社有限公司等多家旅行社都积极地参与开发奖励市场，并且取得了不小的成绩。

同时，奖励旅游的发展也受到了国家的重视，原国家旅游局于1993年成立了国际会议司，专门负责全国会议奖励旅游及展览在国际市场上的宣传推广、联络协调国内有关企业的活动等，对我国奖励旅游的发展起到了积极的促进作用。

而就地区而论，我国目前奖励旅游发展较快的首推北京、上海、广州。

四、我国奖励旅游的发展对策

任务引入

小李在一家外资企业上班3年。在这3年中，他由于业绩突出，参加了公司提供的两次奖励旅游活动，两次活动带给小李不同的感受。第一次由中国奖励旅游公司策划，从主题设计和线路安排上都缺乏新意。第二次由美国专业奖励旅游机构提供，无论是活动环节的设计，还是餐饮、住宿的选择都给他带来极大的享受。为什么国内奖励旅游和国外相比有如此大的差距？经过本节内容的学习可回答以上问题。

知识储备

进入21世纪后，奖励旅游作为现代化的管理工具和特殊形式的旅游，在我国迎来了新的发展契机，同时也面临着新的挑战。我们应抓住机遇，采取有效手段，尽快在竞争激烈的奖励旅游市场获得主动权。

（一）我国奖励旅游市场发展现状分析

1. 缺乏专业的操作机构

奖励旅游是一种高档次、高消费、高要求的旅游产品，它不等同于一般意义上的观光旅游和商务旅游，需要专业的机构来为企业“量身定做”。但是我国缺乏专门从事奖励旅游操作的机构，少数实力强的旅游公司开展奖励旅游业务，也基本上由会展旅游部门监管，缺乏全方位服务型奖励旅游公司和完成型奖励旅游公司参与奖励旅游的市场开发，因而奖励旅游的高端性和创新性无法体现，举办的奖励旅游和一般的旅游区别不大。

2. 购买者对奖励旅游的认识不足

中国许多企业具备一定的经济实力，但是大多数企业的管理方式比较传统，没有意识到奖励旅游作为一种管理工具所体现出的强大功能，或者在认识上存在很大的误区：把奖励旅游等同于公费旅游、一般旅游、吃喝玩乐等。

3. 奖励旅游人才相对缺乏

奖励旅游和一般旅游不同，活动安排需要体现出专业性且富有创造力，这就对奖励旅游的从业人员提出了更高的要求：具有较高的团队精神及策划水平，具备专业知识，了解企业文化，富有创造力、灵活应变能力，擅长成本控制等。目前，我国相关的奖励旅游专业人才相当缺乏，成为制约我国奖励旅游产业发展的一大问题。

4. 奖励旅游的产品开发缺乏深度

奖励旅游要量身定做、非比寻常。活动项目要讲究其参与性，有创意、和企业文化结合。但是目前奖励旅游专业机构策划的产品相似程度极高。活动令人兴奋的神秘感正在消退，无法给旅游者“意外的惊喜”。某500强企业经理表示，他们一直把企业的奖励旅游给专业的活动公司承办，开始合作有许多惊喜，但合作次数多了，活动项目没有更多的创新，制造不出惊喜了。

5. 奖励旅游发展不均衡

外资企业和合资企业主要集中在经济比较发达的环渤海地区、珠江三角洲地区和长江三角洲地区，这些地区旅游资源比较丰富，对新事物接受能力强，因而奖励旅游发展较快。相较而言，东北地区和中西部地区经济落后，外资企业和合资企业较少，观念陈旧，奖励旅游发展较为缓慢。

6. 税收政策的影响

2004年初，企业和单位通过组织免费培训班、研讨会、工作考察等形式奖励营销业绩突出人员的现象比较普遍，要求国家对此类奖励如何征收个人所得税政策问题予以进一步明确。财政部、国家税务总局发布了《关于企业以免费旅游方式提供对营销人员个人奖励有关个人所得税政策的通知》（财税〔2004〕1号），明确规定：对商品营销活动中，企业和单位对营销业绩突出人员以培训班、研讨会、工作考察等名义组织旅游活动，通过免收差旅费、旅游费对个人实行的营销业绩奖励（包括实物、有价证券等），应根据所发生费用全额计入营销人员应税所得，依法征收个人所得税，并由提供上述费用的企业和单位代扣代缴。其中，对企业雇员享受的此类奖励，应与当期的工资薪金合并，按照“工资、薪金所得”项目征收个人所得税；对其他人员享受的此类奖励，应作为当期的劳务收入，按照“劳务报酬所得”项目征收个人所得税。2018年新修订的中华人民共和国个人所得税法则规定工资薪金所得、劳务报酬所得、稿酬所得、特许权使用费所得统称为综合所得，按纳税年度合并计算个人所得税。从此，奖励旅游和其他奖励方式相比较，避税优势荡然无存，企业在组织奖励旅游时，面对的对象差异度大，组织难度增加，效果却因人而异。

（二）我国奖励旅游发展的几点建议

1. 加大对奖励旅游的宣传与开发力度

有些国内企业存在一种误区，认为奖励旅游就是公费旅游，或等同于一般旅游，意识不到奖励旅游能增强员工和客户对企业的忠诚度和企业的凝聚力，提高工作效率，增强企业的竞争力；此外，国内进行奖励旅游时，往往只是单纯组织员工、客户参加普通的旅行，除游玩的档次较低外，而且只是一种“填鸭式”的游览，使得受奖者只是一味地观赏风景，而没有达到奖励旅游的真正目的。因此应利用各种大众媒体、公关活动宣传奖励旅游对企业发展的益处，宣传奖励旅游的成功案例，让更多的企业及相关群体了解奖励旅游，提高奖励旅游知识在国内的普及率。

2. 提高奖励旅游产品的质量

奖励旅游区别于一般奖励旅游，在产品的设计上突出高档次、高要求、高消费等特点。因此，需在提高旅游产品的质量上下功夫。首先，奖励旅游产品要根据客户的需求量身定做，结合奖励旅游购买者和消费者的实际来确定。根据企业文化和消费对象的特点来设计一些活动环节，既能达到企业的目标，同时能调动参与者的兴趣。其次，统筹安排奖励旅游的各个环节，做好与相关部门的协调工作，保障各个环节有条不紊。最后，做好奖励旅游的售后服务工作，给客户留下深刻印象，促成下次奖励旅游活动的交易。

3. 加强对奖励旅游人才的培养

首先，加快人才教育机构的发展，对其人才培养提出新的要求，培养出适合奖励旅游发展的专业人才；其次，通过优厚的待遇引进掌握成熟管理经验和管理理念的国际奖励旅游的专业人才，学习和借鉴先进经验；再次，国内公司要培养自己的专业人才，把有发展潜力的人送到国外去，学习国外开展奖励旅游活动的丰富经验；最后，借鉴国外先进的管理经验，成立专业的部门管理奖励旅游，或由专业的奖励旅游公司管理。

4. 努力培育国际市场

目前，全球奖励旅游业务主要来自北美、欧洲和亚太地区的国际奖励旅游市场。许多跨国公司每年都要举行管理层和营销人员的大型年会、业绩总结会，并相应为员工、经销商和客户组织奖励旅游活动，国际性的著名旅游胜地通常是奖励旅游举办地的理想选择。我国具有丰富的旅游资源、日趋完善的现代化设施和服务，具备作为奖励旅游目的地的条件。但是，目前国际旅游目的地的选择上多倾向于欧美一些国家，这与我国奖励旅游市场营销力度不够有着很大的关系。国家奖励旅游市场的开拓还需政府发挥作用，政府的支持将大大提升奖励旅游的吸引力。一方面旅游管理部门应加大国际市场的促销力度，政府可组织旅游企业赴国外与国际买家直接洽谈与交流；还可以出面邀请一些著名的奖励旅游公司来境内考察，宣传我国奖励旅游的目的地形象等。另一方面，奖励旅游企业应积极参加国际性大型专业旅游展，争取现场能签到单。如政府与奖励旅游企业联手，国际奖励旅游的市场营销效果会更好。

5. 提供政策保障

奖励旅游市场的开拓仅仅依靠会展业、旅游业的发展是不够的，还需要政府提供相应的帮助，予以政策措施上的保障。首先，应制定优惠政策支持奖励旅游业的发展；其次，鼓励奖励旅游企业进入政府企事业单位的采购平台；最后，提倡企业在内部实行奖励旅游制度等。

（三）奖励旅游最新发展趋势分析

1. 带家属参与倾向

美国奖励旅游活动中，奖励旅游参加者90%以上带夫人，25%以上带孩子。带家属参与奖励旅游正在成为一种趋势。带家属参加奖励旅游活动，一方面强调家庭在员工工作中的重要性；另一方面，可使受奖励员工得到更多来自家庭的支持，从而让员工有更多时间和精力放在工作上，也可以增加未受奖员工对其的渴望，因而在今后的奖励旅游活动中，可以考虑有更多的家属参与其中。

2. 奖励旅游与商务活动结合

现在像过去一样的纯奖励旅游活动越来越少了，一般会在奖励旅游中加入会议、培训和企业业务活动，奖励旅游的商务性质越来越明显。首先是公司的经营理念发生了新变化，企业想通过奖励旅游不仅达到激励员工的作用，同时起到提升员工能力的作用；其次是奖励旅游与商务活动结合，可以使得员工参与奖励旅游的动机更强，不仅以参加奖励旅游为荣，还可以给员工带来更多的成就感和充实感，从而更努力工作。

3. 参与性奖励旅游增多

过去的旅游者常常满足于观赏，而今天人们旅游则更强调其亲身体验。常规观光与购物旅游已无法满足旅游者的需求，他们要求在日程安排中加进更多的活动项目，使奖励旅游活动变得更加丰富多彩。

典型例题

××公司五星级经销商奖励团

【团队介绍】

本团为港中旅同行客户交给我们全程负责接待的某著名体育用品公司经销商奖励团，全团共23人，其中22人为奖励团贵宾成员，1名领队由同行客户直接担任。

【深度玩法】

意大利常规城市结合西西里岛，体验非比寻常的意大利之旅，挖掘意大利迷人的自然风光。

【行程设计】

客户要求：在行程的设计之初，我们的同行客户指定了意大利为此次贵宾奖励团的目的地，并希望此次行程可以安排一些意大利非常规特色景点，让该团的贵宾既可饱览意大利常规城市，又不枉此行，欣赏到意大利独有的迷人风光。

设计思路：了解到同行客户的需求，我们考虑到行程时间大约在6月，正是欧洲度假胜地、意大利南部岛屿西西里岛的最佳观光时间，配合意大利世界闻名的常规城市：时尚之都米兰、文艺复兴发祥地佛罗伦萨、迷人水城威尼斯、历史古城罗马，我们的贵宾将可感受到来自意大利不同的风光特色。

行程特色："如果不去西西里，就像没有到过意大利：因为在西西里你才能找到意大利的美丽之源"，这个地中海上最大的岛屿，也是意大利面积最大的省份，迷人的自然风景与人文风景非常和谐地融合为一体。

【活动创意】

由于全部团员为我国著名的体育用品经销商，因此在团队的行程安排上，我们按照客户要求，安排了前往威尼斯附近的特雷维索参观乐途(LOTTO)总部的活动。

乐途是意大利体育领域一个主要的品牌，并是足球、网球领域的领导者。总部位于特雷维索，曾经拥有当地的特雷维索队。成立之初，乐途主要把精力集中在网球方面，当时一提起乐途，首先令人想到的就是网球鞋和网球T恤。后来，乐途把目光转向了足球，给绿茵豪门提供足球鞋和运动衣，如今连绿茵场上的执法者(即裁判)也偏爱乐途。足球用品逐渐成为乐途的主战场。在问世的头10年里，乐途迅速在意大利打开市场并占据了举足轻重的位置。现在，乐途已跻身世界著名运动品牌之列，行销五大洲的80多个国家。

【签证操作】

挑战一：客人为各地经销商，要求不参加使馆面试

解决方案：北京领区18人可以申请ADS旅游签证，所以客人不需要面试，上海领区4人，按规定要申请个人旅游签证，我们查看了上海领区的免面试条件：[3年内，去过2次欧洲或者或1次申根+1次美国(加拿大、英国)，所谓的去过是指必须要有签证页且有出入境记录]，因材料不符，最终4位客人还是要去领馆面试。

挑战二：意大利使馆每月10日之前预约下一个月的名额，但是我们收到这个团的确认信息已经在10日之后了。

解决方案：经过和使馆的协商，我们争取到了一个计划外的名额，并按计划把所有材料送交使馆。签证结果：客人签证最终于出发前一天下午全部顺利出签。

【酒店选择】

客户要求：全程豪华酒店，但预算有限

我们做到：

1. 因为西西里岛的陶尔米纳五星级酒店价格很贵，所以我们建议安排市中心意大利连锁酒店：ATAHOTEL Capotaormina Resort 4＊，因为酒店的设施及陶尔米纳的风景都非常漂亮，即使不是五星级酒店，客人仍然非常满意，其他城市我们均安排了市中心国际连锁五星级酒店，为同行客户节省了一笔费用，而客人都很满意。

米兰：WESTIN PALACE IN MILAN 5＊，

威尼斯：VCE LUNA BAGLIONI 5＊，

佛罗伦萨：MONTEBELLO SPLENDID 5＊，

罗马：WESTIN EXCELSIOR ROMA 5＊，

陶尔米纳：ATAHOTEL Capotaormina Resort 4＊。

2. 为贵宾客户办理快速入住，免去现场等候办理时间。

3. 全部安排美式自助早餐。

【导游服务】

客户需求：根据同行客户的介绍，我们考虑到此奖励团成员的VIP身份，及其文化程度、自身素质，特意安排了金牌导游邓导及池导完成内陆段及西西里岛段的接待工作。

专业讲解：在罗马和佛罗伦萨的观光过程中，特意安排了专业持牌LOCAL GUILD为大家介绍景点。

导游风采：邓导，服装设计专业，曾留学意大利，后留在米兰定居，米斯特拉金牌导游。讲解专业全面，控团力度强，十几年欧洲带团经验，能够悉心照顾团员，重视客户随时要求，应变能力强，零投诉。

池导：山西人，热情风趣，讲解专业，长期居住在西西里岛巴勒莫，西西里八年带团经验，热爱导游事业，热爱西西里岛，喜欢根据自己的亲身经历感染客人，让客人不只是看到西西里的美，更深入地了解西西里的魅力。

【餐馆特色】

团队行进过程中我们特意安排了三次意大利风味餐，让我们的客人感受到意大利美食的精彩。西西里岛的美食结合了地中海特有的浓郁风味，以新鲜的水果蔬菜、纯天然橄榄油、意大利通心粉为主，当然还有地中海的海鲜和意大利人最爱的西红柿。

【额外赠送】

古代希腊人把意大利叫作葡萄酒之国。意大利的葡萄酒历史久远，已经超过 3 000 年。街道上到处可见豪放地喝着葡萄酒的意大利人，不禁让人想起在佛罗伦萨见到的米开朗琪罗作品酒神巴克斯像。酩酊大醉的美丽青年像在讴歌着奔放、丰富的自然恩惠和生命。

我们特地在米兰的进餐中免费安排了团员品尝当地纯正的葡萄酒，让我们的 VIP 团员在惊喜之余感受到意大利不同文化的魅力所在。

【现场要求】

回国当天，根据团员搭乘的 AF1605 次航班 14:20 的起飞时间，我们计划提前 4 小时出发抵达巴黎机场，办理退税及登记手续。但是团员们希望能够再多留出一点的时间满足他们最后的购物需求。

考虑到退税单如果在境外盖过退税章，也可以拿到国内办理退税手续，我们决定满足团员在境外的最后一点愿望，将退税地改为目的地北京机场，并及时通知境内操作人员，安排人员接机，协助团员们办理退税手续，最终团员们顺利在北京机场办完退税，拿到返还税金。同时顺利帮助团员办好登记及退税单盖章等手续。

【退税流程】

北京机场退税地址：北京首都国际机场 3 号航站楼 2 层国际到达厅中国工商银行望京支行北京机场分理处。

在得知客人没有在境外办理退税后，我们专门派人在航班抵达前，赶到北京首都国际机场 3 号航站楼 2 层国际到达厅中国工商银行望京支行北京机场分理处，领取并帮团员提前填写个人境外消费退税申请表，客人抵达后直接在退税窗口凭本人护照原件及退税单退到欧元现金，极大地节省了客户自己办理的时间。

【客户评价】

1. 专业品质：整个行程从设计到落实、安排、接待，无一不表露出你们专业至上的服务品质。

2. 高效配合：在酒店、导游、餐及客户的需求上，尽善尽美地达到高效配合。

3. 沟通及时：两位导游的专业讲解、控团能力都很强，配合力度高，沟通反应非常及时，有效地帮助我们了解团队在行进过程中的情况。

【成长总结】

1. 西西里岛的中文导游资源缺乏，需要提前预订，特别是旺季，需要至少提前一个月。

2. 著名的名胜区埃特纳火山山上山下温差较大，需要带保暖衣物。

3. 欧洲中餐馆的团餐菜单相似性很大，容易出现换了餐馆没换菜品的现象，这就需要我们注意向每家预订的中餐馆索要菜单，协调菜品，尽量减少重复现象。

知识归纳

1. 奖励旅游是会展的重要组成部分，它是一种向完成了显著目标的参与者提供旅游作为奖励，从而达到激励目的的一种现代管理工具。奖励旅游包含的内在因素包括奖励旅游的对象、奖励旅游的决策者、奖励旅游的提供者、奖励旅游的形式、奖励旅游的内容、奖励旅游的目的。

2. 奖励旅游的操作机构有全面型奖励旅游公司、完成型奖励旅游公司以及设有奖励旅游部的旅行社和航空公司，这些机构在设计和策划奖励旅游时应量身打造、非比寻常。奖励旅游策划时遵循一定的流程，一是策划前期的市场调查，二是确定工作方案，三是制定绩效标准，四是确定奖励旅游的主题，五是严格选择旅游目的地，六是设计奖励旅游的线路，七是提交奖励旅游方案，八是实施奖励旅游活动方案，九是提供完善的奖励旅游后续服务。

3. 奖励旅游经历孕育、诞生、发展，已经成长为现代旅游业中的重要一部分。但国内外的奖励旅游发展呈现出了一定的差异性。国外奖励旅游最早起源于美国。综观以北美和欧洲为代表的国外奖励旅游的发展历程，大致可以划分为三个阶段：萌芽期、发展期、成熟期，我国奖励旅游的发展较晚。

4. 我国奖励旅游发展时间短，还有待于进一步的发展。从目前而言，在发展过程中存在不足与缺陷，如缺乏专业的操作机构，购买者对奖励旅游认识不足，人才相对缺乏，产品开发缺乏深度，地区发展不平衡，税收政策影响等。本章针对存在的问题，提出我国奖励旅游发展的几点建议，并对奖励旅游最新发展趋势进行分析。

知识图表

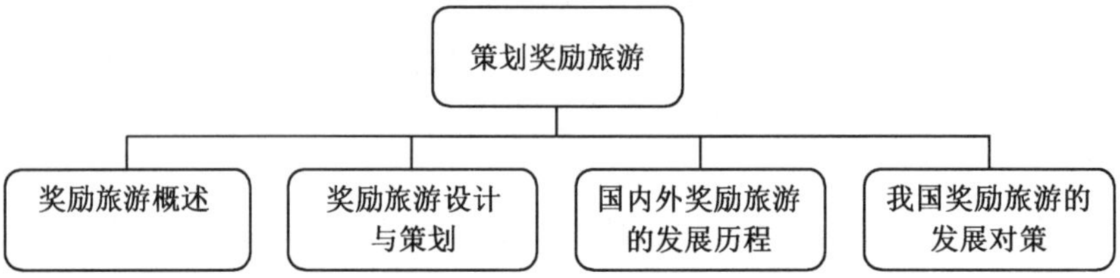

网站导航

本单元学习有关的网站有：

1. http://www.expo china.com.
2. http://www.cnki.net.

关键词汇

奖励旅游　量身打造　团队建设　全面服务型　完成型　绩效标准　奖励旅游主题　奖励旅游活动方案　奖励旅游产品　商务活动

独立思考

1. 简述奖励旅游和一般旅游的区别。
2. 简述现金奖励、物质奖励、精神奖励、奖励旅游的区别。

基本训练

一、名词解释

奖励旅游　PDCA

二、填空题

1. 常见的奖励方式有现金奖励、__________、精神奖励、__________。
2. 奖励旅游最早源于__________。
3. 奖励旅游的本质是__________。
4. 奖励旅游按照活动模式划分为传统型和__________。

三、多项选择题

1. 奖励旅游的对象包括(　　)。

A. 员工　　B. 经销商
C. 代理商　　D. 企业品牌的忠实消费者

2. 奖励旅游的目的是(　　)。

A. 激励员工　　B. 树立企业形象
C. 宣传企业文化　　D. 增加员工收入

3. 奖励旅游形成的条件有(　　)。

A. 自然因素　　B. 社会因素　　C. 心理需求　　D. 经济因素

4. 传统型奖励旅游包含的活动内容有(　　)。

A. 颁奖典礼　　B. 主题宴会　　C. 旅游　　D. 会议

5. 奖励旅游策划的流程有(　　)。

A. 市场调查　　B. 确定工作方案　　C. 目的地的选择　　D. 制定绩效

四、简答题

1. 简述奖励旅游策划的流程。
2. 简述奖励旅游设计遵循的依据。

五、论述题

奖励旅游策划者选择目的地的重要考虑因素有哪些?

六、思考题

大美旅行目的地管理公司是美国亚太旅游贸易集团 PACIFIC TRAVEL & TRADE CORP. 下属专门从事旅游目的地管理的专业化公司。公司面向全球华人市场,特别是中国市场,为前来北美从事公务或各种专业活动的人士提供一站式服务。其业务范围主要涉及奖励旅游、国际会议、商业展览、大型活动、目的地推广、工商务活动、短期培训以及高端定制旅游等。

思考题:如何为中国的一家三口定制一次别出心裁的奖励旅游,时间为暑假期间,10 天左右?

实战演练

【目标】 掌握奖励旅游策划流程,能初步策划小型奖励旅游活动。

【内容】 假设你在刚刚结束的学期拿到了一等奖学金,父母赞助 5 000 元用于你假期的奖励旅游,请为你自己设计本次奖励旅游实施方案。

【步骤】

(1) 活动前期的市场调查。
(2) 选择奖励旅游目的地。
(3) 设计奖励旅游的线路。
(4) 制定预算方案。

任务六　策划与管理节事活动

知识目标

◆ 节事活动的概念、类型、功能、特点；
◆ 节事活动的策划概念、原则与策划流程；
◆ 节事活动的发展趋势和历史。

技能目标

◆ 能根据不同类型的节事活动进行合理的组织策划和操作；
◆ 掌握节事活动策划的原则、内容和步骤。

能力目标

◆ 具备独立设计和策划节事活动方案的能力；
◆ 能根据方案安排小型节事活动。

思政目标

◆ 热爱家乡，弘扬传统文化，增强文化认同；
◆ 细节决定成败，见微知著，安全第一。

重点难点

◆ 节事活动的策划原则与策划流程。

一、节事活动概述

任务引入

入选人类非物质文化遗产的“羌年”，是中国四川省羌族的传统节日，于每年农历十月初一举行庆祝活动。节日期间，羌族人民祭拜天神、祈祷繁荣，在释比（神父）的细心指引下，村民们身着节日盛装，举行庄严的祭山仪式，杀羊祭神。然后，村民们会在释比的带领下，跳皮鼓舞和萨朗舞。活动期间，释比吟唱羌族的传统史诗，人们则唱歌、喝酒，尽情欢乐。新年之夜，每个家庭的一家之主会主持祭拜仪式，献祭品和供品。近年来，由于人们的迁徙活动日益频繁、年轻人对羌族传统文化的兴趣不断减弱，加之外来文化的冲击，庆祝羌历新年的人越来越少；2008年汶川大地震摧毁了许多羌族村庄，羌族人民聚集区遭到严重破坏，羌年的传承也因此陷入岌岌可危的状态。如果你是四川文旅部门的一员，如何策划一次节事活动，让这些濒临消失的人类宝贵财富继续繁衍生息呢？

（一）节事活动的概念和内涵

节事活动是会展业的重要组成部分，在我国经济的快速发展中扮演着重要的角色，活动形式多样，包括经贸洽谈、科技文化、旅游观光、购物娱乐等，其因在短时间内可集中展示活动主办地的自然资源及人文资源的独特魅力，故在创造经济效益、促进城市建设、提升城市形象等方面有着特殊的作用和意义。

微型案例

龙行龘龘迎新春

步入2024年，从农历小年至正月十六期间，北京持续推出一批以“龙舞新春、福满京华”为主题的龙年传统民俗文化活动，为在京过年的市民游客打造更具“年”味儿的春节。活动内容主要包括庙会游园会舞龙表演、街镇广场花会踩街、商圈景区祈福贺春、文化设施民俗体验四大类，总计80项409场。此次活动遍布全市17个区70多个街镇社村，其中既有核心区、中心城区、城市副中心，也有京郊乡镇，覆盖范围十分广泛。在各级政府主导下，包括商场、景区、酒店在内的26家企业也纷纷开展舞龙贺春活动。

其中，东城区于2月10日（正月初一）至2月14日（正月初五）在中轴线永定门南广场、前门大街北口至南口沿途、钟鼓楼文化广场每日举办“龙腾盛世 中轴纳福”舞龙快闪活动；王府井商圈的银泰in88、王府中环、东方广场、北京APM商场等企业分别于2月10日（正月初一）、14日（正月初五）、21日（正月十二）、22日（正月十三）联合举办王府井“金街过大年”文化金三角舞龙活动。西城区于2月10日（正月初一）9时依托厂甸庙会等启动仪式举办舞龙巡游。朝阳区于2月10日（正月初一）在东岳庙前亮相舞龙表演，展示“幡鼓齐动十三档”传统场景，2月11日（正月初二）至2月14日（正月初五）上午、下午均在东岳庙门前广场进行舞龙、舞狮演出……顺义区于2月23日（正月十四）在北务镇集贸市场举办“龙腾狮跃闹元宵”暨北务镇舞龙大赛。平谷区于2月24日（正月十五）9时至11时举办延续三十多年的秧歌花会大拜年活动，由京津冀特色非遗项目、民俗节目及全区各乡镇秧歌花会队伍组成，参与表演人员近2 000人，在府前街通过行进表演的方式向市民群众拜年。密云区于2月14日（正月初五）18时至21时在河南寨镇宁村举办龙灯会活动。延庆区于2月9日（除夕）至2月16日（正月初七）每天18时至21时，在八达岭长城景区推出“梦回长城·齐乐龙龙过大年”八达岭夜长城活动舞龙花会表演，游客可登上南四楼至北四楼观赏人字形夜长城金龙摆尾般的壮美辽阔，在八达岭脚下体验石佛寺村的特色舞龙花会展演。

来源：北京青年报，有删减。

1. 节事活动的概念

“节事活动”是近几年在国内会展研究中出现频率较高的一词，它由英文“event”而来，具有“事件、节庆、活动”等多方面的含义。

在国际旅游研究中，认为节事活动专指以各种节日（festivals）和盛事（special events, mega events）的庆祝和举办为核心吸引力的一种特殊旅游形式。美国乔治·华盛顿大学节事活动管理专业创始人及首任主任戈德布莱特(Goldblatt)博士在其《现代节事活动管理的最佳实践》(*The Best Practice of Modern Event Management*)一书中将节事活动定义为:“为满足特殊需求,用仪式和典礼进行欢庆的特殊时刻。”我们也可将它称为“能对人们产生吸引,并有可能被用来规划开发成消费对象的各种庆典活动的总和”。

微型案例

联合国教科文组织《保护非物质文化遗产公约》(以下简称《公约》)要求“各缔约国应根据自己的国情”拟订非物质文化遗产清单。建立国家级非物质文化遗产名录,是我国履行《公约》缔约国义务的必要举措。《中华人民共和国非物质文化遗产法》明确规定:“国家对非物质文化遗产采取认定、记录、建档等措施予以保存,对体现中华民族优秀传统文化,具有历史、文学、艺术、科学价值的非物质文化遗产采取传承、传播等措施予以保护。”“国务院建立国家级非物质文化遗产代表性项目名录,将体现中华民族优秀传统文化,具有重大历史、文学、艺术、科学价值的非物质文化遗产项目列入名录予以保护。”国务院先后于2006年、2008年、2011年、2014年和2021公布了五批国家级项目名录,共计1 557个国家级非物质文化遗产代表性项目(以下简称“国家级项目”),按照申报地区或单位进行逐一统计,共计3 610个子项。如表6.1所示,仅春节主题就有6项。

表6.1 国家级非物质文化遗产清单(春节主题)

序号	名称	申报地区或单位	保护单位
1	春节	文化和旅游部	文化和旅游部
2	春节(怀仁旺火习俗)	山西省怀仁市	怀仁市文化馆
3	春节(查干萨日)	吉林省前郭尔罗斯蒙古族自治县	前郭尔罗斯蒙古族自治县文化工作总站
4	春节(娘子关跑马排春节习俗)	山西省阳泉市平定县	平定县娘子关镇下董寨村村民委员会
5	春节(行花街)	广东省广州市越秀区	广州市越秀区文化馆(广州市越秀区非物质文化遗产保护中心)
6	春节(六盘山区春官送福)	宁夏回族自治区固原市西吉县	西吉县文化馆

2. 节事活动的内涵

(1) 节事活动的目的。有庆祝、文化娱乐、教育、市场营销、重聚等目的,提高举办地的知名度和美誉度,树立举办地的良好形象,促进当地服务业的发展,并以此带动区域经济的发展。

(2) 节事活动的内容。内容具有浓郁文化韵味和地方特色,应根据当地的文化和传统特色策划节事活动。

(3) 节事活动的形式。形式具有生动活泼、亲和力强等特点,大多数参与者都想通过这一活动达到休闲和娱乐的目的。节事活动的安排较为严谨,通常围绕主题并环环相扣。

(4) 节事活动的功能。节事活动不仅是一种文化现象,更重要的是一种经济载体。

（5）节事活动的实质。其实质是商业性活动。举办期间的大量人流不仅使得服务行业收入迅速增加，还会带动交通、金融、通信、贸易等行业的发展。

（二）节事活动的类型

1. 广义上的分类

广义的节事活动包括非常广泛的内容，划分为以下八个大类：

（1）文化庆典，包括节日、狂欢节、宗教事件、大型展演、历史纪念活动；

（2）文艺娱乐事件，包括音乐会、其他表演、文艺展览、授奖仪式；

（3）商贸及会展，包括展览会/展销会、博览会、会议、广告促销、募捐/筹资活动；

（4）体育赛事，包括职业比赛、业余竞赛；

（5）教育科学事件，包括研讨会/专题学术会议/学术讨论会、学术大会、教科发布会；

（6）休闲事件，包括趣味游戏和体育、娱乐事件；

（7）政治/政府事件，包括就职典礼、授职/授勋仪式、贵宾观礼、群众集会；

（8）私人事件，包括个人庆典、周年纪念、家庭假日、宗教礼拜、社交事件、舞会节庆、同学亲友联欢会等。

2. 按节事活动选取的主题分类

（1）以商贸为主题的节事活动

这类节事活动以地区的工业产品、地方特色商品和著名物产特产为主题，辅以其他相关的参观活动、表演活动等而开展。商贸类的节事活动除了可以起到商品交流、经贸洽谈等经济功效以外，还可以为举办城市带来很多社会效益。如中国豆腐文化节自1992年起每年在安徽省淮南市依托特色商品豆腐举办，一方面宣传了商品信息，另一方面渲染了城市的文化气息。这类主题的节事活动还有大连国际服装节、中国青岛啤酒节、北京西单购物节、中国银川国际摩托旅游节、中国山西面食节、中国银川赏石节、重庆国际茶文化节、中国宁夏枸杞节、浙江省桐乡菊花节、菏泽国际牡丹花会、景德镇国际陶瓷节等。

（2）以文化为主题的节事活动

这类节事活动依托该区域在历史上或现存的典型的、特质性的地域文化类型而开展。这类节事活动文化底蕴深厚，对游客吸引力强，常与当地特色文化的物质载体相结合，开展丰富多彩的观光、文化活动。如中国淄博国际聊斋文化节事活动以耳熟能详、流传很广的聊斋文化为主题，举办各种与聊斋主题相关的活动，以活化人们心中的聊斋故事而深受游客喜爱。类似的节事活动还有杭州运河文化节、滁州醉翁亭文化节、天水伏羲文化节、湖南舜文化节、安阳殷商文化节、福建湄洲妈祖文化旅游节等。

微型案例

中国曲阜国际孔子文化节

中国曲阜国际孔子文化节是一项融纪念活动、文化活动、旅游活动、学术活动、科经贸活动于一体的大型国际性节庆活动，被文化和旅游部确定为国家级“旅游节庆精选活动”，被国际节庆协会评为“中国最具国际影响力的十大节庆活动”。其浓郁的儒家文化特色、丰富多彩的旅游活动，吸引了大批海内外游客，形成了自己独特的风格和魅力，在海内外产生了广泛而深刻的影响。中国曲阜国际孔子文化节的前身是创办于1984年的国际性“孔子诞辰故里游”专项旅游活动。1989年，“孔子诞辰故里游”活动改办为每年一届的国际孔子文化节，于每年的孔子诞辰(公历9月28日)前后，即9月26日至10月10日在孔子故乡曲阜举行。

(3) 以自然景观为主题的节事活动

自然景观节事活动以当地地脉和具有突出性的地理特征(极端地理风貌、典型地理标志地、地理位置)的自然景观为依托，综合展示地区旅游资源、风土人情、社会风貌等。在节事活动中，除了突出自然景观的主体地位之外，还有很多其他的相关活动为陪衬。黄河壶口以壶口瀑布为主体，配以山西“威风锣鼓”“陕北花鼓”“扭秧歌”等活动，综合展示壶口景区的风貌。类似的节事活动还有:中国哈尔滨国际冰雪节(是我国历史上第一个以冰雪活动为内容的区域性节事)、张家界国际森林节、中国吉林雾凇冰雪节、云南罗平油菜花旅游节、北京香山红叶节、中国重庆三峡国际文化节、中国黑龙江森林生态文化节、桂林山水旅游节、浙江“西湖之春”旅游节、中国青岛海洋节等。

微型案例

中国哈尔滨国际冰雪节

冰雪节正式创立于1985年，是哈尔滨市在每年冬季传统的冰灯游园会的基础上创办的，起初名称为“哈尔滨冰雪节”。2001年冰雪节与黑龙江国际滑雪节合并，正式更名为“中国哈尔滨国际冰雪节”。该节是世界上活动时间最长的冰雪节，它只有开幕式，在每年的1月5日举行，没有闭幕式，最初规定为期1个月，事实上前一年年底节庆活动便已开始，一直持续到2月底冰雪活动结束为止，其间包含了新年、春节、元宵节、滑雪节四个重要的节庆活动。

冰雪节期间会举办冬泳比赛、冰球赛、雪地足球赛、高山滑雪邀请赛、冰雕比赛、国际冰雕比赛、冰上速滑赛、冰雪节诗会、冰雪摄影展、图书展、冰雪电影艺术节、冰上婚礼等，吸引游客多达百余万人次，经贸洽谈会成交额逐年上升。其不仅是中外游客旅游观光的热点，而且是国内外客商开展经贸合作、友好交往的桥梁和纽带。

(4) 以民俗风情为主题的节事活动

民俗风情节事活动以本民族独特的民俗风情为主题，涉及书法、民歌、风情、风筝、杂技等内容。我国是多民族的国家，各民族的习俗各不相同，可以作为节事活动的题材非常广泛，因此，该类节事活动也就非常之多。代表性的如南宁国际民歌艺术节、宁波中国梁祝婚俗节、中国三亚天涯海角国际婚庆节、浙江省绍兴国际书法节、浙江省东浦酒文化节、浙江省中国开渔节、浙江省青田石雕文化旅游节、中国潍坊风筝节、中国吴桥杂技节、中国临沧佤族文化节、傣族泼水节等。

微型案例

世界风筝之都

潍坊市被各国推崇为“世界风筝之都”，国际风筝联合会的总部就设在潍坊风筝博物馆。

> 潍坊也是中国的风筝之乡，制作历史悠久，属中国三大风筝派系之一。潍坊风筝题材多样，具有浓郁的乡土风味和民间生活气息。1984 年 4 月 1 日，在美国友人大卫·切克列的热心帮助和山东省旅游局的大力支持下，首届潍坊国际风筝会拉开帷幕。现在，每年 4 月 20 日至 25 日举行潍坊国际风筝节，来自 30 个国家和地区的代表团参赛。

（5）以宗教为主题的节事活动

宗教文化是中国传统文化的重要组成部分，宗教文化内容丰富、风格多样。宗教节事活动就是基于宗教对于游客的吸引力而创办的。宗教节事活动吸引的游客大多是宗教信仰者，这类参加者由于信仰关系，对宗教节的参与热情程度很高，且重游率很高。在节事活动过程中，设计的与宗教相关的各种活动他们都会热情参加。各类庙会、开光节、寺庙奠基节等都属于这一类，如五台山国际旅游月、九华山庙会、藏传佛教晒佛节、中国黄梅佛教文化节、伊斯兰教的开斋节、古尔邦节、圣纪节、陕西法门寺佛祖文化节、沙特麦加的"朝觐"活动等。

微型案例

> **古尔邦节**
>
> 古尔邦节又称宰牲节，尔德节。古尔邦节与开斋节（肉孜节）、圣纪节并列为伊斯兰三大宗教节日。
>
> 古尔邦节是我国回族、维吾尔族、哈萨克族、乌孜别克族、塔吉克族、塔塔尔族、柯尔克孜族、撒拉族、东乡族等少数民族共同的盛大节日。
>
> 古尔邦节的主要内容有：(1)举行会礼，穆斯林们聚集在大清真寺或公共场所，举行盛大的仪式和庆祝活动；(2)宰牲，一般的穆斯林都在节日之前准备好到时要宰杀的牲口，牲口要求必须健康，分骆驼、牛、羊三种，根据家庭的经济情况来决定。宰杀后的肉要分成三份，分别留作自用、赠送亲友以及施舍给穷人。

（6）以体育为主题的节事活动

即以体育为主题的节事活动，一般均以举办地的体育赛事为主题。例如，龙舟竞赛成为端午节的标志性活动，受到广大体育爱好者的追捧。类似的节日还有中国少数民族的传统体育节目，如傈僳族的刀杆节。还有国际马拉松赛事，每当马拉松进行时，都会引来世界各地的体育爱好者。此外，还有我国每年举办的全国运动会、香港地区的赛马会等。

微型案例

> **端午节龙舟竞赛起源**
>
> 在我国历史上，端午节是为了纪念屈原的说法已经有 1 500 多年的历史了。相传屈原投汨罗江后，当地百姓闻讯马上划船捞救，一直行至洞庭湖，始终不见屈原的尸体。那时，恰逢雨天，湖面上的小舟一起汇集在岸边的亭子旁。当人们得知是为了打捞贤臣屈大夫时，再次冒雨出动，争相划进茫茫的洞庭湖。为了寄托哀思，人们荡舟江河之上，此后才逐渐发展成为龙舟竞赛。

(7) 以传统节日为主题的节事活动

节日的起源和发展是逐渐形成,潜移默化地完善,后慢慢渗入社会生活的过程。它和社会的发展一样,是人类文明发展到一定阶段的产物。传统节日作为传统文化的重要组成部分和表现形态,千百年来绵延不断、历久弥新,是一个民族传统美德代代相传的重要载体。因此,现在的传统节日活动仍具有很重要的精神和社会意义。

微型案例

情人节的起源

公元 3 世纪,罗马帝国出现全面危机,经济凋敝,统治阶级腐败,社会动荡不安,人民纷纷反抗。贵族阶级为维护其统治,残暴镇压民众和基督教徒。是时有一名教徒瓦伦丁被捕入狱。在狱中,他以坦诚之心打动了典狱长的女儿,他们相互爱慕。统治阶级下令将他执行死刑,在临刑前,他给典狱长女儿写了一封长长的遗书,表明自己无罪,也表明他光明磊落的心迹和对典狱长女儿的深深眷恋。

公元 270 年 2 月 14 日,他被处以死刑,后来基督教徒为了纪念瓦伦丁为正义、为纯洁的爱而牺牲自己,将临刑的这一天定为“圣瓦伦节”,后人又改成“情人节”。

中国重大的传统节日有春节、元宵节、清明节、端午节、中秋节等。此外,各少数民族也都保留着自己的传统节日,如傣族的泼水节、蒙古族的那达慕大会、彝族的火把节、瑶族的达努节、白族的三月节、壮族的歌圩、藏族的藏历年和望果节、苗族的跳花节等。

温馨提醒

中国法定节日有:新年;春节;清明节;国际劳动妇女节(3 月 8 日);植树节(3 月 12 日);国际劳动节;中国青年节(5 月 4 日);端午节(农历端午当日);儿童节(6 月 1 日);中国共产党诞生纪念日(7 月 1 日);中国人民解放军建军纪念日(8 月 1 日);教师节(9 月 10 日);中秋节(农历中秋当日);国庆节(10 月 1 日)。

(8) 综合性的节事活动

综合节事活动大多综合以上几种主题且在大城市举办。这种节事活动一般持续时间比较长,内容综合、规模较大,投入较多,相应地取得的效益也会比较好。我国许多大城市都有此类节事活动,如从 1998 年开始,由广州市人民政府主办,市商业委员会、市旅游局共同承办的广州国际美食节、中国旅游艺术节暨广东欢乐节“三节”活动,同时同地举行,为期 11 天,跨越 6 天公众节假日。3 大节事活动相互辉映,无论在规模、档次、水平等方面都上了一个新台阶,并形成以“食”为主,集饮食、娱乐、商贸、旅游于一体,成为具有鲜明地方特色,也具有国际性、广泛性、专业性、科学性和群众性的著名节事活动,也是市民公众节假日新的消费热点和好去处。

微型案例

西湖国际博览会

西湖国际博览会创办于1929年6月，此后停办70年，1999年6月重新开办。

2000年10月20日第二届西湖国际博览会开幕，定名为“中国杭州—2000西湖国际博览会”（简称“中国杭州西湖国际博览会”或“西湖国际博览会”）。历届西湖国际博览会组织委员会名誉主任由浙江省省长和国家有关部委领导及西湖国际博览会主办单位负责人担任，主任由杭州市委书记担任，市长担任第一副主任。随着西湖国际博览会工作的需要，组委会的工作部门从最初的“一办两委”发展到“一办十部”。西湖国际博览会举办的项目也从39个发展到近年来每届50多个的规模。

（三）节事活动的特点

归纳起来，节事活动有下列特点：

1. 文化性

一般的节事活动安排都要突出展示地方博大精深的文化，都是将当地的文化与旅游促销一体化，以文化特别是民族文化、地域文化、节日文化等为主导，具有文化气息、文化色彩和文化氛围。随着旅游业的发展，文化旅游节开始逐步演化为以文化节事活动为载体，以旅游和经贸洽谈为内容的全方位的经济活动。例如河南洛阳的牡丹花会就是通过文化搭台，达到经济唱戏的目的。在国内外取得较大影响的上海国际服装文化节对促进上海的经济发展、丰富市民的文化生活、提升市民的文化素养起到了积极的作用。

微型案例

诺丁山狂欢节

诺丁山狂欢节是欧洲规模最大的街头文化艺术节，每年在英国伦敦西区诺丁山地区举行。诺丁山区的黑人居民多半来自加勒比海或拉美其他地区。正是诺丁山的移民文化孕育了诺丁山狂欢节。20世纪60年代，聚居在诺丁山地区的西印度群岛移民因思乡情重而举办狂欢节，当时不过只有一小群人穿着民族服装，敲着钢鼓在街上走一圈而已。几十年后，它发展成为规模盛大的多元文化节日和伦敦最炙手可热的旅游项目之一。

在世界各地的狂欢节中，诺丁山狂欢节的规模仅次于巴西里约热内卢狂欢节。

2. 地方性

节事活动带有明显的地方气息，随着旅游的发展，有些已成为反映旅游目的地形象的指代物。一些节事活动的举办地为广大公众所熟悉，如巴西奥吉里奥狂欢节、澳大利亚乡村音乐节、苏格兰爱丁堡艺术节和伦敦泰晤士河艺术节。这些节事活动以“节事活动品牌代言城市”的形象来定义举办地。民族节日更是有其独特的地方性，节事活动的地方色彩更为浓厚。例如，泼水节总是与傣族的形象联系在一起，而那达慕大会也总是代表着内蒙古的形象。此外，宗教的固定传统节日与庙会活动融合，又成为该地宗教圣地或寺庙的代表，例如，福建、中国台湾等地的“妈祖诞辰”，几乎成为当地最隆重的旅游节事活动。

微型案例

近年来，不少地方掀起了追捧传统民俗的热潮。福建游神火爆出圈，多位神将凭借“盛世美颜”走红网络，吸引许多外地游客前来打卡。

游神是福建省的传统民俗活动之一。春节期间，人们以“挺神将”的形式，让神祇人物“巡视乡里”，以此祈求风调雨顺、五谷丰登、乡里团结、国泰民安。这些神祇通常是历史上有来历或真实存在的人物，并且对乡里、地方乃至国家做出过贡献。从本质上看，它是一种古老的祈福活动，寄托着对美好生活的祝福与期待，也蕴含着对文化传统的传承与认同。

这项民俗活动，原本只在某些地区兴盛。如今出圈火爆全国，当然应该归功于短视频的传播效应，但更重要的则在于民俗活动所承载的深层文化记忆和独特审美符号，是人们心中“乡愁”的重要依托。可以这么说，游神活动满满的仪式感，不仅营造出浓浓年味，而且持续引发情感共鸣。这也从侧面印证了中华优秀传统文化生生不息的内在生命力。

民俗传统如何保持历久弥新的生命力？游神火爆给我们以启示——既要扎根于与生俱来的厚重文化内涵，更要有与时俱进的自我更新能力，以新表达和新诠释挖掘时代价值与文化价值。

1. 拥抱时代。传统民俗承载着人们对乡土的眷恋，更寄托着文化意蕴和精神追求。但它的形式不会永远停留在昨日，而会与时间一起奔涌前行。游神火爆，印证了短视频平台传播的“魔力”。在“互联网＋”背景下，应随着时代变化创新表达形式，在拥抱潮流中寻找新的“打开方式”，从而打破民俗传统所受的地域与时空限制，使其真正进入民众的记忆深处，并通过现代传媒手段实现活化传承与发展。

2. 拥抱青年。青年是最富活力、最具创造力的群体。这群与新媒体同成长、共发展的年轻一代，已成为推广传统民俗的重要力量。游神出圈，正是有了新生力量加入，如“90后”积极学习打鼓板、“挺神将”，“00后”主动参与设计新版神将形象。应把“接力棒”从老一辈传递到年轻一代手中，充分发挥创造力，努力将老习俗过出新味道，展现出有朝气、有活力的文化面貌，更好地融入现代生活。

当然，传统民俗文化也有不容小觑的经济效益。福州的游神活动吸引了京沪粤各地游客参与，带动当地旅游经济发展。如何让民俗文化与市场经济相互交融，为发展注入新动能，也是各地各部门需要进一步思考的问题。

来源：福建省人民政府官网，有删改。

3. 短期性

特殊节事活动的一个本质特征就是短期性。每一项节事活动都有季节和时间的限制，都是在某一事先计划好的时段内进行的。当然，节事活动的时间不是随意决定的，往往要根据当地的气候、旅游淡旺季、交通情况、接待能力、主题确定、经费落实、策划组织需要的时间等条件，从实际情况出发来确定。如果频繁举办某种节事活动，可能就很难引起和保持第一次举办时的氛围。如上海的南汇桃花节只能在桃花盛开的阳春三月举办，桂花节只能在农历八月举办。在短暂的时间内要具有充足的饭店客房等旅游接待设施和便利的交通等基础设施，来接纳从四面八方潮涌而来的旅游者，这给举办节事活动的地区和城市带来了机遇，也带来了挑战。

微型案例

天津演唱会带动消费超30亿元!

2023年9月7日至10日,"周杰伦嘉年华世界巡回演唱会天津站"在天津奥林匹克中心举办。携程平台数据显示,演唱会总计观众人数18.5万人次,其中本地观众占比38%,外地观众占比62%,累计综合消费超过30亿元。数据显示,9月6日至11日,天津整体旅游订单数量环比前一周增长11.7%,相较2019年同期增长77.4%;旅游人次环比前一周增长8.57%,相较2019年同期增长70.5%;订单金额环比前一周增长35.3%,相较2019年同期增长130.2%。其中,酒店预订金额环比前一周增长91%,相较2019年同期增长318.8%;平均房价环比前一周增长25.9%,相较2019年同期增长42.7%;门票预订金额环比前一周增长439.4%,相较2019年同期增长2 431.8%。

来源:《中国经济周刊》官方账号。

4. 参与性

随着旅游业和休闲业的发展,旅游者和休闲者越来越注重活动的参与性,节事活动就是这样一种参与性很强的旅游和休闲活动。众多节事活动想方设法拉近与参与者的距离。

节事活动的参与者希望能够满足他们对一个地方和居民的好奇心。通常他们希望节事活动能够让他们了解一个地区的生活方式。植根于特殊地区的节事活动能够为来宾提供欣赏当地风景和探究当地精神的机会。参加者喜欢收集当地物品作为纪念,可以通过获得新知识、新技术来提高自己,同时可以通过服装、食品的享用等方式留下深刻的印象。

微型案例

澳大利亚每年的渥德华民俗节在位于阳光海岸的繁荣热带风景区举办,为期6天6夜。参加者都在举办地点露营。该民俗节上有超过2 000名表演者参加大约400种活动,如音乐会、舞蹈、讨论、论坛、街头剧院、协作竞赛、电影节、喜剧表演、历史论坛、儿童节、艺术工艺品展览等。这种形式让各参加者不断认识新朋友,并介绍新的朋友去参加,最后数以千计的人们来参加这个令人难忘的盛典。

5. 多样性

从节事活动的定义可以得知,节事活动是一个内涵非常广泛的集合概念,任何能够对旅游者产生吸引力的因素经过开发都可成为节事活动。此外,节事活动在表现形式上也具有多样性。它可以是博览会及体育赛事,又可以是会议庆典、花车游行及各种形式的文化娱乐活动;它的主题可以是纪念某个名人,某个历史事件,也可以是当代的庆典。活动的内容可以有宴会、戏剧、音乐舞蹈、服装展示、画展、土特产品展销、体育竞技、杂技表演、狂欢游行等各种形式,涉及政治、经济、文化、体育、商业等多个方面。

6. 交融性

正是节事活动的多样性,决定了节事活动必然有强烈的交融性,许多大型节事活动(如奥运会、世博会、旅游节、服装节、食品节等)都包含了许多会议、展示活动、宴会、晚会等。而在许多会议、展览、奖励旅游中也包含许多节事活动。节事活动和会展业的其他细分市场都有一个共同的特点，那就是“你中有我、我中有你”，这些活动互相交融，共添光彩，使节事活动更具吸引力。

(四) 节事活动的作用

总的来看，节事活动对于举办城市的作用主要体现在以下几个方面。

(1) 平衡旅游业“淡旺季”，弥补供需不足

旅游资源、旅游活动具有季节性是一个不争的事实。在城市的旅游业发展中，存在着“淡季”“旺季”之分。旺季时，游人如织，淡季则是游客寥寥，资源闲置，人浮于事。优化融合本地旅游资源、民俗风情、特殊事件等因素，举办具有别出心裁的卖点的、丰富多彩的节事活动，一方面可以吸引游客，为游客提供新的旅游选择，另一方面，可以调整旅游资源结构，为城市旅游业的发展提供新的机会，并能较好地解决旅游淡季市场需求不足的问题。

如哈尔滨国际冰雪节既充分利用了当地的旅游资源，又缓解了旅游市场的淡季压力。在国际冰雪节期间，有逾百万游客赴哈尔滨旅游，市内各大宾馆酒店的入住率比平时普遍提高了30％～50％。

(2) 促进城市基础设施的完善，优化城市环境

举办节事活动可以极大地加快城市的交通、通信、城建、绿化等基础设施建设的步伐，优化城市环境，尤其是对于交通条件的改善具有很大的推动作用。在实际工作中，各城市在举办节事活动之前，都十分重视交通等城市基础设施的完善工作。如作为历年冰雪节的一项重要内容，哈尔滨灯饰亮化工程使松花江南岸沿江一带环境得到极大改善，形成了两岸霓虹遥相辉映的壮观美景。

(3) 拉动相关产业发展，创造效益

任何一次城市节事活动都具有一定的主题，配合这一主题的生产厂家或者说整个产业都可以在节事活动中获得经济收益。如每一届的大连国际服装节都有大量的海内外服装厂家、商家、设计师和模特的光临，各类表演活动、发布会、展览会、洽谈会，为本地服装业及其相关产业、生产厂商提供了巨大的商机。由于服装节的举办，大连的服装交易和投资与日俱增，带来了巨大的直接和间接的经济效益。再如自1984年潍坊成功举办国际风筝节以来，形成了庞大的潍坊风筝产业，并促进了与风筝相关的产业发展，国际风筝节成为拉动经济的新的增长点，世界风筝联合会总部也在潍坊落脚。

(4) 塑造形象，提升知名度

节事活动对主办城市具有很强的形象塑造作用，并提升城市的知名度。节事活动在地方品牌化过程中具有四个方面的作用：①节庆作为促进旅游业和地方发展的动力，可强化旅游和地方意识；②节庆作为旅游形象和地方形象的塑造者，可提升城市和地方声誉；③节庆作为旅游吸引物，可构成旅游产品体系的有机组成部分；④节庆作为提升旅游吸引物和旅游目的地地位的催化剂，可拉动地方基础设施建设。

城市形象是一个综合的形象塑造系统，需要花费大量精力和很长时间的宣传，才能塑造成功，此外，城市整体形象是通过对各种形象要素的整合实现的，其宣传工作难度很大。而城市节事活动的开展，往往能够对城市主题形象起到很重要的宣传功效。参加者可以通过节事活动的各项内容，全面了解城市的自然景观、历史背景、人文景观、建设成就等内容，从而对城市形象形成感性认识。另外，节事活动本身就是目的地形象的塑造者，举办节事活动就是目的地形象的塑造过程。成功的节事活动的主题能够成为城市形象的代名词，如一提到风筝节，就会

想到山东潍坊，一提到啤酒节，就会想到青岛。这些成功案例都说明，节事活动与举办城市之间已经形成了很强的对应关系，能够迅速提升城市的知名度。

(5) 弘扬传统文化，推进精神文明建设

城市节事活动有利于弘扬中华传统文化，彰显传统文化的丰富内涵和个性；有利于进一步密切国内外文化交流与合作，促进文化的传承、发展和经济社会全面进步。如山东曲阜利用几千年的文化积淀创办了国际孔子文化节，将当地已沉睡了几千年的历史遗迹活生生地再现出来，使传统文化焕发了活力。

南宁国际民歌节的作用不仅在于把潜藏在民间的艺术活力借助现代传媒展现在人们面前，而且民歌的优美旋律使人们感受到团结、祥和、繁荣、发展的时代脉搏和健康向上的美好气息。同时，充分挖掘民歌文化中的审美精神，从中提升出有益于现代社会和现代人的文化理想和生活理念，营造现代生活的艺术氛围，进而推动了城市精神文明建设。

微型案例

四海同春　华人迎新

2024 年龙年春节，在中国驻英国大使馆的支持和伦敦华埠商会的邀请下，经广东省文化和旅游厅的精心组织，广东省国家级非遗代表性项目普宁英歌前往英国伦敦参加“欢乐春节”庆典。

大年初一，普宁英歌在英国百年地标伯灵顿拱廊震撼亮相，大年初二则在特拉法加广场参加“四海同春”新春庆典，以气势如虹的舞动与世界人民一起恭贺新春佳节，共享节日美好愿景。庆典主舞台上鼓声震天，铿锵有力。描着脸谱、身着戏服的英歌队员们挥舞手中短棒。现场观众尤其是海外友人们纷纷举起手机记录下精彩瞬间，不少英国市民已是数次参加“四海同春”新春庆典，他们纷纷对来自中国的传统文化赞不绝口。

本次“四海同春”新春庆典囊括了舞龙舞狮、花车巡游、文艺汇演等精彩纷呈的活动。特拉法加广场周边和唐人街主要街道遍布各种美食、年货和中国传统民族手工艺摊位，伦敦沉浸在中国新年的喜庆氛围中。主办方预计吸引逾 70 万在英华侨华人、留学生、中英机构代表以及英国民众和各国游客参与。

春节这一来自中国的传统节日，早已成为全球华人共同庆祝的日子。自 2010 年春节开始，文化和旅游部会同国家相关部委、各地文化团体和驻外机构在海外共同推出“欢乐春节”文化交流活动，其中英国伦敦的“四海同春”春节庆典是亚洲以外规模最大、最具影响力的春节庆祝活动。

来源：羊城晚报，有删改。

(6) 节事活动具有很强的后续效应

节事活动给城市带来的效应不仅仅限于当时所创造的效应部分。对于主办城市的人们来说，通过节事活动掌握大量的信息，挖掘了大量的商机；对于主办城市来说，通过举办节事活动，改善了当地的基础设施，优化了社会环境，创造了良好的投资环境，给参加节事活动的人们留下了好印象，创造了一批潜在的投资者。这些效果不一定在当时就能看得出来，也许会经过很长时间才能显现，因此，举办节事活动创造的效应具有持续性、后续性。

情景思考

1. 节事活动的作用有哪些?
2. 一个城市成功举办节事活动需要具备哪些因素?

二、节事活动策划与管理

任务引入

国际级非物质文化遗产中,婚俗主题就有7项(见表6.2)。假如你是一家婚庆公司负责人,你了解过这些少数民族婚俗传承下来的宝贵财富吗?在你过往所参加过或听闻过的婚礼活动中,有哪些令你难忘的时刻呢?如何策划未来属于你自己的结婚典礼呢?

表6.2 国际级非物质文化遗产清单(婚俗主题)

序号	名称	申报地区或单位	保护单位
1	婚俗(朝鲜族回婚礼)	吉林省延边朝鲜族自治州	延边文化艺术研究中心
2	婚俗(达斡尔族传统婚俗)	黑龙江省齐齐哈尔市富拉尔基区	富拉尔基区文旅事业发展中心
3	婚俗(彝族传统婚俗)	四川省美姑县	美姑县文化馆
4	婚俗(裕固族传统婚俗)	甘肃省张掖市	肃南格固族自治县非物质文化遗产保护传承中心
5	婚俗(回族传统婚俗)	宁夏回族自治区	宁夏回族自治区文化馆
6	婚俗(哈萨克族传统婚俗)	新疆维吾尔自治区伊犁哈萨克自治州	伊犁哈萨克自治州文化艺术研究所
7	婚俗(锡伯族传统婚俗)	新疆嘎善文化传播中心	新疆嘎善文化传播中心

(一)节事活动策划的概述

节事活动策划是在搜集和分析信息基础上安排节事活动和设计节事内容并找出最佳方案,从而达到宣传当地优势资源或获得经济资源收入目的的活动。

成功的节事活动源于成功的节事活动策划,目标是起点,信息是基础,创意是核心,在科学论证的基础上,找出最佳的策划方案,保证节事活动的顺利进行。

1. 节事活动策划的作用

(1)提供行动指南

节事活动方案是节事活动运作的框架和行动指南,为节事活动的执行提供总的指导思想。在此方案指导下,各部门协调作战、统一行动,围绕制定的目标实施各项活动,做好各项活动,保证节事活动的顺利进行。

(2)提高资源利用率

对于节事活动的组织者来说,无论政府还是企业,其资源都是有限的,如何合理有效地利用资源来达到节事活动的目标是每个策划者都需要考虑的问题。节事活动的资源包括人力资源、信息资源、时间资源、物力资源、财力资源等，好的策划即合理调配、组合这些资源，充分挖掘各项资源的潜能，实现对资源的充分利用。

(3) 降低活动的风险系数

每一个大型节事活动的举办都会给一个城市和地区带来经济效益和社会效益，但还会伴随着一定的风险。在举办过程中，如果某个环节考虑不到，策划不周，在活动过程中出现事故，就会对活动声誉带来一定的负面影响。节事活动的组织者在项目开始前精心策划可以降低活动的风险系数，保障活动的顺利进行。

(4) 利于节事活动品牌的打造

好的节事活动策划能大幅提升节事活动的成功率，而节事活动的成功举办有利于提高其知名度，给举办地带来可观的经济效益和社会效益，增强其节事活动的竞争力。

2. 节事活动策划的原则

(1) 广泛参与性原则

节事活动赖以成功的魅力就是广泛的民众参与，在策划活动方案时要考虑不同受众群体的喜好以及参与程度，尽量使得活动能涵盖喜好不同、层次不同的受众群，使每个群体都能身临其境、参与其中。

(2) 可操作性原则

节事活动项目策划不仅能为活动开展提供战略指导，同时也为活动提供具体的行动计划，使得活动能够顺利开展。节事活动项目的顺利实施是会展策划的直接目的，节事活动策划应该具有充分的可操作性。可操作性的具体要求就是在制定策划方案时，应结合市场的客观实际情况，综合考虑活动主办方的人力、物力、财力等资源。否则，再好的节事活动策划也只是“纸上谈兵”。

(3) 创新性原则

创新是赋予节事活动生命力的象征，是节事活动得以延续的动力，只有在继承先前文化的基础上不断推陈出新，节事活动才能越办越好，创造更多的经济效益和社会效益。创新需要节事活动的策划者在策划和设计活动时不拘泥于现状，应源于现状高于现状，立足眼前着眼于未来，运用新的创意设计出可行又不缺乏创意的方案，达到出奇制胜的效果。

微型案例

科技助力冬奥会，中国健儿屡创佳绩

北京2022年冬奥会上，中国冰雪健儿不仅实现了全项目参赛，还屡创佳绩。在本届冬奥会的备战中，科技助力功不可没。

1. 成功完成“头盔攻关”

没有运动员、没有训练场地、没有训练装备，钢架雪车在中国的起步是真正的“从零开始”。建队7年后，在北京冬奥会上，中国钢架雪车队历史性地派出4人参赛，男选手闫文港斩获一枚宝贵铜牌，殷正获得男子第5名；赵丹、黎禹汐分别获得女子第9名和第14名。通过跨界跨项选材解决了人才问题后，队伍一开始只能在冬季辗转欧洲和北美地区，租用或是重新利用其他队伍淘汰的器材，一点点熟悉每一条赛道的特性，因为器材不合适影响训练质量在所难免。而在夏天，队员们在国内进行一部分体能训练时，则主要利用由轮子替代钢刃的模拟训练器，苦练推车出发技术。随着国家雪车雪橇中心的建成，其配套的一座专门练习赛道出发的训练馆让队员们终于可以进行专业的出发训练。在这项以出发为主导的运动项目中，数字化科学训练辅助平台的投入使用，让队员的每一次推车滑行速度与效率如何以及哪些细节需要提升，都有数据可循。此外，钢架雪车国家队还拥有了自己的器材，以往租借与回收利用他人的器材也成为历史。在二七国家冰雪运动训练科研基地，队员们还可以利用风洞实验，掌握在钢架雪车上滑行的最佳姿态，并测试和改进器材。"工欲善其事，必先利其器"，以往在钢架雪车赛场上，欧美运动品牌设计和制造的比赛服、头盔与钉鞋占据主流，中国运动员很难买到合适的装备。北京冬奥会上，钢架雪车运动员的装备从头盔到比赛服，再到手套、钉鞋，从头到脚闪耀着"科技冬奥"的光芒。北京冬奥周期，科研人员组织了"头盔攻关"，最终选用硬度相当于钢的5倍而密度只有钢的一半的航天级碳纤维材料来制作头盔。同时，根据运动员头颅特点定制打造。由国产品牌安踏自主研发的钉鞋，其钉子全部是3D打印的钛合金结构，重量更轻，又能有效减小风阻，经反复测试，这款战靴在起跑推进阶段相较其他品牌可平均提高0.023秒。推车起跑是钢架雪车比赛中最重要的技术环节，能够在这一阶段提升速度，可谓意义重大。

2. 模拟多个项目真实赛场

二七国家冰雪运动训练科研基地中，广泛应用于航空航天的六自由度运动平台被引入中国冰雪健儿的冬奥备战，运动员不再受季节、天气和环境等因素影响，随时可以进行模拟真实比赛场地的训练，覆盖了钢架雪车、雪车、雪橇、高山滑雪、平行回转、冬季两项等项目。六自由度团队负责人介绍，六自由度运动平台的核心是将航空的模拟训练理念引入体育领域，通过六自由度平台的技术，包括VR虚拟现实技术、体育项目的数字仿真技术，为运动员提供一个逼真的、和赛道一样的训练环境。如钢架雪车训练系统建立起了1比1模拟赛道系统，运动员在模拟器上从出发到终点，以1分钟计算，一个小时可以训练30至40次，运动员在有限的时间里，训练次数得到几何级增加，有助于熟悉赛道，形成肌肉记忆。而在越野滑雪训练系统上，可以重点训练运动员的手部力量，控制上坡、下坡不同的配速以及滑行频率，进行迭代的重复训练。此外，教练员通过模拟系统提供的采集数据，还可以了解到队员的技术特点，让训练更加有的放矢。风洞在北京冬奥备战中的应用，有力地帮助了中国冰雪运动员用科技换时间。跳台滑雪运动员通过在风洞中体验姿态的把控，塑造肌肉记忆，将空中飞行2秒钟的感受，放大到风洞中的5分钟、10分钟，体会毫厘之间的偏差，形成肌肉群的条件反射。

3. 比赛服防切割强度超钢丝

以往我国冰雪高水平运动员的比赛服大多需要国外定制，为了给中国运动员提供更加符合自身特点的装备，国家冬季运动服装装备研发中心于2019年年底在北京服装学院正式成立。由北服团队牵头，联合6所高校、4个企业联合攻关，研究内容涉及纺织工程、服装设计与工程、机械工程(摩擦学)、热物理、生物力学、体育科学六个学科，解决专业比赛服"快、护、暖、美"四个关键技术问题，实现竞速类项目服装、防护材料及装备、耐低温保障材料及装备、技巧类项目服装四类产品创新。高速的冰上滑行需要对抗相当于十几级大风的空气阻力，专业速滑比赛服既能帮助运动员减少阻力，又能保护运动员免受意外伤害。研发团队在全球范围内搜集和测试了150多种面料的基础性能,应用于服装减阻设计中。研发团队在参考了全世界100多种面料后,最终成功研制出一种防切割面料,采用最新的360度全身防切割技术,防切割强度达到钢丝的15倍。研发团队为花样滑冰队设计的比赛服"考斯滕"是"美"字的集中体现。花滑比赛服既要轻,又要保证运动员能够完成各种高难度技术动作,更重要的是还要"好看"。4年来,北服团队一共为花样滑冰队设计了170套比赛服。花样滑冰是一项体现艺术的运动,花样滑冰比赛服的设计也是一个综合的艺术创作过程。设计师不仅要了解运动员的节目,还要兼顾运动员的身材、个性、喜好、审美等,每一件衣服都是独一无二的。

4."猎豹"营造沉浸式观赛体验

奥林匹克广播服务公司首席执行官伊阿尼斯·埃克萨科斯表示,这可能是他经历过的历届冬奥会转播基础设施质量最高的一次。"这得益于中国5G技术在世界范围内的领先。"埃克萨科斯说。5G+4K/8K超高清视频直播已成为北京冬奥会的一大亮点,使世界各地观众无论身处何地都能欣赏到精彩赛事,都能获得沉浸式的观赛体验。安装在国家速滑馆的"超高速4K轨道摄像机系统"因其快速敏捷而被称为"猎豹"系统,这项由中国自主研发的特种摄像设备在本届冬奥会上是首次亮相。中央广播电视总台特种设备科高级工程师介绍,在冬奥会速滑比赛中,运动员速度可达到每秒15至18米,约等于时速50公里,顶尖运动员速度可达时速70公里,而"猎豹"设计技术标准能达到每秒25米,约等于时速90公里,这是它能够实时捕捉到精彩画面的关键因素。安装在首都体育馆的由40台4K超高清摄像机阵列加上3台8K超高清VR摄像头组成的图像捕捉系统,被称作"飞猫"系统,它主要为裁判提供全角度的赛事回放依据,辅助裁判做出判罚。在短道速滑比赛中,赛场上任何细微的动作在"飞猫"阵列的眼皮底下都能被清晰捕捉。男子5 000米接力半决赛中,中国选手李文龙在滑行中摔倒,通过多角度超高清慢镜回放,李文龙与加拿大选手冰刀相碰的画面清晰地展现在裁判眼前,裁判根据规则将中国队判进决赛。这也要多亏了"飞猫"系统的火眼金睛,同时也让观众拥有了"裁判视角"。

毫无疑问,科技已经渗透到体育赛事的方方面面,在冬奥会赛场体育竞技的背后,也是一场科技竞赛。北京冬奥会上,中国科技让世界点赞。

来源:中国体育报。

(4) 利益主导性原则

任何一个节事活动的举办,主办方都会投入大量的人力、物力、财力、时间等,节事活动如长期举办,就需得到报酬,才能不断投入。保证组织者自身利益的实现是衡量节事活动策划是否成功的主要指标,所以任何节事活动策划都要从活动组织者的利益出发,尽量使组织者的"投入—产出"最大化,保证节事活动的顺利进行。

(5) 系统性原则

节事活动策划是对整个节事活动的运筹规划,因此节事活动策划应遵循系统性原则。

系统性原则表现在节事活动策划时要权衡活动的各个方面和各个环节,使得活动的目标具有一致性,使其在产品、品牌、价格、服务、渠道、推销、广告、促销、宣传等方面保持统一性。系统性可以减少节事活动策划的随意性和无序性,提高效率。

知识拓展

节事策划的基本理念

(1) 和谐的理念:人与自然和谐、人与人和谐、人与社会和谐、社会群体和谐。和谐的体现:节事主题的和谐、各方利益的和谐,以及举办过程的和谐。

(2) 人本的理念:以人为本,节事形式安排要提高人的参与性,节事目的要体现对人的终极关怀。人本的体现:节事活动需要从民间来再回到民间去,以丰富人民大众的休闲、文化、经济生活为最终目标,以促进和弘扬传统文化为最终的目标。

(二) 节事活动策划与管理

节事活动的策划大致可以分为4个阶段:决策阶段、细节策划阶段、执行阶段、评估阶段。

1. 决策阶段

在决策阶段,我们需要提出举办一个节事活动的意义,并且最终决定该活动是否举行。如果一个节事活动是前面节事活动的延续,那么决策过程相对来说就会非常简单,节庆的组织人员只需要借鉴以往举办类似节事活动的经验就可以做出决定。然而,决定是否要举办一个新的节事活动的时候,决策阶段将比较复杂,这一阶段包括以下过程:发起人发起、确定节事活动的目标、成立节事活动的管理委员会、进行可行性分析(包括市场分析、最初的财务分析)以及最后决策。

(1) 组织机构

提出举办节事活动的组织机构可能是政府公共部门、当地权威机构、私人企业、个人。其中,各种组织(如政府部门)更有可能为节事活动的举办提供资源。

(2) 确定节事活动的目标

举办节事活动的机构应该尽早确定节事活动的目标。节事活动的目标影响节事活动的很多方面,如营销、举办权等。节事活动的目标应当与节事活动组织者的目标相同,或者至少与组织者的目标相辅相成,有助于组织者目标的实现。

节事活动的目标可以分成三类:经济的、社会与文化的和政治的。

许多节事活动,甚至是非营利性的活动,都有其经济目标。经济目标可以是直接的,也可以是间接的,如营销一种特殊的产品、一个地区甚至是整个国家。目标可以是短期的,如对某种商品的盈利、吸引新的赞助商;也可以是长期的,如鼓励长期投资、创造新的就业机会等。

节事活动的社会与文化目标可以是提高地区、某项节事活动传统的或社会文化价值知名度;提高"市民"的荣誉感;提升地区的整体形象;满足特殊利益群体的需要以及保护地区文物遗产等。

节事活动的政治目标表现在宏观和微观两个方面:宏观上如提高一个国家、一个地区的国际形象;微观上可以利用节事活动提升个人形象以及政治地位。而艺术和音乐等节事活动还可以作为一种"政策工具"促进文化发展和种族交流,减轻社会压力和种族冲突,增进种族之间的相互理解。

(3) 成立管理委员会

管理委员会的职能在于规划、实施、评估节事活动。当举办大型复杂的节事活动时,委员会成员分组专门负责具体的任务。委员会成员应该由具有不同技能和特长的人组成，这些人负责节事活动的所有工作。

(4) 进行可行性分析

可行性分析被用于检测节事活动能否举行。对于小型节事活动而言，可行性分析可以是非正式的，但是对于失败可能性较大的大型节事活动而言，可行性分析需要包括复杂的细节性研究。

最初的可行性分析应该包括市场研究和初步财务分析两个方面。市场研究有利于决策的制定，为举办节事活动是否获得潜在的经济效益提供有用的证明，并且通过提供潜在消费者特征、动机、消费者偏好、促销工具等相关信息而确保节事活动能够实现预期目标。

初步的财务分析能够改变有关节事活动的一些决定，如节事活动的规模、地点以及门票价格等。

(5) 最后决策

最后决策是整个决策阶段的最后一个程序。管理委员会搜集了足够的资料来决定节事活动是否举办，同时还可能修改最初的想法(如节事活动的规模、举办地点、门票价格等)。

2. 细节策划阶段

做出举办节事活动的决策之后，节事活动管理就进入细节策划阶段，这个阶段是节事活动管理的关键。细节规划包括：定义节事活动产品，进行更加详细的财务分析，做出关于人力资源、营销、地点等节事活动细节的发展战略。

(1) 定义活动主题

主题是节事活动的核心思想，节事活动的开展必须围绕它来进行。只有这样，节事活动的组织工作才能有条不紊，节事活动才会有鲜明的形象、生动的内容、高度的凝聚力和巨大的号召力。策划任何节事活动都必须首先确定活动主题，没有主题，就没有核心，没有核心，就必然无纲无目，一片混乱；鲜明确切的主题是申办和举办任何节事活动的关键。没有主题或主题不鲜明的节事活动，都不可能申办成功，也不可能举办成功。

温馨提醒

节事活动主题确定的要点

确定节事活动的主题时，应当确保主题具有以下几个特点：

1. 体现特色

体现特色，就是说节事活动主题的选择要和主办地的特点有机地结合起来，以更新的观念和创新的勇气因地制宜，紧紧抓住举办地的地理位置、政治、经济、自然、文化、发展等诸多方面所具有的最鲜明特点，来确定体现举办地特色的主题，策划“独一无二”的节事活动项目。策划中坚持独特性原则，就能使节事活动开展错位竞争，以更为鲜明的主题、形式和内容，使节事活动产生更大的吸引力、更强的竞争力和更长的生命力。

2. 表示共性

表示共性，就是说节事活动的主题应该表示人们普遍关注的共性，这样能使人们尽管有不同的立场和利益，但仍然因为能从节事活动中获取共同的利益以及有益的信息和启迪而加以接受，并乐于参加。

3. 以人为本

以人为本，就是说节事活动的主题应体现对人类利益的关注和维护。我们强调关注和维护人类的利益，归根结底是为了人类更好地生存与发展。以人为本的主题是各国人民共同关注和感兴趣的主题。

4. 发布信息

发布信息，就是说节事活动的主题应能向全国或全世界发布最明确的信息，表明节事活动的核心内容和举办地所要关注和努力的问题。

(2) 选择举办场所和举办地

这是决定节事活动在哪里举行的问题。有些节事活动的举办地点是永久的，而有些则是经常变化的。选择一个合适的地点对于节事活动的成败非常重要。地点的选择能够帮助突出节事活动的主题。例如2000年阿伊达音乐会就选择在金字塔附近举行，以宣扬埃及文化。这一地点的选择帮助该音乐会售出高额门票——前排位置的票价高达1 500美元，而在埃及戏剧院举办的阿伊达音乐会前排位置票价为120美元。

温馨提醒

选择节事活动的具体举办地时，需要注意以下问题：

(1) 容量——该地能否容纳必需的工作人员、表演者、表演设备、各种商品、管理服务设施，以及席位？

(2) 设施——该地的基础服务设施如何？是否具备信息与通信终端、电力供应、语音及可视系统、洗手间、安全出口等？

(3) 可视性、集中性、可聚集性——人们能否很容易看到这个地点？这里交通方便吗？远途旅客愿意到这里来吗？

(4) 举办地成本——该地举办节事活动的成本能够承受吗？

(5) 历史——这里有哪些有利于举办节事活动的历史因素？

(6) 其他因素——这里的犯罪率、安全系数、政治环境如何？气候条件、环境状况怎样？

(3) 时间安排

节事活动的举办时间，细化到具体的举办钟点，对于节事活动的成败都非常重要，需要慎重考虑。影响节事活动时间安排的因素有目标观众、节事活动的具体内容、地点等。例如，如果节事活动的目标市场是有孩子的家庭，就应该避免上学时间。同时要注意的是，节事活动应该避免与竞争性的节事活动或其他大型活动相冲突。

(4) 确定票价

节事活动的票价可以只包括入场费用，也可以包括场内服务费等。定价要考虑的因素有几个方面：一是节事活动的目标，该活动是盈利的还是非盈利的；二是竞争对手，是否有价格上的竞争；三是消费者特征和购买倾向，目标市场对价格的态度。

(5) 财务分析

财务分析通常包括三个方面：预期的收入和花费、预算、现金流。

不同的节事活动有不同的收入来源，包括拨款、补助、捐款、基金、赞助等。节事活动的收入可以在举办前、举办中和举办后获得。预算是关于各种计划安排的财务控制工具，节事活动的高层领导应该广泛地参与预算的制定，以了解各部门的工作情况和意义。做财务分析时，笼统的利润表述是不够的，需要精确计划各种收入和花费，以确保明确的现金流。

(6) 营销策略

节事活动的营销工作有三个目标：了解消费者需求和消费者动机；生产消费者所需要的产品；制定一个可以表述节事活动目标并能与消费者沟通的方案。节事活动的营销组合由营销预算、目标市场特征、节事活动目标、竞争的节事活动选择的方案以及与赞助商签订的促销合同等构成。

(7) 人力资源管理策略

人力资源管理是节事活动的重要因素，直接影响消费者的满意度。节事活动的工作人员主要包括以下几种员工：全职或兼职的、临时的或永久的职业表演者、咨询专家、钟点工、志愿者等。当前，志愿者在节事活动的举办过程中起了较为重要的作用。

(8) 举办地计划与操作管理策略

确定了举办地点及场所后，需要认真考虑客源以及停车、客流方向、拥挤控制、疏散路线、排队设计、路标设置等问题。

(9) 活动安排策略

活动安排需要确定节事活动中各项程序的具体时间，经常核对有关日期、时刻、行动、地点、责任人等，并详细说明。对于复杂的节事活动，需要总监与各工作负责人就活动安排进行协调。

3. 执行阶段

执行阶段是节事活动的真正实施阶段，主要包括督察监控、事故处理、关闭工作。

(1) 督察监控

在节事活动开幕之前，需要召开一次简短会议，再次确认所有可能出现的障碍都已经清除，同时要确保有可替代的措施以防万一。节事活动的组织者需要进行各种现场控制工作，确保节事活动按计划进行，在必要时采取紧急修正措施。需要注意的是，当管理者决定改变计划时，需要和所有相关人员沟通好。

(2) 事故处理

节事活动中可能发生诸如火灾、突然停电等导致节事活动取消、延期、现场混乱的不可预测的事故，这些事故是组织者不可控制的。我们应该为所有可能发生的事故准备防御和应急方案，同时要培训所有的员工，使他们能够处理各种可以预见的和不可预见的突发事故。

(3) 关闭工作

关闭工作即节事活动的收尾工作，主要包括拆除和转移设备、清扫场地。

4. 评估阶段

评估工作的目的在于通过分析举办节事活动的经验，使得下一次活动举办得更加成功。评估分为结果评估和过程评估。评估的角度有节事活动的组织者、志愿者、其他员工、节事活动赞助者、游客来宾、举办的社团以及环境因素等。组织通过听取员工报告、来宾留言、调查表等搜集有关信息和反馈。整理和分析数据后，可以召开正式的评估会议，以使节事活动的组织者学习经验，提高管理水平。

案例分析

青岛国际啤酒节

青岛国际啤酒节作为青岛市的重要节庆活动，不仅是国内最早创办的节庆之一，目前也已经跻身我国成功举办的大型节庆行列。青岛啤酒节创办于1991年，今天的青岛国际啤酒节无论是在经营思路上，还是在体制设计上已经与举办之初有了很大的不同：1991～1995年，青岛国际啤酒节主要依靠政府投入。1996～1998年，从第六届国际啤酒节开始，提出了“民办公助”的办节思路，政府不再给啤酒节资金上的支持，而是提供一些相关政策上的支持，主要依靠企业出资。随后的第六、七、八届青岛国际啤酒节处于市场化过渡阶段。从1999年，政府已经开始实现了零投入。

从体制沿革与组织结构来看，在1991年第一届啤酒节举办的时候，是由青岛市政府和青岛啤酒厂主办并由青岛啤酒厂承办的，青岛啤酒厂为了承办此事，专门成立了临时性的啤酒节组委会。从第二届到第五届(1992～1995年)，青岛国际啤酒节交由旅游局承办，旅游局成立了青岛国际啤酒节办公室专抓此事。从1996年第六届开始，青岛国际啤酒节交由崂山区承办，崂山区为了办好啤酒节，成立了临时指挥部。1997年成立了青岛市啤酒节办公室，主要职能是全面负责青岛国际啤酒节的总体策划、筹备和组织工作。办公室下设综合处、广告纪念品处、招商处、文娱处、财务处等。1998年年底，成立了青岛市重大节庆活动办公室，作为青岛市重大节庆活动组委会的常设机构，负责青岛市重大节庆活动的市级协调，由市政府办公厅代管，组委会的负责人由主管节庆活动、经贸等的副市长担任。至此，青岛市形成了对重大节庆活动的三级协调机制：首先由主管节庆活动和经贸活动的副市长出面协调，其次青岛市政府秘书长出面协调，最后由青岛市节庆办公室协调。

从青岛国际啤酒节的经济影响来看，国际啤酒节在短期内已经达到了“收支平衡”，实现了“以节养节”的目标。在对不同行业的关联带动方面，啤酒节对旅游行业，特别是酒店行业和旅行社行业带动巨大，在啤酒节期间，青岛市的酒店出租率明显提高，几乎达到了100%。此外，影响较大的依次是市内交通(如出租和公交)、航空、铁路以及商业零售、餐饮业等。在对整个目的地的推动上，啤酒节提升了青岛作为一个沿海城市的知名度和美誉度，塑造了青岛作为海滨休闲度假目的地的形象，另一方面也推动了城市整个大环境的改造和建设。

从社会文化影响来看，“吃海鲜、喝啤酒”早就是很多青岛人的习惯，啤酒节不仅保留和弘扬了这一传统，同时还提出了“青岛与世界干杯”的国际化发展思路，实现了这一传统与世界啤酒文化对接，也增强了青岛人保留传统的自豪感，让这一啤酒文化更加深入人心，使得啤酒节成为老百姓邀请朋友共度的一个欢乐的节日。

问：你认为青岛啤酒节的策划成功之处有哪些。

三、节事活动的历史与发展趋势

任务引入

节事活动运作模式有哪些？节事活动的发展历史是怎么样的？未来节事活动的发展趋势是什么？通过本节的学习，我们可以针对以上问题寻找到答案。

(一) 节事活动运作模式

节事活动以其独特的魅力,在传播城市信息、推介城市形象、促进城市文明和经济方面起到了重要作用,因此许多城市纷纷设立专门的节事活动管理机构。例如,美国芝加哥设有市长特殊事件办公室,管理该地区的节事活动。新加坡设有旅游局展览会议署,承担节事活动的宏观管理。在我国,北京市旅游局第一个成立了国际会展奖励旅游开发处,其中一项职能就是负责节事活动的管理。节事运作模式有以下几种。

1. 政府包办模式

目前,我们国家许多地区和城市多采用这种模式,许多节事活动由政府策划并主办,政府承担多项工作,扮演多种角色,因而整个节事活动市场化和产业化程度低,不能适应我国市场经济的发展要求。政府包办模式给当地政府造成财政负担,同时抑制了会展企业参与节事活动的积极性和主动性,使得节事活动市场不能健康有序发展,不利于节事活动产业的长远发展。

2. 市场运作模式

市场运作模式是节事活动走向市场化的最终极模式。在这种模式下,节事活动完全按照市场经济规律运作,其节事活动举办的规模、时间、地点、主题、运作方式均由市场需要决定,政企分开,优胜劣汰,对政府而言可降低财政风险,有利于宏观调控,最终可实现经济效益的最大化。

3. 政府主导、社会参与、市场运作相结合的模式

该模式以政府为主导,但是职能发生了变化,由过去的完全包办转化为以政府名义组织和宣传、营销。而社会参与是指集结社会力量对活动献言献策,力求活动完美、贴近大众,营造良好的活动氛围,促使群众积极参与其中。其具体运作交给企业,采用激励的方式让更多的企业参与节事活动,给活动带来较好的经济效益和社会效益。目前该模式比较适合我国国情,许多地方采用这种模式开展活动,如潍坊风筝节、哈尔滨冰雪节等。

(二) 国内外节事活动的历史

1. 国外节事活动发展历史

在人类漫长的生活岁月里,不同地区的人们形成了许多丰富多彩、形式各异的节日风俗。这些节日风俗都是伴随着历史的发展而形成的,反映了各个民族生息、发展、进步的过程。节事活动最初起源于人类的这些节日风俗。节日风俗的形成过程,大致是根据生活的需要,经历了由不自觉到自觉,由不定型到定型,逐渐发展和补充的过程,其内容涵盖了生产、祭祀、表彰、庆祝等多个方面。

19 世纪 40 年代以后,旅游作为一种广泛的社会现象在世界上兴起,并逐渐成为人们日常生活不可缺少的部分。第二次世界大战后,特别是进入 20 世纪 60 年代以后,世界旅游业进入高速发展时期,并迅速成为许多国家的重要产业和支柱产业。节事活动越来越受到人们的青睐,每个国家都有自己的多种节事活动。

今天,世界各国政府都非常重视节事活动的发展,很多国家的大城市都纷纷争夺大型活动(如世界博览会等)的举办权。就目前来看,国际节事活动的发展呈现出一些特点:一是政府重视,推动节庆,发展旅游;二是节事活动管理走专业化道路;三是赞助商、志愿者在节事活动中的作用越来越突出。

2. 我国节事活动发展历史

节事活动在我国可谓源远流长，从远古时期的祭天地、祭神灵、祭祖宗的仪式活动到20世纪70年代末的各民族节事活动，经历了一个从萌芽到成型的漫长历史过程。改革开放后，我国在各方面进入了一个全新的历史发展时期。从1979年到1990年，旅游事业的发展充满了生机活力，但是这一时期我们对节事活动的重要作用还缺乏深刻认识，对节事活动这一重要旅游资源和专项旅游产品重视不够。1991年以后，我国在旅游资源开发和保护工作上进入一个突飞猛进的阶段。原国家旅游局借鉴国际上举办大型主题年活动的成功经验，举办系列旅游年活动，在全国各地推出的旅游专线中配合举办了丰富多彩的文化节事活动，很好地展示了我国作为世界著名文明古国的风姿，逐渐形成了一批在国际上有一定影响的节事活动，如云南西双版纳的泼水节、路南石林的火把节、贵州的蜡染艺术节、哈尔滨的冰雪节、潍坊的国际风筝节、青岛的啤酒节、内蒙古的那达慕大会、大连的国际服装节、洛阳的牡丹花会、广州的春节花市及各种少数民族的服饰、礼仪、民俗和民间竞技活动等。这些节事活动对吸引旅游者、推动当地的经济和旅游发展起到了有目共睹的作用，人们对节事活动重要性的认识在实践中不断地得到提高和深化。正因为这样，我国开始从民间自发组织节事活动到政府有意识地推广原有节事活动，又进入一个有计划、有组织地主动开发节事活动的新阶段。我国成功地举办了昆明世界园艺博览会、2008年奥运会，2010年世博会，以及许多世界大型体育、文化、经济、科技、旅游等节事活动，这些都是很好的例证。我国节事活动无论在数量、规模、内容和质量上，都取得了令世人瞩目的发展。

资料卡

> 我国最早的一批节事活动有：1983年洛阳牡丹花会、1984年潍坊风筝节、1985年哈尔滨冰灯节、1987年吴桥杂技节、1989年山东举办首届孔子文化节、1989年大连服装节、国际淄博聊斋文化节、北京香山红叶节、哈尔滨国际冰雪节……

(三) 国内外节事活动发展现状

1. 国外节事活动发展现状

国外的节事活动现在管理制度较为完善，市场机制灵活，政府管理与市场化运行相结合，节事活动数量越来越多，品牌知名度高，国际影响力大。发展现状如下：

(1) 节事活动公众参与性强。主要表现在国外许多节事活动比较注重公众的参与性设计，例如每年参与西班牙奔牛节的群众有几十万人，除了观赏奔牛外，还特地设计一些民间活动(如伐木比赛和举大石头比赛)，充分展示了全民参与性。

(2) 节事活动具有鲜明特色。一些国家近年来更注重挖掘当地民俗风情和文化特色，令观赏者能够体验到当地的文化风俗，例如巴西的狂欢节重点表现了热情的桑巴舞。

(3) 市场知名度高。国外许多节事活动的历史发展悠久，具有较高的品牌知名度，形成了较强的文化冲击力，如巴西的狂欢节、威尼斯的狂欢节。

(4) 节事活动市场运行程度高。相对国内节事活动来说，西方一些发达国家立足社区的民间活动完全是自发的，完全市场化运作。

(5) 具有深厚的历史根基。例如德国的啤酒节。

(6) 节庆要素固定化。例如,奔牛节的时间总是固定在上午 8:00 到深夜 24:00,持续 4 个多世纪。

(7) 具有深厚的文化内涵。例如,美国的玫瑰花节。

2. 国内节事活动发展现状

近年来我国的节事旅游发展势头迅猛,受到了高度重视,节事旅游活动已经步入相对成熟的阶段,但总的来说与国外的许多节事旅游相比,我国的节事旅游活动仍然存在着许多问题。我国节事旅游活动现状主要表现在节事活动的主题已经越来越丰富,比如说有以“文化”为主题的、以“宗教”为主题的、以“风景特色”为主题的、以“特色农业、民俗”为主题的等,呈现出主题、功能综合化的发展趋势。

由于我国目前节事活动正处于起步发展阶段,因此仍然存在一些问题:(1)品牌知名度少,国际影响力不足;(2)沿海地区分布较广,内陆地区相对分布较少;(3)节事活动的主题低层次重复现象很多,差异化不明显;(4)特色不鲜明,缺乏创新意识;(5)节日活动和文化融合程度不高,挖掘文化力度不够,无法体现当地文化节日民俗风情;等等。

(四) 节事活动的发展趋势

1. 受欢迎程度更加广泛

就全球范围而言,各国对节事活动和节庆旅游的重视程度正在迅速提高。许多瑞士大旅游批发商认为,传统的团体多地观光游览在这里已经失宠,而越来越多地被散客旅游、家庭小团体和专项旅游所取代。目前的消费倾向正在明显地向专项旅游发展,一些重大的专项节事活动产品,如音乐、文化等活动,受到大小旅游批发商们的普遍重视。

2. 综合性和多样化

发展节事活动很重要的一点就是挖掘当地的民族文化,因为体验异国他乡的民情风俗是促使旅游者出游的主要动机。民俗风情作为一个民族或一个地区的生活方式,在节日喜庆中能充分体现一种原汁原味的真实感和人情味,使旅游者得到直接和充分的体验。在节事活动中把服饰表演、饮食品尝、游艺竞技、民间工艺等活动有机结合起来,一方面可以丰富节事活动的内容,另一方面还可以促进当地旅游资源的综合开发,既激活某些公共设施、商店、市场等静态吸引物,又吸引投资,带动经济开发及基础设施改造,做到充分利用现有一切资源,取得最大经济效益、社会效益和环境效益。

3. 品牌化和专业化

节事活动品牌在会展业和旅游业中扮演了十分重要的角色,能提高会展和旅游目的地的知名度,丰富会展和旅游产品,延长旅游季节,扩大客源地理分布。如今,节事活动的主办者越来越重视节事活动品牌的塑造和经营。美国的玫瑰花节、意大利的狂欢节、马来西亚的国际风筝节都对本国会展业和旅游业的发展起到了不可替代的作用。

随着节事活动的发展,专业化管理将日益显示其重要性,节事活动的专职管理部门已成为旅游业和会展业发展最快的一个机构。它们在客源地设立办事处进行全年的运营,为当地提供了很多新的就业机会。节事活动管理不仅已形成一个专业领域,而且其专业化程度也将变得越来越高。

4. 宣传力度将更为加强

节事活动对会展业和旅游业市场的国际竞争,将引起各国宣传促销力度的不断加强。世界著名的西班牙奔牛节在举办之前,政府会印制大量的日程表和节目单,便于国内和国际游客挑选自己喜爱的活动项目;日本交通公社等大型旅行社会提前5年公布国内的节庆计划。从节事活动宣传的发展趋势来看,更多国家将会像一些发达国家一样采取全方位出击的策略,花大力气建立覆盖面较广的驻外旅游机构,为宣传提供组织保证,如美国有遍及80多个国家和地区的180多个驻外旅游机构,德国有39家驻外旅游机构等。许多国家除了印制精美的各类宣传品外,还派促销团到各客源国宣传。

情景思考

> 1. 针对我国节事活动存在的问题,思考如何解决。
> 2. 我国节事活动发展和国外节事活动发展存在哪些差异?

知识归纳

1. 节事活动是MICE的重要组成部分,它是指城市举办的一系列活动或事件,包括节日、庆典、交易会、博览会、会议、地方特色产品展览会,以及文化、体育等具有特色的活动或非日常发生的特殊事件。

2. 策划节事活动,首先,掌握节事活动策划的含义;其次,掌握节事活动策划的原则,最后,掌握节事活动策划与管理。节事活动的策划分为四个阶段,即决策、细节策划、执行、评估阶段,而这四个阶段的重要性随着不同节事活动而变化,根据节事活动的目的与特征,其发展次序可以调整。

3. 节事活动的运作有三种模式:政府包办,市场运作,政府主导、社会参与、市场运作相结合。

知识图表

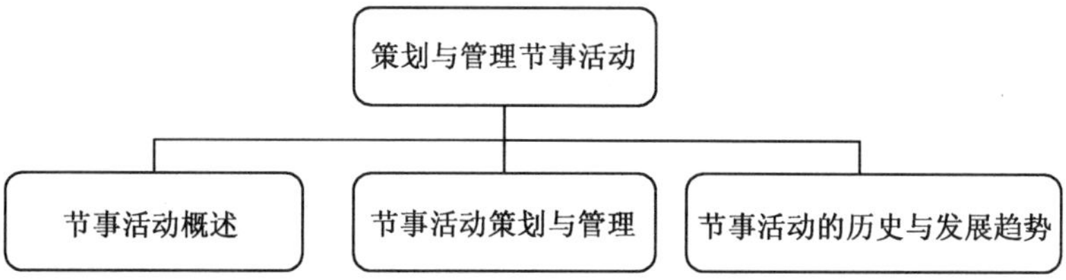

网站导航

本单元学习有关的网站有:

1. http://www. expo china. com.
2. http://www. cnki. net.

考证指南

考会展策划师三级证书,本单元需要学生了解节事活动的概念、特点、类型、作用以及节事活动策划含义、策划原则、策划流程。

关键词汇

节事活动　文化性　地方性　短暂性　参与性　交融性　多样性
行动指南　资源利用率　风险系数　广泛参与性　可操作性　创新性

利益主导性　系统性　决策阶段　执行阶段　细节策划阶段
评估阶段　运作模式　历史　发展趋势　存在问题

独立思考

1. 思考节事活动与节事旅游的关系。
2. 确定节事活动的主题时，应当确保主题具有哪些特点？

基本训练

一、名词解释

节事活动

二、填空题

1. 节事活动主题选择的类型包括：__________为主题，__________为主题，__________为主题，__________为主题，__________为主题，__________为主题，__________为主题，__________为主题。
2. 节事活动策划的基本理念包括__________和和谐理念。
3. 节事活动的本质是__________。
4. 节事活动运作模式有政府包办模式和__________、__________。
5. 节事活动的策划大致可以分为 4 个阶段：决策阶段、__________、执行阶段、__________。

三、多项选择题

1. 节事活动的特点是(　　)。
A. 文化性　B. 地方性　C. 参与性　D. 多样性
2. 节事活动财务分析包括(　　)。
A. 收入　B. 花费　C. 预算　D. 现金流
3. 执行阶段是节事活动的真正实施阶段，主要包括(　　)。
A. 现场确认　B. 督察监控　C. 事故处理　D. 关闭工作
4. 我国节事活动的发展历史分为(　　)。
A. 形成时期　B. 起步时期　C. 发展时期　D. 衰退时期
5. 我国节事活动未来的发展趋势是(　　)。
A. 国际化　B. 市场化　C. 个性化　D. 规范化

四、简答题

1. 节事活动策划的原则有哪些？
2. 简述节事活动策划和管理的流程。

五、论述题

1. 节事活动在选择目的地时着重考虑哪些因素？
2. 论述我国节事活动未来的发展趋势。

六、策划题

依据下列情况策划：每年 5 月的第二个星期日是母亲节，在这个节日即将到来之际，请你为“星星花店”设计一个鲜花推广方案。

注意：

1. 要求推广鲜花，提高花的销量。
2. 要加深星星花店品牌名称的认知。
3. 活动要新颖、有趣、参与性强。

实战演练

【目标】 掌握节事活动策划流程，能初步策划小型节事活动。

【内容】 假定你是一名婚庆策划师，有对夫妻希望在国庆期间举行婚礼，预算 20 万元，请你设计一份方案。

【步骤】

1. 决策阶段；
2. 细节策划阶段；
3. 执行阶段；
4. 评估阶段。

项目三

管理会展活动与创新

任务七　了解会展业主要国际组织

知识目标

- 学习和掌握目前国际上主要的会展管理组织；
- 了解各个组织的分工、管理体系、成员情况及其为成员提供的服务和产品；
- 了解中国目前参与各组织的情况。

技能目标

- 认识不同国际组织的宗旨；
- 熟悉中国已加入国际组织的会展企业和品牌。

能力目标

- 能够利用国际组织官网获取信息；
- 了解所在城市的实力企业和会展活动。

思政目标

- 具备创新意识、服务意识；
- 国际化视野、工匠精神。

重点难点

- 国际会议协会；
- 国际博览会联盟。

任务引入

随着越来越多的国际会展活动选择中国，中国的会展企业必须不断提高自己的专业技能，提供令人满意的策划、接待等服务，才有机会在激烈的竞争中胜出，获得活动的承办权或服务商资格。所以，向世界一流的会展企业学习，与全世界精英共享信息和经验，是会展企业国际化的必然要求。如何才能建立与这些行业先锋的联系呢？

会展业是具有国际性的经济活动，它不仅促进了国家或地区的经济发展，而且大大推进了国家、地区之间的相互了解。比如中国政府和俄罗斯政府加强交流合作，今年在中国举办“俄罗斯年”，明年赴俄罗斯举办“中国年”，这些大型节事活动的举办对促进中俄两国人民友谊、深化中俄两国邦交具有历史性意义。国际性会展活动的开展将会面临更多复杂多变的政治经济文化环境，需要更多的专业运作人才，面临更大的市场风险，这就需要会展业涵盖的各细分市场的国际会展专业组织作为协调机构来制定相关细分市场各企业机构共同合作的各种规范，以保证国际会展业健康有序发展。

实践证明，会展业有关的国际专业组织在世界会展业市场的发展中发挥了重大的作用，大大促进了行业之间的交流合作、相互了解，加速了世界会展业的市场化、专业化、国际化的进程。对于中国会展业来说，了解这些国际会展专业组织，积极地建立和它们的联系，成为它们的成员，参加它们的活动，有助于我们接近国际市场、了解国际会展业发展的最新资讯，掌握世界会展市场发展的新动态和新趋势，更好地借鉴世界各国会展业市场化发展的经验和教训，加速开发国际市场，融入国际会展市场参与竞争，并在竞争中与国际市场同步发展。

一、主要国际会议管理组织

（一）国际会议协会

国际会议协会（International Congress & Convention Association，ICCA）是全球会议业最主要的国际专业组织之一，是全球唯一将其成员领域涵盖了国际会务活动的操作执行、运输及住宿等各相关方面的会议专业组织。国际会议协会创建于 1963 年，总部位于荷兰首都阿姆斯特丹。

目前在全球 96 个国家和地区拥有 972 个机构或企业成员。其目标是：通过合法的手段，促进各种类型的国际会议及展览的发展，评估实际操作方法，以促进旅游业最大限度地融入日益增长的国际会议市场，同时为相关会议市场的经营管理交流实际的信息。国际会议协会现有中国会员 91 家，具体名单参考附录二。

1. 国际会议协会的成员

国际会议协会将其成员按所属会议产业专业部门分类，分为五类，共 961 个成员单位（见表 7.1）。另有一类荣誉会员，仍是 11 人。

表 7.1　国际会议协会成员类型

	类别	成员数量
1	目的地营销	346
2	会议管理	209
3	会议支持	91
4	运输	6
5	场馆	309

除了荣誉成员之外，希望加入国际会议协会者应向国际会议协会董事会递交一份书面申请，内容为过去 5 年在会议展览方面的各种活动情况的综合性回顾。新成立的组织和机构应递交将来已确定的各种国际会议展览的一览表。其他与申请者相关的各种文件材料和证明视董事会需要另行递交。在收到申请者的书面申请之后，国际会议协会的首席执行官将向董事会提议是否批准其加入。董事会有权决定是否同意。在提议 21 天内如无反对意见，则申请获

得通过。如果董事会成员有异议，申请将被延后，在下一次董事会大会上以投票方式表决，多数同意则获得通过。

国际会议协会成员需履行以下职责：

(1) 尽力促销国际会议协会的所有正式活动；

(2) 与国际会议协会总部进行各种交流，优先提供各种信息，包括数据库等机密信息；

(3) 帮助国际会议协会总部了解各种国际会议及展览的情况，在指定时间内回答国际会议协会总部基于此目的提出的各种问题和调查；

(4) 协助国际会议协会举办各种国际会议和展览；

(5) 按时缴纳各种费用；

(6) 接受并支持国际会议协会董事会任命的特别处理道德和不公平事务委员会的任何决定。

2. 国际会议协会的管理

国际会议协会采用的是一种区域性的组织结构，不仅促进同一会议产业专业部门成员之间的协作，而且要突破成员所属会议产业部门类型的限制，促进在同一地理区域的不同会议产业部门成员之间的合作。基于这种目的，国际会议协会成立了区域分会、国家和地方委员会。国际会议协会的组织机构是以区域商业事务的相似性为基础的，如市场营销、市场研究和教育培训。近些年来，协调促销有吸引力的国际会议目的地这一事务在区域合作方面占据了主导地位，尤其是在国家和地方的层面上。

国际会议协会将全世界划分为 9 个区域，并设立了 9 个区域分会：非洲分会、法语分会、北美分会、亚太分会、拉美分会、斯堪的纳维亚分会、中欧分会、地中海分会、英国/爱尔兰分会；并在 17 个国家和地区设立了委员会，它们是澳大利亚委员会、以色列委员会、瑞士委员会、奥地利委员会、日本委员会、泰国委员会、巴西委员会、马来西亚委员会、慕尼黑委员会、中国台北委员会、荷兰委员会、维也纳委员会、德国委员会、葡萄牙委员会、国际会议协会欧洲理事会、印度委员会、斯里兰卡委员会。

3. 国际会议协会的服务

作为会议产业的领导组织，国际会议协会包含了所有当前以及未来的会议领域专业部门，其目前的国际会议协会章程和附则是 2002 年在丹麦哥本哈根召开的国际会议协会第 41 届全体会议上通过的。

(1) 国际会议协会的使命

① 提高成员举办会议的技巧及对行业的理解；

② 为成员间的信息交流提供便利；

③ 为成员最大限度地发展商业机会；

④ 根据客户的期望值逐渐提高专业水准。

(2) 国际会议协会提供的产品和服务

① 协会数据库　　说明；

② 协会数据库——报告书；

③ 协会数据库——按客户要求特制的表格名录；

④ 公司数据库——说明；

⑤ 公司数据库——按客户要求特制的表格名录；

⑥ 国际会议协会数据专题讨论会；

⑦ 国际会议市场统计资料。

以上这些国际会议协会的产品和服务对帮助其成员了解国际会议市场，获取业务信息，加强行业交流，提高专业素质，开展会展教育和科研，制定会展发展计划和策略，都有很大的参考价值。

(二) 国际协会联盟

国际协会联盟(The Union of International Associations，UIA)于 1907 年在比利时布鲁塞尔正式宣告成立，现有 68 个准成员(associate members)，包括 ICCA，另有近 72 名个人成员(active members)。该组织是一个独立的、非政府的、为全球 42 000 个国际组织和协会交换信息的非营利场所。自成立后，其就成了提供有关国际组织和全球会议信息的战斗先锋。国际协会联盟可以用书面、光盘及互联网的形式提供一些非常有用的数据资料。这些资料对于广大使用者来说是科研、决策和工作的有效工具。

1. 国际协会联盟的成员

(1) 个人成员。通常他们都必须在相当长的一段时间内在一个国际机构中发挥过积极作用，包括外交家、国际公务员、协会管理员、国际关系教授和基金会负责人。他们不需要缴纳年费，但作为国际协会联盟评议员，他们被要求在各自的领域内为维护国际协会联盟的利益、进一步扩大其影响做出努力。目前有效成员主要来自以下国家：

① 非洲：阿尔及利亚、贝宁、马达加斯加、毛里塔尼亚、摩洛哥、塞内加尔、多哥；

② 美洲：巴西、加拿大、智利、秘鲁、美国、委内瑞拉；

③ 亚太地区：澳大利亚、印度、日本、斯里兰卡、泰国；

④ 欧洲：比利时、保加利亚、法国、德国、希腊、匈牙利、爱尔兰、意大利、卢森堡、荷兰、挪威、葡萄牙、瑞典、瑞士、土耳其、英国、俄罗斯。

(2) 准成员。对国际协会联盟的宗旨和活动感兴趣并愿通过缴纳年费将自己同国际协会联盟的工作联系在一起的法人团体，都可成为国际协会联盟的准成员。包括各种旅游局、会议中心、航空公司、协会等在内，他们有权优先使用国际协会联盟的服务，其会员资格需经国际协会联盟执行委员会批准。截至 2024 年 2 月，UIA 共有 63 个准成员。其中包括 Hangzhou International Expo Center(杭州国际博览中心)和 International Finance Forum(国际金融论坛)、Taipei City Government(中国台北市政府)。

(3) 通讯会员(corresponding organizations)。国际协会联盟还有通讯会员。对于那些有意同国际协会联盟保持紧密联系并获得其出版物、但又不拟履行会员承诺的国际组织，按照国际协会联盟的章程，可以成为国际协会联盟的通讯会员。这些通讯会员也可优先获得国际协会联盟提供的信息，包括免费预订《跨国协会》(*Transnational Associations*)期刊。通讯会员的义务仅限于缴纳每年的年费，将国际协会联盟纳入其周期性通讯的名单，并将其组织章程和成员国名单传送一份给国际协会联盟。通讯会员的申请需经国际协会联盟执行委员会批准。

2. 国际协会联盟的使命

国际协会联盟拥有长期职员，也经常有短期工作人员签订短期项目合同。联盟全体个人成员每两年召开一次大会，选举国际展览联盟执行委员会。该执行委员会由 15～21 个成员组成，每个成员任期最长 4 年，再从中选择 6 人组成管理当局。

国际协会联盟的使命包括以下五个方面：

(1) 为在人类尊严、各国人民团结和沟通自由基础上建立全球秩序做出贡献；

（2）在人类活动的每一个领域里，特别是在被认作当代社会基本组成部分的非营利和志愿者协会里，促进非政府网络的发展和效率的提高；

（3）搜集、研究和传播有关信息，这些信息涉及政府和非政府国际机构、它们互相之间的关系、它们召开的会议及处理的问题和采取的战略；

（4）作为对涌现出来的新式的联合活动和跨国合作的促进因素，国际协会联盟尝试用更有意义、更注重行动的传递信息方法使首创精神得到发扬；

（5）促进对国际协会在其与政府机构联系中的共同法律、管理和其他问题开展研究。

要达到以上这些目的，在回应日益增加的世界复杂问题的过程中，为了更好地组织网络，各地各种类型的机构要保持联系。

3. 国际协会联盟的产品

国际协会联盟的工作语言为英语和法语。绝大多数出版物是用英语出版的，但在有要求的情况下也用法语出版。国际组织年鉴用各种语言编入索引，被国际组织使用。

该联盟年预算约为 80 万美元，通过成员的预订刊物费、联盟的研究和咨询合同收入、出版物的销售及服务达到 95%财务自立。缺少的那一部分由比利时、法国和瑞典政府及一些官方和私人机构捐款和赞助补充。

国际协会联盟出版了 300 多种出版物和系列出版物。主要出版物有：

（1）期刊：《跨国协会》，每年 6 期，刊登用英文与法文撰写的文章；

（2）《国际大会日程表》（*The Calendar of International Congress*）（季刊）；

（3）《国际组织年鉴》（*Yearbook of International Organizations*）（年度），有 4 卷，也有法文版，从 1996 年开始有光盘版；

（4）《文献信息》（*Bibliographic Information*）；

（5）《统计、形象和模式》（*Statistics，Visualization and Patterns*）；

（6）《世界问题和人类潜能百科全书》（*Encyclopedia of World Problems and Human Potential*）；

（7）《国际宗教人名辞典》（*International Biographical Dictionary of Religion*）和《国际组织名人录》（*Who's Who In International Organizations*）；

（8）专门指南；

（9）专门系列出版物；

（10）文件、研究论文和报告。

联盟每年 6 月权威发布《国际会议统计报告》。

（三）国际专业会议组织者协会

国际专业会议组织者协会（The International Association of Professional Congress Organizers，IAPCO）成立于 1968 年，其前身是英国专业会议组织者协会（The Association of British Professional Congress Organizers，ABW）。这是一个由专业的国际国内会议、特殊活动组织者及管理者组成的非营利性组织，服务于全球的专业会议组织者，其总部设在英国伦敦。

1. 国际专业会议组织者协会的成员

目前国际专业会议组织者协会有成员 132 个，遍及全球 39 个国家，包括加拿大、墨西哥、欧洲、韩国、日本、中国、澳大利亚、新西兰等。每年他们举行 4 000 多场会议，代表人数约180万，展出面积150万平方米，创造经济效益29亿欧元，其成员质量保证受到全球会议服务商的认可。不管是独立的专业会议组织者，还是一个单位内部的专业会议组织者，是为公司、协会和政府会议市场服务，还是为教育和科研会议市场服务，所有的国际专业会议组织者协会成员都需要有丰富的办会经验和经历，都应该是熟练的国际和国内会议活动策划和协调的咨询者和管理者。国际专业会议组织者协会的标志意味着质量，对专业会议筹划和管理者而言，它就是一个全球性品牌。国际专业会议组织者协会的成员作为这个杰出标志的代表，在全球会议行业的供应商和经营商中获得普遍承认。凡从事国际会议的筹备和经营工作的个人和企业都可申请参加国际专业会议组织者协会，我国现有 China Star、East Star Event Management Co.，ltd、International Conference Consultants、MCI China（上海、香港、澳门）六家入会。

国际专业会议组织者协会（IAPCO）对专业会议组织者设立了随着服务和经济影响而不断变化的标准，协会成员分为以下5类。

（1）普通会员。需付会费，在全体会议上有表决权。普通会员主要针对专业会议组织公司，在公司、协会、院校、机构、会议中心等单位会议部门工作的个人，从事国际会议筹备和经营所需服务组织工作的自由职业人。要想成为普通会员，必须在国际会议组织工作中有连续2年以上的工作经历，或者连续用50%的时间在国际会议组织工作中至少达4年。在申请加入国际专业会议组织者协会时，申请人将会得到一张特制的调查表并被要求递交申请人或申请人领导的公司或部门曾全权负责的10个国际会议的详细情况。而且这10个会议必须要有5个以上的国家代表参加，其中还必须至少有40%的外国代表参加。每个会议必须至少持续3个完整的工作日。在10个会议中，5个会议必须有400名以上的代表参加。申请人申请时，申请人的客户将被调查核实申请人递交的详细情况。申请人还将被要求邀请国际专业会议组织者协会理事会的一名成员考察完全由申请人组织的会议，并检查申请人的常设办公室。考察费用由申请人支付。

（2）邀请会员。针对在国际会议领域有一定地位的个人。例如，政府间组织会议部门的负责人或一些国家合法成立的专业会议组织者协会的会长，也许被邀请参加国际专业会议组织者协会的活动和审议。

（3）荣誉会员。国际专业会议组织者协会因为某些个人对国际专业会议组织者协会的工作或声誉，或对国际会议的组织工作做出杰出贡献而授予的荣誉称号。

（4）项目经理会员。针对已是国际专业会议组织者协会成员的专业会议组织公司里的项目经理而设的会员类型。项目经理会员的申请人必须要在国际会议组织工作中有连续2年以上的工作经历，或者连续用50%的时间在国际会议组织工作中至少达4年，还要获得其所在协会成员单位的同意。在申请加入国际专业会议组织者协会时，申请人也将会得到一张特制的调查表，并被要求递交申请人全权负责的5个国际会议的详细情况。这5个国际会议必须有至少3个以上国家的代表参加，会议持续时间至少要有3个完整的工作日，所有的5个会议都应该各有400名以上的代表参加。

（5）分支机构会员。针对有一个或更多分支机构或有至少75%控股权的持股机构，并要让其所有的机构都能使用国际专业会议组织者协会品牌的国际专业会议组织者协会会员，国际专业会议组织者协会普通会员必须为其所有想成为分支机构会员的分支机构申请分支机构会员权。但每个分支机构必须符合3个要求：要有同样的经营标准、工作人员的内部培训和集中控制的管理。如果不符合这3个要求，就要组织评审这些分支机构，确认这些分支机构能执行国际专业会议组织者协会的标准。

随着亚太地区在国际会展市场份额的增加,国际专业会议组织者协会会员正在亚太地区不断发展壮大。我国目前虽有 4 家协会成员,但远远不能满足会议市场发展需要。可见我国在会议组织策划的专业性上与世界水平仍然存在一定的差距,必须奋起直追。

2. 国际专业会议组织者协会的服务

(1) 使命

国际专业会议组织者协会致力于:

① 进一步提高会议组织者的专业认知度;

② 保持和进一步提高大型会议和其他国内外会议和节事活动高水准和专业化的组织管理;

③ 开展和促进国际会议理论和实践的学习;

④ 对国际会议专业组织者面临的一切问题开展研究工作,寻求最佳解决方法;

⑤ 同其他所有与国际会议有关的组织建立和保持确有成效的联系;

⑥ 通过国际专业会议组织者协会的会议管理职业学院(ICMT)开展培训教育;

⑦ 为专业会议组织者提供论坛;

⑧ 鼓励会议举办单位寻求声誉良好的专业会议组织者的帮助;

⑨ 为其成员提供交流意见和经验的机会。

(2) 国际专业会议组织者协会为其成员提供的资源

① 全世界高度称职的专业会议组织者网络;

② 对专业会议组织者面临任务的全球展望;

③ 在全球目的地、专业能力、技能知识、行为准则方面无可比拟的经验分享;

④ 处理关于特定地理区域、国际组织结构、国际财政和管理问题、法律税收问题、语言和文化问题方面的广泛经验;

⑤ 业务发展机遇;

⑥ 通过国际专业会议组织者协会新闻通讯《专业会议组织者》(The PCO)、在商业和其他出版物上发表的文章、在协会成员中散发、在促销活动中代表国际专业会议组织者协会等途径而享有的业务促销机会;

⑦ 在国际专业会议组织者协会年会和全体大会上,与同行正式及非正式地接触和交流;

⑧ 会展业其他细分市场不能享用的成员调研成果和报告文件;

⑨ 通过国际专业会议组织者协会道德委员会(the IAPCO Committee of Ethics)提供的保护和公平裁决的帮助;

⑩ 在国际专业会议组织者协会研讨会上协会成员和工作人员可享受的减价会务费待遇。

(3) 其他

国际专业会议组织者协会设有会议管理职业学院,致力于通过教育及与专业人员的沟通,不断提高其成员和会议行业人员的服务水平。国际专业会议组织者协会在会议教育方面有着空前的纪录,每年为专业会议组织者举办的国际专业会议组织者协会讲座,即广为人知的 Wolfsberg 讲座,最早开始于 1975 年。从那时起,来自 70 多个国家超过 1 000 名学员参加了为期 1 周的讲座,并获得国际专业会议组织者协会讲座证书,这是世界上为专业人员(包括会议组织、国际会议目的地促销、周年活动举办)进行的最具综合性的培训项目。此外,国际专业会议组织者协会也举办各种中高级管理讲座，主要是关于会议业作为一个服务性产业的运作。这些先进的管理课程内容涉及了影响当今会议产业的新趋势等热点话题。国际专业会议组织者协会的国内和地方性的讲座主要由当地主办方邀请进行，通常在欧洲以外的国家，例如亚洲的各种联合性的国际专业会议组织者协会（IAPCO）/AACVB讲座、所有由国际专业会议组织者协会的会议管理职业学院资助的活动，都对国际专业会议组织者协会的成员开放，其会员可以较低的费用参加。

二、主要国际展览管理组织

（一）国际展览局

国际展览局（The Bureau of International Expositions，BIE）是专门从事监督和保障《国际展览公约》的实施，协调和管理世博会并保证世博会水平的政府间国际组织。1928年11月，31个国家的代表在巴黎开会，签订了《国际展览公约》。该公约规定了世博会的分类、举办周期、主办者和展出者的权利和义务、国际展览局的权责、机构设置等。《国际展览公约》后来经过多次修改，成为协调和管理世博会的国际公约。国际展览局依照该公约的规定应运而生，行使各项职权，管理各国申办、举办世博会及参加国际展览局的工作，保障公约的实施和世博会的水平。

资料卡

国际展览局的诞生

1851年，作为当时世界工业中心的英国在伦敦举办了万国工业博览会，这也是第一届具有现代意义的世界博览会。英国维多利亚女王以政府名义邀请了众多国家参展，集中展示在工业革命浪潮中世界上不同民族所创造的工业产品。博览会举办正值维多利亚王朝鼎盛时期，借此良机，英国不仅从中获取了丰厚的利润，更是通过世博会的举办推动了社会的进步。

此后，法国、美国等国家也相继举办起世界博览会，欧美的一些中心城市更是以不同名义和目的举办各色各样博览会。其中，在维也纳、阿姆斯特丹、布鲁塞尔、巴塞罗那、圣路易斯安娜、柏林和费城举办的世博会获得了显著的成功。到19世纪末，此起彼伏地举办世界博览会已经成为一种国家和城市间的时尚和流行。

但是，众多世博会的举办也带来了不少问题：有参展国、参展商因参展利益受到冲突而导致的摩擦；有举办国的组织工作不尽如人意造成的经济亏损；更有类似的世博会同时举行，给参展国选择带来疑惑。混乱的局面不仅给参展国家带来了问题，也给主办国造成了利益伤害。因此，许多国家认为有必要建立一套组织规章制度，以改变世界博览会的无序状况，同时提醒举办世博会的国家必须为参展者提供必要的保障措施。于是，共同制定一个国际性公约迫在眉睫。

1907年，法国政府首先号召制定标准公约。1912年，德国政府响应并召集有关国家政府，开始为公约的制定做准备。不少国家政府积极响应，纷纷表达了确立举办世博会规范的愿望。1912年柏林外交会议使得建立一个协调和管理世界博览会的国际性公约成为可能。但是，1914年第一次世界大战使这个外交协议遭到夭折。

1920年，有关国家政府再次将制定公约之事提到议事日程。经过多年的努力，1928年11月22日，来自31个国家的代表在由法国政府召集的巴黎会议上，正式签订了人类历史上第一个关于协调和管理世界博览会的建设性公约，即《国际展览公约》。

《国际展览公约》第一章第一条明确了举办世界博览会的目的：世界博览会是一种展示活动，无论名称如何，其宗旨在于教育大众。它可以展示人类所掌握的满足文明需要的手段，展现人类在某一个或多个领域经过奋斗所取得的进步，或展望未来的前景。《国际展览公约》明确规定了世博会的分类、举办周期及参展者和组织者的权利和义务，也明确了成立《国际展览公约》的执行机构国际展览局及其工作职能。此后，随着国际社会的发展和举办世博会中呈现出的不同问题，《国际展览公约》在1948年5月10日、1966年11月16日、1972年11月30日、1982年6月24日、1988年5月31日经多次调整修改，并以《修正案》增补，使《国际展览公约》不断完善，也使世界博览会的分类和举办标准不断合理和科学。

根据1928年《国际展览公约》第四章第二十三条规定，为监督和保证《国际展览公约》的实施，成立国际展览局，其职责是对《国际展览公约》管辖范围内的世博会，制定举办频率和规章制度并实施管理。其成员为缔约国政府。国际展览局认真执行《国际展览公约》，为促进世界各国之间的友谊和拓展人类对世界的不断认识，并致力于发展和完善世博会发挥着巨大的作用。

国际展览局主管的世博会是指：举办期限在3个星期以上，由一个国家主办，通过外交渠道向其他国家邀请参展的非商业性质的展览会(艺术品展览除外)。因此，国际展览局不涉及商业性博览会和交易会，它所批准举办的世博会对商业性程度也做了严格的规定。国际展览局设在法国巴黎，由秘书长领导，法国外交部为国际展览局进行有关的正式外交活动。

国际展览局总部设在巴黎，成员为各缔约国政府。联合国成员国、不拥有联合国成员身份的国际法院章程成员国、联合国各专业机构或国际原子能机构的成员国均可申请加入。各成员国派出1至3名代表组成国际展览局的最高权力机构——国际展览局委员会，在该机构决定世博会举办国时，各成员国均有1票。

国际展览局目前共有170个成员国，遍及欧洲、美洲、非洲、亚洲及大洋洲。国际展览局主席由全体大会选举产生，任期2年。

国际展览局下的4个专业委员会是：

(1) 执行委员会：负责评估新项目，并关注展览会的重大事项，成员包括主席(加拿大)以及比利时、法国、意大利、日本、韩国、黎巴嫩、摩纳哥、波兰、罗马尼亚、瑞士、土耳其11个副主席。

(2) 司法委员会：负责展览会有关规则文件与技术条款的具体化工作，成员包括主席(乌克兰)以及中国、古巴、菲律宾、俄罗斯、西班牙、保加利亚、萨尔瓦多、蒙古、坦桑尼亚、乌兹别克斯坦、南非11个副主席。

(3) 行政与预算委员会：负责落实具体事务，成员包括主席(德国)以及阿尔及利亚、希腊、伊朗、苏丹、瑞典、毛里塔尼亚、匈牙利、白俄罗斯8个副主席。

(4) 信息交流委员会：也是负责落实具体事务，成员包括主席（克罗地亚）以及阿根廷、芬兰、马来西亚、摩纳哥、孟加拉国、纳米比亚、斯洛伐克、捷克 8 个副主席。

以上职位任期皆为 2 年。

国际展览局 1993 年 5 月 3 日起接纳中国为正式成员国。中国国际贸易促进委员会一直代表中国政府参加国际展览局的各项工作。

（二）国际博览会联盟

国际博览会联盟（Union des Foires Internationals，UFI）是世界主要博览会组织者、展览场所拥有方、各主要国际性及国家展览业协会的联盟，于 1925 年 4 月 15 日在意大利米兰市由 20 个欧洲主要的国际展会发起成立。其中 15 个博览会仍然如日中天，而另外 5 个已销声匿迹。20 世纪 60 年代以前，联盟成员大多是综合性博览会，展示内容以消费品为主。自 20 世纪 60 年代起，许多专业性博览会纷纷申请加入联盟。今天，它已经从一个代表欧洲展览企业和展会的洲际组织发展成为一个重要的全球性的展览业国际组织。

资料卡

截至 2022 年，UFI 在全球 84 个国家和地区累计共有 840 家会员组织，其中包括 755 家组展者、展馆及行业伙伴。国际博览会联盟先后对由它的成员所组织的 895 个活动授予 UFI 质量认证，比 2019 年的 971 个下降了 8%。每年全球有 2.6 亿观众和 440 万参展商参加活动。他们可以依靠国际博览会联盟认证活动标签，选择世界上任何地方的最佳展览体验。

资料来源：http://www.ufi.org。

作为一个特殊的对话论坛和平台，国际博览会联盟的主要目标是代表其成员和全世界展览业将展览会作为一个独特的市场营销和沟通工具在全球进行宣传促销。它起着一个高效的网络平台的作用，让展览业的专业人士在这个平台上互相交换各自的想法和经验。国际博览会联盟也向其成员提供涉及展览业各领域的宝贵的研究成果，同时还提供教育培训和高层次研讨会的机会，并在其区域分会和工作委员会的框架内处理关乎其成员共同利益的问题。

1. 国际博览会联盟的成员

国际博览会联盟没有个人成员，只有团体成员，包括公司协会、联合会等。国际博览会联盟吸收两类成员：正式成员（full member）和非正式成员（associate member）。

国际博览会联盟的正式成员有国际展览会的一国或跨国的组织者（包括组织展会及提供展会服务的公司）、全国展会的组织者、不是展会组织者的展馆拥有者和管理者的协会，以及进行展会数据统计和研究的组织。国际博览会联盟的正式成员有权在它和它举办的经国际博览会联盟认证的展会的所有印刷和其他宣传材料上使用国际博览会联盟的标志，以反映企业和展会的质量。未经国际博览会联盟认证的展会不得使用国际博览会联盟的标志。

国际博览会联盟的非正式成员有：正式成员的国家和国际协会、交易会服务供应商国际协会、展览业合作者协会和营利企业。

国际博览会联盟成员就是展览业中质量和专业化的标志。国际博览会联盟始终坚持下列标准：所有要求加入国际博览会联盟的申请首先须经国际博览会联盟成员委员会审核，然后递交给国际博览会联盟指导委员会进一步评估，最后交国际博览会联盟全体大会表决，获多数赞成票者即成为国际博览会联盟成员。在展会组织者和展馆拥有者或管理者申请加入国际博览会联盟的过程中，国际博览会联盟指导委员会如果需要，可以任命一个或几个调查者核实申请者所提供的信息是否准确。调查获得的信息将决定申请者的申请是否递交给全体大会表决。

中国内地目前已有 229 个展览业相关企业和组织加入了国际博览会联盟，详见附录一。

2. UFI 认证展会

国际博览会联盟有一套成熟的展览评估体系，对由其成员组织的展览会和交易会的参展商、专业观众、规模、水平、成交等进行严格评估，用严格的标准挑选一定数量的展览会和交易会给予认证。国际博览会联盟认证是高质量国际展览会的证明。由于国际博览会联盟在国际展览业中的权威性，因而达到标准并被国际博览会联盟认可的展览会，在吸引参展商、专业观众等方面具有很大的优势，它向展览商和观众保证了后者能从专业化策划和管理的展会中获益。国际博览会联盟标志和质量标记被用作标示经国际博览会联盟认证的国际展会。要想取得国际博览会联盟认证的国际展会，必须符合国际博览会联盟制定的认证条件：(1)展会必须至少已经定期举办过 3 次；(2)展会必须是一个有 20%以上外国展商参加的国际展会；(3)或是有 40%以上外国观众参观的国际展会；(4)或是外国展商纯租用面积达到展会纯租用总面积 20%以上的国际展会。

当一个展会组织者加入国际博览会联盟时，它所举办的展会中至少要有一个展会得到国际博览会联盟的认证。已成国际博览会联盟成员的展会组织者还可向国际博览会联盟提出对其组织的其他展会进行认证的要求。从 1988 年开始，中国国际展览中心及其举办的印刷展览等首先得到该联盟的认可，随后几年，有北京国际机床展、国际仪器仪表展、上海国际模具展等展会先后得到该联盟的认可。

3. 管理体系

联盟总部设在法国巴黎，在全世界有 4 个区域性分部，分别为非洲、美洲、亚太、欧洲部，对相关区域的所有国际博览会联盟成员开放。

国际博览会联盟各分部的主要任务是讨论所在区域的相关问题，促进所在区域成员间的合作，提升国际博览会联盟在该区域的地位，鼓励更多成员加入。在特定区域，分部成员通过紧密合作，处理涉及博览会事务的特定任务和利益，可以有效提升博览会的专业性和质量。

国际博览会联盟还负有培训使命。我国由中国贸促会等单位与国际博览会联盟合作。中国的国际博览会联盟会员每年派员参加其年会，介绍中国展会情况，了解国际展览发展趋势，推动中国展览业国际化。

（三）国际展览管理协会

国际展览管理协会(The International Association for Exhibition Management，IAEM)成立于 1928 年，总部位于美国得克萨斯州达拉斯市，是当今展览业最重要的行业协会之一，管理和服务于全球展览市场。成员来自 46 个国家，数量超过 3 500 个。其使命是通过国际性网络为成员提供独有和必要的服务、资源和教育，促进展览业的发展。

(1) 国际展览管理协会的基本目标

① 促进全球交易会和博览会行业的发展。

② 定期为行业人员提供教育机会，提高其从业技能。

③ 发布展览业相关信息和统计数据。

④ 为展览业人员提供见面机会，交流信息和想法。

(2) 国际展览管理协会的各类成员

① 展览经理：从事展览会管理、计划和布置的相关人员，年费为 310 美元。当所属公司已有展览经理加入国际展览管理协会时，其他新加入的展览经理年费为 245 美元(同时需符合国际展览管理协会关于展览经理的条件)。

② 准会员：对展览会有兴趣但不符合展览经理条件的人员，年费为 425 美元。

③ 商业机构成员：计划、布置、管理展览会的组织。包括各种消费展览会、独立展示会、交易会的组织者，多重管理的展览会协会、社团，非营利性的展览会组织等。国际展览管理协会的商业机构成员可得到关于展览会的销售、管理服务并获得支持人员。

④ 学生成员：在大学或学院全职学习相关内容的人员，年费为 35 美元。

⑤ 教育机构成员：在大学或学院从事教学或负责某一项目的人员，年费为 160 美元。

⑥ 已退休成员：已退休并不再受雇从事展览业工作的人员。"受雇"在此理解为因为劳动和工作而获得实质性报酬，年费为 60 美元。

⑦ 分部成员：国际展览管理协会支持其各分部工作。其成员不一定属于所在地理区域的分部，但如要加入某一分部，则必须是所居住地的分部成员。夏威夷分部成员年费为 50 美元，其他分部成员的年费均为 35 美元。

2005 年国际展览管理协会中国区办事处落户深圳。国际展览管理协会通过许多渠道与成员交流，包括 EXPO 杂志、国际展览管理协会的"行业新闻报道"和国际展览管理协会网址上每周发布的协会信息。

国际展览管理协会提供展览管理的注册培训认证项目，即注册会展经理(Certified Exhibition Management，CEM)的培训认证项目。

三、其他国际会展组织

(一) 奖励旅游管理协会

奖励旅游管理协会(The Society of Incentive and Travel Executives，SITE)是全世界唯一致力于用旅游作为激励和改进工作表现的专业人士的世界性组织。它认识到全球文化差异和使用旅游激励策略的重要性，为它的成员提供网络和教育的机会。成为奖励旅游管理协会的成员是一种宝贵的无形资产。它能使奖励旅游管理协会成员在下列诸方面得益：

(1) 获得分布在全世界 80 多个国家的 2 000 多个奖励旅游管理协会成员的联系方法，这些成员代表着奖励旅游业的每一个领域；

(2) 获得区域内"奖励旅游大学"的折扣学费，"奖励旅游大学"课程涉及奖励旅游如何做的广泛内容；

(3) 获得出席奖励旅游管理协会每年国际会议的优惠会费，这些国际会议的重点集中在影响未来奖励旅游的发展趋势上；

(4) 能收到大量的奖励旅游管理协会出版物，这些出版物包括《资源年鉴》(*The Annual Resource Manual*)、奖励旅游市场战术和趋势领域的研究简编——《奖励旅游介绍》(*Incentive Travel Fact Book*)、涉及影响全世界奖励旅游和团队活动问题的双月版成员通讯——《奖励旅游》等；

(5) 可以参加奖励旅游管理协会在全世界的分会活动和教育培训项目；

(6) 可以在名片和信纸上使用奖励旅游管理协会的标志；

(7) 会收到在奖励旅游主要展示会设摊所需要的奖励旅游管理协会成员陈列材料；

(8) 会被列入在线成员指南(Expertise Online)，并收到免费网址链接；

(9) 符合条件谋取奖励旅游管理者认证(Certified Incentive Travel Executives，CITE)的称号；

(10) 符合条件参与有声望的奖励旅游管理协会水晶奖大赛(SITE Crystal Award Competition)；

(11) 可以奖励旅游管理协会成员以特殊优惠价订购奖励旅游管理协会出版物、通讯录和标签，以及奖励旅游管理协会研究报告。

奖励旅游管理协会在世界下列地区设立了它的分会：美国亚利桑那州、芝加哥、拉斯维加斯、明尼苏达州、纽约、北加利福尼亚州、南加利福尼亚州、佛罗里达州和得克萨斯州，荷兰、哥斯达黎加、澳大利亚/新西兰、比利时/卢森堡、加拿大、东非、德国、英国、中国香港、爱尔兰、印度尼西亚、意大利、马来西亚、马耳他、葡萄牙、苏格兰、新加坡、南非、西班牙、泰国、土耳其。

奖励旅游管理协会还设立了专门基金来支持世界各地有关奖励旅游的课题研究，这对世界奖励旅游的发展起了很大的推动作用。

(二) 世界场馆管理委员会

世界场馆管理委员会(The World council for Venue Management，WCVM)集结了全世界代表公共集会场馆行业专业人士和设施的一系列主要协会。它目前的 6 个成员协会一起为 5 000 多个管理经营场馆设施并在这个行业中联合在一起的人士提供专业资源、论坛和其他有益的帮助。这些人士又代表了世界上 1 200 个会展中心、艺术演出中心、体育场馆、竞技场、剧院和公共娱乐与会议场所。

世界场馆管理委员会成立于 1997 年。为促进公共集会场馆行业内的专业知识提高和互相理解，它积极地致力于通过在成员协会和这些协会成员中的信息和技术交流来加强沟通和促进专业发展。

建立世界场馆管理委员会的动力来自想争取国际听众和观众并在世界范围内分享信息数据的世界场馆管理委员会中的创始协会。这并不意味着将会影响这些协会对其会员所提供的服务的质量。这一动力又在 1996 年由欧洲场馆协会(European Arenas Association)、亚太场馆管理协会(Venue Management Association，Asia and Pacific Limited)和国际会议场馆经理协会(International Association of Assembly Managers)于西班牙巴塞罗那主办的会议上进一步加强。这次会议还肯定了满足公共集会场馆管理行业中大量现存协会对全球信息和沟通资源需求的世界性组织的价值。

世界场馆管理委员会的现有协会成员是：会议场馆国际协会(Association Internationale des Palais de Congress，AIPC)、亚太会展委员会(Asia Pacific Exhibition and Convention Council，APECC)、国际会议场馆经理协会、欧洲活动中心协会(European Association of Event Centers，EVV)、亚太场馆管理协会和体育场馆经理协会(Stadium Managers Association，SMA)。

世界场馆管理委员会的目标是：

（1）有助于世界更好地了解公共集会场馆行业；

（2）鼓励成员协会中的互相帮助和合作；

（3）促进有关公共集会场馆管理专业信息、技术和研究的分享；

（4）推动成员协会和这些成员协会之间的沟通，以提高和改进全世界公共集会场馆管理行业的知识水平和了解程度；

（5）提供给成员协会和这些成员协会与世界场馆管理委员会所代表场馆和个人直接有效的通道；

（6）召开由世界场馆管理委员会主办的周期性会议，以便分享与公共集会场馆管理经营专业有关的信息和教育/专业开发活动。

世界场馆管理委员会采取下列战略实现上述目标：

（1）在世界场馆管理委员会的所有出版物和文具信笺及可能之处展示世界场馆管理委员会的标志；

（2）在世界场馆管理委员会成员协会与其成员之间提供成员互惠；

（3）为共同的资源中心提供信息和数据；

（4）参与成员合作活动；

（5）同意和赞助世界场馆管理委员会的指导性报告书。

为了实现上述目标，世界场馆管理委员会还要：

（1）搜集和传播关于经营管理公共集会场馆有效方法的新信息；

（2）为与公共集会场馆管理实践有关的信息、报告、论文和研究交流提供论坛；

（3）通过成员互惠在出席会议、订购出版物、参加培训教育项目、获取数据及其他资料等方面，为所有世界场馆管理委员会的协会个人成员提供利用各成员协会资源的便捷通道；

（4）鼓励成员协会和其成员间的互相帮助；

（5）探索对所有世界场馆管理委员会成员协会互利的项目和活动的交流；

（6）推动国际互联网的沟通与交流。

（三）会议专业工作者国际联盟

会议专业工作者国际联盟（Meeting Professional Inter national，MPI）成立于1972年，总部设在美国达拉斯，是全球会议和活动取得成功的主要依靠力量，其使命是致力于成为会展行业中策划和开发会议这一领域内的未来领导性的全球组织。

为了获取更多的专业和技术资源，赢得专业发展和网络工作的机会及抓住战略同盟、折扣服务和分部成员之间互相沟通的优越性，越来越多的企业、机构和组织加入该组织。

会议专业工作者国际联盟目前在全球60个国家有近2万个成员。他们分别属于64个分部。成员共分三类：策划协调管理会议的会议策划者、提供会议业所需产品和服务的供应商及大专院校会展专业或接待业的全日制在校学生。其中，会议策划者成员占总数的46%，其余的54%为后两类成员。他们通过参加或赞助会议专业工作者国际联盟会议，在《会议专业工作者》（*The Meeting Professional*）杂志或在会议专业工作者国际联盟网页上刊登广告及购买会议专业工作者国际联盟成员标签来获取商机及发展机会。

会议专业工作者国际联盟主办了会议专业工作者绝大多数的集会，其中包括世界教育大会（The World Education Congress，WEC）、北美专业教育大会（Professional Education Conference North America，PEGNA）、欧洲专业教育会议（Professional Education Conference

Europe,PEC Europe)等。会议专业工作者国际联盟开发的全球会议管理证书强化培训项目(Certification in Meeting Management,CM)通过让其参与者进行特别设计的各种课程和练习,来提高其战略思考、领导和管理决策的能力,为其成员和其他有志于会议业的人士提供了继续学习和提高的机会。

建立于1984年的会议专业工作者国际联盟基金会每年进行研究和项目开发,来保证会议专业工作者和会议业的发展以及世界对它们的认知,同时也保证了会议策划、功能和管理的不断改进。基金会还进行妇女领导和多元文化创新精神的研究和开发。

今天,对于任何会议专业工作者来说,不管其是会议策划者还是服务供应商,有业务网络、专门知识和资源保证取得可观的投资回报才是成功的关键。而会议专业工作者国际联盟的《会议专业工作者国际联盟年度成员名录》(*MPI Annual Membership Directory*),提供250种不同在线课程的会议专业工作者国际联盟网远程教育(MPI Web Distance Learning),会议管理证书强化培训和会议专业工作者认证(Certified Meeting Professionals,CMP),针对分部负责人和成员的在线新闻通讯季刊《分部领导人》(*The Chapter Leader*),针对会议专业工作者国际联盟欧洲成员的在线新闻通讯季刊《相遇欧洲》(*Meeting Europe*)和针对会议专业工作者国际联盟加拿大成员的新闻通讯季刊《公报》(*Communique*),为会议专业工作者提供了他们成功所需的业务网络、知识和资源。

知识归纳

1. 国际会议协会(ICCA)是全球会议业最主要的国际专业组织之一,是全球唯一将其成员领域涵盖了国际会务活动的操作执行、运输及住宿等各相关方面的会议专业组织。国际会议协会创建于1963年,总部位于荷兰首都阿姆斯特丹。其目标是通过合法的手段,促进各种类型的国际会议及展览的发展,评估实际操作方法,以促进旅游业最大限度地融入日益增长的国际会议市场,同时为相关会议市场的经营管理交流实际的信息。

2. 国际协会联盟(UIA)1907年于布鲁塞尔成立。该组织是一个独立的、非政府的、可进行有关4万个国际组织和客户信息交换的非营利场所及提供有关国际组织和全球挑战信息的先锋。国际协会联盟可以用书面、光盘及互联网的形式提供一些非常有用的数据资料。这些资料对于广大使用者来说是科研、决策和工作的有效工具。

3. 国际专业会议组织者协会(IAPCO)成立于1968年,其前身是英国专业会议组织者协会。这是一个由专业的国际国内会议、特殊活动组织者及管理者组成的非营利性组织,服务于全球的专业会议组织者,其总部设在英国伦敦。

4. 国际展览局(BIE)是专门从事监督和保障《国际展览公约》的实施,协调和管理世博会并保证世博会水平的政府间国际组织。

5. 国际博览会联盟(UFI)是世界主要博览会组织者、展览场所拥有方、各主要国际性及国家展览业协会的联盟。通过国际博览会联盟专业认证的展会在参展商和专业观众的规模、质量,国际性程度以及展会管理上都处于世界顶尖水平。

6. 国际展览管理协会(IAEM)成立于1928年,总部位于美国得克萨斯州达拉斯市,是当今展览业最重要的行业协会之一,管理和服务于全球展览市场。其成员来自46个国家,数量超过3 500个,使命为通过国际性网络为成员提供独有和必要的服务、资源和教育,促进展览业的发展。

7. 奖励旅游管理协会(SITE)是全世界唯一致力于用旅游作为激励和改进工作表现的专业人士的世界性组织。它认识到全球文化差异和使用旅游激励策略的重要性,为它的成员提供网络和教育的机会。

8. 世界场馆管理委员会(WCVM)集结了全世界代表公共集会场馆行业专业人士和设施的一系列主要协会。

知识图表

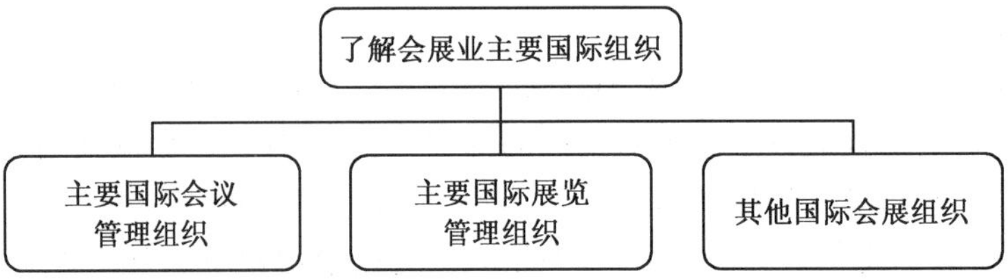

网站导航

与本单元学习有关的网站有：

1. www. iccaworld. com。
2. http://www. uia. be。
3. www. iapco. org。
4. www. bie paris. org。
5. http://www. ufi. org。

关键词汇

ICCA　UIA　IAPCO　BIE　UFI　IAEM　UFI 认证

独立思考

1. 对中国展会而言，获得 UFI 认证有何意义？
2. 加入 UIA，对于中国会展企业有何裨益？

基本训练

一、名词解释

1. ICCA
2. UIA
3. IAPCO
4. BIE
5. UFI

二、简答题

1. 列举五家中国 ICCA 成员。
2. 列举五家中国 UFI 成员。
3. 归纳 ICCA、UIA 和 IAPCO 的联系与区别。

实战演练

【目标】 了解中国优秀的会展企业或者场馆，了解岗位需求。

【内容】 浏览中国内地国际会议协会或者国际博览会联盟成员名单，选择某一成员，调研其品牌展会或者场馆。

【步骤】

(1) 浏览附录一和附录二,每人选择一个调研对象;

(2) 登录该成员官网,了解其品牌展会或者场馆;

(3) 搜索该成员人才招聘信息,了解具体岗位职责和要求;

(4) 准备 PPT 汇报。

任务八　走进世界博览会

知识目标

◆ 了解世博会和《国际展览公约》的起源和演变历史；
◆ 了解我国参加、申办、主办世博会的历史概况。

技能目标

◆ 以世博会为标杆完善会展职业精神；
◆ 掌握2010年世博会基础知识。

能力目标

◆ 解读注册报告，了解一份详细的策划方案的具体内容和细节；
◆ 能够较全面地评价世博会对中国、对上海的意义。

思政目标

◆ 理解世博会对上海、对国家的意义，增强民族自信；
◆ 树立绿色办展、可持续发展等理念。

重点难点

◆ 世博会注册报告；
◆ 沟通和推介计划。

一、世界博览会概述

任务引入

连续承办昆明世博会、上海世博会和2019年北京世界园艺博览会等多次世博会，这是我国会展产业综合实力强大的证明。那你知道北京世博会与上海世博会有何不同吗？

1. 世界博览会的申办和注册

国际展览局不仅管理世界博览会(简称世博会)的频率和质量，而且管理国际参加者的参与环境。世博会要完成申办和注册，必须遵从以下四个步骤：

(1) 申办：申办世博会报告中，必须表述开幕和闭幕的日期、主题和主办主体的法律状态。

这些内容由申办国家以申办报告的形式递交给国际展览局执行委员会。

(2) 考察:国际展览局组织考察团对申办国进行现场的项目评估。考察团在国际展览局副主席的带领下,可以就技术方面或金融方面询问细节问题,主要方式是查阅文献依据。这项彻底的调查是送交执行委员会的报告的基础,此项报告最终还将被送交全体成员国代表大会审议。

(3) 投票:申办世博会项目通过了程序、机构审定后,将由国际展览局代表大会投票决定申办国的举办权。如果不止一个国家参与竞争举办权,代表大会将以无记名投票的方式产生举办国。

(4) 注册:举办国在正式审议和承诺遵守国际展览公约,并签订相关协议后,向国际展览局注册拟举办的世博会。

这些程序完成需要三年的时间,最终形式以授予国际展览局旗帜为完成标志。与此同时,举办国政府可以开始通过外交渠道向世界各国发送世博会的参加邀请。未经注册,博览会不能取得国际展览局成员国的支持,成员国被禁止参与任何未经批准的项目,并将视为违反《国际展览公约》中主办国政府承诺将施行和保持国际展览局所设立标准的规定。这也是国际展览局真正的实施权力所在。

通过以上程序,世博会的发展得到了保证,成员国的利益也得到了维护。

在世博会举办过程中,国际展览局通过总代表(总代表是对参加国政府所派出的高级代表的称号)委员会和选举产生的指导委员会管理世博会,指导委员会与世博会组织者始终与国际展览局保持着紧密的联系。

2. 世界博览会的分类

自国际展览局成立之始,就认识到有必要区分两种世博会:一是拥有综合主题的大型世博会,二是相对较小、较经济、主题较具体的世博会。但是这两种世博会的命名和准确定义随着时间的推移有了改变。虽然历史上有过第一类世博会和第二类世博会的说法,但是这一描述已经基本废弃多年了。1972 年对《国际展览公约》新的修正案中,对注册类(综合类)和认可类(专业类)世博会的描述发生了改变,明确规定了注册类(综合类)世博会举办必须有 5 年的间隔时间,举办期共计 6 个月。在两届大型综合类世博会期间,成员国在国际展览局的许可下可以举行一届专业类世博会,但是面积必须控制在 25 公顷内,时间上不能超过 3 个月,且必须有一个专门的主题。这种专业类的博览会的制定让世界上所有国家举办世界博览会成为可能。

此外,国际展览局认可由国际园艺生产者协会(AIPH)批准的 A1 类世界园艺博览会与三年一届的米兰装饰艺术和现代建筑博览会。

3. 历届综合性世博会概况

部分综合性世博会概况见表 8.1。

表 8.1　部分综合性世博会概况

时间、地点	主　题	展出面积(公顷)	参展国(个)	观众(名)	总投入(美元)
1851 年英国伦敦	万国工业	10.4	25	6 039 195	1 678 710
1855 年法国巴黎	农业、工业和艺术	15.2	25	5 162 330	2 267 304.37
1862 年英国伦敦	农业、工业和艺术	15.2	39	6 096 617	2 294 210

续表

时间、地点	主　题	展出面积（公顷）	参展国（个）	观众（名）	总投入（美元）
1867 年法国巴黎	农业、工业和艺术	68.7	42	15 000 000	4 596 800
1873 年奥地利维也纳	文化和教育	233	35	725 500	9 561 635
1876 年美国费城	庆祝美国百年独立	115	35	10 000 000	8 000 000
1878 年法国巴黎	农业、工业和艺术	75	36	16 156 626	11 054 330
1880 年澳大利亚墨尔本	万国工农业、制造业与艺术	25	33	1 330 000	1 600 000
1888 年西班牙巴塞罗那		46.5	30	2 300 000	1 700 000
1889 年法国巴黎	纪念法国革命 100 周年	96	35	32 250 297	8 300 000
1893 年美国芝加哥	纪念发现美洲 400 周年	290	19	27 500 000	27 245 567
1897 年比利时布鲁塞尔	国际展览	132	27	7 800 000	
1900 年法国巴黎	新世纪发展	120	58	50 860 801	18 746 186
1904 年美国圣路易斯	纪念路易斯安那 100 周年	500	60	19 694 855	31 500 000
1905 年比利时列日	比利时独立 75 周年	70	31	7 000 000	28 903 605
1910 年比利时布鲁塞尔	国际展览	90		13 000 000	3 550 000
1913 年比利时根特	国际展览	130	26	9 503 419	3 300 000
1915 年美国旧金山	庆祝巴拿马运河通航和旧金山建立	254	32	19 000 000	25 865 914
1929 年美国费城	庆祝建国 150 周年				
1929 年西班牙巴塞罗那	巴塞罗那国际展览	118			25 083 921
1933 年美国芝加哥	进步的世纪	170	21	22 317 221	42 900 989
1935 年比利时布鲁塞尔	通过竞争获得和平				
1937 年法国巴黎	现代生活的艺术和技巧	105	44	31 040 955	1 443 288 391 法郎
1940 年美国纽约	建设明天的世界	500			
1949 年王子港	王子港建立 200 周年	30			
1958 年比利时布鲁塞尔	世界人口文化	200	42	41 454 412	2 530 500 000 比利时法郎
1962 年美国西雅图	宇宙时代的人类	30			
1964 年美国纽约	通过理解走向和平				
1967 年加拿大蒙特利尔	人类与世界		62	50 306 648	431 904 638 加元
1970 年日本大阪	人类的进步与和谐		75	64 218 770	

续表

时间、地点	主　题	展出面积（公顷）	参展国（个）	观众（名）	总投入（美元）
1992年西班牙塞维利亚	探索与发现	215		41 814 571	
2000年德国汉诺威	人类—自然—科技	160	155	18 000 000	10.2百万德国马克
2005年日本爱知	自然的睿智		124	2 200万	
2010年中国上海	城市，让生活更美好	528	246	7 308万	317.01亿元人民币
2015年意大利米兰	滋养地球，生命之源	100	166	2 150万	

世界博览会是展示世界文明发展最新成果的盛会。世界博览会展示了人类在某个或多个领域中在政治、经济、科技和文化等方面取得的成就。举办世博会的目的往往是庆祝重大的历史事件或某个国家、地区的重要纪念活动。因此，世博会一直是世界各大国争相承办的大型国际活动。自英国首届世博会以来，国际大都市一直热衷于举办世博会。1851年的伦敦博览会站在欧洲工业时代即将到来的最前沿；1893年的芝加哥博览会宣告美国登上世界舞台；1900年的巴黎博览会将目光聚集在新世纪；1958年的布鲁塞尔博览会标志着战后重建进入佳境；1970年的大阪博览会显示战后日本的日益强大。

事实上，许多对世界发展起到巨大推动作用的科学技术产品均是在世博会展出后迅速推广的：

1851年首届博览会中，展出了英国工业革命所产生的经济成就和参展国家先进的工业品，如左轮手枪、自动链式精纺机、大功率蒸汽机、轨道蒸汽牵引机、高速汽轮船、起重机以及先进的炼钢法、隧道和桥梁等模型。

1855年，巴黎世博会展出了混凝土、钢制品、铝制品和橡胶等。

1862年的伦敦博览会展出了新的工业产品——缝纫机、印刷机和火车。

1873年的维也纳博览会首次展示了电动马达。

1876年，美国费城博览会上，大量的美国技术展现在欧洲人面前，有收割机、打字机、电话、冰库车，还有由同一条电线同步拍发两条消息的双重电报机。

1878年，巴黎世界博览会展出了贝尔的电话、爱迪生的留声机、冷冻船等划时代的发明。

1889年，巴黎世博会主题塔（即著名的埃菲尔铁塔）至今成为法国和巴黎乃至世界的象征。

1893年，芝加哥世博会上，电的发明和应用，使其成为此届世博会中最耀眼的“明星”：首次使用交流发电系统，并用玻璃管吹制出字母和图形形状，霓虹照亮巴黎夜空。

1939年美国纽约世博会上，磁带录音机、电视机、尼龙、塑料制品等崭露头角。

1958年，第二次世界大战后的第一次世博会在比利时布鲁塞尔举办。博览会的中心饰物是一个巨大的原子结构模型。它象征着人类安全、和平地应用原子能。

1962年，美国西雅图世博会上，首次展出了航天器，表明人类已经能够借助高科技的威力进入宇宙。

1964年，美国纽约再次举办世博会，博览会展示了复合屏幕、座椅连动式影像式娱乐、伏兹镜头，特别值得一提的是展示了可口可乐和“迪士尼”主题公园。

1970年,日本大阪世界博览会上,美国馆展出了"月亮上的石头",此次博览会也让日本第一次以世界发达国家的形象呈现在世人面前。

2000年,汉诺威世博会时,汉诺威市进行了ISDN(综合业务数字网)网络建设,使其成为信息流和快速交通流的交汇点……

同样,2010年世界博览会在中国举办说明了我国政治、经济、科技和文化等方面取得的巨大成就。

情景思考

1. 世博会的申办和注册包括哪些步骤?
2. 由历届世博会的主题变化能看出什么?

二、中国与世博会

任务引入

曾经的中国,只是一个世博会的看客;如今的中国,是世博会积极的参加者和东道主。你了解我们和世博会之间的渊源吗?怎样的世博会才能获得成功呢?

自1851年第一届世博会举办至今,近170年过去了。回顾世博会的光辉历史,我们惊喜地发现:中国与世博会可谓渊源已久。在近170年中,中国从一个世博会的普通看客,逐渐转变成极具魅力的参展国、交口称赞的东道主,这其中有汗水,有收获;有辛酸、有欣慰;有荣誉,也有遗憾。

知识拓展

谁是世博会中国第一人?

徐瑞珩,名德琼,号荣村,广东香山人,是上海开埠后第一批来沪闯荡的商人,在英商"宝顺洋行"(Dent Company)担任买办。他以"货则上品,售之则上价"为经商之道,在沪经营丝绸、茶叶,蜚声商界。

1851年,远在大西洋彼岸的英国宣布举办世界博览会,当时的英国政府对这届世博会很重视,维多利亚女王以国家的名义,通过外交途径,邀请十多个国家参展,在此期间,还进行展品和工艺评比活动。这一消息远涉重洋,当然也传到了隔洋相望的中国。

徐荣村的商业嗅觉不可谓不灵敏,他立即敏锐意识到了蕴藏其中的巨大机会。于是,他快速将自己经营的"荣记湖丝"装成12捆,紧急托运至英国。可是,由于"荣记湖丝"包装太粗陋,在世博会上并未受到重视包装的西方人的任何青睐。所幸徐荣村选送的湖丝乃丝中精品,所幸世博会举办时间长达半年之久,"荣记湖丝"历经时间的考验,终于质压群芳,脱颖而出,独得金、银大奖。

一般认为,中国和世博会最初结下缘分是在1867年(即光绪十二年),文人王韬远涉重洋到达法国巴黎并参观了 1867 年巴黎世博会。之后，这位改良主义思想家写下了《漫游随录——博物大观》一文，记述了当时巴黎世博会的盛况。随后寄旅伦敦的王韬还有幸见识了已搬至伦敦郊区的首届世博会的“水晶宫”。王韬笔下的“水晶宫”是这样的：“……地势高峻，望之巍然若冈阜。广厦崇。建于其上，逶迤联翩，雾阁云窗，缥缈天外。南北各峙一塔，高矗霄汉。北塔凡十四级，高四十丈。砖瓦榱桷，窗牖栏槛，悉玻璃也；目光注射，一片精莹。其中台观亭榭，园囿池沼，花卉草木，鸟兽禽虫，无不毕备……”王韬可以说是中国睁眼看世博会的第一人。即使这样，他也只是看到了已偏于一隅的水晶宫，他称之为“玻璃巨室”。在第二次世界大战期间，为了防止德军轰炸，英国人自己拆了水晶宫。王韬的上述文字，已成为不可多得的记载了。

资料卡

第一届世博会上的中国展品

中国参加 1851 年第一届世博会的史料较为少见，伦敦威廉·克罗兄弟出版社 1852 年出版的《万国工业博览会 1851 年，评委会关于 30 类展品的评审报告》中有不少记载。此书为主办方所编，于伦敦世博会的次年出版，是一部记载 1851 年世博会的重要文献。

丝绸：在中国展区，上海荣记的丝绸样品充分显示了来自桑蚕原产国的丝绸的优异品质，因此评委会授予其奖章。同时评委会分别授予阿斯代尔公司（Messrs. Astell and Co.）、布莱恩（C. J. Braine）先生、哈蒙德（W. P. Hammond）先生和胡夏米（H. H. Lindsay）先生选送的丝绸样品以荣誉奖章。

矿产品：中国尽管在水晶宫展示了在丝绸制品和瓷器方面的杰出成就，但在矿产品方面却仅获得唯一的一枚荣誉奖。该奖项授给了英国驻上海领事阿礼国，他选送了一批在鄱阳湖附近的景德镇大型瓷器作坊进行瓷器制作时所使用的原料。这批原材料包括用于瓷器作坊的黏土和颜料样品。

植物蜡：英国驻上海领事选送的来自中国的植物蜡，由于它的高熔点和其他物理特性，近来吸引了人们的注意力，这种植物蜡非常有利于生产蜡烛。因此，评委会决定授予其荣誉奖。

丝织品：中国丝织品的展览尽管充分显示了长期以来该国在锦缎和其他丝织品上的声誉，但还不足以引起巨大的轰动效应。但评委会还是要向胡夏米先生、颠地（L. Dent）先生表示谢意，他们将该国有特色的展品选送到这里。中国作为世界上最早的丝绸生产国，因其在丝绸生产中运用的品种多样的染色丝，成为该领域的代表。中国上层阶级的主要服饰旗袍以丝绸为面料，做工精细，有精美的刺绣，被授予荣誉奖。

金属制品：令人遗憾的是，中国金属制品的展品实在太少，不能给我们一个完整的概念。中国的金属制品涉及范围广，加上中国人的心灵手巧、发明天赋以及独特的家庭习惯，我们有理由相信中国人在金属制品加工生产领域的发展水平和实用价值，应该与欧洲不相上下。

漆器：漆器因其表面涂有从虫胶中提取的清漆而得名。中国产的漆器价格昂贵，制作工艺复杂，需要 18～20 层的涂抹、固定和擦亮步骤。这些漆器使用的清漆纯度亮度很高，装饰精巧考究，手工式的加工工艺令人叫绝。在展会上展出了一些令人感兴趣的中国产的漆器，特别是由布莱恩先生提供的一座折叠屏风尤其精美。

扇子：在扇子制作方面，中国和法国是最大的竞争对手，几乎垄断了全世界的扇子生产业。在漆面扇领域，中国无可争议地被认为是最好的产地，在木制、骨制扇子以及象牙、珍珠的雕刻和钻孔技术上中国没有任何竞争对手(尤其是考虑到价格因素的话更是如此)。即使在普通扇制作上，中国扇的设计也富有新意，色彩鲜艳，绘图工丽，工艺考究。扇子加工业主要集中在广东、苏州、杭州和南京。象牙扇和骨制扇、羽毛扇的制作主要出口欧洲和美洲市场，中国人使用的主要是抛光和上漆的竹片作扇骨、纸作扇面的扇子。在博览会上展出的扇子样品不是直接来自中国的制造商，而是由三个英国的参展商所提供，他们分别是布莱恩先生、达尼埃尔(Daniell)先生和裕昌公司。展出的样品包括有图案和刺绣的羽毛扇；还有一把蓝白相间的羽毛扇，银色镶边，绘有中国人物肖像；一把雕刻钻孔精巧的象牙扇，工艺复杂，售价却很便宜，只要20先令。还有一些普通纸扇，有的饰有简单的风景画，有的以金色饰片装饰。

中国茶：里普莱(P. W. Ripley)先生专门为本次博览会在广东搜集的中国茶可说是独一无二的，品种齐全，品质卓越，含有罕见的和昂贵的成分，还具有不小的科学研究价值。其中的一些品种还从未在英国见到过，一些品种在中国市场上的价格要比英国市场上最昂贵的品种零售价还要高五倍之多。一些品种经不起长途运输，加上博览会也缺乏合适的保存和展出条件，已经有所损坏。

评委会遗憾地发现，皇家委员会的评奖规则不允许授予里普莱先生比奖章更高的奖项来表彰他的参展品的价值。下列少量的资料记录了有关这一首次充分展示的工业分支的信息。

展出的各种品种的白毫茶，有一些在中国市场上能卖到50先令一包，而在英国市场上最高的价格大概也只有7先令。纯的白毫茶和桔味白毫茶在英国卖得不多，但作为旅行茶，被富有的俄国家庭购买。最好的白毫茶不会销往海外，而大多是供中国官员饮用，因为在俄国出售的白毫茶尽管要加上每袋3至4先令的运输费，但圣彼得堡的最高售价从未超过50先令。

工夫茶或宁阳茶主要出口到美洲市场。乌龙茶在加尔各答是最好的饮料，在英国尽管稍便宜些，但长途运输已经破坏了这种茶的口味。

就口感而言，没有比一种“官僚茶”更好的了。这种茶仅经过短时的烘烤，在最佳的条件下略显潮湿，因此经不起运输和保存。在中国的富有人家，这种茶需求量很大，在当地市场上卖到20先令一包。

展出的还有一些中国劳动阶层饮用的茶。其中一些仅是粗糙的经日晒的叶子，质量较好的(来自烟台)茶叶被放在篮子或盒子里，出口到爪哇岛等地。

最后还展出了茶树本身，它的叶子、花、芽等的样品；展出了茶叶生产、包装、装运整个过程的模型和图画，以及用来闻茶香的器具和茶罐、茶杯等相关物品。

1873年维也纳博览会，当时任清政府海关总税务司的英国人赫德曾派了名叫包腊的英国人代表中国参会。

1876年美国费城世博会，中国首次选派华人工商界代表李圭参展，并写下了《环游地球新录》一书。此举也被公认为中国参加世博会之始。书中记载道：“中国赴会之物，计720箱，值银约20万两。陈物之地，小于日本，颇不敷用。此非会内与地不均，盖原定我地仅8 000正方尺，初不意来物若是之多也。”在这次博览会上，中国展馆占地“仅八千正方尺”，以精心的布置和浓郁的中华民族特色吸引了参观者。一座木质大牌楼向北而建，上书“大清国”三个字，对联一副，曰“集十八省大观，天工可夺；庆一百年盛会，友谊斯顿”。横批为“物宝天华”。

中国首次以官方形式率商人正式参加的世博会是 1904 年美国圣・路易斯世博会。当时清政府相当重视，花巨资修建了具有浓郁民族风格的中国村和中国展馆，并派出了由溥伦和黄开甲分任正副团长的政府正式代表团出席开幕典礼。中国政府参加本次世博会共花费 170 万银圆。此次参展被视为历史上中国政府首次正式参与世博会。

1905 年时值中国光绪末年，世界博览会在比利时小城列日召开，清政府派员参加了世博会的展出活动。中国馆于 1905 年 2 月竣工，包括国厅一座，公所 2 间，市房 14 间，是一座典型的中式风格的建筑。此外，在比利时人预定的包法利花园内还建造了中国博物院 2 间、市房 10 余间、宝塔 1 座。本次世博会我国得到超等荣誉奖及金银各等奖牌共 100 枚，得奖数量与英、美、奥、意等国不分上下。

1915 年巴拿马世界博览会在美国旧金山举行。当时中华民国政府成立不久，百废待兴，因此对于巴拿马世博会给予了高度重视，一面派员筹备政府馆的建造事宜，一面着手展品的收集工作，中华政府馆的建造集中了许多中式建筑的结构，较突出地反映了中国传统政治型建筑的特色，在整个巴拿马世博会各场馆中有一定的典型性和观赏性。世博会会场各陈列馆中，有中国展品参展的分别为工艺馆、教育馆、食品馆、美术馆、文艺馆、交通馆和矿业馆。在这次世博会上，中国展品所获奖项计 1 211 枚，包括大奖章 57 枚、名誉奖 74 枚、金牌奖 258 枚、银牌奖 337 枚、铜牌奖 258 枚、状词奖 227 枚。尤其难得的是，中国的茅台酒和张裕酿酒公司的可雅白兰地力挫群雄，双双获奖：茅台酒“掷酒振威，香惊四座”被评为世界第二名酒，与获第一的法国柯涅克白兰地和第三的英国苏格兰威士忌并称为世界三大名酒；可雅白兰地获 4 枚金质奖章和最优等奖，遂更名为“金奖白兰地”。

1926 年费城世博会上，除了东道主美国之外，当数中国与日本为参展作品之大家。中国以生丝、茶叶、江浙绸缎、江西瓷器、福建漆器、手工刺绣及翡翠等展品为主，具有中华民族特色。在现代工商业展品方面，也有印刷工艺、化妆品、革制品、电器、铜钢制品等展品，并在各个奖项的角逐中取得了不俗的成绩。

中国人在参观、参展世博会的过程中，充分开阔了视野，看到了来自全世界经济文化科技各个领域的最新成就，也看到了中国和西方国家之间的差距，意识到了本国的局限，更发现了展览会对发展经济贸易的重大意义，并以此为契机，于 1929 年在浙江杭州举办了中国人自己的博览会——西湖博览会。

中国参与世博会，由一个普通看客逐渐转化为一个出色参展国的历史，也是中国对外开放、参与世界经济一体化进程的历史。随后数十年间，当其他国家都在世博会舞台上争奇斗艳、交流合作的时候，中国却逐渐走入闭关锁国困境，战乱和动荡更是让国人陷于水深火热之中。中国虽未完全与世界隔绝，但在世界博览会中，却消失了身影。直到 1982 年美国诺克斯维尔世界博览会才重新出现。

1982 年 5 月 1 日至 10 月 31 日，主题为“能源推动世界”的世博会在美国田纳西州的诺克斯维尔举行。中国馆展出了太阳热水器、太阳灶、太阳能航标灯、太阳能电围栏、沼气利用及各类工艺品等。展品中新能源技术、长城砖、西安出土的秦兵马俑以及富有中国民族特色的工艺美术品引起了轰动。

1984 年 5 月 12 日至 11 月 11 日，以“世界河流、淡水——生命的源泉”为主题的世博会在美国路易斯安那州的新奥尔良举行。中国馆主要介绍了中国古代和现代水源开发及利用的情况和成就，展出了中国古代和近代开发水利资源的文物照片、复制品、模型、中国轻工业品、纺织品、手工艺品、秦钟和秦碑等文物。

1985 年 3 月 17 日至 9 月 16 日，主题为“居住与环境——人类的家居科技”的世博会在日本新城筑波市举行。中国馆展出了中国古代和现代的科学成就以及具有民族特色的各种文化与生活用品。

1986 年 5 月 2 日至 10 月 13 日，以“世界在运动，世界在交流”为主题的世博会在加拿大温哥华举行。面积为 1 800 平方米的中国馆展出了中国古代有代表性和民族特色的交通和通信工具。

1988 年 4 月 30 日至 10 月 30 日，以“技术时代的娱乐”为主题的世博会在澳大利亚布里斯班开幕。中国馆展现的 360 度环幕电影——《华夏掠影》受到热烈欢迎。中国馆先后被评为五星级展馆及最佳展馆。这是中国参加世博会以来获得的最高荣誉。中国馆的接待观众为 500 多万人次，成为这次世博会中接待观众最多的国家馆。

1992 年 4 月 20 日至 10 月 12 日，以“发现的时代”为主题的世博会在西班牙塞维利亚市举办。中国的展品中有四大发明、西汉浑天仪和东汉地震仪的模型、指南匙、指南车、指南龟、指南鱼和秦兵马俑等。现代高科技展品中有西昌火箭发射塔模型，长征 2 号、3 号、4 号和长征 2 号捆绑式火箭模型等。中国馆被评为五星级展馆。

1992 年 5 月 15 日至 8 月 25 日，以“哥伦布：船舶与海洋”为主题的世博会在意大利热那亚市举行。中国馆共接待观众 150 多万人次。

1993 年 8 月 7 日至 11 月 7 日，以“新的起飞之路”为主题的世博会在韩国大田市举办。中国馆展示了中国古代和现代航天科技、三峡水利工程、传统文化和民族工艺等。中国馆接待观众 350 多万人次，在国家馆中名列榜首，同时并被评为五大最佳展馆之一。

1998 年 5 月 22 日至 10 月 31 日，以“海洋——未来的财富”为主题的世博会在葡萄牙首都里斯本举办。中国馆分为海洋开发和利用、海上丝绸之路、火箭模拟发射卫星表演和环幕电影馆 4 大部分，以海上丝绸之路为主线，介绍了伟大的航海家郑和率领船队 7 次远涉重洋的历史。

1999 年，中国作为东道主举办昆明世界园艺博览会，取得了圆满成功。

2000 年 6 月 1 日至 10 月 31 日，以“人类—自然—技术”为主题的世博会在德国汉诺威举行。中国馆由信息高速公路展区、未来航天展区、现代展区、古代展区和环幕电影五部分组成主题区域。中国馆以其独特的外装修和丰富的展览内容吸引着大批来自世界各地的观众，每天接待观众近 3 万人，约占世博会总参观人数的 1/4。

2005 年日本爱知世博会上，中国 13 个省市以“城市周”的方式，展现了各自的风土人情，“生命之树”“浮雕墙”“紫檀斋”“水晶影视厅”这些匠心独运的设计为中国馆迎来了累计 566.78 万观众，使中国馆成为该届世博会接待观众最多的国家馆。

三、1999 年昆明世界园艺博览会

自 1992 年起，中国贸促会与有关部委、地方政府配合，向国际展览局申请在中国举办世博会。1994 年 10 月 21 日，前驻法国大使蔡方柏受中国政府委托，致函国际展览局，申明中国政府全力支持 1999 年北京举办世界园艺博览会。同年 12 月 7 日，国际展览局第 116 届大会在

巴黎举行，时任国际展览局中国首席代表、贸促会前副会长刘福贵率中国代表团应邀出席。大会一致同意中国的申请。1995 年 12 月 12 日，国务院正式批准由云南省承办 1999 年昆明世界园艺博览会。1995 年 12 月初，国际展览局第 117 届会员大会一致通过了同意 1999 年世博会移址昆明举办的决议。

中国政府对举办 1999 年昆明世界园艺博览会十分重视。1996 年 12 月 20 日，由中央 17 个部委领导同志组成的 1999 年昆明世界园艺博览会组织委员会在北京成立。作为此次园艺世博会领导机构的组委会，在昆明设立了组委会的执行机构和云南省政府的办事机构——云南省园艺博览局。

1999 年昆明园艺世界博览会是中国政府第一次主办的 A1 类专业性的世界博览会，主题为："人与自然——迈向 21 世纪"，展期从 1999 年 5 月 1 日至 10 月 31 日，历时 184 天。世博会的"世博园"是建设的重点，会址设在昆明市北部金殿名胜风景区，占地面积 218 公顷，总投资约 16.4 亿元人民币，共移栽各类乔木 3.2 万株，灌木 32.4 万株，铺植草坪 40 多万平方米，先后培植各类花卉近 100 万盆。参展国家和国际组织达到 94 个(不含中国)，创下了世博会历史上参展国家和国际组织的又一新高。场馆建设包括五大室内馆区，即国际馆、中国馆、人与自然馆、科技馆、大温室，三大室外展区，即国外展区、国内展区、企业展区。

云南素以丰富的动物、植物、有色金属蜚声中外，高等植物就有 18 000 种，园林植物有 2 500种，居全国之冠。一些国家重点保护的珍稀树种，如秃杉、树蕨、珙桐、望天树、苏铁、木莲、红豆杉、茶树王等，有的高耸入云、树冠如盖，有的鹰爪龙须、青藤盘曲，均为世间罕见。本届世博览会的绝活之一，就是把这些罕见的珍稀树种从深山老林移种到世博园来，让世人一睹其风采。

将云南"一山分四季，十里不同天"的立体气候下生长的寒带、温带、亚热带、热带的植物种类荟萃于一体，这是本届世博会的第二个绝活。为此，世博园建起一个占地 18 000 平方米的大温室，让适应不同气候的各种植物在同一个地方争奇斗艳，蓬勃生长。

园中各场馆、各园中园、各展区尽量保持各种植物的原生状态，这是本届世博会的第三个绝活。建筑面积达 4 200 平方米的中国馆、人与自然馆、大温室、科技馆、国际馆，占地达 57 300 平方米的风格各异的竹园、蔬菜瓜果园、药草园、盆景园、树木园、茶园，还有占地 116 万平方米的国内、国外、企业三大展区，组成原始自然景观和现代化园林风貌。

各参展国对此次博览会亦是十分重视。日本在签署招展协议之前，光是政府代表团就来了 20 多个，他们的准备工作极为细致、周全，对世博园的气候、土壤、植物等资料收罗无遗。法国园区面积 2 588 平方米，定名为"法兰西花园"；设计方案是法国园艺界在全国广泛征集，从 21 个设计方案中评出的。瑞士设计者将"阿尔卑斯山"搬进世博园；为获得良好的雪山效果，他们带来的是先进制冷技术和设备，据说这种室外模拟雪山以前在瑞士国内也没做过。澳大利亚则力求以展示广袤地域和土著文化吸引游客的目光。东南亚国家在建园布展方面倾尽全力：缅甸从国内用卡车将亚热带的花卉乔木运进世博园；越南政府组织了不低于部级的代表团参加世博会的活动；建筑面积约 2 000 平方米的斯里兰卡园以极富民族特色的建筑风格引人注目。34 个国家的室外展园和 86 个国家的室内展台以自己浓郁的民族风情和精彩的园林园艺笑迎四海宾朋。

国际上筹备此类博览会的时间一般都需五六年，而从 1995 年 12 月国务院批准由云南省来承办此次世博会到 1999 年 5 月 1 日本届世博会开幕，留给云南省、昆明市的时间前后不到三年半，在如此紧张的时间里筹备如此高规格、大规模的国际博览会，对任何政府来说都是一个极其艰巨的考验。但昆明市趁着这样一个机会，加快城市建设，整治市容市貌。昆明市多渠道筹集资金，在3年内投资20多亿元，进行了1949年以来最大规模的城市建设：共新建和改扩建城市道路69条，建成立交桥19座，城市人均道路面积由4.14平方米提高到6.65平方米。整个城市向前迈进了10年，原定于2008年完成的城市主干道交通路网规划提前到1998年年底全面完成了。昆明人两年内整治了10个公园，提高了15条道路的绿化面积，建成了4个绿化广场。与此同时，滇池污染综合治理重点工程这项国内投资规模最大的环保项目也全面展开，总投资达几十亿元，显著改善了滇池的水质。

这届世界博览会的成功举办，对进一步促进我国园林园艺事业的发展、提高我国的国际形象和地位、带动昆明以及整个云南这个内陆地区的区域经济增长产生了深远的积极影响。将世博会这样重要的国际活动放在云南举办，充分体现中国政府加快发展中西部的决心，也是向世界宣示中国政府走可持续发展道路的决心。

情景思考

（1）简述我国首次参加世博会时的参展情况。
（2）列举首届世博会上我国的参展展品，对你有何启示？

四、2010年上海世界博览会

任务引入

2010年上海世博会你去过吗？有哪些建筑和活动给你留下了深刻的印象呢？世博会给上海带来了哪些变化呢？

中华人民共和国从1982年开始首次参加世博会，并与主管组织国际展览局（BIE）建立联系。1993年5月3日，国际展览局通过决议，接纳中国为其第46个成员国。同年12月5日，在巴黎召开的国际展览局第114次成员国代表大会上，中国被增选为国际展览局信息委员会的成员。1999年12月8日，在法国召开的国际展览局第126次会议上，中国首次当选为执行委员会成员。

1999年在昆明举办园艺博览会期间，上海市人民政府就决定申请承办2010年世博会，很快获得国务院的同意。国务委员吴仪任2010年上海世博会申办委员会主任委员。

2001年5月2日，我国驻法大使吴建民正式向国际展览局递交了申请函，是世界上第一个正式申办2010年世博会的国家。除中国以外，申办2010年世博会的还有俄罗斯、韩国、波兰、阿根廷和墨西哥。2002年1月30日驻法大使吴建民代表中国政府，向国际展览局秘书长洛塞泰斯递交了中国政府申请2010年在上海举办世界博览会的报告。

2002年12月3日，国际展览局举行第132次成员国代表大会，对2010年世博会举办地进行投票表决，中国上海最终胜出。

2005年12月1日《中国2010年上海世博会注册报告》获得国际展览局第138次成员国代表大会通过，标志着上海世博会完成法定注册程序，进入了实质性筹办阶段。中国政府宣布全面启动“招标、招展、招商”工作。《上海世博会注册报告》是一份关于上海世博会整体实施方案的法律文本，也是筹办上海世博会的基础纲领，筹办世博会的所有工作过程就是实践和履行注册报告内容的过程。

(一) 2010 年上海世博会概况

1. 正式名称：中国 2010 年上海世界博览会

简称：中国 2010 年上海世博会、2010 年世博会或上海世博会

2. 主题：城市，让生活更美好（上海世博会期待通过文化、经济、科技、社区和城乡关系五个方面来解析和探讨“和谐城市”的概念。可以看到，这五个副主题既是相对独立的，又是相互关联的。对副主题的阐述将充分涵盖历史和时代背景，同时体现各副主题之间的关联性。）

3. 世博会起止时间：展期为 6 个月，2010 年 5 月 1 日开幕，10 月 31 日闭幕。

4. 世博会场地规划：上海世博会场地位于南浦大桥和卢浦大桥区域，并沿着上海城区黄浦江两岸布局。世博园区规划用地范围为 5.28 平方公里，其中浦东部分为 3.93 平方公里，浦西部分为 1.35 平方公里。围栏区范围约为 3.22 平方公里。

2010 年 11 月 23 日，上海市人民政府与国际展览局在巴黎正式签署《世博会博物馆合作备忘录》，明确世博会博物馆将成为国际展览局唯一官方博物馆和国际展览局官方文献中心，国际展览局将和上海紧密合作，建设博物馆和文献中心。

5. 宗旨：世博会博物馆以传承世博遗产、发扬世博精神、保存世博精髓为宗旨，将全面综合地反映中国 2010 年上海世博会盛况，介绍 1851 年以来世博会历史及 2010 年以后各届世博会的情况，并为与世博会相关的文化交流提供平台。

世博会博物馆项目被列为上海市“十二五”规划的重点文化设施建设项目。项目建设目标为：通过完善的功能、丰富的藏品、先进的展陈技术、优质的服务和广泛的交流，使博物馆成为具有国际影响的现代化综合性博物馆及上海市的文化地标之一。

2010 年 5 月 1 日开园后，上海世博会不仅克服了梅雨、持续高温、台风潮汛等自然因素的影响，还经受住 103 万人超大客流的考验，园区总体运行平稳、顺利、有序。184 天会期未发生重大责任事故和食品安全事故，各类场馆及配套设施运转良好，展示、活动和论坛顺利举行，参观者及媒体服务水平不断提升，上演了一届规模空前的人类盛会：246 个国家和国际组织参展，逾 7 308 万人次的海内外游客参观，单日最大客流达到 103.28 万人。在组织者、参展方和广大参观者的共同努力下，上海世博会创造了世博会历史上一个又一个纪录。

(1) 中外游客纷至沓来，累计参观者创历史新高。上海世博会累计参观者达 7 308.4 万人次，创世博会历史新高。抽样调查显示，境外参观者约占入园参观者总人次的 5.8%；境内参观者中，上海本地参观者约占入园参观者总人次的 27.3%，来自江苏省和浙江省的参观者分别占参观者总人次的 13.2%和 12.2%，来自国内其他省区市的参观者约占 41.5%。园区单日最大客流出现在 10 月 16 日，为 103.28 万人。

(2) 各国文化争奇斗艳，演出节目精彩纷呈。上海世博会是世界文化交流的盛会，184 天会期中，共有超过 1 200 个中外演出团体来园演出，节目总数超过 1 100 个。世博园区共上演各类文化演出活动 22 900 余场，累计吸引观众逾 3 400 万人次。200 多个国家、国际组织、城市、企业参展者精心准备的文艺活动，以及一大批具有民族、民间、民俗特色和浓郁地域文化特色的文艺节目，展示了世界文化的多样性和中华艺术的独特魅力。

(3) 论坛汇聚世界智慧，促进城市可持续发展。世博论坛直接演绎世博会主题，集中体

现世博会精神遗产。上海世博会期间共举办1场高峰论坛、6场主题论坛、1场青年高峰论坛，此前还举办了53场公众论坛。10月31日举行的世博会高峰论坛深入探讨了一系列与城市发展有关的问题，并发表了《上海宣言》，形成了对全球城市创新与可持续发展的共识。

(4) 用心服务中外媒体，世博报道高潮不断。上海世博会新闻中心于2010年4月27日开放。世博会期间，新闻中心共接待了18.6万人次的中外记者，还为近400名参展方新闻联络官、288场重要官方活动、198个媒体参访团提供了服务。国际广播电视中心(IBC)提供3万多个小时的世博节目资源，充分满足了媒体的报道需求。世博会组织者努力为中外记者采访提供便利，创造条件，中外媒体对世博会开闭幕式、国家馆日活动、世博论坛、文化演出活动等进行了大量报道，进一步传播了世博理念，扩大了上海世博会的影响力。

(5) 两大创新均获成功，丰富世博举办模式。作为本届世博会的两大创新，城市最佳实践区和网上世博会项目丰富了世博会举办模式。城市最佳实践区集中了全球遴选出的80个城市案例，展示了世界先进的城市发展理念和具体实践，促进了城市间的交流与发展，并直接促成了一些合作项目，例如上海与马德里达成了廉租房合作计划。“网上世博会”首次把实体世博会以网络方式呈现，是世博会传播方式的一大创新。它不仅增强了世博会与观众的互动，也让世界各地的人们能够远程参与上海世博会，使上海世博会实现“永不落幕”。2010年5月1日至10月31日，网上世博会累计入“园”参观者为8 234万人次，页读数累计超过8.73亿人次。

(6) 参观者服务逐步完善，游客满意度不断提升。世博会组织者始终坚持以人为本，不断完善参观者服务。世博园区共设56个参观者服务点，向参观者提供问询接待、物品寄存、失物招领、物品租赁、母婴接待、残障援助、热水供应等一系列服务。组织者共发放1亿份世博导览图，其中8 000万份为园区导览图，2 000万份为园外导览图。园区共接待参观者问询108.5万人次。此外园内和出入口分别设有5个医疗点和14个临时医疗点，提供医疗和急救服务。这些服务措施得到参观者的好评。

(7) 园内交通构建立体网络，内外联动力保通畅。园区内设有4条地面公交线路、5条观光线、1条轨道交通专用线、5条越江轮渡航线、8条水门航线。截至10月31日，园区内交通累计运送游客约1.83亿人次，为参观者游园提供了便捷的交通服务。出现大客流时，园区内外密切联系，上海市交通管理部门及时增加园区周边道路、停车场的交通管理力量，及时增加地铁、公交、出租车等运能，特别是晚间离园高峰，增加公交车、出租车和地铁运行班次，确保游客顺利离园。

(8) 园区商业多业态、多层次，满足游客多样化需求。园区公共区域餐饮面积约8.2万平方米，加上部分展馆内的83家特色餐厅，形成了正餐和快餐结合，中西美食汇聚的特点，丰富了游客的用餐选择。园区还设有特许零售店、便利店及其他临时商业设施约2万平方米，展馆内纪念品商店155家。琳琅满目的世博特许商品和各展馆特色鲜明的纪念品，成为游客园区购物的首选。

(9) 无私奉献、热情服务，园区志愿者获各方赞誉。上海世博会共有79 965名园区志愿者，其中包括1 266名国内其他省区市志愿者和204名境外志愿者。这些志愿者分13批次，为游客提供了129万班次、1 000万小时约4.6亿人次的服务。被游客昵称为“小白菜”的世博志愿者，以他们高度敬业的精神、朝气蓬勃的形象和专业热情的服务“征服”了海内外游客，每天闭园时的“晚安世博”行动让游客倍感温馨。

资料卡

海外政要称赞上海世博会:是一次巨大的成功

国际展览局秘书长洛塞塔莱斯说,早在上海世博会筹备之初,主办方就制定了雄心勃勃的计划:一方面吸引更多参与国家和游客,另一方面向世人展示城市生活的最佳实践。“现在我们可以说,这些目标都已达到,而且大大超出人们的预期。目前参观人数已突破7 000万人次,世界各国的媒体也对上海世博会进行了密集报道。此外,本届世博会无论在促进经济、提倡可持续发展还是环境保护方面都产生了重大影响。”

联合国教科文组织总干事博科娃说,参观世博会是一次难忘的经历,上海世博会激发了人们对文化以及可持续发展的兴趣。“我认为,上海世博会对于中国来说是一次巨大的成功。”

联合国副秘书长、联合国人类住区规划署执行主任霍安·克洛斯说,中国政府和上海市政府举办了一届出色的世博会。从北京奥运会到上海世博会,中国向世人展示了全新的风貌。本届世博会首次设立城市最佳实践区,为未来的城市规划提供了重要经验。

世博会法国政府总代表若泽·弗雷什认为,上海世博会的重要性丝毫不亚于1900年巴黎世博会对法国的意义,这届盛会反映了社会的转型与变迁,是中国向前迈进的一大步。“可以说,上海世博会是一个历史性的事件。”

葡萄牙上海世博会总代表博尔热斯·马丁斯说,上海世博会创下了历届世博会规模之最和参观人数之最。葡萄牙展馆成了两国企业家和相关机构洽谈交流及签署合作协议的重要场所,推动了葡中两国关系尤其是贸易关系的发展。

爱沙尼亚外长佩特表示,世博会首次在中国举行让世界各国将目光投向亚洲和中国,并在此建立和加强跨国联系与合作。“世博会不仅让中国、也让世界受益。”

曾3次参观上海世博会的大阪府日中友好协会副理事长小田真弘说,40年前的大阪世博会很多场景的设计采用光技术,而上海世博会则利用现代通信、影像技术展现,优美的画面更令人震撼。

(二) 组织体系

中国政府为顺利筹办上海世博会建立了一个完整的组织体系——成立世博会组织委员会和执行委员会,作为上海世博会的决策者。

组委会是上海世博会的领导机构,由中央相关部门和上海市政府共24家成员单位组成,由一位国务院副总理担任主任委员。组委会的主要职责是:协调相关法律法规、规章及政策的拟定和实施工作,协调、推动各地区和中央有关部门的参展事务,推动落实中国政府邀请各国政府和有关国际组织参展;就上海世博会筹备、举办过程中的重大事宜做出决议、决定,确定世博会政府总代表。组委会的日常联络和协调工作由中国国际贸易促进会承担。

执委会是组委会的执行机构,由上海市有关部门共42家成员单位组成,由上海市一名主要领导担任执委会主任。执委会的主要职责是:在组委会领导下,执行组委会相关决议、决定并将有关情况定期向组委会报告,反映筹备过程中出现的问题,指导、协调上海市有关机构开展工作;承办组委会交办事项。

根据国际展览局规章的有关规定,中国政府任命世博会政府总代表,代表主办国政府处理与世博会有关的各项事务,与各参展国政府、国际组织就上海世博会的重要事项进行沟通和联络。

资料卡

上海世博会事务协调局(简称世博局)是世博会组织者,于2003年10月30日成立。在组委会、执委会领导下,上海世博局具体负责世博会的筹备、组织、运作和管理,并协助世博会政府总代表开展工作。上海世博局的主要职责是:承担上海世博会执委会在决策、协调中的日常工作;负责上海世博会筹备工作的日常组织管理;负责组织协调与上海世博会有关的对外合作与交流活动;负责上海世博会的运营工作。上海世博局同时设立总规划师团队和总策划师团队。总规划师团队负责与上海世博会园区及相关方面的规划设计;总策划师团队负责上海世博会相关展示、活动和论坛的策划。

为了更好地协助世博会组织者的工作,上海市政府成立了两家公司:上海世博土地控股有限公司和上海世博(集团)有限公司。这两家公司均由上海市政府全额投资设立,组织者受上海市政府的委托对上述两家国有公司进行直接监管。

上海世博土地控股有限公司受组织者的委托,完成下列工作:负责筹集除政府投资以外的土地开发资金;负责世博规划园区内现有居民、企业的搬迁;负责世博规划园区的基础设施建设、园区内外相关配套设施建设;负责建造租赁馆和联合馆,包括对现有建筑的改造以及根据上海市政府城市发展总体规划,负责世博会园区土地后续利用。

上海世博(集团)有限公司受组织者委托,完成下列工作:负责筹集除政府投资以外的办博资金;负责建造主题馆、会议中心和演艺中心等公共活动设施;负责世博村的建造和运营管理;负责园区内服务设施的建造;负责为组织者提供办展所需的人力资源、建馆和布展、场馆物业管理等方面的服务;以及根据参展者的意愿,遵循市场运作规则,为参展者提供办展所需的非垄断的人力资源、建馆和布展、场馆物业管理等方面的服务。

(三) 世博会场地规划

1. 区位概况

上海世博会场地位于城市中心地区的边缘,地区交通条件极为理想。城市快速道路和主干道路、桥梁和隧道,四条轨道交通线路,使世博会场地与城市的主要公共活动中心、交通门户和枢纽之间具有非常便捷的联系。世博会的用地范围主要在黄浦江两岸,在浦东部分的白莲泾直接汇入黄浦江,使世博会场地具有十分明显的亲水特征。

上海世博会场地所在地区是早期工业发展地区,用地现状包括工厂、仓库、码头、堆场和住宅,是上海城区中迫切需要改造的重点地区。世博会为这一地区的复兴带来了新的契机。

在世博会的用地范围内,共有七处建筑物被列为近代优秀历史建筑,需要得到妥善保护。此外,还将保护具有特色的其他工业建筑遗产,结合世博会的建设,将这些建筑遗产转变成为具有博览、文化和休闲等多功能的场所。

2. 规划结构

上海世博会规划方案综合步行适宜距离、人体尺度和参观者的认知度等因素,提出了“园、区、片、组、团”5个层次的结构布局:

园——5.28平方公里的世博会园区建设用地范围,包括围栏区和围栏区外的配套设施用地，其中浦东 3.93 平方公里和浦西 1.35 平方公里。

区——3.22 平方公里的世博会围栏区，其中浦东 2.47 平方公里和浦西 0.75 平方公里。

片——5 个编号分别是 A、B、C、D、E 的功能片区，平均用地面积为 60 公顷。

知识拓展

A 片区：用地面积 54.9 公顷，位于浦东世博轴以东、云台路以东、白莲泾以西的 A 片区集中布置中国馆和外国国家馆（包括独立自建馆、独立租赁馆和联合馆）。

B 片区：用地面积 87.8 公顷，位于 A 片区西侧、浦东卢浦大桥以东，包括了主题馆、公共活动中心和演艺中心等建筑。主题馆是世博会主题演绎的主要展馆；公共活动中心在会展期间的功能主要包括举办大型活动或各种类型的会议、贵宾接待以及为参展各方集中进行信息处理和新闻中心等；演艺中心是各国文化交流的重要场所，设置若干个演出剧场。滨江设置大型公共绿地和各具特色的园林，形成沿江公共开放空间。

C 片区：用地面积 104.3 公顷，位于浦东卢浦大桥以西的后滩地区，规划布置外国国家馆（包括上述三类展馆）和国际组织馆。外国国家馆拟布置欧洲、美洲和非洲国家馆。结合组团间规划公共活动广场，并在入口处考虑布置一处约 10 公顷的大型公共游乐场。

D 片区：用地面积为 49.7 公顷，位于浦西世博轴以西，原址主要是中国现代民族工业发源地的江南造船厂，其厂址留存了大量的工业建筑和工业设施。为延续城市工业发展脉络，根据保留建筑群的历史特色，改造设置为企业馆。在其东侧利用原址内保留的、具有很高历史价值的船坞和船台，结合广场和世博轴的开放空间规划室外公共展示和文化交流场所。

E 片区：用地面积为 25.1 公顷，位于浦西世博轴以东，新建独立企业馆。

为弘扬世博会精神，促进世界各国间的文化交流，在浦西世博轴东侧结合现有的大型厂房，通过改建、扩建，形成了一个世界博物博览馆，展示来自全世界各时期的文化精品，会后留给上海一个世界级的文化和展示研究中心。

组——12 个平均用地规模为 10～15 公顷的展馆“组”，包括浦东 8 个组和浦西 4 个组。

团——26 个平均用地规模约为 2～3 公顷的“展馆团”，每个“展馆团”可布置 40～45 个办展单元，每个“展馆团”的总建筑面积为 2 万～2.5 万平方米。每个团按方便和就近的原则，设置小型餐饮、购物、电信、厕所、母婴服务等公共服务设施。

知识拓展

国家馆按照该国所在洲的地理位置以“展馆团”为基本单位划定和布置办展单元，共分三类：第一类为自建馆，第二类为租赁馆，第三类为免费向发展中国家提供的联合馆。

第一类展馆的基本办展单元按用地面积 500 平方米划定。参展者可申请 2～12 个单元，自行设计和建造展馆。展馆的最大建筑面积不超过 6 000 平方米。

第二类展馆的基本办展单元按建筑面积 500 平方米划定。组织者提供租赁馆供参展者选择。参展者最多可申请 4 个单元布展。

第三类展馆为免费向发展中国家提供的联合展馆内的展示空间。

根据国际展览局的规定和历届世博会的惯例，所有外国国家馆均为临时建筑。

（四）城市交通网络规划

上海一直是一个人口聚集的城市，而且对周边城市及全国各地人才的吸引力与日俱增。面对此次世博会对城市交通网络提出的严峻挑战，上海政府大刀阔斧、科学设计、合理布局，进一步完善市政交通网络：

(1) 上海航空港建设：启动浦东机场第三条跑道建设和虹桥机场改造工程，使年旅客吞吐能力超过 7 000 万人次；通过高速公路和城市主干路网，方便虹桥国际机场和浦东国际机场与世博会场地之间通行。

(2) 铁路快速通道和大型枢纽建设：上海拥有三个铁路客运站，客运吞吐量可以达到 7 000万人次，初步形成辐射全国的铁路快速通道和客站系统；同时，铁路客运站和城市轨道交通网络之间形成衔接，通过铁路进入上海的外地游客可以换乘，便捷地到达世博会场地。

(3) 国际客运码头建设：启动建设国际邮轮客运中心。

(4) 道路、轨道交通和高速公路建设：基本实现长三角中心城市 3 小时内互通。就市内交通而言，确立公交优先格局，建成中心城公交专用道网络。一方面，加强城市轨道交通建设，包括经过世博会及周边地区的轨道交通 4、6、7、8 号线，日均客流量达 855 万人次，占公交运量的 45%。依托轨道交通基本网络，连接东西两个机场，南北两个铁路枢纽站，初步形成立体化的综合交通体系。另一方面，基本完成中心城区道路改善工程，快速路和主干路总长度约 800 公里，建成越江通道 15 处，以配合世博会和城市发展需要。

对浦东世博村到浦西两个展区的交通问题，组织者免费提供往返世博园区工作地点和驻地之间的专线巴士和其他必要代步工具，以充分满足所有工作人员的相关需要。

（五）世博村建设

上海于浦东白莲泾地区设立世博村，为世博会工作人员提供住宿和相关配套服务设施，占地面积约 23 公顷，总建筑面积约 30 万平方米。世博村地块中心至围栏区内 A 片区中心直线距离约为 1 公里，至 B 片区中心直线距离约为 2 公里，浦东至 C 片区中心直线距离约为 3 公里；至浦西 D 片区中心跨江直线距离约为 1 公里，至 E 片中心跨江直线距离约为 2 公里。

世博村物业主要由星级酒店、酒店式公寓、普通公寓三种类别构成，并同时提供辅助的日常生活、商务会议、休闲娱乐、停车等功能。

世博村地块周围 1 平方公里范围，即由南浦大桥、东方路和浦东南路附近区域组成的一个区域。当时的购物、餐饮以及住宿设施主要集中在浦三路、临沂路附近，该区域为老城区，发展较为成熟，商业设施丰富，业态多样。由世博村步行至浦三路、临沂路口的时间在 15 分钟左右。

购物类业态中的超市数目众多，其中又以小型超市居多。除超市外，还有专营药品、电脑以及家具等物品的专营商店。大型超市位于临沂路近龙阳路，为世博村内的工作人员提供购物便利。餐饮设施集中在浦三路和胶南路，主要为中式餐饮。

（六）沟通计划

上海世博会采取了多种沟通策略，成功吸引了 246 个国家和国际组织参与。

1. 外交和官方途径

世博会组织者与参展国和国际组织（含非政府组织）通过政府间外交和其他途径开展沟

通；在注册过程中与国际展览局成员国积极有效地沟通；通过国际展览局秘书长和中国政府总代表进行高层沟通；通过那些积极参与和支持上海世博会的国际展览局成员国推介；通过中国常驻联合国、世界贸易组织等国际机构代表团和贸促会对非建交国进行参展沟通；学习以往世博会及国际通行做法，通过各国驻华使团沟通；充分利用2005年日本爱知世博会和2008年西班牙萨拉戈萨世博会沟通；举办一系列推介会重点介绍上海世博会的计划和进程；在上海和世界其他目标市场举办一系列世博论坛。

2. 推介巡游

组织者推出一系列主要针对政府、跨国企业、国际组织的推介巡游以鼓励和协调他们参与上海世博会。推介巡游由会议、招待、讲演、媒体采访和其他与上海世博会主题相关的活动构成。

3. 直接针对国际组织

如今，有几十万个非政府组织活跃在全世界，它们正在区域性和全球事务中扮演越来越重要的角色，例如世界维和、可持续发展、消除贫困、教育、健康、环境和社会福利等。上海世博会的主题定位为“城市，让生活更美好”，触及人类的生活、文化交流、经济发展、科技创新、社区重塑以及城乡地区的和谐发展，与很多国际非政府组织的使命相关联。世博会组织者组织了丰富多彩的学术活动、展示和媒体活动以帮助国际组织加强对上海世博会的理解，吸引他们积极参与。

4. 媒体沟通

邀请国际媒体来沪采访，报道上海和上海世博会。连续不断的信息、新闻、特写和宣传材料被充分准备并提供给媒体受众，很多宣传资料是多语种的。此外，中国和上海媒体机构加强了与国际媒体机构的合作关系，共同设计并实施与世博会相关的报道、新闻和特写。

5. 在全球重大活动中进行推介

自上海世博会申办成功之后，组织者在举办的国际活动和论坛上利用各种机会推介上海，吸引来自商界、文化、体育和艺术、政府、工商会议和商品交易会和媒体的领袖，扩大世博会的国际影响力。

（七）推介计划

上海世博会采取了多种推介策略，成功实现了吸引7 000万参观人次的目标。

1. 文化活动

举办各类文化艺术及学术交流活动，精心组织好上海世博会相关文化活动的开展和推广。此外，还编辑出版图文并茂、多语种的文化宣传精品。在筹办世博会期间，每年确定一个主题，集中拍摄一批宣传介绍中国历史古都景观的系列专题片，同时组织各类摄影、美术作品大赛。

在筹办期间，完成世博会会徽、口号、会歌、海报、吉祥物、会旗等征集活动。

2. 互联网的使用

互联网及相关的信息技术成为向全球观众宣传上海世博会的重要工具。上海市通过与本地及海外的主流媒体、新闻网站、商业网站或其他国际网站的合作，利用以互联网为载体的沟通与推介活动，在网上推介上海世博会。充分利用网站拥有众多网民的特点，以形式多样的方式进行有效的沟通与推介。

上海世博会官方网站即世博网及时、全面地提供世博会各方面的信息，成为向全球观众发布世博会独家新闻、信息、最新动态的信息源。网站积极开展营销和推广活动，逐渐发展成为各界了解上海世博会最新信息的有效途径。

3. 广告的利用

在上海世博会的全球营销和推介活动中，广告发挥了重要作用。通过广告，世博会主办方可以塑造世博会独特的、易辨认的品牌，向世界各地的政府、企业、媒体、文化界及民众发布直接的信息。广告策略之一，是和参与上海世博会的主要跨国机构和跨国公司建立市场开发合作关系，从而利用市场开发较充裕的预算扩大广告活动的影响，提高世博会的知晓度。此外，制定并实施了符合世博会需求的媒体购买计划，确保有效、充分利用所有的广告资源，发挥其对全球目标受众的影响。

4. 媒体推介

充分发挥报刊、电台、电视台、网络等媒体的传播优势。拍摄、播放反映筹办上海世博会进展情况和民众热情参与世博的专题节目；在卫视频道开设上海世博会频道专栏；办好《上海世博》杂志；制订实施上海世博会出版工程计划，通过招投标方式，组织策划和编辑出版具有统一标识、多语种的上海世博会专题系列出版物。

建立上海世博会报道的专职记者、编辑和相关负责人的宣传网络，定期发布世博会各类信息，在全国范围内形成世博会宣传报道的热潮，及时、准确、全面地向新闻界介绍筹备工作的进展情况。

在互联网上提供及时、独特、丰富、个性化及互动的内容，吸引更多观众上网。世博会主办方把上海世博会官方网站与相关政府和门户网站进行链接，与中国著名网络媒体共同开设世博会平台，及时发布世博会各类信息，使民众及时了解上海世博会的进展情况。

5. 旅游推介

充分利用中国及上海特有的历史文化积淀和民情民俗，积极开发独具特色的旅游商品，并使旅游商品形成内涵丰富的系列，包括自然风光、人文古迹、传统文化和民间传说。组织上海世博会文化旅游纪念品设计大赛，并推出若干具有较高艺术水准、浓缩上海海派文化精神、能满足各方面需求的旅游文化纪念品。

联络相关旅游机构，在国内市场上公关促销，开发上海世博会旅游路线。在每年的国际旅游交易会设立宣传台，推出上海世博会国际旅游形象大使。加强与国内其他旅游热点城市之间的合作，联合设计和推广与世博会有关的专项文化旅游产品。

6. 针对跨国公司的推介

主办方邀请了部分在中国设立分支机构的知名跨国公司建立企业馆，展示其最新的科技成果。上海世博会为跨国公司提供独特的机会，以推广企业品牌，扩大企业影响，并与来自中国和全球各地的 7 000 万人次的参观者直接联系和交流。

知识拓展

上海世博会五大永久建筑

2010 年上海世博会提出了“城市，让生活更美好”的主题，分别用“人”“生命”“地球”“足迹”与“未来”五个概念来表达城市与人之间千丝万缕的联系。

在场馆的建设上，上海世博会不仅在建筑风格上体现了现代城市的文化内涵，实现建筑与生态环境的和谐共处，建筑本身也都采用了节能环保的技术与理念，力求使建筑有生命，能自己创造能源。因而上海世博会大量使用了光电幕墙系统、江水源冷却系统、气动垃圾回收系统、空调凝结水、屋面雨水收集系统、程控型绿地节水灌溉系统等环保技术，降低能源和水消耗。

与历届世博会都将为主办城市增添新的标志性建筑类似，作为对这届世博会的永久纪念，也作为对这座城市的奖励，2010 年上海世博会也为上海留下五座永久性建筑。

(1) 中国馆

如果说"鸟巢""水立方"是北京奥运会众多宏大场馆中的经典之作，那么，2010 上海世博会作为东道国展馆的中国馆则被赋予更大的使命。古老的东方大国第一次举办世博会，中国馆要承担起展示中国悠久文明与现代性的双重目标。不同于宏大的奥运开幕式以舞蹈与音乐来表现 5 000 年文明，中国馆是以一顶"东方之冠"成为上海世博会乃至当代中国的象征。

"东方之冠"高 63 米，总建筑面积 16 万平方米，紧邻黄浦江，以其绝对的高度处于世博会场馆南北、东西轴线交汇的视觉中心。"东方之冠"整体呈斗拱造型，56 根梁代表 56 个民族，表皮装饰上用了中国元素"中国红"。整体造型体现了"鼎盛中华，天下粮仓、富庶百姓"的文化理念。

"东方之冠"在建筑上使用了许多已经开始失传的中国古代园林建筑手法，比如门前 76 级大台阶便是用"三斩斧"建造。这是一种流行于浙江、福建一带的古老的纯手工石材表面处理方式，因其人工剁斧时需要初斩、细斩、终斩三道工序才能出现最终的纹理效果，故取名"三斩斧"。平均一块一米见方的石头上，工匠们必须斩上 1 万刀以上方能完工。因此这 76 级台阶由 130 名平均年龄 55 岁以上的石匠打造，共刻有 5 400 多万刀，而寻找这些石匠便用了 8 个多月的时间。

如今，"东方之冠"已经华丽转身为"中华艺术宫"。中华艺术宫是具有收藏保管、陈列展示功能的艺术博物馆。通过举办、承办各种高层次、高水准的艺术、学术交流活动，建立上海与海内外优秀艺术家、艺术机构间的交流机制，中华艺术宫成为世界艺术网络的重要枢纽、国内外优秀艺术人才的集聚地和国际高层次文化艺术交流的综合平台，为上海成为中国近现代经典艺术传播、东西方文化交流展示的中心打下良好的基础。

(2) 世博轴

俯瞰上海世博会，六朵银白的"喇叭花"错落有致地绽放在园区的中轴线上，她们由巨大的白色太阳膜连接，微风吹过，白膜也随之起舞，这就是上海世博会的世博轴。世博轴长约 1 000 米，宽为 100 米左右，从园区入口一直延伸到黄浦江边的庆典广场，分为地上、地下两层，总面积达到 25.2 万平方米，是上海世博会最大的单体建筑。

而这 6 个倒锥形钢结构的"喇叭花"就是世博轴的"阳光谷"，顾名思义，这是为了迎接太阳的照射而设计的建筑。40 米高的"阳光谷"在顶部开口处能达到一个足球场的大小，阳光、空气、雨露从开口处一路流泻到平台上，而雨水将顺着玻璃幕墙流入 7 000 立方米的蓄水池，浇灌两侧的花园，也可用来清洁厕所。这种节能环保的设计也同样体现在 6.8 万平方米的白色膜布上，膜布上涂有 1 毫米厚的"特氟隆"涂层，能在雨水冲刷下自行清洁。

世博轴作为一轴四馆的中心，不仅连接起了中国馆、文化中心、主题馆以及世博中心，此外也是餐饮、交通集散、娱乐、展览、商业中心。它由德国 SBA 设计公司设计，这家位于德国斯图加特的公司曾设计了斯图加特金融中心以及爱斯林根城市之门等知名建筑。

(3) 主题馆

2010年上海世博会五大主题展示中的“城市・人”馆、“城市・生命”馆与“城市・地球”馆就设置于浦东园区的上海世博会主题馆中。

这座面积14.3万平方米的主题馆包括东厅、西厅、地下厅、中厅和下沉广场。其中西厅南北跨度180米，东西跨度144米，是世界上最大的展厅，可停放4架超大型波音客机。

此外，整个主题馆的建筑体现了人与自然和谐相处的环保理念，下沉广场宛如一个花园，4 000平方米的空间里，各种水景争奇斗艳，在这里参观者可以感受到城市里也别有洞天。3万平方米的太阳能屋顶每年可发电250多万度，可供应上海4 500户居民一年的用电量；而东西立面5 000平方米的生态墙可以起到冬暖夏凉的效果。

世博会结束后，主题馆作为国际一流的标准展览场馆，于2011年已经开始进行市场化运作。

(4) 世博中心

位于卢浦大桥东侧的世博中心，南临世博大道，东至世博轴，占地6.65公顷，总建筑面积14.2万平方米。其拥有40米高、5 000平方米的大堂，以及容纳2 600人的大会堂、600～1 000人的国际会议厅、7 200平方米的多功能大厅、能供3 000人同时饮宴的宴会大厅等，此外，屋顶还设有直升机停机坪。

世博中心是一座全景观建筑，充分借用了黄浦江沿江两岸的景致，建筑的大部分功能空间都可以看到黄浦江。全玻璃幕墙具有极高的采光效果，而且大部分窗户可以开启，其中有一个会议厅，有一堵高14米宽40米的玻璃墙可以打开成为十几扇能旋转90度的窗户，保证了建筑的通风，也节约了能源。而到晚上，在灯光的点缀下，整个世博中心宛如“水晶宫”般耀目。

此外，世博中心的建设也体现了环保理念。南立面的双层玻璃幕墙中夹金属丝网和惰性气体，既能遮阳又可保温。屋顶太阳能光伏发电量可达1兆瓦，此外还利用了LED照明、冰蓄水、水蓄冷和雨水收集等多项节能环保技术。自然通风、采光、太阳能的利用可以满足一年275天的能耗，每年节约上海10 000户居民的用电量、1 000户居民的用水量。

世博会期间，世博中心是接待国家元首级贵宾、举办庆典活动和会议论坛的重要场所。世博会后，她转型为具有国际一流水准的高端会议中心，“上合峰会”“APEC会议”等大规模国际性会议在这里举行。

(5) 文化中心

如果说上海世博会建筑中，哪一座最能体现现代人对未来城市的向往，莫过于文化中心，这座面积12.59万平方米的飞碟状建筑代表着人类对于飞向外太空的永无止境的追求与探索。

文化中心分为主体结构和附属设施两部分，主体结构高达41米，分为地上6层，地下2层。6层看台总共有18 000个座位，可以根据需要转换为12 000座、8 000座或4 000座，是目前国内第一个容量可变的大型室内演艺场馆。地下两层有咖啡吧、茶座、音乐剧场、可以24小时制冰的滑冰练习场、车库等。文化中心的建设采用了光电幕墙系统、江水源冷却系统、气动垃圾回收系统、空调凝结水与屋面雨水收集系统等多项环保技术。

在世博会期间，文化中心举行大型演出与表演，还设有音乐俱乐部、影剧院、溜冰场、世界各国美食街、安徒生儿童乐园、NBA互动馆、近2万平方米的商业零售、文化休闲娱乐区。

世博会结束后，被人们亲切称为“大贝壳”的世博文化中心已经化身为梅赛德斯—奔驰文化中心。梅赛德斯—奔驰文化中心秉承“引领时尚生活新潮流”的创新宗旨，以国际化全局视野打造“永不落幕的城市舞台”，致力于实现“成为亚洲首屈一指的演出、体育及文化集聚地”的发展愿景。

情景思考

1. 梅赛德斯—奔驰文化中心与其他演艺场馆相比，有哪些竞争优势？
2. 如何让世博园成为可持续发展的旅游景点？

五、2019 年北京世界园艺博览会

2019 年中国北京世界园艺博览会是经国际园艺生产者协会批准、国际展览局认可，由中国政府主办、北京市举办的 A1 类世园会，简称“2019 北京世园会”，主题为“绿色生活美丽家园”。园区设在北京市延庆区，规划总面积 960 公顷，举办时间为 2019 年 4 月 29 日至 2019 年 10 月 7 日，展期 162 天。

2012 年国务院批准北京市代表中国政府申办 2019 年世界园艺博览会，2014 年 6 月，国际展览局第 155 次大会在法国巴黎召开，168 个成员国一致表决认可 2019 年中国北京世界园艺博览会。同年，北京世园会组委会组织了 10 家国内外顶级规划设计单位，开展世园会园区概念性规划方案征集工作。17 名专家共同组成专家团队，结合京津冀协同发展和 2022 年北京冬奥会需求，评审应征方案，从 10 个方案中评选出 3 个优胜方案。

北京世园会集中展示上千种新优品种植物。主办方 3 年前就已经开始了“寻花之旅”，在延庆测试基地，通过这 3 年对新品种的引种、评估、筛选，中国园林人最终在 1 344 个引进花卉品种中，筛选出了 1 078 个适宜世园会应用的品种投入规模化生产。其中不仅有来自祖国大江南北的奇花异草，更有漂洋过海而来的异国花卉，目前国际展园内有 30%左右的植物是从海外直接运送而来。核心景观区内共有近 10 万株乔木，其中约 5 万株乔木是原生态的旧根老树。为了留下这约 5 万株“土著”乔木，很多的工程、道路规划都做了调整，目的就是让这万花之园与周边山川自然融合。

2019 年 4 月，中国北京世界园艺博览会举行开园仪式和嘉宾巡园活动。开园仪式在热闹喧腾的开场鼓乐表演“鼓韵龙腾”中拉开帷幕，中外参展商和社会各界代表 800 余人参加活动。在中华园艺展示区，中国传统民俗舞狮、舞龙表演融合现代流行音乐，利用创新道具，精彩呈现。在国际馆前广场，近百位表演者用欢歌热舞展示不同国家的独特文化与风采。在世界园艺展示区，一支身着花卉绿植精灵服饰的电声乐队，演奏耳熟能详的中国名曲《茉莉花》；巴西狂欢舞、俄罗斯风情舞、法国风情舞、非洲鼓舞、欧洲梦幻系列表演、苏格兰风情舞、夏威夷草裙舞轮番上演。

此次世园会共有全球 110 个国家和国际组织参展，举行了 100 余场国家日和荣誉日、3 000多场民族民间文化活动，吸引了近千万人次参观，展出规模之大、参展方数量之多，刷新

了A1类世园会历史纪录。

北京世园局表示，这里503公顷土地、成熟的场馆资源、奇幻的演出形式、多样的生态因子和植物文化等有四大安排：一是打造生态文明教育基地，让人们了解植物知识、农耕文化，做孩子们的“生态课堂”。二是建设京津冀地区重要的旅游休闲度假节点，举办系列活动丰富旅游体验。三是服务2022年北京冬奥会，为参会人员、观众提供住宿、办公、休闲等服务保障。四是打造园艺产业创新展示基地，为延庆区的发展插上“绿色翅膀”。

知识归纳

1. 1928年11月22日，来自31个国家的代表在由法国政府召集的巴黎会议上，正式签订了人类历史上第一个关于协调和管理世界博览会的建设性公约，即《国际展览公约》。《国际展览公约》明确规定了世博会的分类、举办周期及参展者和组织者的权利和义务，也明确了成立《国际展览公约》的执行机构国际展览局及其工作职能。

2. 世界博览会是人类文明的驿站。从1851年伦敦的“万国工业博览会”至今，世博会正日益成为全球经济、科技和文化领域的盛会，成为各国人民总结历史经验、交流聪明才智、体现合作精神、展望未来发展的重要舞台。世博会要完成申办和注册，必须遵从以下四个步骤：

（1）申办。申办世博会报告中，必须表述开幕和闭幕的日期、主题和主办主体的法律状态。这些内容由申办国家以申办报告形式递交国际展览局执行委员会。

（2）考察。国际展览局组织考察团对申办国进行现场的项目评估。考察团在国际展览局副主席的带领下，可以就技术方面或金融方面询问细节问题，主要方式是查阅文献依据。这项彻底的调查是送交执行委员会的报告的基础，此项报告最终还将被送交全体成员国代表大会审议。

（3）投票：申办世博会项目通过了程序、机构审定后，将由国际展览局代表大会投票决定申办国的举办权。如果不止一个国家参与竞争举办权，代表大会将以无记名投票的方式产生举办国。

（4）注册：举办国在正式的审议和承诺遵守国际展览公约，并签订相关协议后，向国际展览局注册拟举办的世博会。

3. 2005年12月1日《中国2010年上海世博会注册报告》获得国际展览局第138次成员国代表大会通过，标志着上海世博会完成法定注册程序，进入了实质性筹办阶段。《上海世博会注册报告》是一份关于上海世博会整体实施方案的法律文本，也是筹办上海世博会的基础纲领。

4. 2010年上海世界博览会的主题为：“城市，让生活更美好”（包括文化、经济、科技、社区和城乡关系五个副主题），展期为6个月，2010年5月1日开幕，10月31日闭幕。

5. 中国政府为顺利筹办上海世博会建立了一个完整的组织体系——成立世博会组织委员会和执行委员会，作为上海世博会的决策者。成立上海世博会事务协调局（简称世博局）作为世博会的组织者，委托上海世博土地控股有限公司和上海世博（集团）有限公司具体承办。

6. 2019年中国北京世界园艺博览会是经国际园艺生产者协会批准、国际展览局认可，由中国政府主办、北京市举办的A1类世园会，简称“2019北京世园会”，主题为“绿色生活美丽家园”。

知识图表

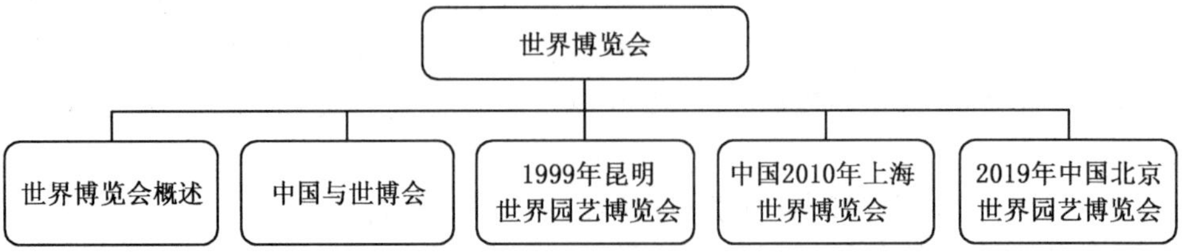

网站导航

中国2010年上海世博会官方网站：http://www.expo2010.cn。

关键词汇

《国际展览公约》　BIE　世博会

独立思考

1. 为什么各国争相举办世博会？
2. 我国举办过的昆明世博会和上海世博会有何异同点？
3. 2010世博会已经谢幕，留下了很多的新建场馆和设施，上海应该如何最大限度地发挥世博会的持续效益呢？

基本训练

一、单选题

1. 2010年上海世博会以(　　)为主题。
A. "和谐城市"　　B. "城市，让生活更美好"
C. "理解、沟通、欢聚、合作"　　D. 城市多元文化的融合
2. 2000年在德国汉诺威举办的世界博览会的主题是(　　)。
A. 海洋——未来的财富　　B. 新的起飞之路
C. 人类—自然—科技—发展　　D. 发现的时代
3. 我国举办的2010年上海世博会属于(　　)类博览会。
A. 认可类　　B. 综合类　　C. 注册类　　D. 专业类
4. 中国(　　)年成为国际展览局成员国。
A. 1992　　B. 1993　　C. 1994　　D. 1995
5. 中国人(　　)曾担任国际展览局主席。
A. 赵林　　B. 吴建民　　C. 沈从文　　D. 苏盛中
6. 最早在世博会上获奖的中国展品是(　　)。
A. 荣记湖丝　　B. 颐生酒　　C. 湖南菊花　　D. 景德镇瓷板画
7. 举办世博会最多的国家是(　　)。
A. 法国　　B. 英国　　C. 德国　　D. 美国
8. 以"发现的时代"为主题的世博会是(　　)世博会。
A. 1986年温哥华　　B. 1970年大阪
C. 1992年塞维利亚　　D. 1964年纽约
9. 上海世博会会徽以(　　)字书法创意为形。
A. 人　　B. 世　　C. 木　　D. 土

二、填空题

1. 中国2010上海世博会承诺成为一个"__________"的世博会。
2. 上海世博会推介沟通目标是吸引__________参观人次，__________国家和国际组织。
3. 世博园区"一轴四馆"是指____________________。

实战演练

【目标】　通过对世博会发展历史、历届世博会举办情况的了解和学习，使学生对世博会以及会展业对社

会发展的影响产生更深刻的认识。

【内容】 收集世博小故事，看看哪些熟知的人物和产品曾经从世博会走向全世界。

【步骤】

1. 准备历届综合世博会卡片，每人抽取一张，收集、分享该届世博会的名人趣事。
2. 补充介绍该届世博会场馆的可持续利用情况。

任务九　走进进博会

第六届中国国际进口博览会(以下称“进博会”)于2023年11月5日至10日成功举办，作为高标准、高质量、高水平的全球经贸盛会，受到多方高度关注，赢得海内外积极评价。第六届进博会全面线下举办，澳大利亚总理、古巴总理等外国政要出席，来自89个国家和地区、476家媒体机构的3 231名境内外记者注册报名。美联社、彭博社、德新社、法新社、路透社等国际知名媒体积极报道。2023年上半年，进博会在30余个国家和地区举办推介会，有力提升海外关注度。72个国家和国际组织亮相国家综合展，各国展台活动精彩纷呈。虹桥论坛聚焦“携手促发展　开放赢未来”主题，举办22场分论坛，重磅发布旗舰报告《世界开放报告2023》，参会人数超过8 000人，创历史新高，其中，包括诺贝尔奖和图灵奖得主等政商学各界发言嘉宾达345位，传播影响力进一步增强。集中举办对接签约、投资促进、研究发布等各类配套活动122场，首次举办跨国企业家巡馆，吸引近100家跨国企业的160多名高管参加，各类活动持续推高进博会热烈氛围。共有来自128个国家和地区的3 486家企业参展，其中，世界500强和行业龙头企业共289家，数量达历届之最，展示了442项代表性首发新产品、新技术、新服务。

一、第六届进博会传播实施历程

1. 传播数据:“百亿级”热度展现进博强音

从总曝光量看，第六届进博会“百亿级”热度，主要来自境内社交媒体平台。其中，微博平台内，主要高热话题累计浏览量超50亿次。抖音、快手等视频平台，相关话题累计浏览量超20亿次。

进博会官网全年总访问量超10亿人次。境内、境外多渠道传播累计覆盖约20亿人次。

从具体信息量看，监测显示，全网相关信息共约213.5万条，网媒、客户端、微博、微信、纸媒、论坛博客、视频等各渠道传播形成合力，主要央媒报道累计超4 000条。《人民日报》、新华社、央视三大央媒报道总量同比增长67%。其中，央视《新闻联播》连续8日播报，《面对面》《焦点访谈》《新闻1+1》等重点栏目和《客从海上来》专题报道节目全方位呈现第六届进博会举办盛况。

2. 传播周期:节点传播与日常传播形成共振

总体来看，“进博声音”贯穿全年，呈现出关键节点高潮迭起、会期热度持续高涨的特征。从特点看，展会筹备期间，主办方精心谋划、把握节奏，通过进博会官网、官微、官博密集推送进博动态、进博故事，高水平做好宣传报道，持续发出“进博声音”，“倒计时200天”“倒计时100天”等关键时间节点集中发力，起到良好的预热效果。展会期间，主流媒体精准设置议题，不断推出创新宣传报道，内容丰富，亮点纷呈。在媒体镜头与文字的记录下，进博会受到海内外广泛关注。

第一阶段：

1月至2月，每月信息量均超8万条，媒体重点关注进博会各项筹备活动顺利开展。

1月，《第五届中国国际进口博览会传播影响力报告》发布暨第六届进博会企业商业展签约仪式举行，第六届进博会已有签约参展企业300余家。

2月，第六届进博会首批参展商名单正式公布，包括206家率先签约、参展面积较大的参展企业和机构。

第二阶段：

3月至5月，每月信息量均超6万条，媒体重点关注党中央、国务院高度重视办好进博会、进博会全球推介会有序开展、第六届进博会倒计时200天等内容。

3月，第十四届全国人民代表大会在北京召开，进博会连续六年被写入政府工作报告；总理出席记者会并回答中外记者提问时指出，进博会是中国主动向世界开放市场、共享发展机遇的重大举措，进博会的举办充分说明，开放的中国大市场是各国企业发展的大机遇；第六届进博会全球首站推介会在中国香港举办，"进博会走进吉林"、消费品展区美妆及日化用品专区宣介会、健康养老专区宣介会等一系列宣介活动成功举办。

4月，习近平主席同法国总统马克龙在广州非正式会晤，表示欢迎法方继续积极参加进博会；国务院办公厅发文推动外贸稳规模优结构，指出要办好进博会等重点展会；第六届进博会进入"倒计时200天"；巴拿马、法国、德国、意大利、澳大利亚、哥伦比亚、新加坡等全球推介活动成功举办，第六届进博会服务贸易展区检验检测行业宣介会顺利开展；第六届进博会第二批参展商名单正式公布。

5月，第六届进博会在爱尔兰、美国、非盟总部、印度尼西亚、新西兰、卢旺达、埃塞俄比亚、英国、加拿大、坦桑尼亚、墨西哥、罗马尼亚等多国成功举办推介会；2023"进博故事"全球征集活动开启；第五届进博会明星展品梅赛德斯－奔驰 Arocs48638×8SLT 大件运输车完成国内上路首秀。

第三阶段：

6月至8月，信息量逐月上升，2023"进博故事"年度主题宣传、进博会招商路演活动、进博会开幕倒计时100天、展前供需对接会等活动受到较多关注。

6月，2023"进博故事"年度主题宣传正式刊播；第六届进博会招商路演启动仪式暨首场招商路演在青海西宁成功举办；本月还举办"进博会走进云南"，青岛、重庆招商路演，冰岛、日本推介会等活动。

7月，习近平主席会见圭亚那总统阿里，表示欢迎圭方参加进博会；中央外办主任会见越南外长，表示欢迎越方积极参加进博会等；第六届进博会开幕倒计时100天新闻通气会举办；虹桥论坛正式发布论坛主题议题；第六届进博会在乌拉圭、巴西、土耳其开展宣介活动；第六届进博会招商路演在湖北、陕西、河北、上海、江苏、江西成功举办；第三批参展商名单正式公布。

8月，中南经贸联委会第八次会议在南非召开，商务部部长表示，欢迎南方积极参加第六届进博会；第六届进博会浙江、吉林、内蒙古、黑龙江、新疆、河南、辽宁等地招商路演成功举办。

第四阶段：

9月至10月，信息量分别为7万余条和21万余条，进博会在哈萨克斯坦开展宣介交流活动、2023年首列"中欧班列-进博号"抵沪、首批展品进馆等获得媒体关注。

9 月，进博会在哈萨克斯坦开展宣介交流活动；2023 进博故事“一带一路”十周年特别报道启动；第六届进博会开幕倒计时 50 天新闻通气会举办；第六届进博会山东、甘肃、江苏、天津、上海金山、北京大兴招商路演举办；第六届进博会首批进境展品抵沪通关；“中欧班列－进博号”从德国杜伊斯堡发车。

10 月，2023 年首列“中欧班列-进博号”抵沪，多国进博会展品集中入境；首批展品顺利进馆，第六届进博会正式进入布展阶段；海外多方为参加第六届进博会作行前准备等获较高关注。

第五阶段：

11 月，第六届进博会开幕，信息量激增，超 125 万条。国家主席习近平向第六届进博会致信，引发热烈反响。国务院总理李强在上海出席第六届进博会暨虹桥国际经济论坛开幕式，并发表主旨演讲。展会期间，展商展品、论坛活动受到媒体聚焦。展会后，进博会交出亮眼成绩单等内容推动热度延续。

3. 传播热词：“三大定位”等词语成为焦点

从媒体报道和相关讨论看，“三大定位”成为新热词。11 月 5 日，习近平主席向第六届进博会致信，重申了中国推进高水平开放、推动构建开放型世界经济的坚定决心，对进博会“三大定位”提出新要求，为进博会“越办越好”进一步指明了方向。“一带一路”“共建共享”受到关注。2023 年正值共建“一带一路”倡议提出十周年，进博会传播融入共建“一带一路”等重大主题宣传框架，传播影响力进一步提升。2023 年是全面贯彻党的二十大精神的开局之年，也是改革开放 45 周年，办好第六届进博会具有特殊重要意义。“高水平开放”“中国市场”“合作共赢”“虹桥论坛”持续成为高热词语。多方表达看好中国市场的信心。多家媒体以高站位、宽视野的报道，展现了多方对中国发展前景的信心。恢复“全面线下”办展获关注。国家综合展备受关注，馆内各类展品和互动展项受到观众广泛欢迎，成为观展热门打卡地，线上、线下传播效果均佳。线下的海外路演，提升了国际传播影响力。“进博故事”亮点纷呈。“进博故事”同名书籍、系列短片及专题纪录片发布，赴哈萨克斯坦开展宣介等一系列活动，助推“进博故事”传播声量走高。“进博故事”出现在第六届进博会开幕式上，也成为传播亮点。相关内容累计曝光量约 15 亿次。“绿色办展”渐成常态。近年来，“绿色”从新热词，变为常见词，反映出“绿色、环保、可持续”办展理念被广泛接受，“绿色进博”“零碳进博”“零塑进博”受到好评。

4. 媒体报道：主流媒体全方位报道推高热度

视频：进博会媒体包

主流纸媒方面，《人民日报》相关信息量超 350 条，《让发展成果更多更公平惠及各国人民——写在第六届中国国际进口博览会开幕之际》《坚定推进高水平开放让合作共赢惠及世界——写在第六届中国国际进口博览会闭幕之际》《中国将始终是世界发展的重要机遇（进博会观察）——从第六届进博会看中国高水平开放》等文章引领舆论；《人民日报海外版》《经济日报》《光明日报》《中国日报》《新华每日电讯》等媒体专版、专题、专栏报道结合，信息量均超 150 条。

中央新闻网站方面，人民网相关信息量最高，超 4 600 条（含转发，下同）；新华网、中国新闻网分列第二、第三位，均超 4 000 条；央视网、中国经济网均超 3 000 条，热度较高。中央新闻网站相关报道呈现出数量高、内容优、传播广的特点。

地方媒体方面，上海市媒体对本届进博会的关注度高。《解放日报》（含上观网）报道量超 3 900 条，东方网、《新民晚报》、澎湃新闻、《文汇报》等媒体在其旗下主要平台发文均超 1 000 条，形成较强传播声势。另外，广州日报等地方媒体亦予以关注。

电视媒体方面，中央电视台对进博会宣传予以持续关注和高频报道，全年播报进博会相关新闻超过 2 600 条。在第六届进博会全球推介活动举办期间，报道境外推介会 20 余场，引发广泛关注。上海广播电视台在地方电视媒体中报道量居首，超过 200 条。此外，广东、江苏等地方电视媒体亦予以关注。

行业媒体方面，国家网信办《互联网新闻信息稿源单位名单》中，行业媒体共 89 家，主要为部委主管主办的媒体。其中，《国际商报》信息量超 450 条；中国商报网、中国食品报网、金融时报客户端、《中华工商时报》信息量超 100 条。

社交媒体及短视频平台方面，本届进博会相关多个微博话题阅读量过亿次，主要高热话题累计浏览量超 50 亿次。抖音、快手平台，本届进博会相关话题累计曝光量超 20 亿次。相关话题聚合化、标签化，显著提升曝光量。

总体来看，主流媒体凝聚进博强音，聚合传播推高曝光度，多渠道传播提升覆盖面。央地媒体、行业媒体及其媒体矩阵，高站位、多角度、立体化报道，有力扩大进博声音。社交媒体平台话题有聚合化、标签化的特点，显著提升曝光量。2023 年以来，第六届进博会相关境外媒体报道信息近 4 万条，触达近 100 个国家和地区的近 12 亿海外受众。

二、境外传播质效提升

1. 传播范围：覆盖广泛，"进博声音"传入近百个国家和地区

国外媒体中，美联社、彭博社、路透社、法新社、德新社、俄新社、俄罗斯卫星通讯社、日本共同通信社、韩联社、意大利安莎社、印度尼西亚安塔拉通讯社、英国《金融时报》、日本《产经新闻》、新加坡《联合早报》等媒体高频关注。从国别看，美国、日本对第六届进博会的关注度较高，在境外传播信息总量中占比分列第一、二位；菲律宾、巴西、法国的信息量亦较高，在境外传播信息总量中位居前五。

2. 传播周期：全年高热，"全球推介"等活动放大国际影响力

境外传播呈现全年高热态势。上半年，第六届进博会全球推介活动在多国相继开展，推动海外传播热度升高。展会期间，境外传播量达到峰值。

第一阶段：

1 月至 3 月，信息量稳步增长，各国参展企业在第五届进博会上取得丰硕成果，受到积极报道。此外，媒体亦关注中国驻外使节对进博会的宣介。如《菲律宾商报》报道，中菲两国 2022 年经贸往来逆势上扬，菲律宾在第五届进博会上的成交额达到创纪录的 6.6 亿美元。冰岛《晨报》刊发中国驻冰岛大使署名文章，其中指出，进博会带动"冰岛好物"源源不断进入中国市场。卢旺达通讯社报道，中国驻卢旺达大使在使馆举办的 2023 年春节招待会上表示，进博会上咖啡、干辣椒等卢旺达产品受到众多中国客户关注，进一步推动了双边农业和贸易合作。阿根廷农业信息网站报道，中国高水平对外开放为阿根廷企业提供发展机遇，位于门多萨地区的卡萨雷娜酒庄连续参加进博会，有效拓展了中国市场。

第二阶段：

4 月至 6 月，每月信息量均超 2 000 条，随着全球推介活动开展，进博声量在国际舆论场持续走高，传播热度达到第一个高峰。4 月，进博会全球推介活动在哥伦比亚、巴拿马、法国、意大利、新加坡、德国等地顺利开展。拉丁美洲通讯社、阿根廷国家通讯社、巴拿马通讯社、巴拿马国家电视台、意大利安莎社、意大利 ADNKronos 新闻社、欧洲时报网、新加坡联合早报网、新加坡商业时报网、中国香港凤凰卫视等媒体发布报道。

5月，进博会推介活动走进埃塞俄比亚、坦桑尼亚、加拿大、卢旺达、墨西哥、美国、荷兰、英国、新西兰、罗马尼亚、印度尼西亚等地。相关活动吸引了埃塞俄比亚通讯社、坦桑尼亚卫报、卢旺达国家电视台、墨西哥先驱报、墨西哥6频道、罗马尼亚生态政治网、印度尼西亚商报等媒体报道。

6月，进博会推介活动在丹麦、冰岛、日本和韩国开展，获媒体关注。

第三阶段：

7月至8月，信息量平稳，每月均超1 500条。美国有线电视新闻网(CNN)、土耳其每日晨报、坦桑尼亚每日新闻报、马来西亚星洲日报、俄罗斯彼得堡日报、韩国纽斯频通讯社、葡萄牙广播电视台网、孟加拉国联合通讯社等媒体报道，中国驻外使节及海外商协会和组展机构等在相关活动中推介第六届进博会。此外，2023“进博故事”多篇内容在美联社、西班牙埃菲社、意大利安莎社、澳联社、日本中文导报网、韩国经济日报网等媒体刊发。

第四阶段：

9月至10月，信息量持续增长，分别为2 000余条和4 000余条，多地举行第六届进博会参展商壮行会、进博会工作组在哈萨克斯坦开展宣介交流活动、虹桥论坛外国媒体交流会举行等获得媒体关注。

第五阶段：

11月，第六届进博会开幕，信息量达到全年高峰，当月信息量近2万条。国家主席习近平向第六届进博会致信，引发热烈反响。国务院总理李强出席第六届进博会暨虹桥国际经济论坛开幕式并发表主旨演讲，吸引广泛关注。

3. 传播亮点：主动发声，“进博形象”海外呈现更加可感可知

整体来看，境外新闻网站关于第六届进博会的传播量最多，海外社交媒体平台也为进博会带来较多曝光量。报纸、电视、户外广告等各大渠道进一步扩大了进博会国际宣传覆盖面。具体来看，第六届进博会境外传播主要有三大亮点：

(1) 线下传播立体展现“进博”大IP

进博会全面恢复线下举办，全球推介、海外路演成为亮点。海外线下活动一方面在宣介过程中，强化了传播的精准性；另一方面，有助于提升“进博”大IP在全球的知晓度、美誉度。在海外报刊、电视、户外广告等渠道中，进博会相关内容受到各界关注。进博会全球推介活动期间，美国、法国、英国、新西兰等多地户外大屏以及轨交系统电子屏刊发进博会宣介海报和视频，覆盖超4 600万人次，有效扩大进博会海外曝光量。

(2) 海外社交媒体平台成为重要传播阵地

进博会全球推介活动期间，众多海外参会嘉宾、企业和机构在海外社交媒体平台发帖宣传第六届进博会，包括巴黎大区议会副主席杜兰琪、法国路威酩轩集团秘书长马克-安东尼·加麦、丹中商业协会秘书长汉斯亨里克·蓬托皮丹、卢旺达发展署、巴拿马投资和出口促进局、新加坡工商联合总会等，为传播赋予多样化声音。同时，进博会六大海外社交媒体平台，包括Facebook、X、LinkedIn、Instagram、YouTube、TikTok共12个官方海外宣传页面发布信息超过5 400条，传播量超1.03亿次，互动总量超357万次。

(3) 重大外交活动推动进博会境外传播

2023年以来，进博会在多个重要外交场合被频频提及，国家领导人在会见法国、越南、圭亚那、古巴等国家领导人时积极推介进博会，提升了进博会的国际关注度。此外，第三届“一带一路"国际合作高峰论坛等重要活动的举办也为进博会带来更多关注。

三、线下展会

2023 年进博会国家综合展全面恢复线下举办，共有 69 个国家和 3 个国际组织亮相，参展国别覆盖五大洲，涵盖发达国家、发展中国家和最不发达国家，其中有 64 个"一带一路"共建国家，11 国首次参展，34 国首次线下参展。媒体评论指出，在国家展中，各具特色的国家馆舍、展览陈设精彩呈现。

（一）进博朋友圈拓展，"一带一路"共建国家受到关注

2023 年进博会国家展相关信息超过 8 万条，"全面线下""一带一路"成为报道高频词，众多媒体围绕参展国别更多更广、展台活动丰富多彩、展品惊艳亮相等多角度、全方位报道国家展盛况，如《人民日报海外版》刊文《进博会国家展"朋友圈"扩围，34 国首次线下参展——集中亮相，这些国家带来了啥?》，央广网、国际在线、中国新闻网、中国青年网等主流媒体积极转载超 300 次，进一步扩大国家展影响力。

（二）中国馆规模扩大，"主场传播"集中展现发展成就

2023 年中国馆以"中国式现代化新成就为世界提供新机遇"为主题，重点展示我国推进高水平开放和高质量发展的最新成果，展品类别、内容题材更加丰富新颖，涵盖航天、医疗、教育等多个领域，并设立"自贸试验区建设十周年成就展"，总展览面积增至 2 500 平方米，规模创历届之最，成为媒体报道热点和观众打卡点，全网信息量超 3 万条。

从中国空间站到 C919 大飞机，从大型液化天然气运输船到国产首艘大型邮轮"爱达·魔都号"，多项大国重器亮相中国馆，获得《人民日报》、新华社、中国新闻网、《光明日报》、《科技日报》等多家央级媒体集中报道，讲述从一个个细小的零部件到最终铸成"国之重器"的过程，邀请专业人士讲解大国重器的技术特点和重大意义，采访参展观众，谈论观展感受，肯定中国馆全方位展示了中国经济社会高质量发展迈出坚实步伐，产业链智能化、数字化水平明显提升。

（三）展台活动更丰富，"全面线下"展示促进交流互鉴

2023 年进博会国家展上，多国展台准备了精彩纷呈的展台活动，乌拉圭、德国、埃塞俄比亚、格鲁吉亚、巴西等国举行了近两百场形式多样的展台活动。国家展展台活动通过互动体验等多种方式，近距离展现各国优势产业、特色产品、传统文化等精彩内容。

2023 年进博会的企业商业展面积再创新高，展位面积扩容背后，是各国企业对中国市场的重视。128 个国家和地区的 3 486 家企业参展。其中，世界 500 强和行业龙头企业达 289 家，数量为历届之最。

（四）展区：线上线下传播场域交叠，前沿科技成为焦点

六大展区聚焦高质量发展和高品质生活，创新引领成为共同主题，科技赋能成为主流趋势，展台展品科技感强、题材新颖、亮点纷呈。从展区传播影响力指数看，技术装备、消费品、食品及农产品三大展区传播影响力突出，关于前沿科技、美好生活的内容更易受到关注。梳理各媒介对六大展区的关注情况，计算得出六大展区传播影响力指数，具体如下：

（1）技术装备展区传播影响力指数最高。该展区总面积近 7 万平方米，吸引了来自 40 个国家和地区，共 300 多家企业参展，其中世界 500 强及行业龙头企业超 70 家。

（2）消费品展区更吸引青年关注。消费品展区共有来自 76 个国家和地区的 600 多家企业参展。其中，世界 500 强及行业龙头企业超 50 家，从消费品展区能窥得中国消费大市场向绿、向上、向未来的新趋势。

（3）食品及农产品展区参展企业最多、来源最广。该展区展示来自全球有机、健康的“土特产”和融合现代科技的各类加工食品和农产品，展区围绕“绿色”“创新”“健康”“美味”四个方向，在健康低碳、蛋白补充、功能特性、消费升级等方向发布多款引领行业发展趋势、具有前瞻性和科技性的创新新品。展品范围涵盖蔬果、农产品、乳制品、饮料酒类等多个品类，全面呈现全球最尖端、最前沿的食品生产技术和最新潮、最具特色的展品，引领食品产业健康和可持续发展。

（4）医疗器械及医药保健展区凸显科技含量和创新实力。该展区的企业，绝大多数是六赴进博的“老面孔”，对于跨国企业而言，进博会是绝佳的展示新品、学术教育、集中汇报成果的舞台，该展区总是人气爆棚。展区内汇集了全球 10 大医疗器械企业、10 家世界 500 强制药企业，展示了众多全球首发、亚洲首秀、中国首展产品。一个明显的变化是，参与到罕见病领域的药企更多，罕见病的相关活动也越来越多。进博会加速了展品变商品的过程，帮助患者更快获益。

（5）汽车展区传递行业风向。汽车展区历来是进博会的一大看点，此次汽车展区围绕“共创移动出行美好未来”主题，分为整车及新能源车、智慧出行专区和多模式交通三大板块，共吸引 40 余家世界顶尖的汽车相关企业以及 15 家跨国整车巨头，集中向中国消费者展示了各自最前沿的新能源技术和电动化产品成果。

（6）服务贸易展区中，数字化服务方案和智能型解决模型集中亮相。服务贸易展区关注商业活动全生命周期，从商流、物流、信息流、资金流四个维度汇集要素，设有金融服务、咨询服务、商贸平台、航运物流、文化旅游等板块。展区聚焦绿色减碳、稳链强链、数字未来等新技术和新成果，致力于服务全行业数字化转型，深入打造为五大实物展区输送智力支持与潜在客户的转换平台，借助进博会参展商联盟持续为实体经济聚智赋能。服务贸易展区展览面积达 31 000 平方米，超 300 家企业参展，世界 500 强和龙头企业超 40 家。区别于五大货物贸易展区，服务贸易展区是唯一一个无实物展区，很多参展商带来了绿色低碳、区域协调发展、跨境贸易、数字未来等新技术、新成果，“看不见”的“展品”满载着各类前沿发展理念。

（五）展商：三大榜单透视传播热度，新老朋友各有亮点

2023 年进博会，展商传播影响力形成三大榜单，分别为第六届进博会“综合传播影响力百强展商”、第六届进博会“重要传播影响力十强展商”、六大展区“传播影响力十强展商”。

汽车展区中，梅赛德斯—奔驰位列第一，热度为 22.96。带着“油电双行”丰富车型亮相 2023 年进博会的梅赛德斯－奔驰展出了 6 款新能源车型。

大众汽车集团位列第二，热度为 21.82。2023 年进博会期间，大众汽车集团旗下品牌展出五款新能源车型。其中，大众汽车品牌携两款纯电 ID. 家族的新车型亮相，奥迪携 Q6e-tron 原型车亮相，保时捷带来了旗下两款极具代表性的电气化车型——超级概念跑车 MissionX 及新款 CayenneE-HybridCoupé。

……

（六）展品：新产品新技术集中展示，首发首秀为聚光点

视频：进博会价值展品

2023 年进博会展期内，442 项代表性首发新产品、新技术、新服务集中展示，据报道，展商、展品双境外的特点使进博会成为国内、国际双循环天然的连接点。2023 年进博会企业商业展中，多种先进医疗器械、创新药、能源低碳设备、智能工业装备、新能源汽车、高科技美妆产品、高品质食品等进行全球首发、亚洲首秀、中国首展。六大展区内，新款氢燃料电池换热器、全球首款主动提供动力的假肢膝关节、基于分子影像技术的胰腺癌精准诊治解决方案、双腔植入式无导线心脏起搏器系统等高科技产品精彩亮相，成为传播看点。从热点展品看，贝宁菠萝热度遥遥领先。国际在线报道，2023 年 9 月，贝宁总统访华期间，中贝两国正式签署了贝宁鲜食菠萝输华植物检疫要求议定书，贝宁菠萝正式获得我国检疫准入。短短两个月时间，有“非洲甜面包”之称的贝宁菠萝就出现在进博会上。另外，在展位面积达 198 平方米的非洲农产品专区，来自尼日尔、苏丹、埃塞俄比亚、贝宁等 9 个非洲国家的 20 家农产品出口企业，带来了非洲的芝麻、花生、大豆以及咖啡、可可等优质特色产品，展位规模为历届进博会非洲农产品展区之最。

（七）虹桥国际经济论坛

第六届虹桥国际经济论坛聚焦“携手促发展　开放赢未来”这一主题，22 场分论坛围绕“开放发展”“开放合作”“开放创新”“开放共享”四个板块开展深入研讨；重磅发布旗舰报告《世界开放报告 2023》，公布最新世界开放指数并举办专题研讨会。全球政商学研界 300 余位重量级发言嘉宾出席，开展高端对话，贡献“虹桥智慧”。此外，举办“投资中国年”系列活动，包括高峰会议暨上海城市推介大会、自贸试验区专场投资促进活动、外资企业圆桌会议，反响热烈。

从总体传播情况看，虹桥论坛海内外传播影响力持续提升。展会期间，全网报道超 8 万条，较上年同期增长 12.5%，30 余家中央媒体深度报道，论坛图文直播点击超 900 万人次。10 余家港澳台媒体、50 余家境外主流媒体以及 1 000 余家国外媒体网站发文关注。

从具体传播情况看，“投资中国年”系列活动、《世界开放报告 2023》发布暨国际研讨会、“发展绿色投资贸易共建全球生态文明”分论坛，传播影响力指数居前三位。

（八）配套活动

2023 年进博会展期内，集中举办了政策解读、对接签约、投资促进、研究发布、产品展示等各类配套活动 122 场。贸易投资对接会邀请近 4 000 家展客商参加洽谈对接，达成合作意向 416 项，成为热度最高的配套活动。

（九）人文交流

2023 年进博会人文交流参展单位 738 家，展示面积 3 万平方米，展台数量创新高，中国与世界的优秀文化也在此交流互鉴。人文交流主要板块热度如下：

中华老字号展示专区以 7.00 的热度高居榜首。多家地方媒体报道本地“老字号”企业在进博会上的表现，推高了传播热度。如南方 Plus 客户端报道，本届进博会设有老字号展示专区，广东全省 9 个城市 22 个“中华老字号”品牌亮相这个国际大舞台。《北京青年报》报道，北京 23 家老字号企业携百余件产品亮相，其中 16 家老字号的历史超过百年，10 家拥有国家级非遗技艺。进博会是推动国际贸易和文化交流的重要平台，老字号企业的参与为这一平台注

入了更加丰富的文化元素。

中国旅游展示专区以 6.73 的热度位列第二。海广网报道，位于中国旅游展示专区内的海口人文展馆正式开馆，打造科技与人文风情结合的展示效果，独具特色的文化氛围让不少国内外嘉宾和客商前来参观与交流。贝壳财经报道，文旅新技术、新产品、新服务、新形象亮相本届进博会，展示了旅游消费新需求趋势下的文旅资源和发展成就，助力文旅复苏。

从区域看，第六届进博会人文交流活动中，热度排名前 10 位的分别为：上海、江苏、山东、浙江、北京、香港、广东、新疆、陕西、山西。

（十）支持企业：新技术、新方案为展会赋能

梳理媒介对支持企业的关注和报道情况，统计得出相应的传播热度，具体如下：

中国银行以 33.96 的传播热度位居榜首。2023 年，中国银行发布了金融科技服务方案，以新技术、新本领助力进博会。中国银行创新设立"投资中国"专区、组建产业深度观展团、打造对接会流动集市、设置金融服务驿站，举办贸易投资对接会，提升专业服务效能，以更丰富的形式为企业牵线搭桥，助力"展品变商品、展商变投资商"，为进博会提供全方位、高水平的服务支持。

交通银行以 16.82 的热度位列第二。作为本届进博会的重要支持企业，交通银行积极打造贸易金融服务创新模式，通过"跨境金融管家"、贸易服务和"丝路电商/跨境电商"等全方位产品体系，为本届进博会提供高效、优质、便捷的一站式综合金融服务，促使更多的进博会参展商"变身"投资商。

情景思考

> 你了解中国有哪些项目入选"人类非物质文化遗产"吗？如果在第七届进博会设立非遗专区，你觉得哪些项目可以线下参展，而线上项目应该如何传播呢？

任务十　认知会展业与旅游业

知识目标

- 理解会展业、会展旅游的含义；
- 掌握会展业和旅游业的共性与区别；
- 了解会展业与旅游业的各结合阶段；
- 熟悉会展旅游的特征与作用。

技能目标

- 认识会展旅游对旅游业发展的意义；
- 认识主题公园在会展旅游中的地位。

能力目标

- 能够结合具体酒店或旅行社分析会展业给其带来的经济效益；
- 能够为酒店或旅行社吸引会展活动选址出谋划策。

思政目标

- 热爱家乡，了解、挖掘当地的会展旅游资源；
- 树立绿色旅游、可持续发展理念。

重点难点

- 会展旅游的特征。

任务引入

在国际会议协会的中国成员名单中，相信你看到了不少熟悉的酒店、旅行社。这些长期以来以提供食、住、行、游、娱、购等生活接待服务为主的旅游企业，在会展经济发展的过程中，逐步完成了自己的转型。为什么酒店和旅行社也能承办国际会议，也能提供专业会展服务，应该如何把握会展业发展的良好契机呢？

案例分析

2023年6月，《上海市推动会展经济高质量发展 打造国际会展之都三年行动方案(2023—2025年)》(以下简称《方案》)正式发布。到2025年，上海全面建成国际会展之都。

1. 树立“会展＋”融合发展理念

会展经济是现代服务业重要组成部分和城市经济发展、城市功能提升的重要助推器。《方案》提出，到2025年，上海全年展览总面积达到2 200万平方米左右，国际展占展览总面积的比重达到80%，单次展览面积在10万平方米以上的展会项目达到50个，入选世界百强商展的展会数量处于全球主要会展城市领先地位；争取进入国际博览会联盟(UFI)认证的机构数量超过35家；培育2～3家具有国际竞争力的会展集团，展览场馆运营能力进一步提升，聚集一批专业化会展配套服务企业。上海要充分发挥会展促进技术成果展示、推动国际合作交流、拓展产业发展空间的科技创新功能和产业引领功能，培育一批具有世界影响力的专业化品牌展会，树立“会展＋”融合发展理念，努力打造“会展＋产业”新优势，产业联动不断凸显……

2. 打造会展经济新增长点

打造多元消费场景，全面激发会商旅文体联动创新活力，更是上海加快国际消费中心城市建设步伐的重要“加速器”。《方案》提出，上海要深化上海国际汽车工业展览会、上海旅游产业博览会等优质展会和上海“五五购物节”、上海时装周、上海旅游节、中国上海国际艺术节等重要节庆活动的合作互动，持续培育、举办各行业高水平国际会议，提升上海马拉松、上海赛艇公开赛、上海帆船公开赛、F1中国大奖赛、上海ATP1000大师赛等体育赛事影响力，打造一批会商旅文体联动项目，用好各类对外交流渠道，加强联合宣传与推广，促进展览、会议、旅游、文化、体育等各产业间的联动发展……《方案》还提出，要充分发挥浦东新区、虹桥国际商务区等区域的示范引领功能，参与配置全球要素资源，打造会展经济新增长点。其中，要充分发挥浦东开放、创新、先行优势，加大吸引国内外会展企业总部、国际组织的力度，集聚更多国际优质会展机构和项目，发挥自贸试验区及临港新片区开放创新先行先试作用，推动会展经济国际化发展。依托东方枢纽国际特定管理区建设，研究制订与国际商务、会展等活动相匹配的创新机制，打造会展经济新增长点。充分用好虹桥国际开放枢纽大会展、大商务、大交通、大科创功能优势，逐步构建链接长三角、服务全国的会展经济发展战略、资源共享机制和人才、企业、项目一体化标准，吸引国际国内知名展览公司、会展行业协会、机构和服务单位在虹桥国际会展产业园集聚，打造国际知名会展核心功能区。

来源：《解放日报》，有删减。

一、会展业与旅游业的关系

会展业与旅游业的关系十分密切，两者之间的关系可以追溯到很早的年代。从旅游活动的历史来看，人们最早的外出旅行活动产生于原始社会末期。但这种旅行最初实际上并不是消遣和度假活动，而是由于人们为了加强对其他地区的了解和接触、扩大贸易的范围而产生的一种活动。因而在古代主要是商人开创了旅行的通路。到了近代，会议与展销业务的发展形成了一种新兴行业——会展业。

案例分析

文旅出圈　城市出彩

到兴化府历史文化街区赏花灯看演艺，打卡一场国潮风CityWalk；登上湄洲岛谒妈祖，开启新年祈福之旅；来仙游九鲤湖，融入自然围炉煮茶观瀑听声；在古邑游洋镇天马村，赏一出山水音乐会；到涵江双福村做大岁，吃流水席；到各村体验十里不同风、百里不同俗的元宵嘉年华……今年春节，莆田各县区瞄准“民俗、年味、潮玩”，打造了一系列欢乐喜庆的节日活动，迎来文旅“开门红”。

1. 全域联动乐享“在地游”

1月29日深夜，首批巨型花灯从距离莆田近2 000公里的四川自贡运抵兴化府历史文化街区。5天后，莆田“莆阳开春·龙腾福跃”春节元宵文旅活动启动仪式在街区拉开帷幕，随着街区亮灯，荔城区提前进入春节档。自2022年10月正式开街，从推出全省首条“非遗文化一条街”，相继获评“省级旅游休闲街区”“旅游新业态创新发展典型案例”等，到春节推出“花灯暖莆阳·龙耀中国年”系列花灯演艺活动，兴化府历史文化街区在自己“卷”自己的路上，一路繁花……

2. 让居民开心、游客开怀、商铺开张、城市开放，一个“开”字见精神

今年，莆田围绕全省“文旅联万家·福气通八闽”主题，精心策划“莆阳开春·龙腾福跃”系列文旅活动，各县(区)政府(管委会)分别推出“莆阳开春·有一种旅游叫仙游”“莆阳开春·泽荔腾飞”“莆阳开春·厢遇有福”“莆阳开春·福游涵江”“莆阳开春·秀屿年味”“莆阳开春·妈祖祈福·福泽绵长”“莆阳开春·妈祖大爱·福润万家”等主题活动。正月初二，兴化府历史文化街区日接待游客破11万人次，正月初四、初五，湄洲岛连续两日接待游客突破5万人次，创单日游客总量新高。全市监测的4A级及以上景区(点)累计接待人数81.62万人次，按可比口径比上年同期增长146%；实现门票收入1 900.39万元，按可比口径比上年同期增长90.9%。

3. 民俗年出圈，花式喊话“要过年，来莆田”

元宵节一到，莆田的年味又再次回到巅峰。从正月初三至二月初二，莆田村村闹元宵，家家齐上阵，爬刀梯、跳傩舞、摆棕轿、打铁花、游圈灯、踩炭火……每天都有不同村庄、不同姓氏以不同形式闹元宵，这些异彩纷呈的群众文化则汇聚成独具特色的莆阳元宵文化。莆田各地开展的闹元宵形式都不一样，同一个镇不同宫庙举办的活动也不尽相同。静态的有摆斋菜、点烛山、搭橘塔蔗塔等；动态的有游圈灯、摆棕轿、踩炭火、舞龙弄九鲤等，也有动静结合的，所到之处金鼓齐鸣，弦歌达旦、灯月交辉，尽显浓厚的乡土风情……正月十四晚，莆田元宵同时登上央视新闻频道《新闻联播》《东方时空》、央视新闻客户端直播；正月十五，央视新闻频道《新闻直播间》《朝闻天下》、央视财经频道《第一时间》《经济信息联播》等央视多平台、多栏目聚焦莆田元宵。

4. 谋篇布局“文旅+”，从“等客来”到“请客来”

在等待真正破圈之前，莆田做足了“请客来”的准备。

正月十五晚，仙游县枫亭镇大街小巷千灯舞动，霓虹闪烁，汽车站中心广场人山人海，国

家级非遗项目枫亭游灯在此举行。与往年不同，今年活动主题升级为莆田市首届蔡襄文化旅游节暨国家级非遗枫亭元宵游灯习俗活动。经过两个月筹备，此次连续5天举行万人大游灯，200多个游灯彩架踩街，数万人参与。此外，还举办游灯制作技艺展示、美食啤酒节元宵花灯精品汇展等配套活动……近年来，莆田发力探索文旅"文化＋新内涵""活动＋新体验"，优化文旅融合新算法。莆田通过大力完善公共文化服务体系，4家公共文化场馆实现常态化错时延时开放，提升建设乡村戏台18个、农民文化公园18个，支持建设旅游服务中心等项目6个；推进莆田兴化古城历史文化街区修缮及配套基础设施提升（一期）、莆田文化创意产业园等18个省级重点文旅项目建设；充分利用绿心十里河道、城涵河道等河湖水系河道资源，串联推出5条"水上巴士"航线……调查数据显示，春节期间，莆田市接待的游客中对当地民俗文化、特色美食感兴趣的比例为57.6%，高出全省平均水平17个百分点。

来源：福建省人民政府官网，有删改。

（一）会展业与旅游业的共性

1. 同属第三产业——服务业

会展业在国际上的划分属于服务贸易。

旅游业为游客提供了从出发地到目的地的食、住、行、游、娱、购等服务，并根据游客的需求和实际情况，提供细致入微的关怀。服务的意识已经渗透到旅游业的方方面面，成为旅游业从业人员的工作理念。

因此，会展业和旅游业都划归为第三产业。会展业的功能主要是为第一、第二产业提供产品展示和信息交流的服务，而旅游业主要是为满足游客精神方面的需求，它们在为第一产业、第二产业提供相应服务方面发挥了同等重要的作用，均带动了第一、第二产业的发展，创造了大量的就业岗位，促进了进出口贸易的增长和国际方面的合作。

2. 都需要食、住、行、游、娱、购六大要素的支持

旅游业主要由食、住、行、游、娱、购六大要素构成。其中旅行社、旅游酒店、旅游交通和旅游景区是其支柱性行业，在此基础之上，还涉及为旅游活动提供保障服务的教育培训、金融保险、商业流通、文物、卫生等行业。会展业从行业组成来看，主要有会议和展览中心、设计制作、交通运输、住宿、餐饮、娱乐、康体等行业；从功能构成来看，有展示、参观、聚会、旅游、购物、娱乐等功能。可见，两者都需要食、住、行、游、娱、购六大要素的支持。

3. 对相关产业的联动性强

从会展业提供的服务产品中可看出，会展业是一个综合性和关联性很强的行业。如每年两届的"广交会"不仅本身成交额巨大，而且给广东的旅游、交通、宾馆等相关产业带来了20多亿元的收入。这与旅游业非常相似。据世界旅游组织测算，旅游每增长直接收入1元，相关行业的收入就能增长4.3元。

4. 经济和社会效益较高

我国旅游业在国民经济和人们的日常生活中正在扮演重要角色。如今我国已经成为世界旅游大国，正向世界旅游强国迈进。而作为一个新兴的行业，会展业因其巨大的凝聚效应和辐射效应，已经成为世界经济发展新的增长点，会展业所展现的发展势头和产生的强大带动作用也引起了社会的重视。无数事实与数据有力地证明，会展业为主办地带来了相当可观的经济

效益和巨大的社会效应，在扩大内需和带动经济增长方面，会展业将在世界经济的舞台上扮演着越来越重要的角色。

（二）会展业与旅游业的区别

会展业与旅游业的区别如下。

（1）产生背景：会展业的产生主要得益于市场竞争的激烈、经济交往的密切和思想认识的转变，展览成为重要的营销手段，会议成为信息交流和解决问题的工具，奖励旅游成为新的管理激励措施；旅游业的产生动机主要在于人们为减轻工作压力而寻求休闲放松。

（2）经济性质：会展业属于一种信息性经济，具有一定的未来预见性，能反映经济、科技未来的发展趋势；旅游业属于一种体验性经济，激活游客内在心理空间的消费主动性，拉动经济增长。

（3）产业关系：会展业涉及场馆、交通运输、海关、税务、工商、消防、保险、酒店、设计装潢、广告礼仪、旅游等行业；旅游业则涉及旅行社、饭店、景点、文物、旅游商店、旅游交通、娱乐等行业。

（4）主要目的：会展业主要是为了促进经济贸易的往来，特定资源和信息的交流；旅游业的目的是休闲游览、调节身心。

（5）依托资源：会展业的发展依托于经济背景、优势产业、消费市场；旅游业依托于旅游资源、支配能力和休闲时间。

（6）提供产品：会展业提供的是一种交流与展示的机会，推销的对象是会议、展览等活动；旅游业提供的是一种精神体验，推销的对象是旅游线路和相关服务。

（7）服务领域：会展业对应流通领域和信息领域；旅游业对应消费领域。

（8）服务对象：会展业主要服务于参展商和专业观众，也接纳普通民众的参观；旅游业主要为团体或散客旅游者提供旅游等相关服务。

（9）服务内容：会展提供展位租赁、商务洽谈、信息交流等服务内容；旅游提供订票、订房、订餐、订车、参观游览等服务内容。

（三）会展业与旅游业的关系

会展业与旅游业之间是一种互动关系，即会展拉动旅游，旅游促进会展。会展业和旅游业互相联系，相互交融，具有明显的关联、带动及辐射作用，能够带起一条集交通、住宿、餐饮、娱乐、观光、购物为一体的“消费链”，通过会展的凝聚效应和辐射效应拉动旅游业的发展。会展活动与旅游活动之间有着内在的产业联系。

1. 会展业为旅游业提供了旅游资源

会展业中的展览会及节事活动本身就可以成为吸引旅游者游览的旅游资源。历史证明，展览会本身不仅可以吸引人们参观、游览，而且为博览会而建造的一些具有代表性的建筑物在以后旅游业的发展过程中，也会成为具有极强吸引力的旅游景观。如法国巴黎的埃菲尔铁塔是为迎接在巴黎召开的世界博览会而于1889年建成的，以铁塔的设计者居斯日塔夫·埃菲尔的名字命名。现在的埃菲尔铁塔不仅成为展示人类聪明才智的标志性建筑物，而且成为法国吸引各国游客观光的纪念碑，也成为巴黎各国游客最为集中的旅游景点。据估计，登上埃菲尔铁塔的游客早已超过1亿人次。

2. 会展业为旅游业带来了广大的客源市场

会展活动的参加者因商务目的离开常住地旅行，一般而言，到异地的参展人员和观众都有到会展所在地或附近的游览胜地去旅游的愿望，因而其中一部分会展参加者转化为旅游者。而会展业中的奖励旅游本身就是游览。1991年在加拿大召开的世界旅游组织“旅游统计国际大会”上通过的《旅游统计国际大会建议书》中，曾按旅游目的地将旅游者做了以下分类：闲暇：休假、文化、参与体育活动、探亲访友。专业：会议、宗教、商务。其他：求学、就业过境。

从中我们看到，会展业已经成了旅游业不可缺少的客源细分市场。同时实践表明，会展业的兴起给旅游业的进一步发展注入新的活力，尤其会为酒店业、餐饮业、娱乐业以及观光旅游带来新的客源和合作机会。例如，瑞士万人小镇达沃斯，其会议中心建立于1969年，有几十人到几千人不等的多个会议室，除了世界最先进、最齐全的会议设施外，还有尽善尽美的会议服务，每年有大型会议近40个、中小型会议近180个，全年230天以上被各种会议和活动所占用，包括经济、科技、医疗、教育等领域，甚至一些挑剔的大跨国公司也把全球性的年会定在达沃斯举行，仅会议本身的收入就占达沃斯整个旅游业收入的10%。

3. 会展业需要旅游业提供强有力的支撑

举办会议展览必然涉及旅游六大要素，即食、住、行、游、娱、购。如果在任何会展活动的策划与主办过程中，不认识、不重视、不考虑和不落实旅游六大要素，必然会直接影响会展活动的成功。2000年德国举办了汉诺威世博会，结果产生了赤字。汉诺威世博会旅游与票务处主任沃尔特·科罗姆贝奇先生在同上海旅游业世博会考察团谈到汉诺威世博会赤字原因时坦率地批评道：“汉诺威世博会从一开始就只把精力集中在办展上，而没有考虑如何同旅游结合，没有考虑如何吸引旅游者，没有把宣传、促销和招徕旅游者放到一定的重要位置上，没有用大型广告把周围景点结合在一起向世界展示。”结果导致这届世博会失去了旅游业的支撑和依托，导致人流偏离预测数据一半以上，以至于亏损额高达24亿马克。由此可见，所有的会展活动在申办、筹办和举办的各个阶段，都要将旅游六大要素放到显著地位来加以考虑，否则必然会影响会展活动的申办与举办的成功。

当今全球80%的会议和30%的展会在饭店举行，当饭店不只为会展活动提供接待服务，而且还为会议提供专业会议组织者（Professional Convention Organizer，PCO）的策划和组织服务时，当饭店成立自己的目的地管理公司（Destination Management Company，DMC）并提供相应的服务时，当现在越来越多的旅游公司纷纷成立了会展部或干脆就发展成DMC时，这些旅游产业架构中的主要组成部分——饭店和旅游公司——就成了会展产业架构中的重要组成部分（即会展场馆、PCO和DMC）了。

总之，会展业与旅游业的关系绝不是简单的等同或从属的关系，也不是互不相关的两个产业；而是相对独立却又互相关联和互相交融的两个产业。它们两者相互依存，相互促进，相互支持，相互推动。

二、会展业与旅游业的结合

会展业和旅游业的真正结合则发生在近代旅游出现的时期。1841年7月5日，英国人托马斯·库克首次组织了世界上第一个火车包价旅行团，目的是参加在罗伯若举行的禁酒大会，此次活动标志着近代旅游的开端，同时也被认为是近代会议旅游的发端。自20世纪50年代以来，随着经济的繁荣、科技的发展和社会的进步，以“大众旅游”为特征的现代旅游已成为朝阳产业，呈现出蓬勃发展的势头。与此同时，随着交通方式的变化及商务活动的增加，会议的数量和规模也与日俱增，距离跨度也在延伸，参与的工作人员数量也在持续上升，对经济的贡献作用日渐重要，市场空间不断扩大，使会展业渐趋形成规模，并在一些地区乃至一个国家发挥着支柱性作用。

会展业和旅游业所具有的相互关联和相互交融的关系，使会展业和旅游业之间有着一种内在的产业联系，这种内在的联系也就是会展业和旅游业之间的一种天然的和固有的局部结合。会展业与旅游业的结合是从初级的、被动的和局部的阶段逐步提升到高级的、主动的和全面的阶段。

1. 旅游业的被动受益阶段

在这一阶段，会展业与旅游业的相互关联和相互交融的关系，使两者有一种固有的内在的局部结合。这种结合是一种初级阶段的被动结合。它主要体现在会展业给旅游业带来了大量的客源，即来自异地的会展主办者和参与者，而这些客源所带来的旅游需求又使旅游业中的饭店业和旅游公司得益丰厚。但在会展业为旅游业带来的潮水般的客源面前，旅游业没有充分的认识，准备不足，十分被动，无论是旅游业中的饭店还是旅游公司，无论是其数量、质量还是服务项目，都不能满足会展业发展的需求，更不要说主动推出会展服务项目或去开发会展业发展所需要的产品和服务了。比如，住宿与会议厅是举办大型国际会议的重要条件，而上海浦东新区以前没有什么高档饭店，陆家嘴更几乎是空白，因而，浦东开发初期，由于缺乏合适场地，不少大型项目的签约仪式不得不在浦西举行。1998 年前，上海曾申请主办世界公认的世界大型国际论坛等，但均未成功，其重要原因之一就是上海饭店的类型、功能、设施与服务还达不到国际要求。所以在会展业与旅游业结合的第一阶段，会展业的发展常常受制于旅游业。

资料卡

中国—东盟博览会

2004 年，首届中国—东盟博览会在南宁召开。中国—东盟博览会是中国和东盟国家政治、外交的盛会，又是信息交流和财富资本的聚会，产生了巨大的投资拉动效应。中国—东盟博览会确定落户后，南宁引进资金年均增长约 50%，而且仅在 2004—2006 年，南宁就新增了 70 多家 150 间客房以上按星级标准兴建的高档宾馆酒店。南宁机场的客流量逐年增长 12%。

同时广西利用与东盟的地缘优势，借助博览会平台，推进与东盟相互间旅游资源的优势互补，推动双边旅游业实现跨越式发展。

在首届中国—东盟博览会推动下，东盟国家在广西正式签订旅游开发投资合同超过 70 亿元人民币，中国与东盟各国客源互流格局已经初步形成，东盟 10 国也成为中国公民出游的主要目的地国，广西则成为中国与东盟国家旅游合作的桥梁和枢纽。借助中国—东盟博览会在南宁举办这个契机，南宁加强探索与周边地区进行旅游协作、合作的新路子，致力于发展区域旅游。在国内，先后联合桂林、长沙、贵阳等西南十城市，郑州、大连等北方重点旅游城市共同开发旅游产品，联手开拓广东、华东等地市场，成功吸引了广东、郑州等地旅游专列来到南宁；并与桂林、广州、海口、贵阳、长沙、大连等省市达成捆绑销售协议。在境外，加强与泰国、马来西亚、越南等东盟国家的旅游交流与合作；开通国际航线 4 条，开辟国际旅游精品线路 30 多条，与泰国、西班牙、俄罗斯、加拿大等 10 多个国家达成旅游合作协议……

> 此外,中国—东盟博览会的举办为南宁市提供了大量的就业机会。由此带来的其他会展相关活动也会创造就业机会。据有关部门介绍,中国—东盟博览会的举办首先带来最明显的变化就是旅游业,大量的外宾和商务人员的到来,使旅游人才奇缺,如翻译人员、导游人员以及宾馆服务人员;其次是相关的服务行业,如餐饮、娱乐、购物等。而从长远来看,由投资带来的加工制造业等将产生更多的就业机会。而且中国—东盟博览会每年举办一次,这意味着每年都会有固定的大批商人到来,新的就业机会将会随之产生。

2. 旅游业的积极参与和配合阶段

第二阶段是指会展业与旅游业的结合突破了原有的那种内在固有的局部联系,会展业的发展给旅游业带来的经济和社会效益,使旅游业开始认识到会展业对旅游业的重要性,从而使旅游业从被动消极的局部结合转入积极的参与和配合阶段。第二阶段的主要表现为:会展业发展所产生的大量特殊需求给旅游业创造了许多商机,旅游业从仅对来自异地的会展主办者和参与者(即会展旅游者)提供服务,转向对各种会展活动的全面接待服务。会展成为旅游业新的兴奋点,旅游业纷纷推出为会展业服务的产品,既满足了会展业发展过程中的需求,推动了会展业的发展,也促进了旅游业的自身发展。例如,饭店可以为会展业提供会展场所和设施,并为会展活动的主办者和参与者提供会展现场的住宿、餐饮、商务和礼仪服务等。

在会展业与旅游业结合的第二阶段,除了饭店外,旅行社也开始设计以会展业为中心的产品,并通过与会展承办者和会展客源地旅行社合作,组织和接待大量的会展旅游团,同时为会展旅游者提供票务和会前或会后的观光游览休闲旅游服务。

总之,在这一阶段,大量的旅游企业积极参与会展业,并将服务对象从异地的会展主办者和参与者扩大到整个会展业,使旅游业受益水平比第一阶段有很大的提高。但是,众多旅游企业仅以提供服务这种相同的方式参与会展业,势必导致产品雷同,形成过度竞争,重演价格战的噩梦。由于旅游企业在这一阶段还没有承担会展的策划和组织的功能,因此不能从根本上改变旅游业的被动受益。而且由于许多旅游企业单兵作战,供给能力有限,也难以形成规模经济。由此可见,会展业与旅游业在这一阶段的结合仍然还是局部和浅层次的。

3. 会展业与旅游业的完全融合阶段

会展业与旅游业结合的第三阶段是两者结合的高级阶段,这一阶段是指两者的结合突破了原来内在固有的局部联系。旅游企业不仅突破了对异地会展活动举办者和参与者的接待服务,也突破了对整个会展业的服务接待局限,开始承担会展的策划和组织工作,成为会展业产业架构的主要组成部分——PCO 和 DMC。越来越多的旅游企业为了提高自己在会展业中的竞争力,开始通过收购兼并走集团化道路,发展规模经济,全方位地同会展业结合,开发会展市场的业务。

比如,在上海浦东的 60 多家涉外星级饭店中,四星级以上的饭店就有 14 家,客房总数为 8 800 间。所有的这些饭店都特别注重会议功能,均有较大规模的宴会厅。

这些饭店还有设施一流的各种规格的会议厅 2 600 间。但更重要的是,这些饭店如今不仅接待会议,而且为了提高自己在会展市场中的竞争力和扩大在会展市场的占有率,还积极地为许多会展客户策划和组织会议,成了 PCO。

调查数据表明,北京市会展业发展的特点之一就是宾馆、展馆竞相办展,双轮驱动共同发展。展览场馆有场地面积大、专业人员多、硬件配置好等办展的优势,承担了主要大型展览任务。而宾馆、酒店展览虽然规模小,但数量多、费用低、相对独立、人情味浓,也不失为一种方式。它们中有些是随会议带来的展览,有些是专门选择在酒店展出。

同饭店一样,在会展业与旅游业结合的第三阶段,旅游公司也已突破了传统的业务发展模式,开始将销售的对象改为以城市为单位,提供有关该城市的一切旅游管理和一站式的服务,成了 DMC。全球最大的 DMC——美国灰线国际总部设在美国科罗拉多州丹佛市,是全球唯一服务于终端用户的世界级旅游观光品牌。它在全球五大洲设有 150 家分公司,覆盖了世界 200 个主要旅游目的地,共有 25 000 辆灰线巴士在这些地方往来穿梭,年接待游客 2 500 万人,其国际战略联盟伙伴有美国 AAA 国际(全球 8 000 万会员)、欧洲 ARC、加拿大航空公司(Air Canada)、达美航空公司(Delta)、威斯汀酒店集团(Westin)和硬石餐厅(Hard Rock Cafe)等。像美国灰线这样的旅游集团纷纷以良好信誉、高知名度、强融资力、专业服务、运作规范、高质人才、广泛关系、优惠价格成了会展活动的承办者和组织者,成了会展业的生力军。

北旅集团不但承办了世界三大男高音的北京演唱会,还将其上市所筹集到的社会资金用于会展设施的建设;中旅集团与新加坡有关公司合作,举办了新亚洲环境技术展和新全球特许经营博览会等;上海春秋国际旅游总公司已成立了自己的会展公司,专门开发经营会展业务。目前国旅总社等单位已经开始通过国际会展组织培训自己的职业 PCO,首旅集团所属的北京展览馆则开始不满足于简单地出租场地,已经向类似目的地管理公司(DMC)的业务转变。

今天,旅游企业或集团向会展业进军,投资、策划、组织、承办会展,使会展业与旅游业的结合进入了一个全面融入和合作的高级阶段。这种结合不但增强了会展业的产业规模,推动了会展业的发展,而且增强了旅游企业的综合竞争力,无形中推动了旅游企业的优胜劣汰,提高了旅游业的整体素质,加快了旅游产业化的进程。

案例分析

打响松江会务旅游品牌 承接进博会溢出效应

2018 年 12 月,第九届松江会务旅游推介会在上海佘山月湖国际会议中心举行。近年来,松江紧紧围绕"旅游产业发展"这一举措,以国家全域旅游示范区创建为抓手,加快实施"旅游+"战略,扎实推动全域旅游发展。会务旅游是全域旅游产品体系的重要组成部分,素有"上海之根、沪上之巅、浦江之首、花园之城、大学之府"美誉的松江,在交通、设施、环境、资源、美食五方面具有得天独厚的优势。

松江已经连续九年举办"会务旅游推介会",拓展会务旅游市场,积极打造松江会务旅游目的地,"会务谷"已经成为松江全域旅游"五谷丰登"产品体系的重要组成部分。2017 年松江纳入统计的 16 家大型酒店,接待会务团队 3 905 个,会务团队总人数为 63.62 万人;2017 年度,旅游产业扶持资金对招徕会务奖励金额为 289 万元。2018 年前三季度,20 家大型酒店接待总人数达 55 万人。

松江是上海会务资源最为丰富的地区之一,全区共有饭店近 600 家,有 80 间以上客房以及连锁品牌宾馆共有 138 家,五星级宾馆共有 3 家、四星级宾馆 2 家,三星级宾馆 2 家,金树叶级绿色酒店 3 家,银树叶级绿色酒店 9 家。其中拥有会务设施、较大型宾馆 18 家,各类会议室 120 多个,主要集中分布在佘山国家旅游度假区及松江城区。佘山国家旅游度假区会务型酒店主要有上海佘山茂御臻品之选酒店、上海东方佘山索菲特大酒店、佘山森林宾馆、兰笋山庄、上海月湖会馆、大众国际会议中心。松江城区会务型酒店主要有：上海松江开元名都大酒店、新晖大酒店、宝隆花园酒店、富悦大酒店、松江假日酒店、立诗顿酒店、学苑宾馆等。负88米，从地面到地下，被称为“地平线下的想象”的上海佘山世茂洲际酒店（世茂深坑酒店）——已正式开业。酒店共有18层，分为地面以上2层，坑下至水下共16层，建筑主要分为地上部分、坑下至水面部分、水下部分。其中，坑下至水面部分以建筑主楼为主；水下部分是酒店的特色客房区和特色水下餐厅。酒店共拥有336间客房和套房，并且所有客房均设有观景露台，宾客可坐享其间欣赏峭壁瀑布绝景。此外，松江浦南地区以温泉为特色的浦江源温泉森林度假村和园林式度假酒店雅园等特色酒店，可以满足不同的会务需求。

三、会展旅游

作为会展和旅游结合物的会展旅游，从20世纪60年代伴随现代会展业的出现而初露端倪。会展旅游是一种高级的、特殊的旅游活动方式，是会展经济发展的必然产物，是会展产业链的一个重要环节。

案例分析

文博展古韵 年味满京城

2024年2月2日，随着北京古代建筑博物馆在先农坛太岁殿举办的“先农造福 福暖四季”活动启动，北京市“博物馆之城过大年”系列活动正式向海内外宾朋发出邀请。

1. 精品展览不打烊

春节期间，北京市文物局广泛动员全市博物馆能开尽开。包括故宫博物院、国家博物馆等中央大馆，以及首都博物馆、北京大运河博物馆等市级博物馆在内的100余家博物馆开放。其中像中国美术馆、中国共产党历史展览馆、中国考古博物馆、中国航空博物馆、国家典籍博物馆、北京艺术博物馆等多家博物馆除夕不打烊，整个春节假期全部开放。春节期间，北京市共推出展览86项。国家自然博物馆举办的“龙行中华——甲辰龙年生肖文化联展”，分为“来龙去脉——龙形象的诞生与演变”“龙腾四海——历史文化中的龙”“龙的传人——民俗文化中的龙”“与龙共舞——重返恐龙世界”四大单元，通过图文视频介绍以龙为主题的文物及艺术品。更多博物馆推出了内容丰富、种类繁多的精品展览。首都博物馆“古代艺术玉器精品展”“岁华纪丽——老北京民俗展”也在春节期间重装亮相。北京大运河博物馆举办的“不止运河”沉浸式体验展，紧扣“大运河流淌不止，文化传承生生不息”这一主题，在展览空间中设计了大量的沉浸式系统，让观众置身运河，畅游运河，成为展览的一部分。

2. 互动活动体验足

为了吸引更多的观众体味博物馆之城的年味，春节期间的博物馆精心设计了各类活动，尤以民风民俗方面的互动活动最为精彩。北京民俗类博物馆举办的第二十三届北京民俗文化节中，除了传统的幡鼓齐动十三档表演之外，还有国潮集市、非遗体验。走进北京中华民族博物院，在“福满京城 春贺神州”民族园过大年活动中，观众可以领略全国各民族的文化，欣赏各民族的风情景观，品味各民族风味美食，还可以体验多种特色民族非遗，感受不一样的春节。更多的博物馆活动彰显传统与现代的结合。中国工艺美术馆（中国非物质文化遗产馆）推出“张灯结彩过龙年”2024甲辰新春灯彩展活动，以四川省国家级非遗“自贡彩灯”展示为主，内容涵盖新春龙年主题、山海经主题、自贡恐龙主题、创意灯彩、创意仿真动物等，把传统非遗与现代科技结合，打造新春灯彩游览氛围……

3. 文博游线选择多

过大年，只有博物馆是不够的。北京市文物局创造性地提出“文博区探访游线”。春节期间，围绕“隆福寺”“什刹海”“西四”“南长河”“木樨地”“崔各庄”“奥森”“香山”“模式口”“副中心”十个文博区，重点推出十条博物馆之城探访线路，介绍博物馆精品展览或者特色活动，并汇集周边公园、商圈等元素，进一步丰富游线周边休闲、餐饮等服务内容，给广大市民游客更多选择……

来源：光明日报，有删减。

（一）会展旅游的概念

会展旅游是由于会展活动的举办而产生的一种旅游活动形式。从旅游需求看，会展旅游是指特定个人和群体到特定地方去参加各类会议展览、奖励旅游、节事活动及可能附带相关的参观、游览及考察内容的一种旅游活动形式；从旅游供给看，会展旅游是指特定机构或企业以组织参与各类会展奖励旅游和节事活动为目的而推出的一种专业旅游产品；从旅游市场看，会展旅游应是旅游市场中商务旅游市场的主要组成部分。

在国际上，会展旅游引起人们的注意已经有一百多年的时间了。美国的底特律市早在1896年就成立了一个名为会议局（Convention Bureau，CB）的组织，目的是招揽和吸引会议组织者将会议地点定在底特律。1920年美国又成立了国际会议局协会，加强了会议局之间的联系、协调和合作。其后，随着休闲旅游的兴起，为了更好地吸引这一部分旅游者，就在会议局名称的后面再加上观光者，于是会议局的全名就成了会议与观光局（Convention & Visitor Bureau，CVB），又将此名译为会议与旅游局，而国际会议局协会（IACB）也就改名为国际会议与观光局协会或国际会议与旅游局协会（International Association of Convention & Visitor Bureau，IACVB）了。从这两个机构的改名也可看出会展和旅游的交融性和关联性以及会展旅游的重要性。这些机构的名称仍保留至今。世界上其他会展旅游开展得比较成功的国家和地区也大多成立了会议观光局一类的机构，如亚洲就有会议与观光局协会（Asian Association of Convention GL Bureau，AACVB），法国巴黎也有会议与观光局。有的地方干脆就将有关的会展机构设在旅游局里，如中国香港旅游发展局内设有香港会议局（HCB），新加坡旅游发展局下设新加坡会议局（SCB）。这些机构主要负责会展旅游产品的营销，也负责会展、奖励旅游的组织和协调。

经过近半个世纪的发展，会展旅游随着会展经济在全球范围内迅速兴起并得到了各国的普遍重视，成为当今世界旅游业发展的一个重要发展方向。目前，世界上会展业发达的国家也是会展旅游发达的国家，它们绝大多数位于欧美。20世纪90年代以来，世界最大的国际会议主办地美国长期占领着会展旅游市场的领先地位，其航空运量的22.4%和饭店客人的33.8%均来自国际会议与奖励旅游。除美国外，法国、西班牙、德国、荷兰、比利时、英国这些会展发达国家的会展旅游也排在世界前列。世界上许多国家将会展旅游作为一种高产出的旅游项目予以大力扶持和发展,有的国家还开发会展旅游产品来抵消其他旅游产品的下滑给本国旅游业和经济所造成的影响。由此可见,会展业的繁荣带动了旅游业的发展,而旅游业的进步又促进了会展业的发展。两者相得益彰,相互促进,共同带动了举办地经济的发展。

(二) 会展旅游的特征

会展旅游作为一种新兴的旅游项目,以其产业的结合性、行业的带动性、消费的集中性、收益的显著性、服务的关联性等优势得到了旅游业的普遍重视。会展旅游具有的特点主要表现在:

1. 消费能力强,旅游行业受惠多

参加会展活动的公务人员及接受奖励旅游的员工一般职位较高、有一定影响力,其消费以公务消费为主,并且他们的住、吃、行在一定程度上能显现出单位的实力,单位本身也希望通过代表者的活动来树立在同行中的形象,加强在客户心目中的印象,因此,从可支配的购买能力角度看,他们均是消费能力强劲的商务客人,其消费档次高,规模大,开支比普通旅游者要高得多,这一点在酒店业表现得最为明显。会展、节事的召开期间及奖励旅游的进行过程中,所在地的酒店是直接的受益者,他们的入住率往往会在短期内得到提升,并会带动酒店的餐饮消费、商品的销售和对酒店商务、娱乐设施的使用,从而增加了酒店的收入。

此外,据统计,会展旅游人均消费是一般游客的3～5倍,会展旅游者需要的大量消费品和食品成为举办城市旅游业的拳头产品之一。

2. 停留时间长,出游机会多

会展旅游的时间安排依会展活动的举办而定,一般持续时间比较长,短则三五天,长则七八天,有的时间跨度会更长,这就为参加会展活动的代表在工作之余进行休闲娱乐活动提供了机会。况且在紧张繁忙的公务交往中,代表们在精神上感到很累,持续的工作也造成心理上的压力,他们迫切希望寻找一个比较好的休闲地方和放松的方式,到就近的旅游点参观游览往往成为首选,尤其是外地的代表,更是强烈希望能到当地有代表性的旅游风景区游览以获得精神的放松,或是满足他们不虚此行的心愿。这就为旅行社和旅游景区开发市场提供了很好的机会。

3. 出行人数多,但多为自行组团

参加会展活动和奖励旅游的人数常常要比旅行社通过日常的招徕方式组成的旅游团队规模大,且组团容易、利润更高、时间固定、人员组成单一、双方沟通容易,这都为旅行社的介入提供了便利条件。一般来讲,各类展览会、博览会、展销会等,其规模要大于会议。

在实际运作中,虽然奖励旅游业务主要由旅行社负责接待,但具有组织接待优势的旅行社在会展召开的前后发挥的作用有限,并没有达到人们所预期的那样可以大规模地接团,长时间地为参加者提供出行服务和获得较高的回报。其原因是:

(1) 作为会议和展览的主办方,在地点的选择方面已经考虑到了进出的便捷性。

(2) 在募展和筹办会议的时候,主办方已经向诉求对象详细说明了进入举办地的具体位置、交通方式、乘车路线和联系方式,并附有清楚的路线图。

(3) 会议和展览出行的商务性质,参加者目的地明确,在出了机场或车站之后,立即乘出租车到达下榻的宾馆。

(4) 商务的往来和同行的交往,商业伙伴或是有密切联系的同行会派人接送。

(5) 在拥有了比较详细的信息和商务活动经常外出的经验后,会议或展览的参加者就会选择自己安排整个活动的出行方案。一是他们可以即时掌握变化的情况,二是可以更加主动地对变化做出反应。

(6) 自行组团的优越性弱化了旅行社在此方面发挥的作用，乃至将旅行社排除在整个活动之外，这一特点在国内会议和展览上表现得更为明显。

4. 潜在的参加者多，实际的旅游者少

一次大型的会议和展览，尤其是一些定期举办的国际性会议或展览，出席会议的代表或参展商的人数动辄上千，再加上其随行人员、新闻工作者及慕名的参观者，人数更是上万，但真正能转化为实际的旅游者则可能是屈指可数。其原因有：

(1) 会展的客体一般是机构组织，较少指向个人。尤其是展览(个人展除外)，参加者的身份更是要求以机构参加为主(会议有时出于某种需要，会有以个人身份参加的代表者)。这种参加客体的机构化，使参加者的行程安排受到较大的束缚，在时间安排上往往要考虑到工作的需求，使他们不能参加当地的一日游或两日游的行程。这也就限制了他们转化为旅游者的可能。

(2) 参加会议的代表一般都会得到主办者的旅游安排，会议日程中含有旅游参观的活动项目，但会议的规模相对于展览而言，一般较小。展览虽然人数众多，但主办者却很少或没有为参展商提供相应的旅游安排，更是缺乏统一的旅游组织和安排，旅游业在此方面所做的工作也比较少，使绝大部分的参展商没有被转化成实际的旅游者。

(3) 转化的效果也取决于当地的举办者是否主动推荐和介绍当地的旅游资源，当地的旅游企业是否依照会议与展览的主题设计了相应的旅游项目。因为常规的旅游项目不一定能满足商务客人的特殊需求，虽然他们具有很强的消费能力，又有实现旅游的愿望和时间，但缺乏旅游企业的引导。

对旅游业来说，参加会议和展览的代表们只是一个潜在的客源市场。一次会议或展览的举办，能有多少参加者转化为旅游者，其规模通常与会展的性质(国际还是国内)、类别(综合性的还是行业性的)、时间的长短、行业发展的前景等因素有关；当地的旅游业能获得多大的经济收益，这又和旅游业介入的深度有关，与旅游企业是否认真开发和重视这一市场有关，当然也取决于代表们对当地旅游资源的熟悉程度，而这种熟悉程度又与当地政府和旅游企业对旅游资源的宣传力度密不可分。

5. 文化主题突出、专业性强

一次会展活动的内容总是围绕一个主题进行，呈现出鲜明的专业性。无论展会主题是什么，其举办原因都是以一定文化为基础的。而会展旅游活动往往是会展活动内容的延伸与深化，其产品不同于一般的普通观光旅游产品和度假休闲产品，其专业性很强。如世界地质大会会后的会展旅游是专线地质考察活动，不是一般意义上的观光休闲。因此，会展旅游与滑雪旅游、游船旅游、沙漠旅游、生态旅游、农业旅游、工业旅游等一样，同属专项旅游产品。

案例分析

春风有信 哈尔滨与您再相约

视频：冰雪经济

2024年2月10日至14日，据大数据测算，哈尔滨市累计接待游客629.8万人次，同比增长82.9%。冰雪大世界到访32.9万人次，同比增长115%；太阳岛雪博会到访3.3万人次，同比增长286.8%；亚布力滑雪旅游度假区到访8.4万人次，同比增长177.9%；侵华日军第七三一部队罪证陈列馆到访6.4万人次；哈药六厂版画博物馆到访7.2万人次，其他景区景点接待游客量均大幅增长。据同程旅行相关数据显示，春节假期前五天，哈尔滨位居冰雪旅游目的地首位。

哈尔滨市作为“奥运冠军之城”、我国冰雪项目的领头雁，全民上冰雪活动丰富多彩。哈尔滨市体育局精心挑选了7个气膜馆为外地游客分时段免费开放，并免费提供上冰鞋具，为全国各地尤其是来自南方的“小金豆”提供玩冰乐雪的场所，继续感受哈尔滨冰雪运动及冰雪文化的魅力，感受哈尔滨这座城市的热情好客。让“小金豆”们在这个冬春之交继续在哈尔滨享受冰雪运动带来的欢乐与激情。此次开放气膜馆的举措，能让外地游客感受到哈尔滨冰雪运动底蕴和冰雪文化魅力的同时，也能领略“奥运冠军之城”和“双亚冬之城”的特色与风采，继续为哈尔滨打造“冰雪文化之都”贡献体育力量。

来源：哈尔滨日报，有删减。

（三）主题公园

主题公园是为了满足旅游者多样化休闲娱乐需求和选择而建造的一种具有创意性活动方式的现代旅游场所。它根据特定的主题创意，主要以文化复制、文化移植、文化陈列以及高新技术等手段、以虚拟环境塑造与园林环境为载体迎合消费者的好奇心，以主题情节贯穿整个游乐项目的休闲娱乐活动空间。主题公园具备了会展业凝聚性、联动性、导向性、交融性等众多特点，是很多经济发达城市发展会展旅游的产物。

一般认为主题公园起源于荷兰，后来兴盛于美国。荷兰的一对夫妇为纪念在第二次世界大战中牺牲的独生子，而兴建了一个微缩了荷兰120处风景名胜的公园。此公园开创了世界微缩景区的先河，1952年开业时随即轰动欧洲。1955年华特·迪士尼在美国加利福尼亚州兴建了世界上第一个现代大型主题公园——迪士尼乐园，将迪士尼电影场景和动画技巧与机械设备相结合，将主题贯穿各个游戏项目。这种前所未有的体验立即风靡了美国和全世界。

按照国家旅游部门的统计，我国旅游业正成为与汽车、房产并列的消费热点。中国的旅游者消费支出结构是住宿、餐饮等费用支出比例较低，景点门票的费用支出比例较高。按此模式预测，国内旅游消费总额将有数千亿元用于旅游景点支出，而主题公园作为新兴旅游景点必将分得可观的收益。近几年，几大国际旅游公司将投资重点由周边国家（地区）移向中国内地市场，如迪士尼继东京、中国香港之后，在上海建造了迪士尼乐园；环球影城也继大阪、新加坡、韩国京畿道之后，在北京落户；默林公司旗下的杜莎夫人蜡像馆继中国香港之后，已在上海、武汉和北京开业。

(1) 中国主题公园的发展现状

在我国，第一个真正意义的大型主题公园是1989年开业的深圳锦绣中华微缩景区。得益于荷兰“微缩景区“的启示，锦绣中华将中国的名山大川和人文古迹以微缩模型的方式展现出来，取得了轰动性的成功，开业一年就接待了超过300万的游客，1亿元的投资仅用1年的时间就全部收回。

主题公园良好的经济效益和社会效益起到了强烈的示范作用，引致了20世纪90年代初主题公园的又一次投资热潮。大大小小的主题公园如雨后春笋般崛起，北京的欢乐谷、芜湖的方特欢乐世界、广州的长隆欢乐世界、珠海的神秘岛、大连的发现王国、宁波的凤凰山主题乐园、抚顺的皇家极地海洋世界、中国香港的迪士尼，以及青岛的极地海洋世界等纷纷开业迎客。如今，全国已累计开发主题公园式旅游点2 500多个，投入资金达3 000多亿元。

(2) 主题公园的运营

建设一个好的主题公园，应充分重视市场分析，对文化内涵做出正确的商业价值判断，提高重游率和投资收益比，并通过旅游乘数效应带动当地其他行业的发展。

首先，主题公园客源市场与周边地区常住人口和流动人口数量紧密相关。一般来说，主题公园周围 1 小时车程内的地区是其主打市场区位，这些地区人口数至少要达到 200 万人；2 至 3 小时车程内的地区为其次要市场区位，人口也要超过 200 万人；除此之外，第三市场区位和远距离游客则主要依赖主题公园的品牌影响力和便利快捷交通系统来导入。

其次，一般而言，主题公园高投入、高消费的特点使其深受腹地社会经济的影响。因此，在主题公园设计选址时，应首先考虑经济发达的地区。同一区域内相同主题的主题公园呈密集性分布，势必会引起客源不足，导致企业恶性竞争。

再次，主题公园在选择园址时还需充分考虑园址所在地区的交通条件，以方便客流自由出入。主题公园所在地区要求有比较健全的立体交通系统，特别是在主题公园附近至少要有一条能容纳大交通量且有良好交会地点的主要道路，以及一条辅助性可作为紧急出入口的次要道路。主题公园发展商应积极创造良好的外部条件，主动引导和迅速输送客源。

知识归纳

1. 会展业与旅游业的共性：两者同属第三产业的服务业；都需要食、住、行、游、娱、购六大要素的支持；对相关产业的联动性强；产生的经济和社会效益较高。

2. 会展旅游可从狭义与广义上来界定：狭义的会展旅游是指为会议和展览活动的举办提供会展场外的且与旅游业相关的服务并从中获取一定收益的经济活动。广义的会展旅游是指以参加会议、展览、博览会、交易会、体育运动会和节庆活动等为主要目的的旅游活动。

3. 会展旅游的特征：消费能力强，旅游行业受惠多；停留时间长，出游机会多；出行人数多，但多为自行组团；潜在的参加者多，实际的旅游者少；文化主题突出、专业性强；旅游者的文化素质高。

知识图表

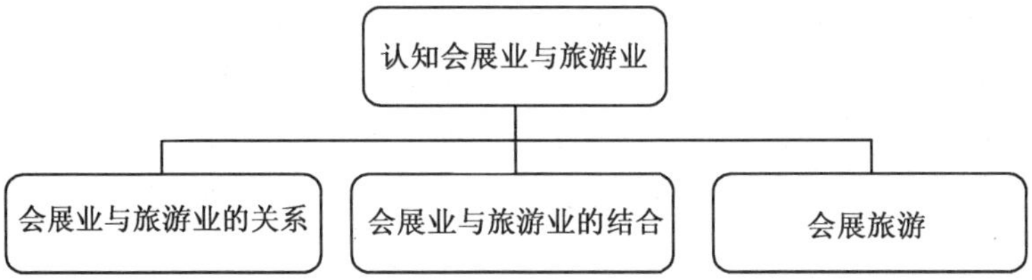

网站导航

与本单元学习有关的网站有：

1. http://www.disneysh.com.
2. http://www.huayistudios.com.

关键词汇

会展旅游　商务旅游　服务　主题公园　迪士尼

独立思考

1. 酒店业应该如何拓展会展旅游业务?
2. 选择酒店作为会展活动场地,与专业会展场馆相比有何优势和劣势?

基本训练

一、名词解释

1. 会展旅游
2. 主题公园

二、简答题

1. 会展业与旅游业有何共性?
2. 概括会展业与旅游业的融合过程。

实战演练

【目标】 了解主题公园的运营及其对城市和旅游业的影响。

【内容】 选择某家主题公园,了解其运营情况,分析其与同类主题公园的竞争优势和劣势,给出管理建议。

【步骤】

(1) 了解你所在城市的主题公园分布情况;

(2) 确定调研目标,收集目标资料;

(3) 将目标与竞争对手进行比较优势分析;

(4) 完成 PPT 汇报。

附录一

国际博览会联盟成员名单(中国内地)

序号	单位名称	属地
1	Beijing Aiboxiya Exhibition Co.，Ltd. SIAL in China	北京
2	Beijing Boqian International Conference and Exhibition Service Co.，Ltd.	北京
3	Beijing International Exhibition Center Co.，Ltd. BIEC	北京
4	Beijing Lamp Exhibition Co.，Ltd.	北京
5	Beijing Louie Longde Expo Co.，Ltd.	北京
6	Beijing North Star Company Ltd. China National Convention Center CNCC	北京
7	Beijing Z&R Exhibitions Co.，Ltd.	北京
8	Beijing Zhenwei Exhibition Co.，Ltd.	北京
9	CCPIT Building Materials Sub-Council	北京
10	CCPIT Sub-Council of Chemical Industry	北京
11	China Association of Urban Environmental Sanitation CAUES	北京
12	China Household Electrical Appliances Association CHEAA	北京
13	China International Conference and Exhibition Magazine	北京
14	China Investment Promotion Agency of Ministry of Commerce of PR China (CIPA)	北京
15	China United Rubber Corporation	北京
16	COFCO Exhibition (Beijing) Co.，Ltd.	北京
17	E. J. Krause & Associates, Inc. (China)	北京
18	Exhibition Center of China Light Industry	北京
19	Hyve China Events Service (Beijing) Co.，Ltd Iteca Exhibitions	北京
20	Informa Markets China (Beijing)	北京
21	Koelnmesse (Beijing) Co.，Ltd.	北京
22	NorthStar Sinogold Exhibition Chengdu Co.，Ltd.	北京

续表

序号	单位名称	属地
23	Reed Sinopharm Exhibitions Co., Ltd.	北京
24	RX China	北京
25	RX HuaBai	北京
26	RX Huaqun	北京
27	RX ISG China	北京
28	YASN International Exhibition Co., Ltd.	北京
29	Changchun Modern Agriculture Demonstration Center Co., Ltd.	长春
30	China Council for the Promotion of International Trade Jilin Provincial Committee	长春
31	Changsha International Convention and Exhibition Center	长沙
32	Hunan Asia Xiang Exhibition Co., Ltd.	长沙
33	Hunan Central South International Exhibition Co., Ltd.	长沙
34	Hunan Hongxing International Exhibition Co., Ltd.	长沙
35	Hunan Power City International Exhibition Co., Ltd.	长沙
36	Chengdu Branch of Hubei Tarsus Hope Exhibition Company	成都
37	Chengdu Century City Exhibition and Convention Group Company Limited	成都
38	Chengdu Century Kangbo Exhibition Co., Ltd.	成都
39	Chengdu Haiming Exhibition Co., Ltd.	成都
40	Europe China Environmental Exhibitions	成都
41	Informa Tianyi Exhibition (Chengdu) Co., Ltd.	成都
42	Informa Wiener Exhibitions (Chengdu) Co., Ltd.	成都
43	Sichuan Donnor Exhibition Co., Ltd.	成都
44	Sichuan Expo Economics Development Co., Ltd.	成都
45	Tianyi Zhixun Cultural Communication (Chengdu) Co., Ltd.	成都
46	Western China International Expo City Sichuan Tianfu International Conference & Exhibition Co., Ltd.	成都
47	Chongqing Exhibition Center Co., Ltd.	重庆
48	Chongqing International Expo Center Co., Ltd.	重庆
49	Chongqing Lijia Conference & Exhibition Co., Ltd.	重庆
50	GD Modern Convention & Exhibition Management Co., Ltd.	东莞

续表

序号	单位名称	属地
51	The People's Government of Dongying District	东营
52	Foshan Huaxia Home Textile Development Co., Ltd. (Hometex)	佛山
53	Foshan Uniceramics Development Co., Ltd.	佛山
54	Guangdong Tanzhou International Convention and Exhibition Co., Ltd.	佛山
55	Fujian Huiyuan International Exhibition Co., Ltd.	福州
56	People's Government of Guangrao County	广饶
57	Bureau of China International Small and Medium Enterprises Fair Bureau of CISMEF	广州
58	Canton Fair Advertising Co., Ltd. CFAD	广州
59	Guangdong Chaoyu Exhibition Co., Ltd.	广州
60	Guangdong Grandeur International Exhibition Group Co., Ltd.	广州
61	Guangdong International Science and Technology Exhibition Co., Ltd. STE	广州
62	Guangdong Ksourcing Exhibition Company	广州
63	Guangzhou AUCH Exhibition Services Co., Ltd.	广州
64	Guangzhou Boyi Global Exhibition Co., Ltd. Boyi Global Exhibition	广州
65	Guangzhou Guanglv Exhibition Co., Ltd.	广州
66	Guangzhou Guangya Messe Frankfurt Co., Ltd.	广州
67	Guangzhou International Exhibition Co., Ltd.	广州
68	Guangzhou Jiuzhou Tarsus Exhibition Co., Ltd.	广州
69	Guangzhou Poly Jinhan Exhibition Co., Ltd.	广州
70	Guangzhou YI-WU International Exhibition Co., Ltd.	广州
71	Guangzhou Zhenghe Exhibition Service Co., Ltd.	广州
72	Guangzhou Zhongjiuzhan Conference and Exhibition Service Co., Ltd.	广州
73	Poly World Trade Center Expo PWTC Expo	广州
74	Shenzhen Jiuzhou Hengye Media & Exhibition Technology Co., Ltd.	广州
75	Wise Exhibition (Guangdong) Co., Ltd.	广州
76	Guiyang International Conference and Exhibition Center	贵阳
77	Guiyang Sungoal Exhibition and Convention Co., Ltd.	贵阳
78	Guizhou International Alcoholic Beverage Expo Co., Ltd.	贵阳
79	Hainan Pacific International Convention & Exhibition Service Co., Ltd.	海口

续表

序号	单位名称	属地
80	Hainan Redsail Exhibition Service Co., Ltd.	海口
81	Oriental Universal International Convention & Exhibition Group Co., Ltd.	海南
82	China National Automobile Convention & Exhibition Zhejiang Co., Ltd.	杭州
83	Hangzhou Huajuchen Xibo Cultural and Creative Co., Ltd.	杭州
84	Hangzhou International Expo Center	杭州
85	Hangzhou Lisheng Exhibition Co., Ltd.	杭州
86	Hangzhou Liye Exhibition Co., Ltd.	杭州
87	Informa Markets China (Hangzhou)	杭州
88	Meorient International Exhibition	杭州
89	Zhejiang Broad International Convention and Exhibition Co., Ltd.	杭州
90	Zhejiang Samexpo Exhibition & Convention Holdings Co., Ltd.	杭州
91	GL events Exhibitions (Harbin) Co., Ltd.	哈尔滨
92	Heilongjiang International Expo Development Promotion Center	哈尔滨
93	Anhui Comexposium Zhongmao Exhibition Co., Ltd.	合肥
94	Hefei Binhu International Convention and Exhibition Center	合肥
95	Comexposium Zhongmao International Exhibition (Shandong) Co., Ltd.	济南
96	Jinan Fushan Conference and Exhibition Service Co., Ltd. Phenix Exhibition	济南
97	Jinan Meibo Culture Communication Co., Ltd.	济南
98	Jinan Xinzhan Exhibition Co., Ltd.	济南
99	Qilu Tianyi International Exhibition (Shandong) Co., Ltd.	济南
100	Qingdao Zhongjiuzhan Exhibition Service Co., Ltd.	济南
101	Shandong Huachen Exhibition Service Co., Ltd.	济南
102	Shandong New Chenghua Exhibition Co., Ltd.	济南
103	Shandong Shibo Exhibition Mastermind Co., Ltd.	济南
104	Shandong Yachang Convention & Exhibition Service Co., Ltd.	济南
105	Shandong Zhongjiuzhan Conference and Exhibition Service Co., Ltd.	济南
106	Yunnan World Expo International Exhibition Co., Ltd.	昆明
107	Huaqiao International Expo Center	昆山
108	Sichuan Jiazhou International Exhibition Group Co., Ltd.	乐山

续表

序号	单位名称	属地
109	Shandong (Linyi) Leading Culture & Media Co., Ltd.	临沂
110	Shandong Beige International Fair Co., Ltd.	临沂
111	Shandong Friend International Exhibition Group	临沂
112	Shandong Huomantang International Exhibition Co., Ltd.	临沂
113	Shandong Luzhan International Exhibition Co., Ltd.	临沂
114	Shandong Shanghui Exhibition Co., Ltd.	临沂
115	Galaxy International Convention Center	澳门
116	Jiangxi Sungoal Exhibition and Convention Co., Ltd.	南昌
117	Nanchang Greenland International Expo Center	南昌
118	Comexposium Zhongmao International Exhibition (Nanjing) Co., Ltd.	南京
119	Jiangsu CCPIT International Conference & Exhibition Co., Ltd.	南京
120	Nanjing Biaoxiong Exhibition Co., Ltd.	南京
121	Nanjing International Exhibition Center NIEC	南京
122	Nanjing International Expo Centre Nanjing Hexi Convention and Exhibition Co., Ltd.	南京
123	Nanjing RoundExpo International Exhibition Co., Ltd.	南京
124	Nanjing Sungoal Exhibition and Convention Co., Ltd.	南京
125	Nanning International Convention and Exhibition Center	南宁
126	Nanning Sungoal Exhibition and Convention Co., Ltd.	南宁
127	Jihua Exhibition Service (Ningbo) Co., Ltd.	宁波
128	Ningbo Dongbo Exhibition Co., Ltd.	宁波
129	Ningbo Gaosheng International Exhibition Co., Ltd.	宁波
130	Ningbo Hixpo Conference & Exhibition Co., Ltd.	宁波
131	Ningbo Jinnoc International Expo Co., Ltd.	宁波
132	Ningbo LandPeace International Exhibition Co., Ltd.	宁波
133	Ningbo Starline Exhibition Co., Ltd.	宁波
134	Ningbo Younage Exhibition Co., Ltd.	宁波
135	Ningbo Zhongbo International Exhibition Co., Ltd.	宁波
136	Qingdao Cosmopolitan Exposition	青岛
137	Qingdao Haiming International Exhibition Co., Ltd.	青岛

续表

序号	单位名称	属地
138	Qingdao International Convention Center	青岛
139	Qingdao Jinnoc International Exhibition Co.，Ltd.	青岛
140	Qingdao Joinus Culture & Tourism Technology Co.，Ltd.	青岛
141	Shandong Meibo International Culture Communication Co.，Ltd.	青岛
142	Fujian HECE Conference and Exhibition Co.，Ltd.	泉州
143	Clarion Events Shanghai	上海
144	Comexposium APAC	上海
145	CPIT Shanghai Exhibition Co.，Ltd.	上海
146	GL events (Shanghai) Co.，Ltd.	上海
147	Hannover Milano Fairs Shanghai Ltd.	上海
148	Informa Exhibitions (Shanghai)	上海
149	Informa Markets China (Shanghai)	上海
150	Media 10 Limited (Shanghai)	上海
151	Messe Düsseldorf China Ltd. Messe Düsseldorf (Shanghai) Co.，Ltd.	上海
152	Messe Frankfurt (Shanghai) Co.，Ltd.	上海
153	Messe Muenchen Shanghai Co.，Ltd.	上海
154	Nürnberg Messe China Co.，Ltd.	上海
155	RX China (Shanghai)	上海
156	RX Hengjin (Shanghai)	上海
157	RX Kuozhan (Shanghai)	上海
158	Shanghai Aozo Exhibition Service Co.，Ltd.	上海
159	Shanghai Convention and Exhibition Centre of International Sourcing	上海
160	Shanghai Donnor Exhibition Co.，Ltd.	上海
161	Shanghai Exhibition Center	上海
162	Shanghai Foison Credit Rating Co.，Ltd.	上海
163	Shanghai Huapin Exhibition Co.，Ltd.	上海
164	Shanghai Industry & Commerce Exhibition Co.，Ltd.	上海
165	Shanghai Informa Markets Showstar Exhibition Company Limited	上海
166	Shanghai International Exhibition (Group) Co.，Ltd. SIEC	上海

续表

序号	单位名称	属地
167	Shanghai Intex Exhibition Co., Ltd.	上海
168	Shanghai Modern International Exhibition Co., Ltd.	上海
169	Shanghai Sinoexpo Informa Markets International Exhibition Co., Ltd.	上海
170	Shanghai World Expo Exhibition & Convention Center	上海
171	SNIEC Shanghai New International Expo Centre Co., Ltd.	上海
172	Tarsus China	上海
173	VNU Exhibitions Asia	上海
174	China Textile City Exhibition & Convention Co., Ltd.	绍兴
175	Liaoning Northen Industry and Business Exhibition Co., Ltd.	沈阳
176	Liaoning Shengang Exhibition Service Co., Ltd.	沈阳
177	Shenyang Amity Exhibition Co., Ltd.	沈阳
178	Shenyang New World EXPO	沈阳
179	GL events - Pencheng (Shenzhen) Exhibition Co., Ltd.	深圳
180	Huanyu Shishang Fashion Exhibition (Shenzhen) Co., Ltd.	深圳
181	Messe Frankfurt (Shenzhen) Co., Ltd.	深圳
182	RX China Shenzhen	深圳
183	RX Greater China	深圳
184	RX Huabo	深圳
185	Shenzhen Convention & Exhibition Centre Management Co., Ltd. SZCEC	深圳
186	Shenzhen Desy Exhibition Co., Ltd.	深圳
187	Shenzhen Huajuchen International Exhibition Group Co., Ltd.	深圳
188	Shenzhen Huanyue Convention and Exhibition Co., Ltd.	深圳
189	Shenzhen Industrial Design Profession Association SIDA	深圳
190	Shenzhen Informa Markets Creativity Exhibition Co., Ltd.	深圳
191	Shenzhen International Cultural Industry Fair Co., Ltd. ICIF, FIICC	深圳
192	Shenzhen UBM Herong Exhibition Co., Ltd.	深圳
193	Shenzhen United Auto Show Management Co., Ltd.	深圳
194	Shenzhen World Exhibition & Convention Center c/o Shenzhen Zhaohua Internation Exhibition Operation Co., Ltd.	深圳

续表

序号	单位名称	属地
195	Shenzhen Xuntong Exhibition Ltd.	深圳
196	Shenzhen Yipeng Convention and Exhibition Service Co. , Ltd.	深圳
197	Organizing Committee Office of China (Shouguang) International Vegetable Sci-Tech Fair	寿光
198	Suzhou International Expo Centre Management Co. , Ltd.	苏州
199	Taizhou Huapu Industry & Commerce Exhibition Co. , Ltd.	台州
200	Taizhou International Expo Center Co. , Ltd.	台州
201	Xinjiang International Convention & Exhibition Center	乌鲁木齐
202	Weifang Shandong-Taiwan Convention & Exhibition Center	潍坊
203	Shandong Baihong International Exhibition Co. , Ltd.	威海
204	Wenzhou Donnor Exhibition Co. , Ltd.	温州
205	Wenzhou International Convention and Exhibition Center Co. , Ltd.	温州
206	China Optics Valley Convention & Exhibition Center	武汉
207	Sungoal Exhibition and Convention Co. , Ltd.	武汉
208	Tianjin Wine Future Information Technology Co. , Ltd.	武汉
209	World Health Expo (Hubei) Exhibition Co. , Ltd.	武汉
210	Wuhan Engine Conference Exhibition Co. , Ltd.	武汉
211	Wuhan International Exhibition Group Co. , Ltd.	武汉
212	Wuhan International Expo Center	武汉
213	Wuhan Shihedao Network Technology Co. , Ltd.	武汉
214	Exhibition Bureau of Yangling Agricultural Hi-Tech Industries Demonstration Zone	西安
215	Shaanxi Xiangao Media Co. , Ltd.	西安
216	Western International Exhibition (Xi'an) Co. , Ltd.	西安
217	Xi'an Airport Convention & Exhibition Center	西安
218	Xi'an International Convention and Exhibition Center	西安
219	Xi'an Sunlane International Convention and Exhibition Co. , Ltd.	西安
220	Xiamen International Conference & Exhibition Center XICEC	厦门
221	Xiamen Phenix Originality Exhibition Service Co. , Ltd.	厦门
222	Yantai Jinnoc Exhibition Co. , Ltd.	烟台

续表

序号	单位名称	属地
223	Yiwu China Commodity City Exhibition Co.，Ltd.	义乌
224	Yuyao CPC Exhibition Co.，Ltd.	余姚
225	Reed Hongda Exhibitions（Henan）Co.，Ltd.	郑州
226	Zhengzhou International Convention & Exhibition Centre ZZICEC	郑州
227	Zhengzhou Sungoal Exhibition and Convention Co.，Ltd.	郑州
228	Guzhen Lighting Expo Co.，Ltd.	中山
229	Zhuhai International Convention & Exhibition Center ZHCEC	珠海

附录二

附录二　国际会议协会成员名单(中国)

序号	单位名称	成员类型
1	Beijing International Convention Center	场馆
2	Beijing Yanqi Lake International Convention & Exhibition Center	场馆
3	Changsha Intenational Conference Center	场馆
4	Changsha North Star International Convention Center	场馆
5	China National Convention Center	场馆
6	Chongqing Yuelai International Convention Center	场馆
7	GuangdongTanzhou International Convention and Exhibition Centre	场馆
8	Guangzhou Baiyun International Convention Center	场馆
9	Guangzhou Yuexiu International Congress Center (GYICC)	场馆
10	Hangzhou International Expo Center	场馆
11	Nanhai International Exhibition and Convention Center	场馆
12	Nanjing International Expo Convention Center	场馆
13	Nanjing International Youth Cultural Centre International Youth Convention Hotel	场馆
14	Nanning International Convention and Exhibition Center	场馆
15	National Convention and Exhibition Center (Tianjin)	场馆
16	Poly World Trade Centre Expo	场馆
17	Qingdao International Convention Center	场馆
18	Shanghai International Convention Centre Co., Ltd.	场馆
19	Shanghai New International Expo Centre Co., Ltd.	场馆
20	Shanxi Xiaohe International Convention Center	场馆
21	Shenzhen Convention & Exhibition Center Management Co., Ltd.	场馆
22	Shenzhen International Communication Center	场馆

续表

序号	单位名称	成员类型
23	Shenzhen Pingshanyanzihu International Convention and Exhibition Centre	场馆
24	Shenzhen World Exhibition & Convention Center	场馆
25	Sichuan Tianfu International Conference and Exhibition Co., Ltd.	场馆
26	Suzhou Jinji Lake International Convention Center	场馆
27	Xi'an Qujiang International Convention Centre Co., Ltd.	场馆
28	Xiamen Fliport Convention and Exhibition Center	场馆
29	Xiamen International Conference Center	场馆
30	Xi'an International Convention and Exhibition Center	场馆
31	Xi'an International Convention Center	场馆
32	Xiongan Convention and Exhibition Center	场馆
33	Yangzi River International Conference Center	场馆
34	Zhengzhou International Convention & Exhibition Centre	场馆
35	Zhuhai International Convention & Exhibition Center	场馆
36	Beijing Municipal Culture and Tourism Bureau	目的地营销
37	Chengdu Municipa Bureau of Exposition (CCPIT Chengdu)	目的地营销
38	China Council for the Promotion of Int. Trade Qingdao Sub -Council	目的地营销
39	Culture, Creatwity Convention & Exhibition Bureau of Sichuan Tianfu New Area	目的地营销
40	Dujiangyan Bureau of Commerce & Investment Promotion	目的地营销
41	Hangzhou Municipa Bureau of Culture Radio, TV and Tourism	目的地营销
42	TME Consulting Co., Ltd.	目的地营销
43	Nanjing Convention & Exhibition Industry Office	目的地营销
44	Nanjing Municipa Bureau of Cultureand Tourism	目的地营销
45	Ningbo Tourism Image Promotion Center	目的地营销
46	Shanghai Municipal Administration of Culture and Tourism	目的地营销
47	Shenzhen Municipal Commerce Bureau	目的地营销
48	Xiamen Chamber of Destination International Marketing Commerce	目的地营销
49	Xiamen MICE Industry Promotion Agency	目的地营销
50	AUGO MICE & Cuture Communication Agency	会议管理
51	Chengdu Lixiang Intemational Exhibition Group Co., Ltd.	会议管理